プロ野球「ドラフト」総検証

総検証

1965-

出野哲也
ideno tetsuya

言視舎

JN115360

［目次］

序　文

　新人選手選択会議、通称ドラフト会議は、今やプロ野球で最も注目度の高いイベントの一つになった。毎年秋になるとドラフトをテーマにした雑誌や書籍が書店の店頭を賑わせ、新聞紙上やインターネット上でも関連記事が山のように掲載される。とりわけペナントレースの優勝争いから脱落したチームのファンにとっては、未来の勝利を託す選手を獲得できるチャンスとあって、ドラフトに熱い視線を注いでいる。

　しかしながら、過去のドラフトで最も豊作だった年はいつだったのか？　あるいは、これまでのドラフトで最も大きな成果を収めたのはどの球団だったか？といった疑問には、はっきりした答えは出ていない。

　例えば、1968年の阪急ブレーブスのドラフト——山田久志、加藤英司、福本豊という3人の名球会メンバーが同時に入団した年——こそベストである、というのは大まかな認識として知られている。しかし、それは明確なデータとしては今まで証明されていなかった。そうした試みがあったとしても、印象だけで何となく「70点」「80点」など採点したり、もしくは「通算1000試合出場で1点、1000安打で1点」といった、どうしてその点数になるのか根拠が不明な加点方式だったりした。

　本書はその種の曖昧さを排除し、完全に客観的かつ統一された基準によって、これまでドラフトで指名され、一軍公式戦に出場した全選手を評価するものである。

　その**基準として用いたのはＰＶ（Player's Value）という指標**である。これは、野手では**ＲＣ（Runs Created）を基にしたＲＣＡＡ（Runs Created Above Average）**、投手は**ＰＲ（Pitching Runs）**というセイバーメトリクスの指標に筆者がアレンジを加えたもので、いずれも**リーグ平均の選手と比べてどれだけ多く（ないしは少なく）"個人として"得点を稼いだか**を示したものだ。大まかな目安としては、年間のＰＶが10以上なら好成績、20以上はベストナイン級、30を超えればＭＶＰ候補レベルと考えてもらえばいい。

　リーグ平均は0に設定されているので、それを下回ると数値はマイナスになる。平均防御率が3.50の年に4.00だった投手はマイナス、打者も同様だ。例えば2020年の美馬学（ロッテ）は10勝4敗だったが、防御率3.95はパ・リーグ平均の3.86より下だったため、ＰＶは－1.2となった（p 8の計算式参照）。リー

グ5位の123イニングを投げ、2ケタ勝利を挙げた美馬がマイナスであることに疑問を抱かれるかもしれないが、**主観を挟む余地のないPVで判断した結果**である。

　とはいえ、マイナスだから良くない選手なのかと早合点してはいけない。この点は後述するが、美馬のようにレギュラー／ローテーション級でもマイナスになることは珍しくはなく、特に不調だった年に多く試合に出た場合は、大幅なマイナスを計上することもある。

　同様に、かつての一流選手が力量が衰えてからも長く主力として出続けると、その分マイナスが加算され、早めに引退した選手と比べて意外な低い数字になってしまうこともある。数試合出ただけで通算PVがプラスの選手より、マイナスでも多くの試合に出ているほうがチームにとって価値がある場合も往々にしてあるので、その点は誤解しないで頂きたい。

　なおRCは打撃成績のみをもとにして算出しているので、PVでは守備力が考慮されていない。これは個人の守備力を正確に評価しうる指標が存在しないためである。刺殺、補殺、失策といった通常の守備記録から算出する守備指標もあるのだが、実際の守備力を必ずしも反映していないため、むしろ打撃力だけで判断するほうが誤った評価とはならないのだ。

　ただし、守備位置による負担の違いは何らかの形で考慮する必要がある。同じ打撃成績でも、捕手や遊撃手と一塁手、指名打者ではその価値が異なってくるからだ。

　そこでPVでは、**RCの値に守備位置別の難易度を示す修正値を加えている。**全年代のRCを守備位置別に集計し、各ポジションの平均RCとの比率を求めたもので、その**係数**は以下の通り。

捕手 = 1.24、一塁 = 0.87、二塁 = 1.10、三塁 = 0.97、遊撃 = 1.13、左翼 = 0.93、中堅 = 0.97、右翼 = 0.97、指名打者 = 0.83

この工程を経ることで、ある程度は守備での貢献度も反映させられる。ただし打撃が弱くても守備力を評価されていたタイプの選手には、PVの値が示す以上に戦力としての価値があることは留意されたい。

＊　＊　＊

このようにして、1965年の第1回ドラフト以降、指名された各年度・各球団の公式戦出場選手のPVをすべて算出。年度ごとにその年のPV値を出し、その年をランク付けして、総括的に解説した。

また、球団別にPV値を合計してランク付けした上で、解説を付した（PV0の球団は50音順に配列）。なお各年度とも表で示しているのは本指名の上位4人まで（入団しなかった者も含む。2005～07年の分離ドラフトでは上位各2位まで）、5位以下は公式戦出場経験のある者のみとした。

では、具体的な例で説明しよう。以下に挙げたのは、1968年の中日のドラフトである。

5. 中日（186.9）

順位	選手		在籍時のPV	通算PV	通算成績
1	星野仙一	投手	-10.9	-10.9	500試合、146勝121敗34S、3.60
2	水谷則博	投手	-4.8	-1.7	476試合、108勝111敗2S、4.01
3	大島康徳	外野手	151.9	108.8	2638試合、.272、382本、1234打点
4	北野幸作	内野手	放棄		
5	三好真一	内野手	-5.1	-5.1	145試合、.133、3本、8打点
6	竹田和史	投手	-14.5	-29.5	199試合、12勝14敗5S、4.44
9	島谷金二	内野手	35.0	105.6	1682試合、.269、229本、781打点

入団した6名のうち、引退までドラゴンズに所属したのは1位の星野と5位の三好。3位の大島は中日在籍時のPVが151.9だったが、日本ハム移籍後は－43.1だったので通算では151.9－43.1で108.8。逆に2位の水谷はロッテ移籍後に成績が向上、同球団ではPV3.1だったので通算PVは中日時代より改善された。9位の島谷も同じく阪急へトレードされて以降PV70.6と活躍した。

だがここで問題にしているのは、あくまで「中日にとっての損得」である。そのため大島の日本ハム時代のマイナスも、水谷と島谷の移籍後のプラスも計算には入れない。というわけで、68年の中日がドラフトで得たプラス分は、大島（151.9）と島谷（35.0）を合計した186.9となる（球団名の右にその数字を示している）。

それでは、中日在籍時のPVがマイナスだった星野ら4人は（通算146勝もした星野がマイナスになった理由は、本文をお読みいただきたい）、チームに「マイナスをもたらした」存在として、その合計である－35.3を186.9から引かなけ

ればならないのか。そうではない。すでに述べたように、マイナスというのは
リーグ平均と比べた場合であって、そのチームにそれ以上の実力を持った選手が
いないのであれば、たとえＰＶがマイナスでも起用する意味がある。ＰＶ−5.0
の選手を起用するよりも、−1.0の選手を使うほうが「よりマイナスが少ない」
という形で貢献していたわけだ。

　以上の理由から、**球団別の通算ＰＶはプラスのみを計算してマイナスは含めな**
い。よって68年の中日はＰＶ186.9のままで、同年の12球団を通じたランキン
グでは5番目の数字となる（球団名の左にその順位を示した）。なお、一旦移籍
したのちに古巣へ戻ってきた場合は、2度目以降の所属期間は計算に含めていな
い。

　ＰＶで貢献度を判断する上で、もう一つ注意が必要なのは、実際の成績と照
らし合わせないと真の価値を見誤りかねない点だ。例えば、77年のヤクルトは
3位で後藤雄一、4位で尾花高夫の両投手を指名。通算ＰＶは後藤が3.2、尾花が
−10.0なので、この数字だけ見ると後藤のほうが良い。しかし後藤は80年に5
試合登板、8イニングを無失点で抑えたのが一軍でのすべて。425試合に投げて
通算112勝を挙げた尾花のほうが優れた投手だったのは明白だ。

　このように、少ない試合数で好成績を残した控えレベルのＰＶが、長く主力を
張った選手を上回るケースはある。けれども、通算ＰＶが2ケタに乗っているよ
うな選手は、極めて限られた例を除けば、みな主力として活躍した者ばかりだ。
短期間ではなく**長期的なスパンで見た場合には、ＰＶがドラフトの成功・失敗を**
判断する上で有効な方法であるのは疑いない。

＊　＊　＊

　本書が対象とするのは、第1回の65年からちょうど50回目、2014年までの
ドラフトである。この間、指名方法は何度も変わっているので、以下のように時
代別にまとめている。

〈名簿式・予備抽選時代〉1965 〜 77年の13年
〈入札抽選時代〉78 〜 92年の15年
〈逆指名・希望枠時代〉93 〜 2007年の15年
〈現行方式時代〉08 〜 14年の7年

もちろんその後の指名選手も数字は出ている。だが15年以降の選手はプロ入りして5年以内に過ぎず、成否を云々するには早すぎるため14年までを区切りとした。

　各年度の冒頭に掲載している表は、その年に指名されプロ入りした選手のうち、**通算ＰＶが10以上**の者である。前述した通り、運の良さだけで通算ＰＶが2ケタとなることはまずないので、ここに名前が出る選手たちは真の一流と考えて差し支えない。

　予想通りの結果に納得する方も、意外な評価に首肯できない向きもおられるだろう。ただし、これが唯一無二の正解というわけではなく、別の指標を使えば別の結論が導き出されるはずだ。いずれにせよ、プロ野球史を彩ってきたドラフトというドラマに、新たな視点を加えたのであれば、本書の目的は達成されたことになる。

　最後に、今回もまた編集を担当していただいた言視舎の杉山尚次氏にお礼を申し上げたい。

※表中の選手名・守備位置は基本的に指名当時のもの
※ＰＶの欄の「*」は、一軍公式戦に出場しながらも野手の場合は打席に立たず、投手では登板せずにＰＶが算出できなかったケースを示す。「―」は指名された球団での公式戦出場がなかったことを示す
※通算ＰＶ、通算成績は2020年までのもの

＊ＲＣの計算式＝(a × b) ÷ c
　a ＝(安打＋四死球－盗塁死－併殺打)
　b ＝[塁打＋(0.26 ×四死球)＋{0.52 ×(犠打飛＋盗塁)}]
　c ＝(打数＋四死球＋犠打飛)
※ＲＣの計算式は複数存在するが、ここでは最も基本的なヴァージョンを採用した。
＊ＲＣＡＡの計算式＝(個人ＲＣ×守備位置補正値)－(リーグ平均ＲＣ×打席数)

＊ＰＲの計算式＝(投球回数÷9)/(リーグ防御率－個人防御率)

1965 年 〈合計ＰＶ 110.3 ＝ 12 位〉

1	長池徳二	284.1	阪急 1 位	1449 試合、打率 .285、338 本塁打、969 打点
2	藤田平	276.0	阪神 2 位	2010 試合、打率 .286、207 本塁打、802 打点
3	鈴木啓示	265.5	近鉄 2 位	703 試合、317 勝 238 敗 2 S、防御率 3.11
4	水谷実雄	93.5	広島 4 位	1729 試合、打率 .285、244 本塁打、809 打点
5	木樽正明	76.0	東京 2 位	367 試合、112 勝 80 敗 3 S、防御率 3.05
6	住友平	52.0	阪急 3 位	879 試合、打率 .246、55 本塁打、236 打点
7	堀内恒夫	46.2	巨人 1 位	560 試合、203 勝 139 敗 6 S、防御率 3.27
8	広野功	11.1	中日 3 位	689 試合、打率 .239、78 本塁打、264 打点

　導入当初のドラフトの方式は、随分と複雑だった。各球団が事前に獲得を希望する選手の名簿（最大 30 名）を、上位 12 人の順位を付けた上で提出。1 位の選手が重複した際は抽選を行ない、外れた球団は希望順 2 位の選手を繰り上げて 1 位とする。こうして 12 球団の 1 位指名が確定すると、2 位以降は名簿に記載されていた選手の中からウェーバー順で指名していく、というものだった。

　蓋を開けてみると、どの球団も 1 位の重複を恐れた結果、意外なほど指名は分散した。抽選になったのは田端謙二郎（電電九州。広島との抽選で近鉄へ）と森安敏明（関西高。サンケイとの抽選で東映が獲得）の 2 人だけ。1 位指名が有力視されていた甲子園準優勝投手の**木樽**（銚子商）や、大型左腕として評価の高かった**鈴木**（育英高）は 2 位指名に回った。

　全部で 132 人が指名され、入団したのは 4 割弱の 52 人。その中から**鈴木・藤田・堀内**と 3 人の名球会メンバーが生まれた。だが、ＰＶによる出世頭はその誰でもなく、法政大から阪急に 1 位指名で入団した**長池**だった。阪急黄金時代の主砲で、73 年の 43 本を最多として本塁打王 3 回、打点王にも 3 度輝き、通算 338 本塁打。69 年に打率 .316、41 本、101 打点でＰＶ 54.3、71 年は .317、40 本、114 打点でＰＶ 47.5。両年ともＰＶはリーグ 1 位で、ＭＶＰに選ばれている。73 年も .313、43 本、109 打点でＰＶは自己最多の 54.4（2 位）。69 ～ 73 年の 5 年間で合計 227.8 を記録し、通算ＰＶ 284.1 は藤田を 8.1 点、鈴木を 18.6 点上回った。

　藤田（市立和歌山商）は、遊撃手としては極めて優れた打力の持ち主だった。規定打席以上で打率 3 割は 4 回だけだったが、これは 60 年代後半～ 70 年代前半が投手優位の時代だったためで、打率 10 傑には 9 回も入っている。2 年目の 67

年にレギュラーとなると打率.291、30二塁打と10三塁打は1位でＰＶ33.8は3位。1年置いて69年からもＰＶは6年連続6位以内と上位に食い込み続け、28本塁打を放った71年が自己ベストの43.6（4位）だった。16年目の81年に.358の高打率で初の首位打者となったが、一塁にコンバートされていたこともあり、同年のＰＶは20.3と全盛時ほど高くはならなかった。

史上4位の通算317勝、ノーヒットノーランも2度達成した**鈴木**は、1年目から10勝、2年目には21勝し、以後5年連続20勝。通算では20勝以上8回、3度の最多勝となった。ＰＶも30以上が4回、10位以内が6回。68年は305三振を奪ってＰＶ31.0（7位）、近鉄が後期優勝した75年（22勝、防御率2.26）は30.9で4位。25勝、防御率2.02など7部門で1位になった78年はＰＶ54.3。投手で2位だった今井雄太郎（阪急、27.1）の2倍以上の数字で、野手を含めてもリーグ1位になった。通算ＰＶ265.5も、ドラフト制施行後の投手で4位となっている。

堀内（甲府商）の通算ＰＶは46.2で、Ｖ9巨人のエースというイメージからすると意外に少ない。1年目から16勝2敗、防御率1.39の好成績でＰＶ31.1（8位）、2年目も17.0とスタートは素晴らしかった。だが年によって浮き沈みも激しく、とりわけ防御率4.52と不調だった73年に－37.3の大幅マイナスになったのが響いた。前年の72年は26勝を挙げてＭＶＰに選ばれているが、この年もＰＶ18.6は16位だった。

1位で指名された7人の高校生投手は、堀内と森安以外ほとんど一軍では活躍できずに終わった。通算58勝の森安（関西高）も、通算ＰＶは－41.8と大幅なマイナスで、鈴木に次ぐ成功を収めた高卒投手は、東京の2位指名だった**木樽**（通算ＰＶ76.0）である。

オリオンズが木樽を指名できたのは、前述した複雑な指名方法の賜物だった。指名リストでは2番目に記載していた近鉄をはじめとして、6球団が1位指名候補に挙げていたが、東京の上位12人に木樽の名前はなかった。ところが近鉄は田端のクジを引き当て、3番目に挙げていた中日と南海も順当に1番目の選手が取れたため、1位指名から洩れてしまう。さらに2位でも指名順が最初の近鉄は、こちらも1位で指名されていなかった鈴木を選択。続くサンケイも別の選手に行ったので、東京にお鉢が回ってきた。

法政大への進学予定を翻して東京に入団した木樽は、主力投手として順調に成長。69年に15勝、防御率1.72でＰＶ27.1（7位）、翌70年は21勝を挙げ自己最多のＰＶ32.6（9位）、オリオンズの優勝に貢献してＭＶＰを受賞した。71年も

ＰＶは9.7へ下がったものの、24勝し最多勝に輝いている。

　広島4位の**水谷**（宮﨑商）も入団当初は投手だった。2年目に野手へ転向し、71年にリーグ3位の打率.283、ＰＶ10.1。打率.348で首位打者になった78年にＰＶ25.3、81年はそれを上回る27.2（8位）とコンスタントに活躍を続けた。阪急にトレードされた83年は36本塁打、114打点（1位）だったが、指名打者だったためＰＶは11.7にとどまっている。

球団別

1. 阪急（336.1）

順位	選手		在籍時のPV	通算PV	通算成績
1	長池徳二	外野手	284.1	284.1	1449試合、.285、338本、969打点
2	斎藤喜	内野手	-0.2	-0.2	45試合、.167、1本、2打点
3	住友平	内野手	52.0	52.0	879試合、.246、55本、236打点
4	谷沢健一	外野手	放棄		

　長池だけでなく、**住友**（明治大）も正二塁手に定着。.381の高出塁率だった73年の15.0を最多として、3回2ケタＰＶを記録した。2位と4位では習志野高の**斎藤**と**谷沢**を指名するも、斎藤は大成せず谷沢の交渉権は放棄。のちに2度の首位打者となる谷沢が入団していたら、さらなる大成功になっていた。6位指名を放棄した小田義人（静岡高）も、谷沢と同じく早稲田大に進学してのちにプロ入りしている。

2. 阪神（277.9）

順位	選手		在籍時のPV	通算PV	通算成績
1	石床幹雄	投手	1.9	1.9	21試合、1勝1敗、2.68
2	藤田平	内野手	276.0	276.0	2010試合、.286、207本、802打点
3	北角富士雄	投手	放棄		
4	久野剛司	投手	-7.6	-11.4	80試合、3勝8敗、3.72

　1位で事前に予想されていた鈴木でなく、無名の**石床**（土庄高）を選んだ奇策は実らなかった。だが2位で**藤田**を取れたので、失地回復に成功している。関西六大学史上最多の33勝を挙げた同志社大の**久野**は、プロでは3勝のみ。交渉権

を放棄した**北角**（東邦高）はドラフト外扱いで 66 年中日に入団し、1 年目から 6 勝、防御率 1.17 と好投して P V 10.7 を記録した。

3. 近鉄（265.5）

順位	選手		在籍時の PV	通算 PV	通算成績
1	田端謙二郎	投手	-23.3	-23.3	26 試合、1 勝 7 敗、6..00
2	鈴木啓示	投手	265.5	265.5	703 試合、317 勝 238 敗 2 S、3.11
3	長井繁夫	内野手	放棄		
4	飯田幸夫	内野手	-15.2	-25.7	828 試合、.224、37 本、132 打点
5	松原良明	外野手	-15.9	-15.9	193 試合、.182、2 本、25 打点

抽選に勝って獲得した**田端**は 1 勝しかできず、そのマイナスを 2 位の**鈴木**が救ったのは阪神と同じ図式。獲得希望リストでは、前述したように 2 番目に木樽を記載していたので、もし田端を外していたら木樽と鈴木の両取りも可能になっていた。**飯田**（横浜高）は 70 年に正二塁手として規定打席に到達し、93 安打、7 本塁打、19 盗塁。6 位の田中章（日本通運）と 8 位の得津高宏（P L 学園高）は入団せず、のち他球団で主力になった。

4. 広島（99.0）

順位	選手		在籍時の PV	通算 PV	通算成績
1	佐野真樹夫	内野手	-12.9	-12.9	162 試合、.193、3 本、17 打点
2	白石静生	投手	-60.7	-86.2	394 試合、93 勝 111 敗 2 S、3.81
3	鎌田豊	外野手	-6.4	-6.4	117 試合、.171、3 本、9 打点
4	水谷実雄	投手	99.0	93.5	1729 試合、.285、244 本、809 打点
6	山元二三男	内野手	*	*	3 試合
7	竹野吉郎	外野手	-5.6	-5.6	251 試合、.232、0 本、4 打点
16	山本真一	内野手	-0.7	-0.7	9 試合、.000、0 本、0 打点
17	川内雄富	外野手	-4.7	-4.6	71 試合、.152、2 本、4 打点
18	下村栄二	投手	*	*	3 試合

大量 18 人を指名し 10 名が入団。田端の抽選に外れて 1 位指名した**佐野**（専修大）と、**鎌田**（法政大）はいずれも大学で活躍した内野手だったが、早期に引退。

白石（四国鉄道局）は通算93勝のうち広島時代に59勝を挙げているが、在籍中の9年間でＰＶがプラスだったのは、13勝／防御率2.83だった70年（2.0）だけだった。

16〜18位はいずれも高校や大学を中退していた選手で、3人とも一軍の試合に出ている。8位で指名しながら交渉権を放棄した福嶋久（ＰＬ学園高）は、大昭和製紙を経て67年ドラフト外で大洋に入団、正捕手となって通算1254試合に出場、107本塁打。75年から5年連続プラスＰＶ、通算でも11.8で、長く捕手を固定できなかったカープにとっては逃した魚は大きかった。現役最後の85年に、20年越しで広島の一員になっている。

5. 東京（80.4）

順位	選手		在籍時のPV	通算PV	通算成績
1	大塚弥寿男	捕手	-10.6	-10.6	229 試合、.178、4 本、16 打点
2	木樽正明	投手	76.0	76.0	367 試合、112 勝 80 敗 3 S、3.05
3	嵯峨野昇	内野手	*	*	1 試合
4	塩谷守也	捕手	拒否		
7	佐藤元彦	投手	-29.6	-37.5	179 試合、30 勝 35 敗、3.86
9	川藤竜之輔	投手	4.4	-4.1	49 試合、4 勝 5 敗、3.60

15人も指名しながら、入団したのは6人だけ。1位の**大塚**（早稲田大）は浪商時代から好捕手として知られたが、68年に71試合に出たのが最多。代わりに2位の**木樽**が活躍したのは、阪神や近鉄と同じパターンだった。**佐藤**（サッポロビール）は67年に8勝、ＰＶ4.8。翌68年はチーム3位の12勝を挙げたがＰＶは−10.0と大きくダウンした。**川藤**（若狭高）は68年に28試合に登板、完封を含む3勝を挙げた後は活躍できず、阪神入りした弟の幸三のほうが有名になった。15位指名の児玉好弘（日本軽金属）はその後71年にドラフト外で阪急入り。同年6勝、翌72年は10勝／ＰＶ10.9の好成績だった。

6. 巨人（47.9）

順位	選手		在籍時のPV	通算PV	通算成績
1	堀内恒夫	投手	46.2	46.2	560 試合、203 勝 139 敗 6 S、3.27
2	林千代作	外野手	1.7	1.7	23 試合、.273、1 本、3 打点

3	江藤省三	内野手	-2.1	0.5	464 試合、.267、12 本、65 打点
4	広瀬邦敏	外野手	拒否		
5	才所俊郎	外野手	-1.3	-3.3	76 試合、.079、0 本、1 打点
6	宇佐美敏晴	投手	-1.3	-1.3	3 試合、1 勝 1 敗、4.50

　堀内を除くと、巨人で一軍の戦力となった選手はいなかった。**江藤**は慶応大で活躍した二塁手で、中日の強打者・江藤慎一の弟。ジャイアンツでは 3 年間で 17 試合に出たにとどまり、兄のいる中日へ移籍した。72 年は 77 試合に出場し打率 .306、ＰＶ 5.8 で、通算ＰＶもプラスになっている。引退後は慶大の監督となったことでも知られる。

7. 中日（12.4）

順位	選手		在籍時 の PV	通算 PV	通算成績
1	豊永隆盛	投手	-1.6	-1.6	1 試合、0 勝 0 敗、18.00
2	新宅洋志	捕手	-17.9	-17.9	601 試合、.213、10 本、77 打点
3	広野功	内野手	12.4	11.1	689 試合、.239、78 本、264 打点
4	平松政次	投手	拒否		
6	高岡英司	投手	-5.4	-5.4	10 試合、1 勝 1 敗、5.68
11	鳥谷元	投手	-1.6	-1.6	4 試合、0 勝 0 敗、6.75

　八代一高では評判の投手だった**豊永**は、熊谷組入社の予定を覆してプロ入りするも、一軍では 1 試合投げただけ。その後打撃投手やスコアラーとして長くチームに残った。駒澤大の好捕手として 1 位指名を予想されていた**新宅**は、67 年に 88 試合で 6 本塁打、24 打点を記録したのが最多で、木俣達彦の控えで終わった。**広野**は慶応大の強打者で、アメリカ行きの噂もあったほど。1 年目から打率 .277、13 本塁打でＰＶ 11.8、翌 67 年も 19 本塁打を放ったが 68 年に西鉄へトレードされ、巨人を経て 74 年に中日へ戻っている。

　4 位の**平松**（岡山東商）が入団していれば大きかったが、ドラフト前に予告していた通り日本石油に入社した。10 位指名を断った松井猛（電電北海道）は、58 〜 59 年に大毎に在籍していた元プロ選手という異色の存在。元ＮＰＢ選手がドラフトで指名されたのは、これが史上唯一の例である。

8. サンケイ（O）

順位	選手		在籍時 の PV	通算 PV	通算成績
1	河本和昭	投手	放棄		
2	山本寛	投手	-3.5	-3.5	2 試合、0 勝 0 敗、11.25
3	川上宣緒	内野手	放棄		
4	浜口政信	投手	-4.7	-4.7	11 試合、1 勝 0 敗、5.14

　森安を外し、代わりに 1 位指名した**河本**（広陵高）の交渉権も放棄。河本は1 位指名でプロ入りしなかった史上最初の選手となった。2 位でも木樽を取れるチャンスがあったのに、回避して**山本**（愛知高）を指名。指名した 11 人中入団したのは山本と**浜口**（別府鶴見丘高）だけで、ともに戦力にならず散々な結果だった。9 位の島谷金二（四国電力）は、この後さらに 2 度の指名拒否を重ねる。

8. 大洋（O）

順位	選手		在籍時 の PV	通算 PV	通算成績
1	岡正光	投手	出場なし		
2	加藤俊夫	捕手	拒否		
3	淵上澄雄	投手	-6.2	-6.2	33 試合、3 勝 4 敗、4.04
4	岸勝之	投手	-0.5	-0.5	3 試合、0 勝 0 敗、4.50

　岡（保原高）は他球団が 1 位での獲得希望リストに載せていなかった選手。東北大会で 56 イニングを自責点 1 に抑えた「未完成の大型左腕」との触れ込みだったが、65 年にプロ入りした 11 人の 1 位指名選手のうち、ただ 1 人一軍出場がなく、他球団の評価が正しかった。**加藤**（仙台育英高）は入団拒否、その後日本ハムの正捕手となって、82 年にトレードにより 17 年越しで大洋へ加入。9 位では、のちにライオンズの主力打者になった竹之内雅史（日本通運）の指名権を放棄している。

8. 東映（O）

順位	選手		在籍時 の PV	通算 PV	通算成績
1	森安敏明	投手	-41.8	-41.8	242 試合、58 勝 69 敗、3.48

2	広畑良次	投手	拒否		
3	浜口春好	内野手	-0.2	-0.8	21 試合、.150、0 本、0 打点
4	三田晃	投手	拒否		
7	落合勤一	投手	-7.2	-7.2	25 試合、1 勝 2 敗、4.70

　森安は 1 年目から 11 勝、以後 4 年連続 2 ケタ勝利を挙げ、68 年は同期の鈴木啓示に次ぎ 2 位の 250 三振も奪った。しかしながら防御率は毎年リーグ平均よりも悪く、ＰＶは大幅なマイナスとなった。70 年には黒い霧事件への関与により、永久追放処分とされている。5 位指名を拒んだ立命館大の阪本敏三は、阪急で活躍したのちトレードで 72 年に東映に加入している。

8. 南海（O）

順位	選手		在籍時のPV	通算PV	通算成績
1	牧憲二郎	投手	-0.8	1.8	24 試合、3 勝 5 敗 0 S、3.38
2	阿天坊俊明	内野手	拒否		
3	山本堯二	投手	拒否		
4	栗崎日出男	外野手	出場なし		

　この時点でリーグ 2 連覇中と戦力が充実していたせいか、指名人数自体がたった 4 人と消極的な姿勢。しかも**阿天坊**（銚子商）ら 2 人が入団拒否し、**栗崎**（柳川商）も入団はしたものの一軍出場なし。**牧**は高鍋高を甲子園でベスト 4 に導き、南海以外にも大洋と阪神が獲得希望リスト 2 位に載せていたが、6 年在籍して 3 試合で 0 勝。打撃投手として阪急に移籍し、72 年は 6 年ぶりに一軍公式戦で投げ 3 勝。同年は日本シリーズでも登板した。

8. 西鉄（O）

順位	選手		在籍時のPV	通算PV	通算成績
1	浜村孝	内野手	-14.4	-17.5	415 試合、.218、13 本、58 打点
2	吉岡宣男	内野手	放棄		
3	三浦健二	投手	拒否		
4	江本孟紀	投手	拒否		

| 5 | 田中辰次 | 内野手 | -4.5 | -4.5 | 45 試合、.071、0 本、1 打点 |
| 13 | 小室光男 | 内野手 | -6.3 | -6.3 | 66 試合、.130、1 本、2 打点 |

　ドラフト会議の導入を提唱した当事者の球団で、16 人を大量指名。うち 8 人は希望選手名簿に載っていた選手だったが、11 人の交渉権を放棄し、入団したのは 3 人だけだった。4 位では高知商の**江本**に逃げられている。**浜村**も同じく高知商の出身で、68 年は 114 試合に出場。70 年まで準レギュラーとして使われるも、定位置確保には至らなかった。

1966 年 〈合計ＰＶ 826.4 ＝ 21 位〉

1	江夏豊	300.9	阪神 1 位（1）	829 試合、206 勝 158 敗 193 S、防御率 2.49
2	阪本敏三	108.4	阪急 5 位（2）	1447 試合、打率 .272、97 本塁打、449 打点
3	三村敏之	101.1	広島 2 位（1）	1567 試合、打率 .255、149 本塁打、490 打点
4	加藤俊夫	96.5	サンケイ 1 位（2）	1507 試合、打率 .247、116 本塁打、431 打点
5	柳田俊郎	87.7	西鉄 2 位（1）	1079 試合、打率 .282、99 本塁打、344 打点
6	平松政次	74.4	大洋 2 位（1）	635 試合、201 勝 196 敗 16 S、防御率 3.31
7	武上四郎	73.4	サンケイ 8 位（1）	977 試合、打率 .266、71 本塁打、301 打点
8	八木沢荘六	28.4	東京 1 位（2）	394 試合、71 勝 66 敗 8 S、防御率 3.32
9	水谷孝	18.9	阪急 1 位（1）	199 試合、53 勝 27 敗 1 S、防御率 3.17
10	村上公康	18.8	西鉄 4 位（1）	928 試合、打率 .239、58 本塁打、231 打点
11	高橋善正	18.4	東映 1 位（1）	384 試合、60 勝 81 敗 7 S、防御率 3.34

　66 年のドラフトは 2 回に分けて開催された。9 月 5 日の一次は対象選手が社会人と秋季国体に出場しない高校生選手、11 月 7 日の二次がその他の選手であった。一次・二次とも、1 位で指名された選手は全員無事に入団している。

　一次ドラフトで最も 1 位指名が重複したのは、大阪学院高の左腕・**江夏**。巨人・阪神・阪急・東映の 4 球団が入札して阪神が引き当てた。上田卓三（三池工）は地元の西鉄も指名したが南海に決定。静岡商の奥柿幸雄は東京と重複し、サンケイが抽選に勝った。

　二次ドラフトでは早稲田大の**八木沢**と、松山商の西本明和に 3 球団が集中。八

木沢は大洋・東映・東京の在京3球団が重複して東京に決定。西本は逆に西鉄・阪急・広島と西日本の3球団の抽選になり、広島に決まった。このほか立教大で三冠王にもなった好捕手・槌田誠は南海と重複した巨人が獲得した。

　江夏は史上屈指の名投手に成長する。67年は高卒新人ながらリーグ最多の225三振を奪いＰＶ11.9、翌68年は史上最多の401奪三振。25勝も1位、防御率2.13も3位で、ＰＶ41.5は自己最高／リーグ6位。続く69年も防御率1.81（1位）でＰＶ38.7（5位）。阪神時代だけで4回ＰＶ10位以内に入った。76年に南海へトレードされて以降は抑えの切り札として一時代を築き、セーブ王5回。79年に広島で、81年は日本ハムでMVPに選ばれている。ただしＰＶは79年（22セーブ、防御率2.66）が16.2でリーグ20位以内にも入らず、81年（25セーブ、2.82）も11.0で21位と、数字的にはMVPとしては物足りないものだった。現役最後の84年もＰＶは自己最低ながらも2.0。18年のプロ生活でマイナスの年はなかった。

　作新学院時代に甲子園で優勝、早大でも56回連続無四球の記録を作った**八木沢**は、プロ入り当初は期待に添うような成績ではなかったが、73年に完全試合を達成。76年は初の2ケタとなる15勝でＰＶ16.7、続く77年も11勝／15.3で、引退後にロッテの監督も務めた。

　江夏ともども名球会入りを果たした**平松**は、前年のドラフトでも中日に4位で指名され、拒否して日本石油に入社。この年の希望選手名簿では巨人と阪神が3番目に挙げていたが、阪神は無抽選で1番目の選手が取れ、巨人も槌田の抽選に勝ってしまう。2番目の伊熊博一（中京商）は中日に決まっていたので、槌田を外していれば、平松は熱望していた巨人に入れるところだったが、2巡目の4番目で大洋が指名した。

　すぐには入団せず、67年の都市対抗で橋戸賞に輝く大活躍を演じたのち8月になってプロ入り。3年目の69年に代名詞となるシュートを習得して14勝／ＰＶ16.3、翌70年は25勝で最多勝、ＰＶ35.9もリーグ3位で、大洋の投手で初の沢村賞。71年も17勝で連続最多勝、ＰＶ19.4（9位）だった。しかしその後7年間はＰＶが2ケタに乗ることはなく、79年に防御率2.39（1位）で自己記録を塗り替えるＰＶ36.4（3位）だったものの、以後引退までの5年間で－34.1と大きく数字を落とした。

　阪本と**三村**はベストナインには選ばれているものの、打撃タイトルはないので、名選手だった印象はそれほど強くないかもしれない。だが、二人とも守備重視のポジションである遊撃手としては攻撃力が高かった。広島商の三村は、地元

のカープから希望選手名簿の2番目に載せるほど高く評価され、無事2位指名で入団。72年にリーグ2位の打率.308、出塁率.407でＰＶ39.1は3位。翌73年も打率.269、12本塁打、32打点とさほど良いとも思えない数字でも、出塁率は.362と高くＰＶ25.2は8位に入った。広島が初優勝した75年のＰＶ18.9も、山本浩二に次ぎチーム2位だった。

阪本（河合楽器）は二次指名では最後から2番目の指名でも、1年目からレギュラーを確保しＰＶ19.2。翌68年は打率.278、50盗塁でＰＶ24.9（10位）、69年も.284、13本塁打、47盗塁でＰＶ24.2（9位）。71年まで4年間で3回ＰＶ20以上、阪急黄金時代の正遊撃手として4年連続ベストナインに選ばれた。

加藤（日本軽金属）は2年目に正捕手となったが、70年に無免許運転で逮捕され解雇される。72年に東映で復帰し、翌73年は打率.293、12本塁打、出塁率.390でＰＶ25.1（10位）。77年もＰＶ23.6（9位）で、ベストナインとダイヤモンドグラブに選ばれた。柳田（九州学院高）も西鉄からトレードされた後に花開く。69年に巨人へ移籍し、74年は規定打席不足ながら.335の高打率でＰＶ24.6。77年はリーグ3位の.340、21本塁打でＰＶ32.4（6位）、巨人軍史上最強の5番打者とまで言われた。

球団別

1. 阪神（201.6）

順位	選手		在籍時のＰＶ	通算ＰＶ	通算成績
1	江夏豊	投手	201.6	300.9	829試合、206勝158敗193Ｓ、2.49
2	平山英雄	投手	-4.9	-4.9	53試合、8勝5敗0Ｓ、3.71
3	木村昭夫	投手	拒否		
4	大竹勇治	内野手	拒否		
5	奥田敏輝	投手	-0.1	-0.1	9試合、0勝0敗、3.21
10	大原和男	外野手	-1.3	-1.3	32試合、.133、0本、0打点
（二次）					
1	西村公一	内野手	-9.1	-9.1	118試合、.153、2本、7打点
2	大倉英貴	内野手	-10.7	-10.7	377試合、.224、14本、52打点
3	杉政忠雄	内野手	拒否		
4	伊藤博昭	外野手	拒否		

一次・二次合わせて14人を指名するも入団したのは5人だけ。通算ＰＶがプラ

スだったのも**江夏**一人だが、それだけで充分にお釣りが来た。江夏は阪神を退団してからも、4球団で合計90.3のPVを追加している。**平山**（釧路江南高）は72年に7勝、防御率3.07だったが、投球フォームの変更が裏目に出て、好成績だったのはこの年だけ。阪神OBで元新人王の**西村一孔**の弟・**公一**（甲府工）は控えどまり。芝浦工大で2季連続首位打者になった**大倉**は、69年に119試合に出場しレギュラーの一歩手前まで行った。

2. 阪急 （120.5）

順位	選手		在籍時のPV	通算PV	通算成績
1	水谷孝	投手	23.3	18.9	199試合、53勝27敗1S、3.17
2	流敏明	投手	-3.0	-3.0	12試合、1勝2敗0S、3.71
3	斎藤芳明	投手	出場なし		
4	保谷俊夫	投手	出場なし		
（二次）					
1	平林二郎	内野手	-12.5	-12.5	573試合、.234、1本、11打点
2	岩本紘一	内野手	拒否		
3	畑谷敬治	捕手	拒否		
4	前田正宏	投手	拒否		
5	阪本敏三	内野手	97.2	108.4	1447試合、.272、97本、449打点

　江夏を外して、名簿で2番目の**水谷**（三重高）も東京と重複したが抽選で勝利。2年目の68年に15勝／PV9.3、73年も12勝/13.9など、主力投手として活躍した。二次1位の**平林**（中京商）は8球団が1位候補に挙げていた逸材。レギュラーにはなれなかったが、74年に26盗塁を決めるなど足を生かして貢献した。**阪本**は前年東映の5位指名を蹴って河合楽器に入社、同じ5位指名で今度は入団している。

3. 広島 （102.6）

順位	選手		在籍時のPV	通算PV	通算成績
1	須山成二	捕手	1.5	1.5	2試合、0勝0敗、0.00
2	三村敏之	内野手	101.1	101.1	1567試合、.255、149本、490打点
3	小野一茂	捕手	拒否		

4	古角哲士	投手	放棄		
（二次）					
1	西本明和	投手	-13.5/ -7.5	-13.5/ -7.5	32 試合、6 勝 3 敗、4.32/ 152 試合、.181、3 本、20 打点
2	矢沢正	捕手	放棄		
3	東山親雄	捕手	-1.2	-1.2	20 試合、.125、0 本、0 打点
4	佐藤直信	内野手	放棄		

　一次で指名したのは 4 人だけで、1 位が広陵高の**須山**、2 位に広島商の**三村**と地元重視の路線だった。二次と合わせて指名した 8 人中 4 人が捕手と、補強の意図は明確だったが 2 名が入団せず、須山と**東山**（亜細亜大）もレギュラー級には成長しなかった。大型捕手として単独 1 位指名された須山は、4 試合に出ただけで打席には立たず、根本陸夫監督の勧めで投手へ転向。72 年に 2 試合登板している。捕手として最も成功したのは**矢沢**（中京商）だったが、広島ではなく 67 年に巨人にドラフト外で入団。75 年に 7 本塁打を放つなどして P V 7.0、控えながら通算では 263 試合に出た。

　二次 1 位の**西本**は、のちの沢村賞投手・西本聖の兄。当初は投手で、69 年は 25 試合に登板し 5 勝を挙げるも、翌 70 年に野手転向を命じられる。73 年に病気で一旦引退したのち、76 年に広島で 3 年ぶりにプロ復帰を果たすも一軍出場はなかった。

4. サンケイ（94.5）

順位	選手		在籍時のPV	通算PV	通算成績
1	奥柿幸雄	内野手	-20.6	-20.6	222 試合、.173、3 本、15 打点
2	吉江喜一	投手	1.1	1.1	1 試合、0 勝 0 敗、0.00
3	岡田英雄	捕手	拒否		
4	林田俊雄	内野手	拒否		
6	田尻茂敏	投手	-4.5	-4.5	3 試合、0 勝 0 敗、13.50
8	武上四郎	内野手	73.4	73.4	977 試合、.266、71 本、301 打点
9	浅野啓司	投手	4.7	0.1	542 試合、86 勝 116 敗 10 S、3.39
（二次）					
1	加藤俊夫	捕手	15.3	96.5	1507 試合、.247、116 本、431 打点
2	西田暢	内野手	拒否		

3	後藤和昭	内野手	拒否
4	近藤徹	内野手	拒否

王二世と呼ばれた大型内野手の**奥柿**は伸び悩み、加藤と同じ 70 年途中に失踪騒動を起こして退団した。**武上**（河合楽器）は 1 年目からリーグ 6 位の打率 .299 で新人王を受賞し、69 〜 72 年は 4 年続けて 2 ケタ PV。71 年（打率 .272、15 本塁打）の 17.1 が最多で、80 年代前半には監督も務めた。**浅野**（福山電波工）も 73 年に 14 勝、翌 74 年も 12 勝で PV 32.7（7 位）を記録するなど、下位指名で主力級を 2 人も獲得できたのは大きかった。二次指名では**西田**（早稲田大）、**後藤**（駒澤大）、**近藤**（法政大）とベストナイン受賞者を 3 人指名したが、全員社会人入り。このうち後藤は 69 年にドラフト外で阪神入りし、通算 596 試合に出場した。

5. 大洋（74.4）

順位	選手		在籍時のPV	通算PV	通算成績
1	松岡功祐	内野手	-30.5	-30.5	800 試合、.229、3 本、77 打点
2	忍全功	内野手	—	0.7	17 試合、.250、0 本、0 打点
3	新井昌則	内野手	-0.2	-49.5	571 試合、.231、7 本、64 打点
4	臼井保夫	投手	拒否		
（二次）					
1	山下律夫	投手	-30.7	-50.9	505 試合、103 勝 101 敗 16 S、3.64
2	平松政次	投手	74.4	74.4	635 試合、201 勝 196 敗 16 S、3.31
3	柳沢一三	投手	放棄		

PV がプラスだったのは**平松**だけだが、二次 1 位で関西一の投手と評判だった**山下**（近畿大）もローテーション入り。クラウンライター移籍後も含め 2 ケタ勝利 4 回、通算 103 勝。15 勝を挙げた 69 年が自己最多の PV 14.0 だった。他球団はどこもリストに載せていなかった**松岡**（サッポロビール）は、1 年目から正遊撃手となったが尻すぼみ。**新井**（深谷商）は大洋では 2 試合に出ただけで、72 年にロッテへ移籍し、控えの内野手として長く働いた。

6. 東京（28.4）

順位	選手		在籍時のPV	通算PV	通算成績
1	園田喜則	内野手	-0.8	-0.8	47 試合、.257、0 本、1 打点
2	川畑和人	投手	-5.2	-18.3	89 試合、9 勝 10 敗 0 S、3.89
3	水谷清仁	内野手	拒否		
4	井深均	投手	拒否		
6	得津高宏	外野手	-5.9	-5.9	1305 試合、.288、41 本、368 打点
（二次）					
1	八木沢荘六	投手	28.4	28.4	394 試合、71 勝 66 敗 8 S、3.32
2	岩崎忠義	内野手	-42.9	-44.6	916 試合、.245、15 本、104 打点
3	山内健治	捕手	拒否		
4	仲子隆司	投手	拒否		

　二次では**八木沢**の抽選に勝利したが、一次では奥柿に入札するも抽選に外れ、名簿 2 位の水谷も阪急と重複して再び外す。外れ外れ 1 位の**園田**（北陽高）も通算 9 安打に終わった。**川畑**（鹿児島実）は 69 年に 3 勝を挙げたが、翌 70 年途中に中日へトレード。**得津**（クラレ岡山）は 74 年にレギュラーとなり打率 .309、PV 10.2。翌 75 年の .301 は 6 位で、4 回打率 3 割を記録した。**岩崎**（津久見高）も控え外野手として一軍に定着、76 年の 116 試合を最多として 3 度 100 試合以上出場している。

7. 東映（26.3）

順位	選手		在籍時のPV	通算PV	通算成績
1	桜井憲	投手	-39.8	-39.8	85 試合、6 勝 17 敗 0 S、5.12
2	島谷金二	内野手	拒否		
3	久保陽二	投手	拒否		
4	加藤秀司	内野手	拒否		
（二次）					
1	高橋善正	投手	1.3	18.4	384 試合、60 勝 81 敗 7 S、3.34
2	大下剛史	内野手	25.0	-2.3	1310 試合、.260、50 本、322 打点
3	里見忠士	投手	拒否		

江夏を外して１位指名した**桜井**（日大一高）は、他球団の１位リストに載っておらず、やはり成功しなかった。二次では１位**高橋**（中央大）、２位**大下**（駒澤大）がともに活躍。東都リーグ史上最多の35勝を挙げた高橋は、名簿では5番目の記載だったが、1番目の八木沢の抽選に外れ、2番目の西村は阪神が指名済み。3番目の荒武は西鉄との抽選になってこれも外し、さらに4番目の門野も近鉄が指名済みで、東映に転がり込んできた。67年は15勝、防御率2.46、ＰＶ14.8の好成績で新人王を受賞。71年も7勝どまりながらＰＶ10.3、球団史上唯一の完全試合も達成した。

　駒澤大での4年間に全イニング出場し、東都の新記録となる通算112安打を打った**大下**は、1年目から正遊撃手となりＰＶ14.1でベストナインも受賞。70年（打率.301、32盗塁）に自己最多のＰＶ16.4、75年には故郷の広島へ移り、引退後はコーチに就任し鬼軍曹として選手たちを鍛え上げた。だが一次2位の**島谷**（四国電力）、4位の**加藤**（ＰＬ学園）、8位の井上弘昭（電電近畿）はいずれも入団拒否し、その後プロ入りして名選手となったので、非常に惜しいドラフトでもあった。井上は81年にトレードで、東映の後身である日本ハムに入団している。

8. 南海（13.7）

順位	選手		在籍時のPV	通算PV	通算成績
1	上田卓三	投手	8.5	8.3	205試合、13勝13敗2Ｓ、3.41
2	石川義彦	内野手	拒否		
3	中条博	投手	出場なし		
4	古渡千城	内野手	放棄		
5	桜井輝秀	内野手	-27.9	-27.9	1041試合、.255、29本、232打点
（二次）					
1	中村之保	内野手	-5.2	-7.5	168試合、.185、0本、9打点
2	山本忠男	内野手	5.2	5.2	229試合、.252、10本、30打点
3	松室武	外野手	取消		

　西鉄との抽選に勝って獲得した**上田**は、65年夏の甲子園の優勝投手。南海では主にリリーフで起用され、74年は防御率2.25/ＰＶ8.7だった。76年に阪神へ移籍したが78年に南海へ復帰している。**桜井**（洲本実）は71～76年にレギュラー二塁手で、73・74年にダイヤモンドグラブを受賞するなど守備で貢献。打

撃は長打力に欠け、73・74 年を除いてＰＶはマイナスだった。**山本**（龍谷大）は 70 年に打率 .293、7 本塁打、ＰＶ 9.6 だったが、以後は数字を落として桜井との正二塁手争いに敗れている。同じ龍谷大で 3 位指名の**松室**は、この時点でまだ 3 年生で指名資格がなく取り消し処分とされている。

9. 巨人 (0)

順位	選手		在籍時のPV	通算PV	通算成績
1	山下司	内野手	-4.7	-9.8	191 試合、.156、1 本、8 打点
2	荒木清志	投手	拒否		
3	神部年男	投手	拒否		
4	真鍋安政	内野手	出場なし		
(二次)					
1	槌田誠	捕手	-1.5	-5.0	479 試合、.215、14 本、63 打点
2	深沢修一	外野手	―	-30.1	765 試合、.219、6 本、43 打点
3	上垣内誠	外野手	放棄		
4	三浦健二	投手	拒否		

　江夏の外れ 1 位で入団した**山下**（伊野商）は、二軍では 2 回盗塁王になったが、巨人では 3 安打を放っただけ。77 年に日本ハムへ移って 86 試合に出場し、同年限りで引退した。**槌田**はプロでは控えの域を出ず、外野への転向も実らなかった。**深沢**（甲府工）は巨人にいたのは 1 年余りで、広島にトレードされ控え外野手として重用された。**神部**（富士鉄広畑）は入団せず、その後近鉄の主力投手になっている。

9. 近鉄 (0)

順位	選手		在籍時のPV	通算PV	通算成績
1	加藤英治	投手	-0.5	-0.5	4 試合、0 勝 0 敗、3.86
2	高垣義広	投手	放棄		
3	外山博	投手	放棄		
4	勝部敬一	内野手	拒否		
(二次)					
1	門野利治	投手	-9.6	-9.6	7 試合、0 勝 0 敗、9.69

2	加藤英夫	投手	-5.5	-5.5	101 試合、2 勝 9 敗 3 S、3.67

　一次では 11 人を指名しながら、2 位の**高垣**（鳥取西高）をはじめ 8 人の交渉権を放棄、2 人に拒否されて、入団したのは**加藤**（PL学園高）のみ。二次は希望選手を 4 人しか挙げず、2 人指名しただけで両者とも入団したが、1 位の**門野**（平安高）はわずか 2 年で退団した。2 人の「加藤英」のうち、より活躍したのは二次 2 位の**英夫**。66 年の甲子園春夏連覇を果たした中京商のエースで、通算 2 勝ながら 73 年は 21 試合で防御率 2.57 と好投した。高垣は翌 67 年にドラフト外で大洋入り、通算 102 試合で 4 勝している。

9. 中日（O）

順位	選手		在籍時 の PV	通算 PV	通算成績
1	大場隆弘	投手	-0.6	-10.0	37 試合、0 勝 0 敗、6.00
2	柴田昌邦	投手	放棄		
3	内野哲朗	投手	拒否		
4	榎本典久	外野手	放棄		
（二次）					
1	伊熊博一	外野手	-3.6	-3.6	43 試合、.119、0 本、0 打点
2	伊藤久敏	投手	-16.5	-21.1	251 試合、26 勝 31 敗 0 S、3.32
3	井手峻	投手	-7.1/ -2.7	-7.1/ -2.7	17 試合、1 勝 0 敗、5.13/ 359 試合、.188、1 本、2 打点

　一次で単独 1 位指名した**大場**（別府鶴見丘高）は、中日では 4 年間で 6 試合に投げただけ。71 年に近鉄、77 年には南海へ移籍したものの、一軍で勝利を挙げることはなかった。**伊熊**は甲子園で春夏連覇した中京商の主力打者だったが、プロでは伸び悩んだ。**伊藤**（駒澤大）は 69 年に 3 勝 9 敗ながら防御率 2.25 は 5 位、PV 14.8。71 年も 12 勝を挙げ防御率 2.41（9 位）、PV 10.3 の好成績を残した。ただしこの 2 年以外に PV がプラスだった年はなかった。

　井手（東京大）は中日新聞本社の出向社員扱いでドラゴンズ入り。69 年から野手に転向、東大出身者で最多となる通算 359 試合に出場した。引退後も長くコーチを務めたのち、フロント入りして幹部級に昇進した。一次 6 位の大西譲治（松山北高）は入団せず河合楽器に入社、68 年ドラフト外で中日入りした。

9. 西鉄（O）

順位	選手		在籍時のPV	通算PV	通算成績
1	岡村佳典	投手	-14.6	-14.6	19 試合、0 勝 2 敗、7.31
2	柳田俊郎	外野手	-2.8	87.7	1079 試合、.282、99 本、344 打点
3	甲斐和雄	内野手	-7.7	-8.3	176 試合、.194、3 本、17 打点
4	村上公康	捕手	-5.7	18.8	928 試合、.239、58 本、231 打点
6	小野泰敏	捕手	-2.7	-2.7	32 試合、.074、0 本、0 打点
（二次）					
1	荒武康博	捕手	-4.4	-4.4	86 試合、.141、1 本、6 打点
2	塩沢誠	内野手	拒否		
3	清水正輝	投手	拒否		
4	斎藤正人	捕手	拒否		

　二次1位の**荒武**（報徳学園高）をはじめ、6人も捕手を指名。うち4人が入団したが、荒武はすぐ内野に転向し、正捕手になったのは**村上**（日本楽器）だった。69年には14本塁打を放ってＰＶ7.3だった村上は、黒い霧事件への関与で出場停止処分を受け、72年にトレードでロッテへ移籍。74年に9本塁打、ＰＶ12.3でベストナインとダイヤモンドグラブを受賞した。柳田・村上とプロで活躍した選手を2人指名しながら、いずれも本格的に活躍したのは、西鉄から出て行った後だったのが残念だった。

1967 年 〈合計ＰＶ 794.0 = 25 位〉

1	村田長次	221.0	東京 1 位	604 試合、215 勝 177 敗 33 S、防御率 3.24
2	高橋直樹	130.9	東映 3 位	493 試合、169 勝 158 敗 13 S、防御率 3.32
3	松岡弘	86.6	サンケイ 5 位	660 試合、191 勝 190 敗 41 S、防御率 3.33
4	小川亨	86.0	近鉄 3 位	1908 試合、打率 .284、162 本塁打、633 打点
5	高田繁	85.5	巨人 1 位	1512 試合、打率 .273、139 本塁打、499 打点
6	永渕洋三	70.3	近鉄 2 位	1150 試合、打率 .278、109 本塁打、409 打点
7	竹之内雅史	37.7	西鉄 3 位	1371 試合、打率 .249、216 本塁打、606 打点
8	井上弘昭	34.0	広島 1 位	1531 試合、打率 .259、155 本塁打、517 打点
9	西岡三四郎	26.4	南海 2 位	209 試合、62 勝 62 敗 0 S、防御率 3.36

　この年から指名方法は大幅に変更された。年 2 回開催は 1 年だけで取り止めになり、名簿を提出して重複した場合に抽選する方法も廃止。代わって予備抽選を行なって指名順を決定する方式が採用された。複雑さという点では大幅に解消されたけれども、戦力均衡というドラフト本来の目的を叶えるには、理想からほど遠い方式でもあった。

　予備抽選で全体 1 位指名権を得た南海は、慶応大の藤原真を指名しながらも拒否に遭う。東京六大学のスターで、巨人入りを強硬に主張していた**高田**（明治大）の行き先も注目されたが、どこも拒否を恐れて指名に踏み切れず、希望通りに 7 番目の巨人まで残っていた。高田は期待に違わず、打率 .301 で新人王を受賞しＰＶ 24.9。以後も 5 年連続で 2 ケタＰＶ、Ｖ 9 巨人の主力としてベストナイン 4 回、ダイヤモンドグラブ 6 回のスター選手に成長した。

だが最も成功した野手は同じ六大学、立教大出身の小川だった。71年に打率.315（5位）、出塁率.403、20本塁打を放ってＰＶ29.3。選球眼の良い中距離打者で、75年に.394で最高出塁率だった以外にタイトルとは無縁ながらも、打率3割4回、80年に自己最高の.323で6位に入った。通算ＰＶは86.0で、高田を0.5点上回っている。

　近鉄では2位の永淵も好選手だった。東芝時代から投手と野手の両方で起用されていて、近鉄でも登録は投手だが公式戦デビューは代打。68年は投手で12試合に登板、防御率2.84、ＰＶ1.0。打者としては打率.274、ＰＶ3.8だった。2年目から外野手に専念すると打率.333、張本勲（東映）と同率で首位打者となり、162安打も1位。さらに20本塁打、74打点、23盗塁の素晴らしい成績で、ＰＶ43.9は3位にランクされた。翌70年も打率.295でＰＶ25.3、71・72年も打率3割と活躍を続け、この時点では67年ドラフト組の出世頭だったが、73年以降は7年間で－33.1と急速に衰えてしまった。

　この年は永渕以外にも個性派の外野手が多かった。日本通運から西鉄に3位で入団した竹之内は、頻繁に変わる打撃フォームが特徴。低打率ながらも一発長打に魅力があり、73年と74年は22本塁打、77年は26本。阪神に移籍した79年に打率.282、25本塁打でＰＶ17.4だった。死球の多さも有名で、7度もリーグ最多を記録している。

　前年に東映の8位指名を拒否していた井上（電電近畿）は、広島の1位指名で入団。69年にレギュラーとなるも、広島時代の5年間のＰＶはマイナスだった。73年に中日へ移籍すると、翌74年に打率.290/ＰＶ18.5で優勝に貢献。翌75年は元チームメイトの山本浩二と首位打者を争い、.318で惜しくも2位に終わったものの、自身最多のＰＶ24.3（8位）だった。井上もまた死球の多い打者で、73年と79年の2度リーグ1位になっている。

　最も成功した3人はいずれも投手。福山電波工から東京に入団した村田長次（のち兆治）は最初の5年間はＰＶ－21.1だったが、73年以降は10年連続でプラスＰＶ。マサカリ投法と呼ばれた豪快な投球フォームからの速球とフォークボールで、75年は防御率2.21、76年も1.82で2年連続1位。21勝を挙げた76年の43.5（1位）を最多として、ＰＶ20以上が5回あった。肘を痛めて83年は全休を余儀なくされたが、日本人選手で初めてとなるトミー・ジョン手術を経験したのち復活。85年17勝、89年には39歳にして3度目の防御率1位、ＰＶ34.4（4位）と、息の長い投手になった。この年のドラフト入団選手ではただ一人、名球会入りも果たしている。

村田と同じ岡山県出身の**松岡**は、惜しくも名球会に届かなかった。三菱自動車水島からサンケイの５位指名を受けたが、入団したのは８月31日。４位までの選手と契約して資金不足になったのが理由だったが、68年の都市対抗で好投した後に改めて交渉の席を設け、入団の運びとなった。最初の３年間はＰＶ－36.0だったが、71年からは一転して６年連続２ケタＰＶ。速球派のエースとして73年に21勝、自己ベストのＰＶ25.3（７位）、同年から３年続けて20以上。80年は防御率2.35で１位、ＰＶ22.5だったが、200勝には９勝及ばず引退。ＰＶも最後の２年間で28.1も減らしてしまった。

　東映の３位指名だった**高橋**（日本鋼管）も、１年遅れでプロ入りした69年は13勝／ＰＶ20.0。サイドスローで正確無比なコントロールを誇り、79年は254.2回を投げ与四球わずか23個。実に11回も無四球完投を記録し20勝、ＰＶ41.7はリーグ２位だった。81年に江夏豊とのトレードで移籍した広島では不振だったが、82年途中西武に移ってＰＶ16.5と復活。翌83年は13勝、勝率.833は１位でＰＶ19.4だった。

球団別

1. 東京（221.0）

順位	選手		在籍時のPV	通算PV	通算成績
1	村田長次	投手	221.0	221.0	604試合、215勝177敗33Ｓ、3.24
2	岡田光雄	投手	拒否		
3	島谷金二	内野手	拒否		
4	榊親一	捕手	-8.4	-8.4	455試合、.237、9本、58打点
6	吉岡邦広	投手	*		1試合
10	吉岡悟	内野手	-1.6	-13.7	546試合、.247、12本、89打点

　12人を指名して入団したのは５人。拒否組のうち、**岡田**（邇摩高）は松下電器を経て68年に近鉄でプロ入り。**島谷**（四国電力）に至っては３年連続３度目の拒否となった。**榊**（日本通運）は２番手捕手として長く在籍し、72年は51試合の出場ながら打率.300、ＰＶ6.0。翌73年は自己最多の80試合に出場している。**吉岡**（富山商）は、オリオンズ時代は通算66試合で９安打のみ。太平洋へ移籍したのち、76年は打率.309で首位打者になり、ＰＶ17.9を記録したが、好成績はこの年だけだった。

2. 近鉄（174.2）

順位	選手		在籍時のPV	通算PV	通算成績
1	三輪田勝利	投手	拒否		
2	永淵洋三	投手	1.0/88.2	1.0/70.3	12試合、0勝1敗、2.84 1150試合、.278、109本、409打点
3	小川亨	外野手	86.0	86.0	1908試合、.284、162本、633打点
4	石井久至	内野手	拒否		
5	松下芳夫	捕手	*		1試合
7	五十嵐英夫	投手	-6.1	-6.1	40試合、2勝3敗0S、4.26

　指名した9人全員が大学・社会人というあたりに、万年下位球団らしい傾向が窺える。うち入団したのは4人。1位で指名した早稲田大のエース三輪田に拒否されたが、永淵と小川の活躍で充分に埋め合わせた。五十嵐（神奈川大）は72・73年に1勝ずつ挙げ、引退後は打撃投手としてチームに残った。9位では日本石油の名二塁手だった29歳の枝松道輝を指名したが、入団はしなかった。

3. 東映（108.5）

順位	選手		在籍時のPV	通算PV	通算成績
1	吉田誠	外野手	-9.6	-9.5	241試合、.203、2本、7打点
2	二宮忠士	内野手	-2.0	-2.0	25試合、.156、0本、0打点
3	高橋直樹	投手	108.5	130.9	493試合、169勝158敗13S、3.32
4	水野明	投手	拒否		
5	石井輝比古	投手	-12.5	-12.5	10試合、0勝2敗、9.00
6	末永吉幸	内野手	-22.5	-33.1	755試合、.230、24本、138打点
7	後原富	外野手	-1.0	-1.0	121試合、.238、2本、9打点
9	川崎義通	投手	-2.6	-2.6	1試合、0勝0敗、27.00
10	井上正晴	内野手	-0.2	-0.2	5試合、.000、0本、0打点

　11人を指名し拒否されたのは3人だけと、これまでになく高い入団率で、しかも入団した8人全員が公式戦に出場した。もっとも、高橋以外に戦力となったのは控え内野手の末永（鹿児島鉄道管理局）だけ。71、74年は100試合以上に出場し、74年は81安打、7本塁打だった。1位の吉田（大宮高）は「張本の後継者」を自称していたが鳴かず飛ばず。後原（駒澤大）は引退後、元プロ野球選

手としては柳川事件以降初めて高校野球の監督となり（瀬戸内高）、甲子園にも出場した。

4. 巨人（103.3）

順位	選手		在籍時のPV	通算PV	通算成績
1	高田繁	外野手	85.5	85.5	1512 試合、.273、139 本、499 打点
2	山内新一	投手	-4.3	-6.0	431 試合、143 勝 142 敗 0 S、3.74
3	大隈正人	投手	-0.2	-14.3	388 試合、.181、2 本、21 打点
4	山田直政	投手	出場なし		
10	関本四十四	投手	17.8	6.4	166 試合、27 勝 41 敗 1 S、3.14

育成選手制度導入以前では球団史上最多となる 15 人を指名し、11 人が入団。高田に加え、10 位の関本（糸魚川商工）も 3 年後の 71 年に 10 勝 / ＰＶ 11.4 で新人王を受賞。同一年・同一球団のドラフトから 2 人新人王が出た最初の例である。74 年もリーグ 1 位の防御率 2.28/ ＰＶ 22.7 だった。

山内（三菱重工三原）は 70 年に 8 勝、防御率 1.78、ＰＶ 14.1 の好成績を残したが、73 年に南海へトレード。同年 20 勝を挙げると 75 年は 10 勝 12 敗ながらＰＶ 21.3、続く 76 年は 20 勝、防御率 2.28（4 位）、ＰＶ 30.3（3 位）と、南海のエースとして働いた。80 年終了時の通算ＰＶは 56.6 だったが、最後の 6 年間はずっと大幅なマイナスだったため、最終的には通算 − 6.0 まで下がってしまった。

大隈（サッポロビール）は投手として入団したが打者に転向。阪急移籍後の 77 年に 6 年ぶりに 2 試合投げた。

5. サンケイ（86.6）

順位	選手		在籍時のPV	通算PV	通算成績
1	中野孝征	内野手	-15.6	-15.6	207 試合、.142、6 本、18 打点
2	簾内政雄	投手	-31.8	-31.8	135 試合、9 勝 9 敗 2 S、4.19
3	奥宮種男	捕手	-3.3	-3.8	249 試合、.204、4 本、28 打点
4	高井諭	投手	-3.9	-3.9	1 試合、0 勝 0 敗、108.00
5	松岡弘	投手	86.6	86.6	660 試合、191 勝 190 敗 41 S、3.33

上位 5 名中 3 名は社会人の投手と即戦力志向が顕著だった。正遊撃手として期

待された 1 位の**中野**（日本楽器）は、実働 6 年で一度も打率 2 割に届かず引退。**簾内**（日鉱日立）は 71 年に 5 勝、防御率 2.59、ＰＶ 2.0 だったが、良かったのはこの年だけだった。**奥宮**（九州工）は控え捕手で、地元のクラウンライターに移った 78 年に自己最多の 53 試合に出場（ＰＶ 2.6）。**高井**（日本コロムビア）は前年、名商大中退扱いで中日に 8 位指名されながらも、中退手続きが完了しておらず指名取り消しになっていた選手。サンケイには無事入団できたが、1 試合投げただけだった。

6. 西鉄 （38.8）

順位	選手		在籍時 のPV	通算 PV	通算成績
1	河原明	投手	-76.8	-77.8	280 試合、41 勝 76 敗 1 S、4.25
2	東田正義	外野手	9.5	-2.2	953 試合、.252、123 本、351 打点
3	竹之内雅史	内野手	28.9	37.7	1371 試合、.249、216 本、606 打点
4	後藤清	投手	-16.4	-16.4	106 試合、2 勝 11 敗、4.21
5	辻原幸雄	投手	0.4	0.4	1 試合、0 勝 0 敗、0.00

　全体 2 番目で地元・九州（大分商）の**河原**を指名。黒い霧事件で主力投手が抜けた余波で、早いうちから登板機会が与えられ、2・3 年目に 2 ケタ勝利を挙げた。だがＰＶは 69 年が－ 8.9、70 年は－ 15.6 で、防御率 5.44 だった 71 年には－ 31.5 まで下がってしまった。上位 5 人は全員入団し、**東田**（三重交通）は 69 年に 90 試合で 17 本塁打、ＰＶ 7.9、71 年は打率 .284、23 本塁打でＰＶ 12.4 と主力打者として活躍した。6 位以降 15 位までは 10 人中 9 人が入団せず、中でも 11 位で指名した富士鉄釜石の山田久志に拒否されたのが惜しかった。

7. 南海 （26.5）

順位	選手		在籍時 のPV	通算 PV	通算成績
1	藤原真	投手	拒否		
2	西岡三四郎	投手	26.5	26.4	209 試合、62 勝 62 敗 0 S、3.36
3	横山晴久	投手	拒否		
4	高橋里志	投手	-22.4	-38.8	309 試合、61 勝 61 敗 4 S、4.44
5	高畠導宏	外野手	-5.3	-5.3	258 試合、.263、8 本、38 打点

西岡（洲本実）は2年目の69年に10勝、防御率2.44（5位）でPV14.3。以後5年連続2ケタ勝利、73年に12勝、自己ベストのPV14.7を記録した。**高橋**（電電北陸）は、南海では通算29試合で1勝に終わり72年限りで退団。74年に広島でプロに復帰すると、77年は20勝で最多勝、PV19.3。82年は日本ハムで防御率1.84（1位）、PV29.5（6位）だったが、2ケタのマイナスも4年あった。前年に巨人の5位指名（二次）を断った**高畠**（日鉱日立）は、70年は打率.312、49安打でPV3.4。引退後は打撃コーチとして6球団で指導に携わった。

藤原と**横山**（小倉工）はともに入団拒否し、その後他球団の1位指名でプロ入り。下位でも10位で加藤秀司（松下電器）、15位で村井英司（北海高）に拒否され、12位指名の鶴岡泰（法政大）も、父が元南海監督の鶴岡一人であるにもかかわらず拒否した。鶴岡は結局プロ入りせず、PL学園高の監督になり全国優勝。その後法大監督を経て、近鉄のスカウトとしてプロ野球の世界に入った。

8. 大洋（7.8）

順位	選手		在籍時のPV	通算PV	通算成績
1	小谷正勝	投手	6.6	6.6	285試合、24勝27敗6S、3.07
2	中塚政幸	内野手	-13.1	-13.1	1643試合、.278、61本、387打点
3	米田慶三郎	内野手	-40.5	-40.5	899試合、.204、34本、123打点
4	池田重喜	投手	1.2	-6.9	155試合、13勝12敗0S、3.53
6	安田泰一	外野手	-5.7	-4.9	75試合、.181、3本、10打点
7	竹村一義	投手	-16.2	-26.2	172試合、30勝23敗0S、3.77

小谷（國學院大）は70・71年に2年続けてリーグ最多登板。70年は防御率2.11でPV10.3、71年は先発3試合のみながら規定投球回に達して11勝、防御率2.13（4位）、PV11.9。引退後は投手コーチとして多くの球団で指導した。**中塚**（中央大）は69年からレギュラーに定着し、74年に盗塁王、78～80年は3年連続打率3割。だが長打力に乏しく、PVは73年の7.7が最多だった。**米田**（電気化学）も守備は上手だったが、通算打率.204が示す通り打撃に難があった。

池田（日鉱佐賀関）は69年に防御率2.48/PV8.3。72年にロッテへトレードされ、引退後は同球団でコーチや寮長などさまざまな仕事をこなし、70歳過ぎまで打撃投手を務めた。**安田**（宇部商）は指名後に韓国籍であると判明、外国人登録枠の関係で任意引退とされるなど不遇をかこった。外国籍でも日本の学校を

出たら日本人扱いとなるのは70年以降である。**竹村**（安芸高）は阪急移籍後の74年にリーグ最高勝率のタイトルを手にしたが、同年も11勝を挙げた翌75年もＰＶはマイナスだった。

9. 阪急（2.2）

順位	選手		在籍時のPV	通算PV	通算成績
1	渡辺一夫	投手	出場なし		
2	宮本幸信	投手	-8.7	-9.8	383 試合、54 勝 42 敗 30 S、3.63
3	渡辺幸三	外野手	拒否		
4	正垣泰祐	外野手	-2.7	-10.2	707 試合、.236、18 本、101 打点
5	渡辺勉	内野手	0.0	0.0	369 試合、.219、6 本、24 打点
6	醍醐恒男	捕手	—		4 試合
9	当銀秀崇	外野手	2.2	2.2	522 試合、.255、11 本、64 打点

　5位までに**渡辺**姓を3人指名。1位の**一夫**（東北福祉大付高）は一軍出場がなく3年で戦力外、3位の**幸三**（中京高）は入団拒否し、5位の**勉**（仙台育英高）も76年には106試合に出たが控えどまりだった。**宮本**（中央大）は70年に規定投球回に達して8勝。75年に広島へ移籍し10勝10セーブ、ＰＶ16.6でカープの初優勝に貢献し、77年も日本ハムで防御率2.00/ＰＶ11.4だった。

　日本大でベストナインに4回選出された**正垣**は、代打での起用が多く71年に打率.319/出塁率.438でＰＶ9.2、73年も打率.305、21打点。こちらも77年に広島へ移籍した。**当銀**（駒澤大）も代打で多用され、73・74年は2年続けて出塁率4割以上。ＰＶはこの2年間で合計11.9、通算でもプラスだった。

10. 中日（0）

順位	選手		在籍時のPV	通算PV	通算成績
1	土屋紘	投手	-11.3	-11.8	44 試合、4 勝 5 敗 0 S、4.09
2	江島巧	外野手	-39.0	-66.2	1187 試合、.223、56 本、211 打点
3	若生和也	投手	-24.5	-32.8	90 試合、5 勝 9 敗、4.86
4	村上真二	内野手	-71.9	-71.9	1188 試合、.219、2 本、59 打点
8	星野秀孝	投手	-24.6	-27.6	147 試合、14 勝 20 敗 0 S、4.16
9	金博昭	外野手	-2.1	-2.1	45 試合、.214、0 本、0 打点

電電東京から1位で入団した**土屋**は、72年に3勝を挙げて以後は勝ち星なし。**江島**は平安高の強打者として甲子園を沸かせ、プロでも2年目には13本塁打を放つも、.219の低打率。ロッテ移籍後も含め、16年間でプラスPVは1年だけだった。**村上**（今治南高）は正岡と改名し、守備力を買われていたが、打力が弱すぎ通算PVは大幅なマイナス。**星野**（沼田高武尊分校）は分校出身＋軟式出身という2つの点で変わり種。南海移籍後の77年に防御率2.36/PV10.6の好成績を残した。**金**は社会人野球チームを持っていた宗教法人・立正佼成会の監督兼選手で、チームの解散にともない28歳でプロ入りした異色の存在だった。

10. 阪神（O）

順位	選手		在籍時のPV	通算PV	通算成績
1	野上俊夫	投手	-1.3	-4.4	6試合、0勝0敗0S、6.23
2	吉良修一	投手	-2.6	-2.6	35試合、2勝1敗0S、3.69
3	林田真人	外野手	拒否		
4	坂本義雄	投手	出場なし		
5	桑野議	投手	-32.1	-32.1	530試合、.221、11本、76打点
6	原秀樹	内野手	-0.1	-0.1	2試合、.000、0本、0打点
9	川藤幸三	投手	-36.5	-36.5	771試合、.236、16本、108打点

10人を指名し、入団拒否した**林田**（早稲田大）以外は全員高校生。市立和歌山商で藤田平の2年後輩に当たる**野上**は、投打両面で素質を評価されていたものの、阪神では3登板のみで75年に南海へ移籍。甲子園優勝投手の**吉良**（津久見高）も2勝で終わった。**桑野**（九州工）は一軍には定着したものの、75年に79試合に出たのが最多。**川藤**（若狭高）もずっと控えで、74年にはリーグ最多の20犠打だったがPVは78年の1.3が最多。しかしながら最晩年に代打での活躍に加え、ワイルドなキャラクターで人気が沸騰し、現役最終年の86年に37歳でオールスターに初出場した。

10. 広島（O）

順位	選手		在籍時のPV	通算PV	通算成績
1	井上弘昭	外野手	-3.7	34.0	1531試合、.259、155本、517打点
2	植村秀明	投手	出場なし		

3	河井昭司	内野手	-0.5	-0.6	6 試合、.000、0 本、0 打点
4	岩崎良夫	内野手	-1.6	-1.6	38 試合、.059、0 本、2 打点
8	有田哲三	投手	-7.8	-7.8	17 試合、1 勝 0 敗、5.88

　10 人を指名し 6 人が入団したものの、**井上**以外は誰も戦力にならなかった。広陵高の**河井**をはじめ、6 人は中国地方の出身もしくは企業に勤める地元志向が濃厚な指名。そのうちの一人、9 位の山根政明（勝山高）は、のちに広島の主力投手となった山根和夫の兄。69 年にもアトムズから 12 位指名を受けるもプロ入りはせず、社会人球界で長く活躍した。

1968 年 〈合計ＰＶ 2858.5 ＝ 1 位〉

1	山本浩司	582.3	広島 1 位	2284 試合、打率 .290、536 本塁打、1475 打点
2	田淵幸一	484.0	阪神 1 位	1739 試合、打率 .260、474 本塁打、1135 打点
3	福本豊	386.1	阪急 7 位	2401 試合、打率 .291、208 本塁打、884 打点
4	山田久志	298.6	阪急 1 位	654 試合、284 勝 166 敗 43 S、防御率 3.18
5	加藤秀司	269.5	阪急 2 位	2028 試合、打率 .297、347 本塁打、1268 打点
6	有藤通世	237.3	東京 1 位	2063 試合、打率 .282、348 本塁打、1061 打点
7	東尾修	160.1	西鉄 1 位	697 試合、251 勝 247 敗 23 S、防御率 3.50
8	大島康徳	108.8	中日 3 位	2638 試合、打率 .272、382 本塁打、1234 打点
9	島谷金二	105.6	中日 9 位	1682 試合、打率 .269、229 本塁打、781 打点
10	金田留広	73.3	東映 4 位	434 試合、128 勝 109 敗 2 S、防御率 3.25
11	富田勝	57.8	南海 1 位	1303 試合、打率 .270、107 本塁打、451 打点
12	田中章	35.7	巨人 2 位	300 試合、36 勝 36 敗 9 S、防御率 3.10
13	土肥健二	30.7	東京 4 位	897 試合、打率 .268、44 本塁打、199 打点
14	芝池博明	12.1	近鉄 5 位	184 試合、11 勝 13 敗 8 S、防御率 3.34

　間違いなく史上最高のドラフトである。入団した全選手の通算ＰＶを合計すると 2858.5 に上り、これは 96 年の 2243.3 を抑えて 1 位。名球会メンバーは**山本・福本・山田・加藤・有藤・東尾・大島**と 7 人もいて、さらに史上最高の捕手の一人である**田淵**、ＭＶＰ受賞者の**金田**、殿堂入りの星野仙一までもいる。1 位指名の選手は、島野修（武相高→巨人）と水谷宏（全鐘紡→近鉄）を除いて全員が主力に成長した。

　一番の目玉は、東京六大学新記録の 22 本塁打を放った**田淵**（法政大）だった。だが前年の高田繁と同様に、巨人以外に入団する意思がないことを表明。予備抽選では巨人は 8 番目だったため、他球団が田淵の強行指名に踏み切るか否かが注目されていた。1 番目の東映が大橋穣（亜細亜大）、2 番目の広島が相思相愛の山本（法政大）を指名すると、3 番目の阪神が富田（法政大）の指名予定を翻し、田淵へ特攻。前年は 3 番目でありながら高田を回避した反省を生かした格好だった。田淵を諦めきれない巨人は、阪神にトレードを申し込んだが拒否され、「阪神には絶対行かない」と明言していた田淵も、最終的には入団に合意した。

　大学での本塁打数と同じ背番号 22 を着けた田淵は、奇しくも 1 年目は 22 本塁

打。打率 .226 ながらも P V 21.1 で新人王を受賞する。正捕手に完全に定着した
72 年は 34 本塁打／P V 47.4（2 位）、73 年は 37 本／61.8 と数字を伸ばしていき、
74 年に自己最多の 45 本塁打で P V 92.8。三冠王となった王貞治をも 1.0 上回っ
てリーグトップだった。続く 75 年も 43 本で、王が 13 年間守り続けてきた本塁
打王を奪取。打率も自身唯一の 3 割（.303）で、2 年連続 1 位の P V 96.3 と、阪
神のスターとして活躍を続けた。78 年も 38 本塁打／P V 49.4（2 位）だったが、
翌 79 年西武にトレードされてからは一塁や指名打者での出場が多くなり、P V
の値は大きく減少した。それでも通算 484.0 は、キャリアの大半で捕手だった選
手としては野村克也、阿部慎之助、古田敦也に次いで史上 4 位である。

　田淵を上回り、史上 8 位の通算 P V 582.3 だったのが法大での盟友・**山本**。最
初の 6 年間は P V 20 を超えることはなく、スター選手の一歩手前で停滞してい
たが、登録名を「浩司」から「浩二」に変えた 75 年に打率 .319 で首位打者、30
本塁打。P V 49.2 で広島の初優勝に貢献し MVP に輝くと、77 年からは 7 年連
続 P V 40 以上。リーグ内での順位も 1 → 1 → 2 → 1 → 1 → 2 → 2 で、打撃だけ
でなく強肩を生かした守備も一流であり、この 7 年間は間違いなく球界最高の選
手だった。打率 .336、44 本塁打、112 打点で 2 度目の MVP となった 80 年の P
V 72.9 が最多で、78 年と 81 年も 60 以上を記録している。

　阪急は球史に残る名選手を一挙に 3 人も獲得した。1 位の**山田**は指名された時
点で故障中だったため富士鉄釜石に残り、8 月になって契約。71 年は 22 勝、防
御率 2.37（1 位）で P V 42.4（4 位）、76 年は 26 勝を挙げ P V 27.4（5 位）。同年
から 3 年連続で MVP を受賞し、79 年も 21 勝、防御率 2.73 で P V 39.4（3 位）。
84 年までの 9 年間で P V 20 以上 8 回、リーグ 10 位以内には 7 回入った、史上
最高のアンダースローだった。

　東映、南海を蹴って 3 度目の指名でプロ入りした**加藤**（松下電器）は首位打者
2 回、打点王 3 回の強打者に成長した。正一塁手となった 71 年に打率 .321、25
本塁打で P V 34.5（8 位）、.337 で首位打者になった 73 年は 33.4（7 位）。97 打点
（1 位）で MVP に選ばれた 75 年も 33.6（3 位）とコンスタントに活躍し、79 年
は打率 .364、104 打点で二冠、35 本塁打も 2 本差の 2 位と、あと一歩で三冠王の
猛打を振るい、P V 53.9 は 1 位だった。P V 10 位以内には、山田と同じく 7 回
ランクされている。

　そして 7 位指名は、松下電器で加藤の同僚だった**福本**。指名順位が示すように
評価は高くなかったが、2 年目に 75 盗塁でタイトルに輝くと、以後 13 年連続盗
塁王、通算 1065 個は断然日本記録。プロ野球史上唯一の 3 ケタである 106 盗塁

を決めた72年にMVPに選ばれた。同年はPV 33.1でリーグ6位。単に盗塁が多いだけでなく、選球眼に優れて出塁率が高く、通算208本塁打と長打力もあった理想の一番打者だった。PVは打率.306、95盗塁だった翌73年の42.9（3位）が最多。72〜82年の11年間でPV 30以上7回、通算386.1は山田や加藤を上回った。

　この年は、三塁の名選手が多く指名されていたのが特徴だった。有藤（近畿大）は69年に21本塁打、PV 21.8で新人王に選ばれると、翌70年は打率.306、25本塁打、27打点で自己ベストのPV 40.0（5位）。その後も毎年20本塁打以上を放ち、77年は打率.329で首位打者、PV 31.2は6位だった。ベストナインには10回、ダイヤモンドグラブにも4回選ばれている。82年までの14年間は最低でもPV 9.0以上だったが、最後の4年間で−40.3と大きく数字を落としてしまった。

　4年連続4度目の指名でようやくプロ入りを決断した島谷（四国電力）は、1年目から正三塁手の座を確保。中日時代も73年に21本塁打でPV 15.9、75年も20本、リーグ最多の27二塁打でPV 19.3だったが、最盛期は阪急時代。移籍した77年に打率.325（2位）でPV 31.1（7位）、79年も.312、27本塁打、102打点でPV 27.5（8位）。守備でも両リーグで合計4回ダイヤモンドグラブ賞を受賞した。

　中津工から投手として中日に入団した大島は、島谷がトレードされた77年に後任の三塁手となり、打率.333（4位）、27本塁打でPV 25.5。守備に不安があったことも手伝って、79年以降は一塁や外野を守ることが多くなったが、83年まで隔年で合計4回20以上。81年（.301、23本塁打）に自己最多のPV 28.2（7位）、83年は36本塁打でタイトルを獲得した。88年に日本ハムへトレードされ、90年に22年目で2000本安打に到達、43歳で引退した。

　山本・田淵とともに法政三羽烏と謳われた富田も三塁手で、南海に入団し2年目の70年は打率.287、23本塁打、81打点でPV 28.3の好成績。しかしその後は伸び悩み、巨人移籍後の75年は打率.189、1本塁打、PV−10.4の大不振に陥った。だが76年に移籍した日本ハムで復活、77・78年は2年続けて打率.307、9本塁打で76年から3年連続して打撃10傑入り。PVも77年は22.7で10位、78年も24.2で9位にランクされた。

　投手では、山田の他に東尾と金田もMVPを受賞している。東尾（箕島高）は黒い霧事件で西鉄の投手陣が崩壊状態だったため、実力がつく前から一軍で投げさせられたこともあって、最初の2年間はPV−38.7と大きく出遅れた。そ

れでも徐々に力をつけていき、75年は23勝で最多勝となりＰＶ36.7も2位。77年はＰＶ－12.4に落ち込むなど波はあったが、通算で7回ＰＶ20以上。年を追って制球力と投球術に磨きがかかり、18勝、防御率2.92の2部門で1位となった83年にＰＶ31.6（3位）でＭＶＰを受賞。87年も15勝、ＰＶ29.0（6位）で2度目のＭＶＰに輝いた。

　日本通運では2番手投手だった東映4位の**金田**は、400勝投手・金田正一の実弟。70年に24勝を挙げＰＶ30.8（10位）、翌71年も23.6。72年は20勝で最多勝、正一が監督を務めるロッテへトレードされた74年も16勝で2度目の最多勝。同年のＰＶは13.2とそこまで高くはなかったものの、オリオンズが優勝したこともあってＭＶＰに選ばれた。

球団別

1. 阪急 （980.1）

順位	選手		在籍時のPV	通算PV	通算成績
1	山田久志	投手	298.6	298.6	654 試合、284 勝 166 敗 43 S、3.18
2	加藤秀司	内野手	293.7	269.5	2028 試合、.297、347 本、1268 打点
3	長谷部優	投手	拒否		
4	柳橋明	投手	拒否		
5	新井良夫	投手	-8.1	-15.6	82 試合、3 勝 5 敗 0 S、4.27
7	福本豊	外野手	386.1	386.1	2401 試合、.291、208 本、884 打点
9	切通猛	外野手	1.7	-9.7	188 試合、.239、5 本、12 打点

　山田・加藤・福本のＭＶＰ受賞者3人は、阪急在籍時のＰＶだけでも合計978.4。12位の門田博光（クラレ岡山）が入団していたら、さらなる大成功になっていた。南海入団後に大打者となった門田は、ホークスの福岡移転が決定した89年に自ら希望し、阪急から球団を買収したばかりのオリックスへ移籍。20年越しにブレーブスのユニフォームを着た。**新井**（大宮高）は73年には51試合に登板し防御率2.89/ ＰＶ8.4だったが、10試合以上投げたのはこの年だけで、77年に阪神へ移った。阪急では通算37試合の出場だった**切通**（東芝）も76年に阪神へ移り、翌77年は74試合で打率.279だった。3位指名を拒否した**長谷部**（岸和田高）はプロ入りすることなく、慶応大を経て松下電器のエースとなった。

2. 広島 (582.3)

順位	選手		在籍時のPV	通算PV	通算成績
1	山本浩司	外野手	582.3	582.3	2284試合、.290、536本、1475打点
2	水沼四郎	捕手	-17.2	-17.2	1333試合、.230、41本、273打点
3	山口喜司	投手	-0.1	-0.1	1試合、.000、0本、0打点
4	石川政雄	捕手	-2.0	-2.0	34試合、.175、0本、0打点

　山本だけでなく、**水沼**（中央大）もカープ黄金時代の正捕手として活躍した。75年からは6年続けて100試合以上に出場し、76年は11本塁打、46打点。優勝した79年は打率.277、出塁率は.378の高率に達して自己最高のＰＶ10.4。守備でも強肩が光った。5位以降に指名した5人は全員入団拒否。6位の稲葉光雄（日本軽金属）はその後中日、阪急で主力投手になった。

3. 阪神 (483.3)

順位	選手		在籍時のPV	通算PV	通算成績
1	田淵幸一	捕手	483.8	484.0	1739試合、.260、474本、1135打点
2	植木一智	投手	-15.3	-15.3	34試合、2勝3敗、4.92
3	猪狩志郎	投手	拒否		
4	小島健郎	投手	拒否		
5	楠橋高幸	内野手	*		2試合

　阪神在籍時の**田淵**の通算ＰＶ483.8は球団史上1位。西武へトレードされて以降は0.2を追加しただけだった。8人を指名しながら入団したのは3人だけで、龍谷大のエースだった**植木**は2勝どまり。4位の**小島**（近畿大）は日本生命に入社、69年は中日の10位指名を拒んでプロには進まなかった。8位拒否の長崎慶一（北陽高）は、法政大を経て大洋に入団。85年に阪神に移籍してきて、同年の日本シリーズでは2本塁打を放ち日本一に貢献した。

4. 東京 (269.5)

順位	選手		在籍時のPV	通算PV	通算成績
1	有藤通世	内野手	237.3	237.3	2063試合、.282、348本、1061打点

2	広瀬宰	内野手	-24.0	-73.8	1090 試合、.224、35 本、194 打点
3	池田信夫	投手	拒否		
4	土肥健二	捕手	30.7	30.7	897 試合、.268、44 本、199 打点
7	佐藤敬次	投手	-7.0	-7.0	2 試合、0 勝 1 敗、16.20
9	飯島秀雄	外野手	*		117 試合
12	舞野健司	捕手	*		2 試合
13	市原明	内野手	*		2 試合
14	飯塚佳寛	内野手	1.5	3.7	1065 試合、.256、12 本、142 打点

　広瀬（東農大）は 1 年目から 113 試合に出場したが、打率.177 で出塁率も 2 割に届かず P V − 16.4。13 年間でプラスだったのは、クラウン時代の 77 年（打率.273、P V 3.5）だけだった。隠れた逸材と評判だった土肥（高岡商）は、レギュラーにこそなれなかったものの、打率.311 だった 80 年に P V 11.0、通算でも 30.7。その打撃を落合博満が参考にしたことでも知られている。14 位の下位指名だった飯塚（鷺宮製作所）は 71 年に大洋へ移籍、73 年にロッテへ戻り、優勝した 74 年は正遊撃手として打率.271、23 盗塁、P V 10.0。77 年も.306、29 盗塁でP V 17.5 だった。

　茨城県庁からプロ入りした飯島は、陸上競技のオリンピック代表。代走専門の起用（23 盗塁、17 盗塁刺）で打席に一度も立たなかったため、117 試合に出場しながらP V は算出不可能となっている。8 位の三浦健二（日本石油）は 65 年西鉄 3 位、66 年巨人 4 位（二次）に次ぐ 3 度目の拒否で、とうとうプロ入りしなかった。

5. 中日（186.9）

順位	選手		在籍時のPV	通算PV	通算成績
1	星野仙一	投手	-10.9	-10.9	500 試合、146 勝 121 敗 34 S、3.60
2	水谷則博	投手	-4.8	-1.7	476 試合、108 勝 111 敗 2 S、4.01
3	大島康徳	内野手	151.9	108.8	2638 試合、.272、382 本、1234 打点
4	北野幸作	内野手	放棄		
5	三好真一	内野手	-5.1	-5.1	145 試合、.133、3 本、8 打点
6	竹田和史	投手	-14.5	-29.5	199 試合、12 勝 14 敗 5 S、4.44
9	島谷金二	内野手	35.0	105.6	1682 試合、.269、229 本、781 打点

明治大から1位指名で入団し、中日のエースとなった**星野**は2ケタPV4回。18勝を挙げた77年に自己最多の22.3、通算でも同年終了時点で44.0だった。しかしながら78年以降は5年続けてマイナス。防御率5.05だった80年の−20.6が響いて、最終的には−10.9まで下げている。地元・中京高出身の**水谷**は中日では1勝もできず、73年途中にロッテへトレードされてから2ケタ勝利4回の好投手に成長した。80年は11勝／防御率3.49（4位）でPV25.0、82年も14勝／2.95（5位）でPV21.8は8位に入った。**竹田**（育英高）は74年に5勝3セーブ、防御率3.21で優勝に貢献し、翌75年も57試合で5勝を挙げた。

6. 西鉄 （160.8）

順位	選手		在籍時のPV	通算PV	通算成績
1	東尾修	投手	160.1	160.1	697試合、251勝247敗23S、3.50
2	乗替寿好	投手	-13.2	-11.9	57試合、0勝7敗0S、5.18
3	宇佐美和雄	投手	出場なし		
4	阿部良男	外野手	-32.9	-34.1	485試合、.236、16本、73打点
5	春日一平	捕手	-0.7	-0.7	13試合、.000、0本、0打点
8	川野雄一	捕手	-8.3	-8.3	90試合、.106、0本、1打点
9	大田卓司	外野手	-23.3	-23.3	1314試合、.267、171本、564打点
11	秋葉敬三	投手	-4.6	-4.6	29試合、0勝5敗、4.25
14	高橋明	外野手	0.7	0.7	3試合、.500、0本、0打点

　16人を指名し8人が公式戦に出場。通算PVがプラスだったのは**東尾**だけだが、**大田**（津久見高）は20本塁打以上3回とパンチ力を発揮。100試合で24本打った81年に自己ベストのPV7.9で、82・83年もプラス。この両年はポストシーズンでも大活躍し、82年のプレーオフと83年の日本シリーズでMVPを受賞した。**阿部**（オール常磐）も72年に規定打席に到達し打率.256、20二塁打、7本塁打。15死球はリーグ最多だった。15位指名を拒否した片岡旭（クラレ岡山）は、翌年5位での再指名で入団している。

7. 東映 （55.7）

順位	選手		在籍時のPV	通算PV	通算成績
1	大橋穣	内野手	-20.3	-76.4	1372試合、.210、96本、311打点

2	加藤譲司	投手	出場なし		
3	宮本孝男	投手	-0.1	-0.1	2 試合、0 勝 0 敗、4.50
4	金田留広	投手	55.7	73.3	434 試合、128 勝 109 敗 2 S、3.25
5	中原勝利	内野手	-58.2	-58.2	760 試合、.215、7 本、89 打点
6	小山田健一	捕手	-1.5	-1.5	15 試合、.188、0 本、0 打点

　全体 1 位で指名した**大橋**は、東都リーグ新記録の 20 本塁打を放った強打者
だったが、プロでは長打力はあっても確実性が身につかず、プラスＰＶは 73 年
の 0.2 だけ。その代わり遊撃守備は名人級で、阪急へ移籍した後にダイヤモンド
グラブ賞を 7 年連続受賞。総合的に見れば好選手であったのは間違いない。**中原**
（電電九州）も打撃に難があって、71 年は 107 試合に出場するも打率 .201。内野
の控えとしては貴重な存在で、76・77 年にも 100 試合以上出ている。**小山田**（日
大山形高）は引退後にヤクルトのブルペン捕手を長い間務めた。

8. 南海（38.6）

順位	選手		在籍時 の PV	通算 PV	通算成績
1	富田勝	内野手	32.4	57.8	1303 試合、.270、107 本、451 打点
2	緒方修	投手	6.2	6.2	11 試合、1 勝 0 敗 0 S、1.50
3	松井優典	捕手	-7.7	-9.9	140 試合、.199、0 本、11 打点
4	藤原満	内野手	-51.5	-51.5	1354 試合、.276、65 本、413 打点
6	前田四郎	投手	-0.6	-0.6	3 試合、0 勝 0 敗、4.50
10	梅村好彦	捕手	-1.5	-1.5	30 試合、.063、0 本、0 打点

　11 人を指名し 9 人が入団と、これまでになく高い入団率になった。**富田**は 73
年に巨人へトレードされたが、交換で獲得した山内新一がエースとなったので、
南海にとって損はなかった。富田が定着できなかった三塁のレギュラーとなっ
たのは**藤原**（近畿大）。通算長打率 .368 とパワーに乏しかったため通算ＰＶはマ
イナスでも、確実性が高く打率 3 割 4 回、76 年の .302 はリーグ 2 位。同年（159
本）と 81 年（154 本）は最多安打、ＰＶは 76 年の 10.2 が最多だった。守備でも
ダイヤモンドグラブを 2 回受賞。**松井**（星林高）は選手としては大成しなかった
ものの、野村克也の信頼を得て、ヤクルト・阪神・楽天の監督時代に懐刀として
仕えた。

9. 近鉄 (26.9)

順位	選手		在籍時のPV	通算PV	通算成績
1	水谷宏	投手	-7.3	-7.3	116 試合、5 勝 12 敗 0 S、3.80
2	川島勝司	内野手	拒否		
3	岡田光雄	投手	5.9	5.9	61 試合、9 勝 11 敗 0 S、3.03
4	秋山重雄	内野手	-6.6	-6.6	113 試合、.173、2 本、8 打点
5	芝池博明	投手	21.0	12.1	184 試合、11 勝 13 敗 8 S、3.34
8	半田実	投手	-5.9	-5.9	49 試合、2 勝 5 敗 0 S、4.17
10	服部敏和	外野手	-30.3	-61.2	1241 試合、.243、27 本、160 打点

指名した 12 人中 10 人が大学・社会人の選手。1 位の**水谷**は 73 年に 41 試合で 5 勝を挙げたのがすべてだったが、5 位の**芝池**で挽回。専修大で東都リーグ史上最多の 87 登板、41 勝を挙げたサイドハンドは、リリーフ要員として 71 年に防御率 1.74/ P V 22.0。一旦太平洋へ移り、近鉄に戻ってきた 75 年も P V 11.0 だった。**服部**（日本楽器）も俊足好守の外野手として、70 年から 4 年連続で 100 試合以上出場し、73 年は打率 .321 で P V 8.8。2 位を拒否した**川島**（日本楽器）は社会人で活躍を続けたのち、指導者としても実績を積み、96 年アトランタ五輪では代表監督を務めた。

10. 巨人 (2.7)

順位	選手		在籍時のPV	通算PV	通算成績
1	島野修	投手	-11.4	-11.4	24 試合、1 勝 4 敗 0 S、5.05
2	田中章	投手	2.7	35.7	300 試合、36 勝 36 敗 9 S、3.10
3	矢部祐一	内野手	-0.1	-0.1	5 試合、.000、0 本、0 打点
4	吉村典男	投手	-2.7	-2.7	5 試合、1 勝 0 敗、5.25
6	杉山茂	捕手	-0.5	-0.5	58 試合、.243、0 本、7 打点
9	梅田邦三	内野手	-1.3	-39.9	760 試合、.216、3 本、71 打点

予備抽選で 8 番目とあって相思相愛だった田淵を取れず、さらには指名を約束していたとされる星野仙一ではなく**島野**を指名。通算 1 勝に終わった島野は、引退後は阪急／オリックスでマスコットの中の人としてファンを楽しませた。**田中**（日本通運）は巨人にいたのは 2 年だけで、71 年に西鉄へ移籍。主としてリリー

フで起用され、72年に防御率2.39/ ＰＶ20.8、74年まで3年連続2ケタＰＶだっ
た。**梅田**（日本新薬）も田中と同じくトレードで西鉄へ移り、73年は規定打席
に到達して33盗塁、リーグ最多の26犠打を決めた。

11. 大洋（0.1）

順位	選手		在籍時 のPV	通算 PV	通算成績
1	野村収	投手	-7.7	-97.1	579試合、121勝132敗8Ｓ、4.02
2	辻博司	投手	*		2試合
3	井上幸信	投手	*		1試合
4	鎌田幸雄	投手	出場なし		
5	長野哲	投手	0.1	0.1	1試合、0勝0敗、0.00

　8人指名し、うち7人が投手。プラスＰＶは一軍で1試合投げただけの**長野**
（熊谷組）の0.1と、事実上ゼロに等しい。駒澤大から1位で入団した**野村**も、2
ケタ勝利6回で通算121勝を挙げながら、通算ＰＶは大幅なマイナスだった。大
洋には3年いただけで72年ロッテ、74年には日本ハムへ移り、75年は最高勝率
のタイトルに輝く。78年にトレードで大洋へ戻り17勝で最多勝、ＰＶ29.4を記
録したが、2ケタＰＶはこの年だけ。逆にマイナスが2ケタだった年が8回あっ
た。**辻**（熊野高）と**井上**（尾道商）の一軍出場歴は偵察要員としてのものである。

12. サンケイ（0）

順位	選手		在籍時 のPV	通算 PV	通算成績
1	藤原真	投手	-28.5	-66.8	196試合、23勝48敗3Ｓ、4.21
2	溜池敏隆	内野手	-16.3	-17.4	172試合、.153、6本、16打点
3	詫摩和文	外野手	出場なし		
4	千藤和久	投手	拒否		
5	安木祥二	投手	-14.1	-66.2	445試合、33勝51敗4Ｓ、4.33
9	村越稔	捕手	-0.4	-0.4	17試合、.118、0本、0打点

　大豊作年にあって12球団で唯一、プラスＰＶの選手が一人もいない負け組
だった。前年に南海のいの一番指名を断り、全鐘紡に入社した**藤原**を1位で指名。
1年目は9勝したがＰＶ－17.4、アトムズ／スワローズには3年いただけで東映

へトレードされ、8年間でPVがプラスの年はなかった。**安木**（クラレ岡山）は変則フォームの左腕。75年に太平洋へトレードされて以降もロッテなどで長く投げ続け、80年に7勝。PVは83年の3.7が最高だった。

1969 年 〈合計ＰＶ 950.9 = 17 位〉

1	門田博光	424.4	南海2位	2571 試合、打率 .289、567 本塁打、1678 打点
2	谷沢健一	204.0	中日1位	1931 試合、打率 .302、273 本塁打、969 打点
3	神部年男	80.5	近鉄2位	370 試合、90 勝 89 敗 16 S、防御率 3.15
4	佐藤道郎	59.6	南海1位	500 試合、88 勝 69 敗 39 S、防御率 3.15
5	河埜和正	44.9	巨人6位	1430 試合、打率 .251、115 本塁打、416 打点
6	八重樫幸雄	33.3	アトムズ1位	1348 試合、打率 .241、103 本塁打、401 打点
7	松本幸行	24.7	中日4位	389 試合、111 勝 98 敗 3 S、防御率 3.53
8	三輪悟	23.9	西鉄2位	335 試合、17 勝 40 敗 2 S、防御率 3.48
9	荒川堯	15.8	大洋1位	225 試合、打率 .253、34 本塁打、98 打点
10	大矢明彦	11.2	アトムズ7位	1552 試合、打率 .245、93 本塁打、479 打点

　甲子園のスター太田幸司と、早稲田大の**荒川堯**、**谷沢健一**がビッグ３と目されていた。全体１位で中日が谷沢を指名したあと、太田に行くと思われた２番目の阪神は、すぐ使える投手が欲しいとの村山実監督の意向により、東海大の上田二朗を指名。そして３番目の大洋が荒川を強行指名という"事件"が発生した。

　東京六大学史上２位（当時）の 19 本塁打を放った強打の遊撃手である**荒川**は、義父の博が打撃コーチを務める巨人、もしくはアトムズへの入団を希望。大洋入団は拒否の姿勢を示し、その間に何者かに襲撃されケガを負う本物の事件に発展した。荒川は結局一旦大洋と契約したのち、半年後アトムズへトレード。72 年は 83 試合の出場ながら打率 .282、18 本塁打を放ってＰＶ 15.6 だったが、その後は暴行事件の後遺症とも見られる視力の減退もあって、75 年途中で引退した。

　三沢高の太田は、夏の甲子園で東北勢初の決勝進出を果たしただけでなく、松山商相手に延長 18 回を０点に封じる熱投。翌日の再試合で健闘空しく敗れ去った悲劇性に加え、甘いマスクの持ち主でもあったことから、その人気は国民的レベルに沸騰した。予備抽選で６番目の近鉄が指名し、こちらは無事に入団している。

　通算ＰＶでは**門田**が１位、**谷沢**が２位。この２人はドラフト同期で学年も同級

生であること以外にも、色々似た点がある。左打ちの右翼手であり、高卒時にドラフト指名されながらプロ入りを拒否。79年はともにアキレス腱断裂によりシーズンの大半を棒に振ったが、翌年に見事な復活を遂げ、最終的に名球会入りを果たした。職人肌の一匹狼的な性格で、高度な打撃技術の持ち主でありながら、プロでの指導者歴がほとんどない（谷沢が西武で2年コーチを務めただけ）のも共通項に挙げられる。

　ただし打者としてのタイプは違っていた。谷沢は長打力もあったが本質はアベレージヒッター。70年は打率.251、11本塁打、PV 4.8で新人王、76年に.355の高打率で首位打者となりPV 25.8（9位）。79年は前述の通り11試合しか出られなかったが、翌80年は打率.369、27本塁打と復活し、PV 45.1は2位だった。その後も84年に.329、自己最多の34本塁打でPV 27.6（9位）と活躍し続け、通算で6回打率3割をクリアした。

　対する門田は、3度の本塁打王に輝いたホームランバッターである。ただしそうなったのは大けがを負ってからで、キャリアの当初は谷沢に近いタイプの打者だった。クラレ岡山から南海に入団し、71年は打率.300、31本塁打、120打点、PV 30.8（10位）。以後7年間で3割5回、この間30本塁打以上は一度だけだった。73年から5年連続PV 20以上、77年は.313、25本、91打点でPV 37.3（2位）。79年に19試合の出場にとどまったのち、翌80年にホームラン狙いの打撃スタイルに変えて41本を量産すると、続く81年は44本で初タイトル、PV 41.4は2位。谷沢が86年を最後に引退した後も門田は打ち続け、40歳になった88年は44本塁打、125打点の二冠を制し、リーグ1位のPV 40.9でMVPを受賞。オリックスへ移った翌89年も9度目の3割となる.305、33本塁打でPV 33.8、44歳まで現役を続けた。

　投手は地味な好選手タイプが多い。68年都市対抗の橋戸賞投手・神部（富士鉄広畑）は、近鉄の主力投手となり72年は13勝、防御率2.39（2位）、PV 30.6（8位）。74年も防御率2.38で再び2位となりPV 18.6、75年にはノーヒットノーランを達成した。日本大で年間16勝の新記録を樹立、史上2人目の2季連続MVPにも輝いた佐藤は、南海でも1年目に18勝。防御率2.05も1位、PV 24.5で新人王に選ばれた。74年も防御率1.91で2度目の1位、PV 23.1（7位）。同年と76年の2度最多セーブになった。神部と佐藤の通算防御率は奇しくも同じ3.15である。

　テンポの良さが持ち味だった松本（デュプロ印刷）は、73年に14勝／PV 16.0、中日が優勝した翌74年は20勝で最多勝と最高勝率の二冠。ただしPVは

11.0 で、17 勝を挙げた翌 75 年の 26.6（7 位）が最多だった。阪急に移った 80 年も 10 勝、4 度目の 2 ケタとなる Ｐ Ｖ 11.8 を記録している。

　アトムズは将来の正捕手を 2 人指名した。最初にレギュラーになったのは駒澤大から 7 位指名で入団した**大矢**。72 年は打率 .269/ Ｐ Ｖ 15.8、74 年は 13 本塁打を放つなど打力もまずまずだったが、一番の武器は強肩。4 回盗塁阻止率でリーグ 1 位となり、ダイヤモンドグラブに 6 度選ばれた。大矢の 4 歳年下で、指名順位はずっと上の 1 位だった**八重樫**（仙台商）は、長い間控えだったが大矢に代わり 84 年に 33 歳で正捕手となる。独特のオープンスタンスで同年 18 本塁打、Ｐ Ｖ 12.4、翌 85 年はスワローズの捕手で初の打率 3 割（.304）。Ｐ Ｖ 29.0 でベストナインに選ばれた。

球団別

1. 南海（459.2）

順位	選手		在籍時のPV	通算PV	通算成績
1	佐藤道郎	投手	72.7	59.6	500 試合、88 勝 69 敗 39 S、3.15
2	門田博光	外野手	382.4	424.4	2571 試合、.289、567 本、1678 打点
3	山本功児	内野手	拒否		
4	藪上敏夫	投手	4.1	4.1	10 試合、0 勝 0 敗、1.59
5	中山孝一	投手	-0.9	-4.6	152 試合、33 勝 41 敗 0 S、3.54
7	堀井和人	外野手	-3.1	-3.1	386 試合、.207、3 本、11 打点

　ドラフトでは失敗続きだった南海が、この年に限っては 12 球団一の成功を収めた。**佐藤**と**門田**だけでなく、下位でも**中山**（サッポロビール）は 74 年に 8 勝/ Ｐ Ｖ 7.2、力のある速球で 75・76 年は 2 年連続 2 ケタ勝利を挙げた。**堀井**（法政大）は南海ＯＢの堀井数男の息子。通算 1513 安打の父には遠く及ばなかったが、守備・代走要員として通算 48 盗塁を決めた。3 位拒否の**山本**（三田学園高）はその後巨人、ロッテで活躍した。

2. 中日（231.3）

順位	選手		在籍時のPV	通算PV	通算成績
1	谷沢健一	外野手	204.0	204.0	1931 試合、.302、273 本、969 打点
2	渡部司	投手	-21.1	-21.1	42 試合、3 勝 4 敗 0 S、5.75

3	西田暢	内野手	-5.4	-5.4	165 試合、.206、2 本、7 打点
4	松本幸行	投手	27.3	24.7	389 試合、111 勝 98 敗 3 S、3.53
7	金山仙吉	捕手	-7.9	-7.9	317 試合、.199、19 本、48 打点
8	渋谷幸春	投手	-25.2	-32.9	214 試合、42 勝 47 敗 0 S、3.49

松本に加え、石川島播磨重工の渡部、四国電力の渋谷と 3 人の社会人投手が入団。渡部は振るわなかったが、渋谷は下位指名ながら変則フォームで 1 年目から9 勝、PV 5.4。71 年 10 勝、73 年は 6 完封を含む 11 勝を稼いだが、その後 3 年間で PV－31.4 と急降下した。金山（中京商）も控え捕手として一定の貢献があり、通算 462 打数で 19 本塁打。打撃投手となった渡部ともども、引退後も長く球団に残った。

3. 近鉄（85.0）

順位	選手		在籍時のPV	通算PV	通算成績
1	太田幸司	投手	-64.7	-64.7	318 試合、58 勝 85 敗 4 S、4.05
2	神部年男	投手	85.0	80.5	370 試合、90 勝 89 敗 16 S、3.15
3	西村俊二	内野手	-42.3	-42.3	845 試合、.222、16 本、122 打点
4	鈴木香	外野手	拒否		
5	石山一秀	捕手	-0.7	-0.7	215 試合、.222、1 本、8 打点
6	佐藤竹秀	外野手	-7.7	-10.5	364 試合、.219、24 本、94 打点

太田は最初の 3 年で 3 勝、PV－11.6 だったが、4 年目から先発ローテーション入り。同年は 6 勝 14 敗ながら PV 7.4 は自己最高、75 年の 12 勝を最多として3 回 2 ケタ勝利を挙げた。西村（河合楽器）は 74 ～ 78 年に準レギュラー二塁手として 5 年連続で 100 試合以上に出場。石山は平安高を出た後、1 年間近鉄の球団職員として練習生扱いで在籍。現役最終打席で初本塁打を打った選手として知られ、その後もブルペン捕手やコーチとして働き、韓国プロ野球の監督にもなった。

佐藤（日本軽金属）は 75 年に 71 試合で 11 本塁打と長打力を発揮、同年は PV 4.3。79 年に神部らとともに、チャーリー・マニエルを獲得するための交換要員としてヤクルトへ移籍した。7 位の八塚幸三（四国電力）は 66 年サンケイ 11位、68 年ロッテ 5 位に次ぐ 3 度目の入団拒否で、プロ入りせずに終わった。

4. 巨人 （47.9）

順位	選手		在籍時のPV	通算PV	通算成績
1	小坂敏彦	投手	-15.2	-27.6	105 試合、9 勝 8 敗 2 S、4.74
2	阿野鉱二	捕手	3.0	3.0	89 試合、.223、5 本、14 打点
3	萩原康弘	外野手	-6.2	-10.0	707 試合、.238、20 本、114 打点
4	大竹憲治	内野手	-0.3	-0.3	34 試合、.229、1 本、4 打点
5	佐藤政夫	投手	—	0.6	418 試合、14 勝 27 敗 8 S、3.96
6	河埜和正	内野手	44.9	44.9	1430 試合、.251、115 本、416 打点
10	松尾輝義	投手	-1.6	-1.6	5 試合、0 勝 0 敗 0 S、5.14

　1・2位で小坂と阿野の早稲田大バッテリーを指名するも、いずれもプロでは大成できずじまい。河埜（八幡浜工）は正遊撃手となり、77年に打率.294でPV 20.4、ベストナインにも選ばれる。通算では4回2ケタPVを記録した。萩原（中央大）は広島へ移籍した76年に打率.341、PV 7.8。80年も124打数で7本塁打を放ちPV 5.4、巨人と合わせて6度の優勝を経験した。佐藤（電電東北）は1年在籍しただけで、トレード会議を経てロッテへ移籍。左の中継ぎとして息の長い投手になり、81年は大洋でリーグ最多の57試合で6勝、防御率2.72/PV 12.9。ロッテに復帰した85年は防御率1.90、PV 14.6だった。

5. アトムズ （48.0）

順位	選手		在籍時のPV	通算PV	通算成績
1	八重樫幸雄	捕手	33.3	33.3	1348 試合、.241、103 本、401 打点
2	西井哲夫	投手	-9.4	-16.5	542 試合、63 勝 66 敗 20 S、3.73
3	長井繁夫	内野手	-5.6	-5.6	116 試合、.187、1 本、7 打点
4	佐々木辰夫	内野手	拒否		
5	井原慎一郎	投手	-19.8	-19.8	314 試合、42 勝 45 敗 15 S、4.02
6	外山義明	投手	-13.2/-3.5	-18.3/-5.0	83 試合、9 勝 22 敗 0 S、3.50/251 試合、.219、9 本、43 打点
7	大矢明彦	捕手	11.2	11.2	1552 試合、.245、93 本、479 打点
8	内田順三	外野手	-7.7	-21.1	950 試合、.252、25 本、182 打点
10	松村憲章	投手	-5.3	-5.3	18 試合、0 勝 0 敗 1 S、5.52

前年までのサンケイから、企業名を外しこの年だけ球団名はアトムズ。14 人の大量指名で 9 人が入団、6 人が一軍の戦力となった。宮崎商で評判の好投手だった**西井**は 74 年に 11 勝、防御率 3.18。80 年は防御率 2.73、自己ベストのＰＶ 8.0 だった。速球自慢の**井原**（丸亀商）は 78 年に 10 勝／ＰＶ 12.8 で初優勝の一翼を担った。

駒澤大で**大矢**と同期の**内田**は、71 年に打率 .307／ＰＶ 12.5、日本ハムを経て広島へ移籍した 77 は 80 試合で打率 .331。引退後は打撃コーチの手腕を高く評価された。**外山**（クラレ岡山）は三原修監督に投打二刀流として起用され、71 年は投手として 5 勝／ＰＶ − 5.2、打者では 20 安打、3 本塁打、ＰＶ 0.2。南海移籍後の 75 年以降は登板がなかった。**佐々木**（四国電力）は 67 年中日 7 位、68 年近鉄 12 位に次ぐ 3 度目の指名で、今回もプロ入りは選ばなかった。

6. 広島 （11.9）

順位	選手		在籍時のPV	通算PV	通算成績
1	千葉剛	投手	-1.7	-1.7	7 試合、0 勝 2 敗 0 S、4.50
2	渋谷通	内野手	-2.9	-6.7	305 試合、.233、14 本、49 打点
3	上垣内誠	外野手	-30.2	-47.8	667 試合、.230、24 本、108 打点
4	森永悦弘	投手	拒否		
5	小林正之	内野手	-6.9	-6.9	103 試合、.172、0 本、4 打点
6	西沢正次	捕手	11.9	8.6	418 試合、.246、16 本、76 打点

本人も驚きの 1 位指名だった**千葉**（日鉱日立）は、制球難で 1 勝もできず退団。**上垣内**（河合楽器）は 73・74 年に 100 試合以上出場、レギュラーの一歩手前だったが、広島商の同級生だった大下剛史との交換で、75 年に日本ハムへトレード。このとき一緒に移籍したのが**渋谷**（平安高）で、72 年は 30 試合の出場ながら打率 .300 でＰＶ 4.3。しかしその後この数字を超えることはなかった。**西沢**（河合楽器）は 74 年に正捕手となり打率 .267、6 本塁打、ＰＶ 8.7。だがこちらも 75 年に太平洋へトレードされ、3 人ともカープの初優勝を味わえなかった。

7. 阪急 （7.0）

順位	選手		在籍時のPV	通算PV	通算成績
1	三輪田勝利	投手	5.8	5.8	23 試合、4 勝 0 敗、2.31

2	国岡恵治	投手	1.2	1.2	10 試合、0 勝 0 敗 0 S、2.81
3	宇野輝幸	捕手	-2.6	-3.0	176 試合、.190、2 本、11 打点
4	田中末一	外野手	-0.6	-0.6	3 試合、.000、0 本、0 打点
7	岡本一光	投手	-3.6	-3.6	148 試合、.231、6 本、15 打点

　千葉を狙っていたが広島に取られ、**三輪田**を指名。67 年に近鉄の 1 位指名を拒否して大昭和製紙に入社、2 度目の 1 位指名でのプロ入りとなった。だが阪急投手陣の層の厚さに阻まれ、登板機会に恵まれないまま 4 年で現役を引退。その後スカウトとなってイチローを指名したこと、在職中に自殺を遂げたことでも有名である。**宇野**（日大一高）は、77 年に 59 試合に出たのが最多。**岡本**（興国高）は外野手に転向し、79 年に 64 試合で 4 本塁打を放った。

8. 西鉄（6.2）

順位	選手		在籍時 の PV	通算 PV	通算成績
1	泉沢彰	投手	1.5	1.5	34 試合、1 勝 5 敗 0 S、3.45
2	三輪悟	投手	4.7	23.9	335 試合、17 勝 40 敗 2 S、3.48
3	阪口忠昭	投手	-9.6	-9.6	57 試合、1 勝 5 敗 0 S、4.43
4	西島正之	内野手	拒否		
5	片岡旭	捕手	-16.5	-15.3	716 試合、.239、36 本、139 打点
6	山本秀樹	投手	-4.9	-4.9	14 試合、0 勝 1 敗、5.63
8	柳田豊	投手	-20.3	-15.6	531 試合、110 勝 140 敗 30 S、3.97

　全体 5 番目指名の**泉沢**（盛岡鉄道管理局）は制球力の良いサイドスローで、社会人ナンバーワン投手と言われていたが、8 年間在籍しルーキーシーズンの 1 勝のみ。主力として活躍した 3 選手も、好成績を残したのはみなライオンズを退団してからだった。**三輪**（電電信越）は 1 年目から 7 勝、ＰＶ 16.8 の好スタート。以後 3 年はマイナスＰＶだったが、75 年に広島へ移籍してからはリリーフで安定した数字を残し、引退するまでＰＶはずっとプラスだった。

　のちに登録名を**新之介**と改めた**片岡**（クラレ岡山）は、72 年に 111 試合に出場するも正捕手とはなりきれず、阪神移籍後の 77 年に 10 本塁打、ＰＶ 7.5。**柳田**（延岡商）はライオンズでの 5 年間で 16 勝だったが、75 年に近鉄へ移籍してから 2 ケタ勝利 5 回。76 年に防御率 2.57／ＰＶ 17.7、自己最多の 13 勝を挙げた 80 年もＰＶ 14.0。通算ＰＶはマイナスながら、110 勝は松本幸行に次いでこの年

の指名選手で2番目の数字だった。

9. 大洋 (3.6)

順位	選手		在籍時のPV	通算PV	通算成績
1	荒川堯	内野手	—	15.8	225試合、.253、34本、98打点
2	間柴富裕	投手	-38.7	-21.6	500試合、81勝83敗2S、4.14
3	谷岡潔	内野手	-8.1	-9.8	118試合、.143、2本、6打点
4	松島英雄	投手	-0.7	-0.7	25試合、0勝2敗0S、3.55
5	石幡信弘	投手	3.6	3.6	25試合、0勝1敗、2.18

　荒川がトレードされたので、実質的には2位の**間柴**（比叡山高）が最上位。大洋では75〜77年にかけ13連敗を喫したこともあったが、78年に日本ハムへ移籍して間柴茂有と改名後は好投手に変身。80年は10勝、PV 17.1、翌81年はPV 9.1ながら15勝0敗で、勝率10割。83年にも10勝を挙げ自己ベストのPV 20.1、日本ハム時代の11年間はPV 20.8だった。甲子園で2本塁打を放ち注目された**谷岡**（松山商）は大成せず、静岡商の同級生・新浦壽夫以上に評価する声があった**松島**も1勝もできなかった。

10. 東映 (0.2)

順位	選手		在籍時のPV	通算PV	通算成績
1	片岡建	投手	-2.4	-2.4	33試合、0勝1敗0S、4.12
2	中原勇	投手	-14.8	-14.8	104試合、5勝6敗0S、4.50
3	渡辺弘基	投手	拒否		
4	岩崎清隆	投手	-8.9	-8.9	8試合、0勝2敗0S、6.84
5	猿渡寛茂	内野手	-5.2	-5.2	164試合、.244、0本、8打点
6	岡持和彦	投手	0.2/ -14.1	0.2/ -14.1	2試合、0勝0敗、3.00 1218試合、.260、78本、332打点
7	瓜生秀文	投手	-14.6	-14.6	12試合、0勝1敗、9.38

　上位3名は大学・社会人の投手と即戦力志向だったが、3位の**渡辺**（亜細亜大）には入団拒否され、1位の**片岡**（リッカー）も未勝利のまま引退。**中原**（日鉱佐賀関）は71年に43試合に登板するなど、左の中継ぎとして使われたが結果は

今一つだった。一番成功したのは、1年目に2試合登板したのち外野手に転向した**岡持**（立教高）。レギュラーにこそなれなかったものの、代打本塁打13本は球団記録。85年は打率.291で10本塁打、.309/OPS.878だった87年のPV 12.4が最多だった。**猿渡**（三菱重工長崎）は引退後、日本ハムとヤクルトで30年以上コーチとして働いた。

10. 阪神 (O)

順位	選手		在籍時のPV	通算PV	通算成績
1	上田二朗	投手	-30.6	-59.4	316試合、92勝101敗3S、3.95
2	林伸男	外野手	拒否		
3	但田裕介	投手	出場なし		
4	上西博昭	投手	拒否		
5	佐藤正治	外野手	-21.1	-21.1	485試合、.216、2本、22打点
7	池島和彦	投手	-0.8	-0.8	29試合、3勝4敗、3.46

　阪神が第一希望だった**上田**は1年目から9勝、73年はリーグ3位の22勝を挙げPV 24.8（9位）。ただしその他の年は、12勝した76年（0.2）以外すべてマイナスPVだった。2〜4位では2人が入団拒否、3位の**但田**（堀越高）も一軍出場なし。**佐藤**（河合楽器）は70・71年に合計30盗塁を決めたが、76年に南海へのトレードを拒んで引退した。**池島**（明治大）は72年の3勝が一軍でのすべての勝利だった。

10. ロッテ (O)

順位	選手		在籍時のPV	通算PV	通算成績
1	前田康雄	投手	-15.1	-19.4	60試合、1勝7敗0S、5.85
2	小金丸満	内野手	-0.6	-4.0	51試合、.114、0本、0打点
3	藤沢公也	投手	拒否		
4	問矢福雄	内野手	-3.0	-3.4	39試合、.132、1本、2打点
6	藤井信行	外野手	-1.2	-5.0	101試合、.198、5本、16打点

　東京からロッテに球団名が変わって最初のドラフト。東京六大学記録の通算47勝を挙げた山中正竹（法政大）の指名を検討していたが、本人にプロ入りの

意思がなく断念した。1・2位で電電四国の投打の主力を指名するも、2人とも活躍できないまま74年に**前田**は太平洋、**小金丸**は大洋へ移籍。3位も同じく愛媛県の八幡浜高・**藤沢**を指名したが拒否され、藤沢にとっては4度にわたる入団拒否の1回目となった。

1970 年 〈合計ＰＶ 634.9 ＝ 31 位〉

1	若松勉	299.0	ヤクルト 3 位	2062 試合、打率 .319、220 本塁打、884 打点
2	杉浦享	193.2	ヤクルト 10 位	1782 試合、打率 .284、224 本塁打、753 打点
3	金城基泰	47.4	広島 5 位	461 試合、68 勝 71 敗 92 Ｓ、防御率 3.33
4	稲葉光雄	37.7	中日 2 位	331 試合、104 勝 80 敗 2 Ｓ、防御率 3.44
5	柏原純一	22.6	南海 8 位	1642 試合、打率 .268、232 本塁打、818 打点
6	淡口憲治	20.3	巨人 3 位	1639 試合、打率 .275、118 本塁打、474 打点

　1 位指名 12 名中 1 人が入団拒否、2 人は一軍出場なし。残る 9 名も通算ＰＶ 10 以上は皆無で「近年にない不作」との事前の評価通りだった。球団別でもＰＶ 100 以上はヤクルトだけ、20 以上も他には巨人だけだった。

　一人勝ちのヤクルトは、**若松**（電電北海道）が史上屈指の名打者に成長した。2 年目の 72 年に打率 .329 で首位打者となりＰＶ 26.4、77 年も .358 で 2 度目のタイトル。同年はＰＶ 41.3（4 位）、スワローズが初優勝しＭＶＰを受賞した 78 年もＰＶ 35.6（5 位）。自己最多は 80 年（打率 .351、15 本塁打）の 39.0（3 位）だった。通算では 3 割 12 回、終身打率 .319 は 4000 打数以上の日本人打者で 2 位である。

　10 位指名の**杉浦**（愛知高）は打球の速さで有名。79 年に 22 本塁打を放ちＰＶ 21.8、以後ＰＶ 20 以上が 5 回。80 年（打率 .311、20 本）はＰＶ 32.8（6 位）、85 年は .314、34 本でＰＶ 47.6 は 3 位、スワローズの日本人野手の新記録にもなった。

　下位指名組では、南海 8 位の**柏原**（八代東高）が日本ハムにトレードされた 78 年に 24 本塁打（ＰＶ 11.1）、以後 6 年間で 5 回 20 本以上。この間唯一 20 本未満だった 81 年は打率 .310/ 出塁率 .415、ＰＶ 17.1 で優勝に貢献した。ただしＰＶは日本ハム時代ではなく、阪神に移った 86 年（.313、17 本）の 18.5 が最多だった。

　南海は全体 1 位で、準地元である和歌山・箕島高の島本講平を指名。2 番目の巨人が岐阜短大付の湯口敏彦、3 番目の広島は広陵高・佐伯和司と、「高校三羽

烏」が順当に上位 3 位までに指名された。だが島本は打者に転向、湯口は現役中に急逝し、投手として活躍したのは佐伯だけだった。

　広島 5 位指名の**金城**（此花商）は、74 年にリーグ最多の 20 勝を挙げたが同年はＰＶ－2.9。広島時代は通算－7.5 で、77 年に南海へ移籍すると 10 勝、防御率 2.51 でＰＶ 18.9。78 年からは抑えを任され、79 年に 16 セーブ（1 位）、82 年も 21 セーブと好成績を残し、通算ＰＶ 47.4 はこの年指名された投手では最多。これに次ぐのが**稲葉**（日本軽金属）で、中日に入団し 1 年目は 6 勝、防御率 1.06 でＰＶ 13.5。翌 72 年は 20 勝、ＰＶ 20.2、阪急に移籍した 77 年も 17 勝で自己最多タイのＰＶ 20.2。通算では 5 回 2 ケタＰＶを記録した。

球団別

1. ヤクルト（492.2）

順位	選手		在籍時のPV	通算PV	通算成績
1	山下慶徳	外野手	-22.6	-40.2	855 試合、.237、59 本、217 打点
2	三橋豊夫	投手	-1.0	-1.0	1 試合、0 勝 0 敗 0 S、***
3	若松勉	外野手	299.0	299.0	2062 試合、.319、220 本、884 打点
4	渡辺進	内野手	-23.9	-23.9	1058 試合、.245、93 本、328 打点
7	植原修平	外野手	-1.1	-1.1	13 試合、.000、0 本、0 打点
8	会田照夫	投手	-56.3	-56.3	273 試合、29 勝 45 敗 3 S、4.34
10	杉浦享	投手	193.2	193.2	1782 試合、.284、224 本、753 打点
16	大木勝年	投手	-2.5	-2.5	20 試合、1 勝 0 敗 0 S、4.15

　16 名の大量指名で 12 人が入団。若松と杉浦だけではなく、**渡辺**（銚子商）も 80 年に正二塁手となり、翌 81 年に 16 本塁打でＰＶ 9.8。83 年は 19 本塁打を放った。**会田**（三協精機）も最初の 3 年間はＰＶ－41.5 だったが、74 年以降 4 年連続プラスと盛り返し、76 年に 10 勝を挙げた。1 位の**山下**（河合楽器）は 73 年に全試合出場し 112 安打を放つも、その後尻すぼみで 79 年に南海へ移籍、81 年に再びヤクルトへ戻った。12 位指名を拒否した倉持明（横浜第一商）は、ロッテで活躍したのち現役最後の 83 年をヤクルトで過ごした。早稲田大で 9 連続奪三振の東京六大学記録保持者の**大木**は、この年のどん尻指名ながら一軍でも勝ち星を挙げた。

2. 巨人 (46.7)

順位	選手		在籍時のPV	通算PV	通算成績
1	湯口敏彦	投手	出場なし		
2	大北敏博	内野手	0.2	0.0	40試合、.219、1本、4打点
3	淡口憲治	外野手	46.5	20.3	1639試合、.275、118本、474打点
4	樋沢良信	内野手	出場なし		
6	高橋英二	内野手	*		1試合

　湯口は一軍で出場することなく、3年目のキャンプ中に急死を遂げる。大器と評判で、早稲田大進学志望のところを強行指名した**大北**（高松商）も通算7安打だったが、代わりに**淡口**（三田学園高）が活躍。規定打席に到達したのは83年だけでも、同年を含め100打席以上で打率.290以上が7回。自己最高の.313、14本塁打だった81年はPV16.2だった。

3. 中日 (12.2)

順順位	選手		在籍時のPV	通算PV	通算成績
1	氏家雅行	投手	出場なし		
2	稲葉光雄	投手	12.2	37.7	331試合、104勝80敗2S、3.44
3	三沢淳	投手	-24.9	-11.7	505試合、107勝106敗6S、3.81
4	村上義則	投手	-0.3	-0.3	20試合、1勝1敗0S、3.94
5	伊藤泰憲	外野手	-11.7	-12.0	351試合、.218、15本、41打点
6	堂上照	投手	-36.0	-36.0	320試合、35勝49敗7S、4.36
7	盛田嘉哉	外野手	*		51試合

　岐阜出身で中日入りを望んでいた湯口を取れず、愛知・大府高の**氏家**を指名したが、5年在籍して一軍出場なし。だが**稲葉・三沢・堂上**の3人で合計246勝と充分に挽回した。三沢（江津工）はすぐには入団せず、新日鉄広畑に入社し、71年の都市対抗で小野賞を受賞したのち入団。73年に10勝、防御率2.56（9位）／PV6.7、78年に12勝でPV17.6。2ケタ勝利を5回記録した。

　堂上（電電北陸）は78年にリーグワーストの18敗を喫したが、82年は28試合の登板ながら防御率1.25／PV15.8で優勝に貢献。引退後は球団寮長となり、息子2人も中日入りした。**伊藤**（三重高）は長打力があり、76年5本塁打、78

年も 6 本を放ったが確実性が身につかなかった。代走専門の**盛田**（名城大）は通算 51 試合に出場、16 盗塁を決めながら打席には 1 回も立たず、守備にもつかなかった。

4. 東映 (9.4)

順位	選手		在籍時のPV	通算PV	通算成績
1	杉田久雄	投手	-31.0	-61.8	141 試合、19 勝 39 敗 0 S、4.88
2	井上圭一	投手	拒否		
3	江俣治夫	内野手	拒否		
4	船田政雄	外野手	-0.5	-0.5	23 試合、.182、0 本、1 打点
5	皆川康夫	投手	9.4	9.6	173 試合、26 勝 28 敗 12 S、3.46
6	日高晶彦	投手	-0.2	-0.2	11 試合、.273、0 本、0 打点
7	大沢勉	捕手	-1.2	-1.2	30 試合、.200、0 本、1 打点

「東映は好きな球団」と言っていた**杉田**は、即戦力と期待されながらも最初の 5 年間で 1 勝。76 年に 5 勝を挙げたが、78 年にドラフト同期の柏原との交換で南海へ移籍した。杉田と同じ中央大出身の**皆川**（富士重工）は 71 年に 11 勝、PV 8.7 で新人王を受賞。75 年も 8 勝 10 セーブ、防御率 2.20 で P V 11.6 の好成績を残した。**船田**と**日高**の広島商コンビは一軍の戦力にはなれなかった。8 位では佐々木恭介（新日鉄広畑）を取り逃している。

5. 広島 (5.8)

順位	選手		在籍時のPV	通算PV	通算成績
1	佐伯和司	投手	5.8	-14.1	302 試合、88 勝 100 敗 2 S、3.62
2	永本裕章	投手	-15.1	-26.0	217 試合、27 勝 29 敗 3 S、4.19
3	石井高雄	外野手	出場なし		
4	前田三郎	捕手	-0.1	-0.1	2 試合、.000、0 本、0 打点
5	金城基泰	投手	-7.5	47.4	461 試合、68 勝 71 敗 92 S、3.33
7	守岡茂樹	外野手	-10.2	-10.2	242 試合、.249、1 本、19 打点

　メジャーからも誘われた**佐伯**は、地元選手でありながら一番希望は大洋だった。73 年に 19 勝、防御率 2.30/ P V 21.6、75 年も 15 勝、P V 12.9。同年は**永本**（盈

進高）も 28 試合に登板。**金城**と合わせて 3 人がカープ V1 の力になった。だが 2 年後の 77 年には、佐伯が日本ハム、永本が阪急、金城が南海と揃ってパ・リーグへトレードされた。永本は 79 年に防御率 2.55／ＰＶ 13.6、82 年は 15 勝しＰＶ 10.4。佐伯は日本ハムでも 2 度 2 ケタ勝利を挙げ、81 年に広島へ復帰した。

6. 南海 （5.2）

順位	選手		在籍時 の PV	通算 PV	通算成績
1	島本講平	投手	0.2	-25.3	828 試合、.243、60 本、232 打点
2	矢部徳美	内野手	-0.4	-0.4	1 試合、.000、0 本、0 打点
3	門田純良	投手	0.5	-0.1	21 試合、2 勝 1 敗 1 S、3.72
4	池内豊	投手	-3.1	4.5	452 試合、31 勝 31 敗 30 S、3.92
5	阪田隆	外野手	-7.6	-7.6	462 試合、.212、0 本、20 打点
6	黒田正宏	捕手	-26.5	-47.6	586 試合、.197、16 本、69 打点
8	柏原純一	外野手	4.5	22.6	1642 試合、.268、232 本、818 打点

　端正な顔立ちで甲子園のアイドルとなった**島本**は、打者に転向するも南海では 4 年間で 16 試合の出場。75 年近鉄へ移籍、76 年にレギュラーとなったがＰＶは 80 年の 5.9（打率 .351、5 本塁打）が最高だった。**池内**（志度商）も**柏原**、島本と同様に南海から出たあとに活躍。阪神時代の 78 年に 9 勝、ＰＶ 9.0、80 年と 82 年はリーグ最多登板だった。**黒田**（本田技研鈴鹿）は野村克也が退団した 78 年に正捕手となったが、打撃が弱くプラスＰＶの年はなかった。俊足の**阪田**（三菱重工神戸）は代走・守備固めで主に起用され、75 年に 56 試合で 14 盗塁を決めている。

7. 阪急 （0.6）

順位	選手		在籍時 の PV	通算 PV	通算成績
1	小松健二	外野手	-7.2	-10.8	246 試合、.183、5 本、10 打点
2	今井雄太郎	投手	-28.5	-36.1	429 試合、130 勝 112 敗 10 S、4.28
3	小関康雄	投手	拒否		
4	細川安雄	捕手	-1.8	-1.8	55 試合、.176、0 本、3 打点
8	大西忠	外野手	0.6	0.6	2 試合、.500、0 本、0 打点
9	三宅昇	外野手	-0.1	-0.1	1 試合、.000、0 本、0 打点

通算130勝、81年（19勝）と84年（21勝）の2度最多勝となった**今井**（新潟鉄道管理局）の通算ＰＶはマイナス。完全試合を達成した78年にリーグ5位の27.1、84年は34.9（4位）と大幅なプラスだった年もあった一方、実働21年中16年はマイナスで、良い年と悪い年の差が大きかった。強打の外野手と期待された**小松**（大昭和製紙）は、阪急では2本塁打のみ。7位を拒否した福間納（松下電器）は、8年後の78年に1位指名でロッテに入団した。

8. 近鉄（0）

順位	選手		在籍時のPV	通算PV	通算成績
1	市橋秀彦	投手	-0.2/—	-0.2/-1.0	1試合、0勝0敗0S、4.50/24試合、.192、1本、3打点
2	石渡茂	内野手	-4.6	-12.0	1176試合、.249、53本、280打点
3	中沢春雄	内野手	-1.9	-1.9	36試合、.091、0本、0打点
4	窪田欣也	外野手	拒否		
5	佐野勝稔	内野手	-12.2	-12.2	145試合、.209、0本、6打点
6	寺田吉孝	捕手	-2.0	-4.3	118試合、1本、10打点

　大型投手の**市橋**（九州工）は5年在籍し、74年に1試合登板したのみ。76年に日本ハムへ移って打者に転向、一軍出場のないまま79年にロッテへ移籍し、12年目／現役最後の82年に初本塁打を放った。**石渡**（中央大）は正遊撃手になり、76年から4年連続でプラスＰＶ。77年と79年はいずれもＰＶ7.9でベストナインに選ばれている。9位指名を拒否した新井鐘律（ＰＬ学園）は、その後南海で主力打者となったのち、86年にトレードで近鉄に加入した。

8. 大洋（0）

順位	選手		在籍時のPV	通算PV	通算成績
1	野口善男	内野手	-23.2	-23.2	447試合、.150、2本、11打点
2	佐藤守	投手	拒否		
3	清水透	内野手	拒否		
4	鵜沢達雄	投手	-16.5	-17.2	84試合、7勝11敗1S、4.65

　7人を指名しながら5人に拒否され、入団したのは**野口**と**鵜沢**の2人だけ。法

政大の二塁手で、「高田繁と土井正三を足して2で割ったタイプ」と言われていた野口は、9年間で一度もプラスＰＶがなく引退。フロント入りし球団取締役まで出世した。**鵜沢**（成東高）は1年目に5勝を挙げるも、以後5年で2勝を追加したのみ。**清水**（河合楽器）は拒否したが、2年後の再指名で入団している。

8. 西鉄 (0)

順位	選手		在籍時のPV	通算PV	通算成績
1	高橋二三男	外野手	-31.1	-37.0	491 試合、.243、7 本、51 打点
2	伊原春植	内野手	-14.4	-24.1	450 試合、.241、12 本、58 打点
3	豊倉孝治	投手	-5.0	-5.0	3 試合、0 勝 0 敗、12.60
4	永田哲也	投手	出場なし		
5	米山哲夫	内野手	-4.2	-4.4	183 試合、.221、7 本、38 打点
7	小松時男	外野手	-0.5	-0.5	30 試合、.158、2 本、5 打点

　高橋（新日鉄広畑）は1年目からレギュラーで起用され22盗塁を決めたが、確実性・長打力のいずれも足りずＰＶは－13.2。76年にロッテへトレードされた。**伊原**（芝浦工大）も72年に118試合に出たが、打率.241、7本塁打でＰＶ－8.0。高橋と同じ76年に巨人へトレードされたのち78年に復帰、引退後は三塁コーチとして名を上げたのち、西武とオリックスで監督を務めた。

8. 阪神 (0)

順位	選手		在籍時のPV	通算PV	通算成績
1	谷村智博	投手	-39.9	-57.0	393 試合、72 勝 82 敗 5 S、4.12
2	末永正昭	内野手	-5.0	-5.0	231 試合、.191、1 本、4 打点
3	楠本英雄	外野手	-0.2	-0.2	1 試合、.000、0 本、0 打点
4	船見信幸	内野手	拒否		
5	才田修	内野手	*		1 試合
6	小川清一	投手	-3.2	-16.1	75 試合、6 勝 3 敗 0 S、4.29
9	勝亦治	捕手	*		2 試合

　前年に続き即戦力志向の指名。**谷村**（鐘淵化学）は72年に11勝、防御率2.26（2位）、ＰＶ25.2（9位）の好成績。その後75・76年も2ケタ勝利を挙げたが、

77・78 年に合計ＰＶ - 45.7 と大きく数字を落とした。代走要員だった**末永**（熊谷組）は、引退後フロント入りし編成部長まで昇進。**小川**（大分商）は阪神には2 年いただけで、ロッテに移籍後 6 勝を挙げた。

8. ロッテ（0）

順位	選手		在籍時のＰＶ	通算ＰＶ	通算成績
1	樋江井忠臣	投手	拒否		
2	浜浦徹	投手	-0.6	-71.3	103 試合、11 勝 22 敗 1 S、5.26
3	中村順二	投手	出場なし		
4	加藤邦彦	投手	出場なし		

　この年のリーグ優勝チームのドラフトは散々だった。1 位の**樋江井**（中京高）は「湯口以上の大型左腕」との評価も入団拒否。三協精機に入社し、72 年の巨人 8 位指名も拒んでプロ入りしなかった。5 位拒否の奥江英幸（日本石油）は大洋を経て 78 年にロッテに加入している。**浜浦**（津久見高）はロッテでは 1 試合投げただけ。米国留学中の 72 年に珍しい日米間トレードでジャイアンツへ移籍、74 年に太平洋で日本球界に復帰したが、76 年は防御率 6.59 でＰＶ - 29.7 を記録してしまった。

1971 年 〈合計ＰＶ 479.9 ＝ 43 位〉

1	小林繁	157.5	巨人 6 位	374 試合、139 勝 95 敗 17 Ｓ、防御率 3.18	
2	安田猛	76.0	ヤクルト 6 位	358 試合、93 勝 80 敗 17 Ｓ、防御率 3.26	
3	佐々木恭介	62.1	近鉄 1 位	1036 試合、打率 .283、105 本塁打、412 打点	
4	中村勝広	61.6	阪神 2 位	939 試合、打率 .246、76 本塁打、219 打点	
5	梨田昌崇	55.0	近鉄 2 位	1323 試合、打率 .254、113 本塁打、439 打点	
6	山本和行	27.9	阪神 1 位	700 試合、116 勝 106 敗 130 Ｓ、防御率 3.66	
7	倉持明	25.4	ロッテ 4 位	206 試合、17 勝 21 敗 40 Ｓ、防御率 3.40	

　東京六大学記録の 123 安打を放った松下勝実（慶応大）がプロ拒否の姿勢だったため、目玉が不在。出世頭の 2 人は、いずれも 6 位指名の投手だった。**小林**（神戸大丸）は 1 年遅れで巨人に入団し、2 年目の 74 年に防御率 2.42/ ＰＶ 16.3。細身のサイドスローで 76 年は 18 勝 /24.4（10 位）、77 年も 18 勝 /34.3（5 位）とエース格に成長していたが、79 年に江川卓とのトレードで阪神へ移籍。同年は 22 勝で最多勝、ＰＶ 35.5（5 位）も自己ベストになった。30 歳の若さで引退したこともあって、11 年間でＰＶは一度もマイナスになっていない。大昭和製紙からヤクルト入りした**安田**は、制球力が自慢の技巧派。72 年は防御率 2.08 で 1 位、ＰＶ 25.7（8 位）で新人王。翌 73 年も防御率 2.02 は 2 年連続 1 位でＰＶ 22.6（10 位）。75 年からも 4 年連続 14 勝以上と、スワローズの左のエースとして活躍を続けた。

　予備抽選 1 番目のロッテは「将来は 20 勝投手間違いなし」と言われていた井上圭一（三菱自動車川崎）を指名。「もう 1 年社会人で」との言葉通り 1 年遅れで入団したが、20 勝どころか 1 勝もできずに引退した。2 番目の阪神が指名した亜細亜大の奪三振王・**山本**は、2 ケタ勝利 5 回、リリーフとしても 2 度 20 セー

ブ以上を稼ぎ、100勝＆100セーブを達成。79年まで通算ＰＶ－29.5だったが、15勝を挙げた80年以降は7年連続プラス。86年（11勝15セーブ、防御率1.67）の18.2がベストだった。阪神は2位の**中村**（早稲田大）も、打率3割に届いた年こそなかったが、選球眼が良く通算出塁率.352。守備重視の二塁手ということもあってＰＶは安定して高く、出塁率.399だった75年の36.8は4位だった。

中村を僅差で上回り、野手で最高の通算ＰＶ62.1だったのは、予備抽選12番目の近鉄が1位指名した**佐々木**（新日鉄広畑）。78年に.354の高打率で首位打者となり、出塁率.398も1位でＰＶ21.5。打率3割と2ケタＰＶを4回ずつ記録した。近鉄では2位の**梨田**（浜田高）も名捕手に成長。一番の売り物は強肩を生かした守備力で、ダイヤモンドグラブを4回受賞したが、打撃も良く79年から4年連続で2ケタＰＶ。80年は打率.292で自己最高の17.2だった。

球団別

1. 近鉄（117.1）

順位	選手		在籍時のＰＶ	通算ＰＶ	通算成績
1	佐々木恭介	内野手	62.1	62.1	1036試合、.283、105本、412打点
2	梨田昌崇	捕手	55.0	55.0	1323試合、.254、113本、439打点
3	橘健治	投手	-38.6	-38.6	173試合、28勝29敗2Ｓ、4.69
4	羽田耕一	内野手	-58.5	-58.5	1874試合、.253、225本、812打点
6	平野光泰	外野手	-38.5	-38.5	1183試合、.264、107本、423打点

入団した5選手が、みな主力に成長した奇跡的な年だった。**羽田**（三田学園高）は73〜85年まで13年にわたり正三塁手を務め、80年の30本を最多として3回20本塁打以上。通算225本は近鉄球団史上5位である。ただし打率や出塁率が高くなかった上に併殺打も多く、ＰＶは80年の8.0が最高だった。

77〜84年にレギュラー外野手だった**平野**（クラレ岡山）は強肩が自慢で、ダイヤモンドグラブを2度受賞。79年は18本塁打、21盗塁、翌80年は打率.284、23本塁打で自己最多のＰＶ12.1だった。**橘**（津久見高）は戦力になるまで時間がかかったが、80年に8勝を挙げると続く81年も7勝／ＰＶ7.9。入団拒否した中には、のちに広島で最多勝になった池谷公二郎（金指造船、7位）がいた。

2. 阪神 (89.5)

順位	選手		在籍時のPV	通算PV	通算成績
1	山本和行	投手	27.9	27.9	700 試合、116 勝 106 敗 130 S、3.66
2	中村勝広	内野手	61.6	61.6	939 試合、.246、76 本、219 打点
3	望月充	外野手	-20.0	-24.8	398 試合、.211、30 本、100 打点
4	勝山佳一	投手	拒否		
7	大島忠一	捕手	0.0	0.0	175 試合、.231、6 本、21 打点
11	鈴木照雄	内野手	-0.1	-3.9	96 試合、.111、0 本、0 打点

　　11 人も指名したのは 66 年（14 人）以来。**中村**を指名する際には、中村裕二（法政大）と誤記して訂正する失態も犯した。**望月**（大昭和製紙）は 1 年目からレギュラーで使われ、オールスターにも出場したが、打率.207、7 本塁打と振るわずＰＶも－ 6.5。南海時代を含めプラスの年はなかった。**大島**（中京大）は控え捕手として、77 年は 48 試合に出場しＰＶ 3.0。**鈴木**（河合楽器）は阪神では 1 試合のみで、太平洋移籍後に 95 試合に出場したが、打席には 27 回立っただけだった。

3. 巨人 (82.9)

順位	選手		在籍時のPV	通算PV	通算成績
1	横山忠夫	投手	-23.7	-33.7	70 試合、12 勝 15 敗 0 S、4.64
2	谷山高明	投手	-0.4	-3.6	15 試合、0 勝 0 敗 0 S、4.91
3	庄司智久	内野手	-3.9	-76.7	828 試合、.250、44 本、197 打点
4	尾形正巳	内野手	拒否		
6	小林繁	投手	82.9	157.5	374 試合、139 勝 95 敗 17 S、3.18
7	玉井信博	投手	-2.2	-41.0	103 試合、13 勝 31 敗 2 S、4.33

　　川上哲治監督は松下の強行指名を主張していたが、結局は回避。予備抽選 3 番目で 1 位指名した立教大の**横山**は、75 年に規定投球回に達し 8 勝を挙げるもＰＶ－ 0.5。**谷山**（愛媛相互銀行）も巨人では 7 試合だけの登板と、上位は期待外れだったが**小林**に救われた。**玉井**（東洋大）も小林と同じく 1 年遅れで入団、74 年は 6 勝を挙げたが 76 年に太平洋へ放出された。
　　庄司（新宮高）はファームの帝王で、巨人では活躍の場がなく 80 年にロッテ

へ移籍。81年にレギュラーとして打率.293を記録したが、ＰＶは－3.0だった。**尾形**（山崎高）は入団拒否して新日鉄広畑へ進み、74年は大洋の5位指名を断った。5位では高校ナンバーワン左腕との評価で、松下電器に内定していた山本昌樹（鳥取西高）を指名して拒否された。

4. ヤクルト（76.0）

順位	選手		在籍時 のPV	通算 PV	通算成績
1	杉山重雄	投手	-12.3	-12.3	26試合、1勝2敗0S、6.97
2	榎本直樹	投手	-6.1	-7.6	95試合、7勝9敗0S、3.56
3	尾崎健夫	投手	拒否		
4	益川満育	外野手	-1.0	-0.9	125試合、.239、4本、17打点
5	渡辺孝博	投手	-32.0	-32.0	157試合、24勝38敗2S、3.96
6	安田猛	投手	76.0	76.0	358試合、93勝80敗17S、3.26
7	松岡清治	投手	-5.7	-9.9	21試合、0勝1敗0S、4.81
8	尾崎亀重	捕手	-0.2	-0.2	2試合、.000、0本、0打点
9	水谷新太郎	内野手	-64.2	-64.2	1297試合、.250、23本、240打点
12	小林国男	投手	-18.9	-18.9	183試合、5勝11敗2S、4.25

　12人を指名して9人が入団、全員が一軍公式戦に出場した。1位指名した駒澤大の**杉山**は、山本和行以上との声もあったが1勝のみ。**水谷**（三重高）は通算ＰＶ－64.2ながら、遊撃守備では84年に守備率.991の新記録。同年は打率.291と打撃も好調で、自己ベストのＰＶ4.0だった。**榎本**（北海道拓殖銀行）は72年に規定投球回に達し、防御率2.71/ＰＶ4.8だった後は1勝のみ。1年目に7勝14敗でＰＶ－20.1だった**渡辺**（日立製作所）は、翌73年は8勝/8.7、75年も6勝/2.2。12位の**小林**（西濃運輸）も主に中継ぎで貢献した。

　益川（日本熱学）と**松岡**（修徳高）はいずれもハーフの選手として話題になった。マイクこと益川は75年に79試合に出たのが最多。韓米ハーフの異色投手だった松岡は、72年は二軍で最多勝になり将来のエースと期待されるも、一軍では無勝利に終わった。海南高の**尾崎健**は、元西鉄でプロゴルファーに転身したジャンボこと尾崎将司の弟。「ヤクルトならプロ入り」との事前情報があったものの、結局3位指名を拒否、兄と同じくゴルフで大成した（通算15勝）。

5. 阪急 (7.2)

順位	選手		在籍時のPV	通算PV	通算成績
1	渡辺弘基	投手	4.7	9.5	249 試合、8 勝 9 敗 7 S、3.51
2	佐藤昭夫	外野手	2.5	2.5	12 試合、.300、2 本、2 打点
3	畑野実	内野手	-0.2	-0.2	2 試合、.000、0 本、0 打点
4	K・H・ライト	投手	出場なし		

　渡辺（日産自動車）は阪急に在籍したのは 3 年のみ。広島へトレードされた 75 年は 55 試合で防御率 1.85/ PV 13.1 と奮闘し、カープ初優勝に貢献した。翌 76 年はリーグ最多記録の 73 試合に投げたが、酷使が響いたか以後は成績を落とした。**佐藤**（札幌鉄道管理局）は、通算 3 安打の内訳が二塁打 1 本と本塁打 2 本。**ライト**はオーストラリア人で、岡山東商で甲子園に出場。ドラフト初の外国籍選手で話題になったものの一軍で投げることなく 2 年で退団した。

6. ロッテ (5.3)

順位	選手		在籍時のPV	通算PV	通算成績
1	井上圭一	投手	1.9	1.9	4 試合、0 勝 0 敗 0 S、0.00
2	宮脇敏	投手	-1.4	-1.4	4 試合、0 勝 0 敗 0 S、5.00
3	弘田澄男	内野手	-49.2	-55.5	1592 試合、.276、76 本、487 打点
4	倉持明	投手	2.9	25.4	206 試合、17 勝 21 敗 40 S、3.40
5	近藤重雄	投手	-9.6	-9.6	107 試合、10 勝 9 敗 2 S、4.03
6	松田光保	投手	-8.2	-8.2	7 試合、0 勝 1 敗 0 S、9.75
8	成重春生	投手	-8.4	-17.6	177 試合、7 勝 10 敗 7 S、3.95
9	上田容三	投手	-5.6	-5.6	9 試合、1 勝 3 敗 0 S、6.00
10	佐々木信行	捕手	0.0	0.0	46 試合、.238、1 本、5 打点
12	奥田直也	投手	0.5	0.5	8 試合、0 勝 0 敗 0 S、2.70

　15 人の大量指名で 14 人が入団、10 人が公式戦に出場した。上位 9 位中 6 人が社会人投手と徹底した即戦力志向だったが、1 位**井上**・2 位**宮脇**（大倉工業）はいずれも 0 勝。大沢啓二監督は「山本和行はスカウトの評価が低かったので見送った」と語っていたが、見込み違いも甚だしかった。**倉持**（日本鋼管）も 77 年にクラウンライターへ移籍、活躍したのは 79 年にロッテへ復帰してから。80

年にリーグ最多の 18 セーブで P V 19.8 を記録している。

　弘田（四国銀行）は 73 年にレギュラーとなり打率 .295、75 年は .301、35 盗塁で 148 安打と 6 三塁打は 1 位、P V 15.8。守備の名手でダイヤモンドグラブ賞 5 回、ロッテが日本一になった 74 年に日本シリーズ M V P に輝いた。しかしながら 77 年以降は 2 ケタのマイナス P V が 6 回もあり、通算 − 55.5 まで後退した。

　当時の最高齢記録となる 29 歳でプロ入りした近藤（日本コロムビア）は、3 年在籍しただけでもリリーフ投手として一定の活躍。成重（大昭和製紙北海道）も同じくリリーバーとしてまずまずの成績を残し、佐々木（佐沼高）は引退後ブルペン捕手／コーチとして 20 年以上チームを支えた。15 位の鈴木弘は大東文化大を出たのち、70 年は米ジャイアンツのマイナー球団（A級）に所属していた選手だった。

7. 広島（0.8）

順位	選手		在籍時のPV	通算PV	通算成績
1	道原博幸	捕手	-40.5	-40.5	532 試合、.210、5 本、63 打点
2	剣持節雄	内野手	0.8	-25.8	462 試合、.244、6 本、44 打点
3	永射保	投手	-5.4	-18.7	606 試合、44 勝 37 敗 21 S、4.11
4	荒谷稔	外野手	拒否		
5	岡義朗	内野手	-5.1	-22.8	518 試合、.210、2 本、19 打点

　地元出身で相思相愛の山本和行は阪神に取られたものの、こちらも広島入りを望んでいた道原を確保。芝浦工大で 3 季連続ベストナインの実績があり、固定できずにいた捕手の強化に成功したかに思えたが、プロでは控えにとどまった。剣持（岡山日大高）も広島では 12 試合に出ただけ。79 年にロッテへ移籍し準レギュラーになった。

　永射（指宿商）も同じように、活躍したのは広島を退団してから。74 年に太平洋へトレードされ、77 年は規定投球回に達し 9 勝。その後は中継ぎに回り、当時まだ珍しかった左のサイドスローとして、特に外国人打者に対して威力を発揮した。P V は 61 試合で防御率 3.14 だった 81 年の 8.5 がベスト。岡（岡山東商）は俊足の守備・代走要員として、カープが優勝した 79 年は 97 試合に出場した。

8. 大洋（O）

順位	選手		在籍時のPV	通算PV	通算成績
1	竹内広明	投手	-74.6	-74.6	278 試合、28 勝 38 敗 5 S、4.41
2	奥江英幸	投手	-19.5	-56.1	283 試合、53 勝 62 敗 13 S、4.56
3	小林浩二	外野手	-2.3	-2.3	59 試合、.087、0 本、0 打点
4	佐藤博	投手	拒否		
6	若林憲一	内野手	-1.2	-1.2	163 試合、.196、1 本、5 打点

　9人指名し、入団拒否は4位の**佐藤**（日立製作所）だけ。だが一軍で活躍できた選手も少なかった。高校ナンバーワンとも言われていた**竹内**（深谷商）は、1年目から5勝し新人王候補に挙げられ、翌73年も9勝と順調だった。だが74・75年は合計ＰＶ－49.7と打ちこまれ、その後はリリーフに回った。**奥江**（日本石油）は74年にリーグ最多の51試合に投げ、自身唯一のプラスとなるＰＶ 3.6。77年は220.1回を投げリーグ最多の17敗、ロッテ移籍後の80年に13勝を挙げた。**若林**（甲府商）は77～79年に控え外野手として多用され、息子の晃弘は17年のドラフト6位で巨人入り。公式戦出場がなかった7位の笹川博（大宮高）は、フロント入りして球団取締役にまで出世した。

8. 中日（O）

順位	選手		在籍時のPV	通算PV	通算成績
1	藤沢哲也	投手	-2.7	-2.3	2 試合、0 勝 0 敗 0 S、13.50
2	奥田和男	投手	出場なし		
3	白滝政孝	外野手	-0.4	-1.8	108 試合、.262、1 本、16 打点
4	金子勝美	内野手	-3.2	-3.2	51 試合、.154、1 本、2 打点

　ほぼ毎年戦力になる選手を指名していたが、この年は珍しく成果なし。九州ナンバーワン左腕こと**藤沢**（鶴崎工）は、74年に1試合投げただけで、移籍先の南海でも登板1試合。**白滝**（新日鉄広畑）も在籍5年間で21試合、3安打。77年に近鉄へ移ってから出場機会が増えたものの一軍には定着できず、**金子**（早稲田大）も6安打のみだった。

8. 東映 （0）

順位	選手		在籍時のPV	通算PV	通算成績
1	横山晴久	投手	-9.0	-9.0	38 試合、1 勝 4 敗 0 S、4.40
2	保坂英二	投手	-4.3	-4.3	7 試合、0 勝 0 敗 0 S、9.00
3	平井信司	内野手	拒否		
4	宇田東植	投手	-5.2	-1.3	171 試合、16 勝 19 敗 0 S、3.97
6	鎌野裕	投手	*		1 試合
7	千藤三樹夫	外野手	-20.8	-20.8	810 試合、.271、42 本、252 打点

　法政大で4季連続ベストナインに選ばれた**横山**は、75 年の1勝だけ。甲子園で活躍した**保坂**（日大一高）も勝てずに終わった。**宇田**（本田技研）は8年目の79 年に規定投球回に達し9勝／ＰＶ 11.5、翌 80 年も3勝ながらＰＶ 10.3 だった。**千藤**（北海道拓殖銀行）は 73 年にレギュラーとなり打率 .275、10 本塁打（ＰＶ 3.3）。78 年は打率 .305 でオールスターに出場している。

8. 南海 （0）

順位	選手		在籍時のPV	通算PV	通算成績
1	野崎恒男	投手	-24.6	-34.6	131 試合、9 勝 13 敗 0 S、4.33
2	飯山正樹	投手	出場なし		
3	定岡智秋	内野手	-81.3	-81.3	1216 試合、.232、88 本、370 打点
4	片平伸作	内野手	-22.5	-30.8	1503 試合、.274、176 本、601 打点
5	鶴崎茂樹	内野手	-1.0	-1.0	122 試合、.225、1 本、14 打点
6	山本雅夫	外野手	-16.0	-13.4	534 試合、.262、37 本、139 打点

　通算ＰＶがプラスの選手こそいないものの、3選手がレギュラーポジションを獲得した。**定岡**（鹿児島実）は低打率でも 80・82 年に 13 本塁打とパンチ力はあり、遊撃守備も強肩で鳴らした。一本足打法で有名な**片平**（東農大）は 79 年に打率 .329、16 本塁打で自己ベストのＰＶ 8.6、翌 80 年は 21 本塁打。82 年に西武へ移籍し、4度の優勝に貢献している。**山本**（育英高）は9年目の 81 年にレギュラーとなって打率 .288、13 本塁打でＰＶ 3.5。84 年に巨人へ移籍してからは代打で活躍し、85 年は打率 .329 でＰＶ 5.3 だった。1位の**野崎**（富士重工）は1年目に4勝を挙げたのが最高だった。

8. 西鉄（O）

順位	選手		在籍時 のPV	通算 PV	通算成績
1	吉田好伸	投手	拒否		
2	柳俊之	投手	拒否		
3	永尾泰憲	内野手	拒否		
4	若菜嘉晴	捕手	-10.6	-9.8	1387 試合、.267、54 本、340 打点
5	豊田憲司	投手	-5.1	-5.1	21 試合、0 勝 1 敗、5.00
6	望月彦男	投手	-8.1	-8.1	15 試合、0 勝 2 敗、9.00

　黒い霧事件で球団のイメージが最悪になっていたこともあり、上位3名全員に入団拒否される。69年にロッテの7位を蹴っていた**吉田**（丸善石油下津）は1位指名でも入団せず、プロ入りすることはなかった。3位拒否の**永尾**（いすゞ自動車）はその後ヤクルトなどで活躍、9位を拒否した大屋好正（海南高）は75年の3位再指名でライオンズ入りした。救いは**若菜**（柳川商）が正捕手に成長したことで、77年は打率.292でPV 6.4。田淵幸一との交換要員の一人として阪神へ移籍した79年は打率.303、9本塁打でPV 15.9だった。

1972 年 〈合計ＰＶ 687.2 ＝ 29 位〉

1	真弓明信	249.7	太平洋3位	2051 試合、打率 .285、292 本塁打、886 打点
2	有田修三	110.2	近鉄 2 位	1313 試合、打率 .247、128 本塁打、430 打点
3	長崎慶一	109.7	大洋 1 位	1474 試合、打率 .279、146 本塁打、508 打点
4	鈴木孝政	76.1	中日 1 位	586 試合、124 勝 94 敗 96 S、防御率 3.49
5	田代富雄	72.5	大洋 3 位	1526 試合、打率 .266、278 本塁打、867 打点
6	鈴木康二郎	51.8	ヤクルト 5 位	414 試合、81 勝 54 敗 52 S、防御率 3.68
7	田野倉利男	10.7	中日 4 位	746 試合、打率 .237、50 本塁打、152 打点

　巨人のＶ9時代真っただ中だったこの時期、パ・リーグは厳しい状況に追い込まれていた。72年のドラフト直前には西鉄が球団売却を決定、ペプシやパイオニアが買収に乗り出すもまとまらず、最終的に福岡野球株式会社を設立。現代で言うネーミングライツ方式によって、太平洋クラブライオンズとして再出発した。同時期には東映も身売りを計画していて、74年2月に日拓ホームが買収した。

　この年の出世頭となったのは、そうしたゴタゴタのさなかに電電九州から太平洋入りした**真弓**だった。ライオンズ時代も78年に打率.280、34盗塁でＰＶ8.9だったが、本格的に開花したのは79年、田淵幸一らとの大型トレードで阪神へ移籍してから。翌80年は29本塁打でＰＶ38.5（4位）、打率.353で首位打者となった83年のＰＶ47.8は1位。阪神が日本一になった85年は恐怖の一番打者として打率.322、34本塁打でＰＶ42.3（5位）、通算ではＰＶ10位以内に5度入った。

　有田（新日鉄八幡）は、同時期の同ポジションに守備力で上回る梨田昌崇がいたこともあって、100試合以上出場したのは3年だけ。規定打席に到達したのは76年のみながら、80年はリーグ9位のＰＶ28.2（95試合で打率.306、16本塁打）だったように打力があり、安定してＰＶを積み上げた。

目玉だった関西大・山口高志がプロ拒否の姿勢だったため、全体１位指名権を得た大洋は、法政大で２季連続首位打者の**長崎**を指名。74年は258打席のみながら打率.356、13本塁打でＰＶ34.8（5位）。打率.351で首位打者になった82年はＰＶ27.7（9位）だった。3位の**田代**（藤沢商）も強打者に成長。77年に打率.302、35本塁打でＰＶ27.2（10位）、自己最多の36本塁打を放った80年は32.8で6位。通算では20本塁打以上8回と、ホームランバッターとして人気を集めた。

　予備抽選2番目の中日が指名した**鈴木**（成東高）は、自慢の快速球で抑え役を任され、76年から3年連続最多セーブ、76年は26セーブを挙げただけでなく防御率2.98も1位。ＰＶはこの年の16.8ではなく、防御率2.09だった78年の19.7が最多だった。ただし先発転向後は2ケタＰＶの年はなく、16勝を挙げた84年も0.5にとどまった。

球団別

1. 大洋（187.8）

順位	選手		在籍時のPV	通算PV	通算成績
1	長崎慶一	外野手	115.3	109.7	1474試合、.279、146本、508打点
2	杉山知隆	投手	-25.6	-48.0	216試合、40勝48敗6S、4.65
3	田代富雄	内野手	72.5	72.5	1526試合、.266、278本、867打点
4	益山性旭	投手	拒否		
5	矢野俊一	内野手	-4.9	-10.4	197試合、.187、4本、18打点
6	佐藤竜一郎	外野手	-0.6	-0.6	10試合、.000、0本、0打点
7	清水透	内野手	-17.8	-18.8	398試合、.206、7本、32打点

　長崎、**田代**とレギュラーで長く活躍した野手を獲得し、過去8年のドラフトで一番の成果を得た。**杉山**（東芝）は77年に9勝を挙げるもＰＶ－8.4で、翌78年に日本ハムへトレード。入団拒否した**益山**（福島商）は76年に阪神から1位指名される。70年に大洋の3位指名を拒否した**清水**（河合楽器）は7位で再指名され入団、控え内野手として一軍に定着した。

2. 近鉄 (97.2)

順位	選手		在籍時のPV	通算PV	通算成績
1	仲根正広	投手	-9.7/ -4.2	-9.7/ -6.2	30 試合、2 勝 8 敗 0 S、4.34/ 347 試合、.247、36 本、120 打点
2	有田修三	捕手	90.0	110.2	1313 試合、.247、128 本、430 打点
3	井本隆	投手	-0.3	-28.3	320 試合、81 勝 75 敗 8 S、4.08
4	吉田昌義	外野手	拒否		
7	高木孝治	投手	7.2	6.3	43 試合、1 勝 0 敗 0 S、2.51

　選抜の優勝投手"ジャンボ"**仲根**（日大桜丘高）は、当初は拒否姿勢だったものの入団。1 年目から一軍で投げたが 1 勝 8 敗、防御率 4.74、通算 2 勝と伸びず 79 年に打者へ転向。83 年は 14 本塁打で P V 5.5、翌 84 年も 11 本塁打を放った。**井本**（鐘淵化学）も主力投手となり、79 年 15 勝 / P V 13.2、翌 80 年も 15 勝 /6.0 でリーグ 2 連覇に大きく貢献した。**高木**（日鉱日立）は近鉄時代に一軍で投げたのは 76 年だけ。21 試合で防御率 1.84、P V 7.2 と好投した。

3. 中日 (79.6)

順位	選手		在籍時のPV	通算PV	通算成績
1	鈴木孝政	投手	76.1	76.1	586 試合、124 勝 94 敗 96 S、3.49
2	片貝義明	捕手	-0.3	-0.3	13 試合、.250、0 本、1 打点
3	谷木恭平	外野手	-20.1	-20.1	737 試合、.258、21 本、93 打点
4	田野倉利男	内野手	3.5	10.7	746 試合、.237、50 本、152 打点
7	辻哲也	外野手	0.0	0.0	4 試合、.333、0 本、0 打点

　北海高時代に俊足で甲子園を沸かせた**谷木**は、指名時点で新日鉄室蘭を退社、実家のおでん屋で働いていた珍しい例。準レギュラーとして 76 ～ 79 年は 100 試合以上出たが、盗塁は 78 年の 10 個が最多だった。**田野倉**（早稲田実）は 9 年目の 81 年に初めて 100 試合以上（113 試合）に出場し、打率 .278、14 本塁打で P V 17.7。ロッテ移籍後の 87 年にも 167 打席のみだったが打率 .348、9 本塁打で P V 14.4。通算 P V 10.7 は 72 年の指名選手で 7 番目だった。5 位指名の伊藤弘利（大同工）は肺の病気が判明して入団せず、77 年に阪神に指名されプロ入りした。

4. ヤクルト（15.4）

順位	選手		在籍時のPV	通算PV	通算成績
1	永尾泰憲	内野手	-37.7	-58.4	1114 試合、.258、23 本、208 打点
2	小田義人	内野手	-13.4	-64.5	887 試合、.256、67 本、274 打点
3	上水流洋	投手	-3.2	-3.2	15 試合、0 勝 3 敗 0 S、4.85
4	山口高志	投手	拒否		
5	鈴木康二郎	投手	15.4	51.8	414 試合、81 勝 54 敗 52 S、3.68

　4 位ではプロ拒否を表明していた**山口**を強行指名し、あえなく拒否に遭う。だが**鈴木**（日鉱日立）が主力投手に成長。77 年に 14 勝／ＰＶ13.7、ヤクルトが優勝した 78 年も 13 勝、勝率 .813 は 1 位。83 年に近鉄へ移籍してからは抑えの切り札となり、84・85 年に 2 年連続セーブ王。83 年は 14 セーブ、自己ベストのＰＶ15.5 で、以後 3 年続けて 2 ケタＰＶとスワローズ時代を上回る好成績だった。

　永尾（いすゞ自動車）は 77 年に正二塁手となったがＰＶ－18.4。79 年に近鉄へトレードされ打率 .310、40 打点、のちの阪神時代と併せ 3 球団で 4 回優勝を経験した。**小田**（大昭和製紙）は 75 年に大杉勝男を獲得したトレードで日本ハムへ移籍、同年はリーグ 2 位の打率 .319（ＰＶ4.8）。引退後はヤクルトに戻ってスカウト部長を務めた。

5. 太平洋（1.9）

順位	選手		在籍時のPV	通算PV	通算成績
1	中島弘美	投手	-1.8	-1.8	3 試合、1 勝 0 敗 0 S、5.63
2	山口富夫	投手	出場なし		
3	真弓明信	内野手	1.7	249.7	2051 試合、.285、292 本、886 打点
4	久木山亮	投手	出場なし		
9	待井昇	外野手	-0.8	-0.8	26 試合、.125、0 本、2 打点
10	金城致勲	投手	0.2／-3.0	2／-3.0	2 試合、0 勝 0 敗、3.00 23 試合、.080、1 本、2 打点

　新体制 1 年目は**中島**（八代一高）をはじめ、地元・九州を重視し 10 人中 5 人が九州出身者だった。選抜の準優勝投手・**待井**（日大三高）は野手として指名。**金城**（生野工）も投手として 73 年に 2 試合投げたのち、内野手に転向。西武元

年の 79 年に放った新球団第 1 号が、プロでの唯一の本塁打となった。

6. 巨人（O）

順位	選手		在籍時のPV	通算PV	通算成績
1	中井康之	投手	-11.1	-11.1	390 試合、.211、3 本、19 打点
2	西村高司	投手	出場なし		
3	山本和雄	内野手	-4.9	-4.9	231 試合、.205、2 本、5 打点
4	原田俊治	外野手	-14.2	-14.2	342 試合、.230、4 本、38 打点
5	福嶋知春	捕手	-3.7	-4.2	157 試合、.229、2 本、9 打点
7	小川邦和	投手	-7.8	-14.5	248 試合、29 勝 20 敗 9 S、3.83

　10 人指名して 7 位までの 7 人が入団したが、長期間一軍で活躍した選手はいなかった。**中井**（西京商）は外野手に転向するも控えの域は出ず、**山本**（熊谷組）、**原田**（三菱自動車川崎）の社会人勢も同様。**福嶋**（新日鉄光）は強肩で知られ、78 年は 82 試合で盗塁阻止率 .633 の高率だったが、その他の年は出番がほとんどなかった。

　一軍で一番実績を残したのは**小川**（日本鋼管）。74 年 12 勝、翌 75 年は 53 試合に投げ 8 勝、規定投球回には 0.1 回足りないだけだった。77 年限りで退団、アメリカのマイナーリーグで 3 年投げたのち日本に戻り、81 ～ 83 年は広島に在籍した。8 位では 2 年前のロッテ 1 位を拒んだ樋江井（三協精機）を、10 位では前年巨人の 5 位指名を拒否した山本昌樹（松下電器）に再アタックするも、いずれも実らなかった。

6. 東映（O）

順位	選手		在籍時のPV	通算PV	通算成績
1	新美敏	投手	-54.7	-53.0	275 試合、35 勝 52 敗 6 S、4.20
2	三浦政基	投手	-20.6	-55.1	212 試合、17 勝 21 敗 5 S、4.93
3	相本和則	内野手	-0.5	-0.5	46 試合、.230、2 本、6 打点
4	江田幸一	投手	-21.2	-21.2	109 試合、7 勝 8 敗 2 S、4.48
6	新屋晃	内野手	-1.3	-1.3	44 試合、.211、0 本、1 打点

　全体 3 番目で指名した**新美**（日本楽器）は、73 年は 12 勝を挙げ新人王を受

賞。ただしPVは−1.6で、翌74年も12勝したが日拓／日本ハム時代の5年間は通算−54.7だった。広島移籍後はリリーフでの登板が多くなり、83年は防御率1.57／PV13.1の好成績を残した。1年目は6勝／PV8.7だった**三浦**（愛知学院大）も2年目以降は伸び悩み、アンダースローの**江田**（東京ガス）が良かったのも77年（6勝、PV3.6）だけ。**新屋**（照国高）は77年に34試合出場したが、78年限りで引退し審判員に転向した。

6. 南海（O）

順位	選手		在籍時のPV	通算PV	通算成績
1	石川勝正	投手	拒否		
2	伊藤正信	投手	出場なし		
3	池之上格	投手	-15.6/ -25.6	-15.6/ -28.3	22試合、2勝0敗0S、6.06/ 570試合、.269、15本、97打点
4	簑田浩二	内野手	拒否		
5	小川一夫	捕手	*		1試合

　8人を指名し、この年の1位で唯一拒否した**石川**（東洋紡岩国）を含め4人が入団拒否。石川はプロ入りしなかったが、4位を断った**簑田**（三菱重工三原）は阪急のスター外野手となる。**池之上**（鶴丸高）は投手として2勝（1完封）を挙げたのち80年に内野手へ転向。83年は打率.265、リーグ最多16死球を記録した。

6. 阪急（O）

順位	選手		在籍時のPV	通算PV	通算成績
1	石田真	投手	-0.2	-0.2	2試合、1勝0敗0S、3.86
2	大島郁将	内野手	-4.1	-4.1	52試合、.093、0本、0打点
3	石田芳雄	投手	-1.7	-1.7	3試合、0勝2敗1S、6.00
4	大倉博夫	投手	拒否		

　石田真（足利工）は72年夏の甲子園に出場。北関東では名の知られた投手で、巨人も指名する予定だったが、74年の初登板で挙げた勝利が唯一だった。同じ北関東の高校生投手で、同姓の**石田芳**（上武大一高）も一軍では活躍できずじまい。唯一の大学生選手・**大島**（神奈川大）も一軍に定着できず、実りのないドラフトだった。

6. 阪神 (O)

順位	選手		在籍時のPV	通算PV	通算成績
1	五月女豊	投手	-2.1	-20.0	235 試合、18 勝 17 敗 1 S、4.07
2	森山正義	外野手	—	-2.4	25 試合、.000、0 本、0 打点
3	松永美隆	内野手	*		1 試合
4	東沢弘	投手	拒否		

産業対抗大会の優勝投手・**五月女**（日本石油）は 3 年間で 1 勝しただけで、76年に太平洋へトレード。大洋に移籍した 82 年に自己最多の 58 試合に登板、6 勝を挙げた。**森山**は明治学院大のスラッガーで、通算 26 本塁打の大学野球新記録を達成。変化球に弱く、阪神での 2 年間は一軍出場なし。75 年にロッテへ移籍後も、二軍では本塁打王になったものの、公式戦ではヒットを打てずじまいだった。

6. 広島 (O)

順位	選手		在籍時のPV	通算PV	通算成績
1	池谷公二郎	投手	-40.8	-40.8	325 試合、103 勝 84 敗 10 S、4.13
2	松林茂	投手	-2.2	-11.0	87 試合、4 勝 5 敗 1 S、3.94
3	萩野友康	投手	拒否		
4	長島吉邦	投手	-0.9	-0.9	9 試合、0 勝 1 敗 0 S、4.00
5	小俣進	投手	-7.4	-26.2	174 試合、16 勝 18 敗 2 S、4.73
8	木本茂美	捕手	-1.4	-1.4	15 試合、.150、1 本、2 打点
9	木山英求	外野手	-0.3	-0.3	10 試合、.000、0 本、0 打点

東映 1 位の新美ともども、日本楽器でエース格だった**池谷**を 1 位指名。1 年後の 74 年に入団し 75 年 18 勝、翌 76 年は 20 勝で最多勝、207 奪三振も 1 位で PV 23.7。その後も、通算 6 度の 2 ケタ勝利を挙げたが、77 年に防御率 5.22 で－22.0 を記録するなど通算 PV は大幅なマイナスだった。

3 位では慶応大 3 連覇のエースで、新日鉄八幡に内定していた**荻野**に特攻するもあえなく拒否。**小俣**（大昭和製紙）は 76 年に巨人へ移籍してから一軍での登板機会が増え、ロッテ時代の 80 年に 6 勝、PV 14.0。**木本**（桜ケ丘高）と**木山**（呉港高）は広島では活躍できず、82 年限りで退団。揃って創成期の韓国プロ野

球に参加した。

6. ロッテ（O）

順位	選手		在籍時のPV	通算PV	通算成績
1	伊達泰司	外野手	-1.1	-1.2	23試合、.100、0本、1打点
2	三井雅晴	投手	-1.1	-1.1	140試合、29勝28敗22S、3.50
3	松尾格	投手	出場なし		
4	佐藤博	投手	拒否		
6	新谷嘉孝	外野手	-19.9	-19.9	224試合、.216、6本、32打点

　法政大の強打者として鳴らした**伊達**は、プロでは1安打だけ。**三井**（半田商）は74年に6勝4セーブ、PV 2.2で新人王、翌75年は10勝。76年は6勝7敗と負け越したがPV 10.7は自己ベストだった。71年に大洋の4位指名を断った**佐藤**（日立製作所）は2度目の指名も拒否、73年の1位でヤクルト入りしている。**新谷**（三重高）は10年目の82年に準レギュラーとなって16二塁打、4本塁打を放った。

1973 年 〈合計PV 556.1 = 36 位〉

1	掛布雅之	365.8	阪神6位	1625 試合、打率 .292、349 本塁打、1019 打点
2	栗橋茂	116.7	近鉄1位	1550 試合、打率 .278、215 本塁打、701 打点
3	山下大輔	68.8	大洋1位	1609 試合、打率 .262、129 本塁打、455 打点

　通算PV 10 以上が 3 人しかいなかった、「量」的には史上最悪レベルの大不作年。入団拒否が例年以上に多く、71 人が指名され 32 人がプロを選ばなかった。特筆すべきは、巨人 1 位の小林秀一（愛知学院大）までもが拒否したことで、巨人が 1 位指名を袖にされた史上唯一の事例となった。

　入団拒否組で一番の大物は江川卓。作新学院のエースとして甲子園で怪物ぶりを存分に見せつけた江川は、慶応大学への進学を表明し、当初からプロ拒否の姿勢だった。その意思が固いと見て、予備抽選 1 番目の大洋から 5 番目の中日まではみな江川を回避したが、6 番目の阪急が強行指名に踏み切る。しかしながら江川サイドは指名挨拶に訪れた関係者を玄関にすら入れず、交渉に一切応じなかった。なお江川は希望の慶大には入れず、法政大に入学している。

　大洋は、「六大学では長嶋茂雄以来の内野手」と言われた慶応大のスター遊撃手・山下をいの一番指名。2 年目にはレギュラーの座をつかみ、同年からPVは 9 年連続プラス。81・83 年はリーグ最多二塁打、打率 .277、18 本塁打だった 82 年に自己ベストのPV 28.4 だった。このように攻撃力もあったが本領は守備で、76 年から 8 年連続でダイヤモンドグラブを受賞。78 年には連続守備機会無失策の新記録も樹立するなど、PVが示している以上の価値があった。

　指名順 3 番目の近鉄も好打者の栗橋（駒澤大）を手に入れた。78 年に 20 本塁打を放ちPV 26.4（6 位）、以後 20 本以上 5 回と、和製ヘラクレスの異名を取った長打力を発揮。79 年に 32 本塁打、翌 80 年の出塁率 .406 は 1 位で、PV 27.5（10 位）。近鉄のリーグ 2 連覇に大きく貢献した。82 年に打率 .311、28 本塁打で自己最高のPV 35.9（3 位）を記録している。

　この年のドラフトで最大のスターは、習志野高から入団テストを経て阪神が 6 位指名した掛布だった。無名の存在ながら、1 年目から一軍で 83 試合に出場。翌 75 年に正三塁手となり、76 年は打率 .325、27 本塁打でPV 39.4（4 位）。79 年は 48 本塁打でタイトルを獲得しPV 58.3（1 位）、82 年も打率 .325、35 本、95 打点で、PV 57.4 は 2 度目の 1 位。通算では 3 回本塁打王となった。故障や死

球禍などもあって30歳を過ぎて急速に衰えたが、76〜85年の10年間は大不振だった80年（−1.5）を除き、毎年PV29以上。通算365.8は、キャリアを通じて三塁を守った選手としては長嶋茂雄、中西太に次ぐ数字である。

球団別

1. 阪神 （365.8）

順位	選手		在籍時のPV	通算PV	通算成績
1	佐野仙好	内野手	-51.6	-51.6	1549 試合、.273、144 本、564 打点
2	植上健治	投手	出場なし		
3	小竹重行	投手	拒否		
4	尾藤福繁	投手	拒否		
6	掛布雅之	内野手	365.8	365.8	1625 試合、.292、349 本、1019 打点

　掛布が名選手に成長したが、本来は将来の正三塁手と見込まれていたのは**佐野**（中央大）だった。外野に転向した佐野は79、84年に打率3割、81年は新設された勝利打点王のタイトルを手にする。10年にわたってレギュラーをつとめ、安定した成績を残したものの、最多でも15本塁打と長打力が今一つ。PVは80年（打率.268、15本塁打）の2.8が最多だった。2位**植上**（高松商）と3位**小竹**（京都商）は夏の甲子園で投げ合った仲とあって話題になったが、小竹は入団拒否、植上も一軍登板のないまま退団した。

2. 近鉄 （117.2）

順位	選手		在籍時のPV	通算PV	通算成績
1	栗橋茂	外野手	116.7	116.7	1550 試合、.278、215 本、701 打点
2	有田二三男	投手	0.5	0.5	2 試合、0 勝 0 敗 0 S、2.25
3	上林成行	投手	出場なし		
4	藤沢公也	投手	拒否		
6	太田清春	投手	-2.6	-2.6	6 試合、0 勝 0 敗 0 S、4.76

　当初は江川を強行指名する姿勢でいたものの、新監督に就任した西本幸雄が野手を欲しがったため、**栗橋**の指名に落ち着いた。**有田**（北陽高）は夏の甲子園でノーヒットノーランを達成した好投手だったが、プロでは大成しなかった。**上林**

は 67 年南海 6 位、68 年広島 9 位、72 年太平洋 5 位と 3 度の指名を拒否。所属していたクラレ岡山の廃部もあって、4 回目の指名でようやくプロ入りを果たすも、8 年在籍し一軍には上がれずじまい。**藤沢**（日鉱佐賀関）もこれが 3 度目の拒否で、さらに 76 年にもう 1 回拒否して上林の "記録" を更新する。

3. 大洋（70.0）

順位	選手		在籍時のPV	通算PV	通算成績
1	山下大輔	内野手	68.8	68.8	1609 試合、.262、129 本、455 打点
2	大橋康延	投手	1.2	1.2	1 試合、0 勝 0 敗 0 S、0.00
3	草場益裕	投手	拒否		
4	ウイリー木原	捕手	拒否		
5	三浦道男	投手	-11.2	-11.2	54 試合、2 勝 6 敗 0 S、5.81

　山下以外に指名した 6 人は全員高校生で、4 人が入団拒否。7 位を拒否した藤原仁（崇徳高）は駒澤大を中退、日本楽器を経て 80 年のドラフト外で阪神に入っている。アンダースローの**大橋**は、作新学院では江川卓の控え投手。**三浦**（別府鶴見丘高）は 76 年と 77 年に 26 試合ずつ投げ、1 勝ずつしている。

4. ヤクルト（2.2）

順位	選手		在籍時のPV	通算PV	通算成績
1	佐藤博	投手	2.2	2.2	10 試合、0 勝 0 敗 0 S、3.00
2	釘谷肇	外野手	-2.3	-2.3	218 試合、.289、8 本、37 打点
3	世良賢治	捕手	-1.5	-1.5	14 試合、.000、0 本、0 打点
4	生田啓一	外野手	-2.5	-2.5	23 試合、.048、0 本、0 打点

　入団拒否ラッシュの年にあって、12 球団で唯一指名した 5 人が全員ユニフォームを着た。もっとも主力に成長した選手は皆無。3 年連続のドラフト指名で、ついにプロ入りした**佐藤**（日立製作所）は 77 年に 10 試合投げただけ。大砲候補の**釘谷**（八代東高）も一軍定着はならなかった。**生田**（中京大）は東邦高時代の 69 年も 9 位で指名されていて、4 年越しの入団だったが一軍では 1 安打に終わった。

5. ロッテ （0.6）

順位	選手		在籍時のPV	通算PV	通算成績
1	佐藤博正	投手	0.6	0.6	1試合、0勝0敗0S、0.00
2	小鷹卓也	投手	-1.6	-1.6	1試合、0勝0敗0S、18.00
3	袴田英利	捕手	拒否		
4	浜師勝彦	投手	拒否		

　指名自体が4人しかなく、うち2人に拒否される寂しい結果。ただし3位指名を拒否して法政大へ進学した**袴田**（自動車工）は、4年後に1位で再度指名されてロッテ入りしている。甲子園で注目されたサイドスローの**佐藤**（札幌商）は76年に1試合投げただけ、**小鷹**（飯能高）も同じく78年の1試合だけだった。

6. 阪急 （0.3）

順位	選手		在籍時のPV	通算PV	通算成績
1	江川卓	投手	拒否		
2	山下浩二	投手	-7.4	-7.4	4試合、0勝0敗0S、12.38
3	池田昭	投手	出場なし		
4	土居靖典	内野手	拒否		
5	前田亨	捕手	0.3	0.3	2試合、.250、0本、0打点

　指名した選手全員を合わせて一軍出場6試合という大惨敗。拒否覚悟で**江川**に特攻し玉砕、**土居**（高松一高）にも断られた。江川が不合格だった慶応大に進んだ土居は、77年に日本ハムから5位指名されたが腰痛を理由にプロ入りすることはなかった。**前田**（日本通運）は引退後コーチを経て審判員に転身した。

7. 巨人 （0）

順位	選手		在籍時のPV	通算PV	通算成績
1	小林秀一	投手	拒否		
2	黒坂幸夫	投手	拒否		
3	中村裕二	捕手	拒否		
4	迫丸金次郎	外野手	-1.5	-2.3	35試合、.130、0本、2打点

V9の偉業を達成した年のドラフトでありながら、1位の**小林**だけでなく、2位**黒坂**（糸魚川商工）・3位**中村**（住友金属）までにも拒否されるという、球団史上最大級の屈辱を味わわされた。小林は熊谷組に入社して活躍したのち、母校の愛知学院大の監督となった。黒坂は76年の4位指名でヤクルトに入団。67年に東京の7位指名を蹴っていた中村は再度の拒否となった。4位以下の4選手はみな入団したが、一軍に出場したのは小林と愛知学院大のチームメイトだった**迫丸**だけ。巨人での21試合では1安打に終わり、81年に広島へ移籍した。

7. 太平洋 (0)

順位	選手		在籍時のPV	通算PV	通算成績
1	山村善則	内野手	-36.7	-82.7	1153試合、.256、70本、318打点
2	楠城徹	捕手	-13.0	-13.0	366試合、.230、9本、77打点
3	鈴木治彦	内野手	-36.9	-36.9	544試合、.252、11本、105打点
4	平田恒夫	投手	拒否		

8人を指名し、4位以降の5人は入団拒否。4位の**平田**（中京商）、5位の笠間雄二（電電北陸）、6位の大町定夫（新日鉄光）、7位の登記欣也（神戸製鋼）はいずれもその後のドラフトでプロ入りしている。入団した3人はみな一軍で使われ、**山村**（大鉄高）は南海移籍後も含め、100試合以上出た年が6度あったが、打率.301だった81年でもPVは1.5。弟の勝彦は76年にドラフト6位で太平洋に入団、チームメイトになった。

2位**楠城**・3位**鈴木**の早稲田大コンビは、ライオンズが初めて東京六大学の選手を指名したと話題になったが、いずれもレギュラーにはなりきれなかった。ただし2人ともフロント入りして出世、楠城は西武と楽天の編成部長、鈴木は西武の球団本部長となった。

7. 中日 (0)

順位	選手		在籍時のPV	通算PV	通算成績
1	藤波行雄	外野手	-47.3	-47.3	1146試合、.273、24本、186打点
2	鈴木博昭	内野手	-2.4	-2.4	25試合、.136、0本、0打点
3	中山俊之	投手	拒否		
4	福島秀喜	投手	拒否		

6人指名して、入団したのは上位の2人のみ。3位を拒否した**中山**（大昭和製紙北海道）は翌74年に巨人の2位、4位指名を断った**福島**（博多商）は75年に日本ハムから1位指名されて、いずれも入団している。中央大の**藤波**は、通算133安打の東都大学リーグ記録保持者。球団首脳は山下の次に評価していた。74年は130打席のみだったが、打率.289/出塁率.372で新人王を受賞。しかし外野手としては長打力が物足りず、ＰＶは77年（打率.318、6本塁打）の2.4が最多。78年にはクラウンライターへのトレードを拒否して騒動になった。27歳でプロ入りした三菱自動車川崎の強打者・**鈴木**は、一軍では3安打で終わった。

7. 南海（O）

順位	選手		在籍時のPV	通算PV	通算成績
1	藤田学	投手	-9.8	-9.8	213試合、72勝65敗1Ｓ、3.88
2	山倉和博	捕手	拒否		
3	河埜敬幸	内野手	-58.4	-58.4	1552試合、.268、85本、463打点
4	平山正人	投手	拒否		

　4人しか指名せず、野村克也監督が「高校生離れしたリード力」と評価した**山倉**（東邦高）も入団拒否。同じく拒否した**平山**（ＰＬ学園高）ともどもその後プロ入りしている。残る2人も通算ＰＶはマイナスだったが、長く主力として活躍した。全体2番目指名の**藤田**（南宇和高）は3年目の76年に11勝、防御率1.98、ＰＶ22.5（9位）で新人王を受賞。77・78年も16勝、78年はＰＶ20.7と順調だったが、故障などもあって以後8年で防御率5.07、ＰＶ－56.6と大きく数字を落とした。**河埜**も同じ愛媛県の八幡浜工出身。兄の和正（巨人）同様に遊撃手で、79年に打率.300、13本塁打、25盗塁でＰＶ10.9。87年も打率.312/出塁率.409、自己最多のＰＶ12.3だった。

7. 日本ハム（O）

順位	選手		在籍時のPV	通算PV	通算成績
1	鵜飼克雄	投手	-17.4	-17.4	36試合、1勝4敗0Ｓ、5.91
2	島津佳一	外野手	-2.3	-2.5	38試合、.235、0本、1打点
3	内藤博	内野手	拒否		
4	村井英司	捕手	-11.1	-11.1	500試合、.240、29本、112打点

ドラフト前日に日拓から球団を買収、日本ハムとして最初のドラフトは、予備抽選で4番目を引き当てた。球団代表の三原脩が江川指名をちらつかせて注目されたが、実際に指名したのは全国的には無名の**鵜飼**（四国電力）で、プロでは1勝のみで終わった。俊足を買われていた**島津**（本田技研鈴鹿）も、二軍では2年連続盗塁王になったものの、一軍では8盗塁で失敗7回。**村井**（電電北海道）は1年目から積極的に起用されるも、レギュラーには定着できず、控え捕手／外野手として78年に61試合で9本塁打、ＰＶ3.7を記録した。

7. 広島（O）

順位	選手		在籍時のPV	通算PV	通算成績
1	木下富雄	内野手	-59.0	-59.0	1364試合、.240、48本、221打点
2	福井文彦	内野手	拒否		
3	瀬戸和則	投手	-6.0	-6.0	19試合、0勝1敗0S、6.00
4	福島義隆	投手	拒否		
6	入江道生	内野手	-0.1	-0.1	1試合、.000、0本、0打点

7人中3人に入団を拒否され、うち**福井**（崇徳高）と**福島**（竹原高）は広島出身の地元選手だった。大型遊撃手と評判だった**木下**（駒澤大）は、規定打席に一度も達せずＰＶも82年（7.1）と85年（1.1）以外はすべてマイナス。それでも77〜85年まで二遊間の準レギュラーとして働き、80年の日本シリーズで優秀選手賞に選ばれている。

1974年 〈合計PV 283.4 = 47位〉

1	高橋慶彦	193.6	広島3位	1722 試合、打率 .280、163 本塁打、604 打点
2	山口高志	30.6	阪急1位	195 試合、50 勝 43 敗 44 S、防御率 3.18
3	川原昭二	24.8	日本ハム2位	276 試合、30 勝 17 敗 29 S、防御率 3.79
4	笹本信二	14.7	阪神3位	462 試合、打率 .242、16 本塁打、82 打点
5	福井保夫	13.8	近鉄1位	43 試合、2 勝 3 敗 1 S、防御率 3.12

　前年に大量の指名拒否があった影響か、この年から1球団6人までに指名枠が削られ、1000万円に抑えられていた契約金の上限も廃止。だが不作は続き、通算PV 10以上の選手は5人と前年を上回ったものの、全選手の合計PVは283.4で史上ワースト4位。大学生投手は全部で3人指名されただけだった。

　通算PV 193.6で1位の**高橋**は、城西高では投手だったがプロ入り後内野手に転向しただけでなくスイッチヒッターに挑戦。猛練習を積んでスイッチをものにし、78年に正遊撃手となると翌79年は33試合連続安打の日本記録を達成。55盗塁でタイトルも獲得し全国区の人気スターになった。PVは打率 .305、24本塁打、70盗塁だった83年の40.6（3位）がベストで、続く84年も .303、23本、71打点でPV 35.8（2位）。PV 20以上の年は6回、通算477盗塁は史上5位である。

　2年前もドラフトの目玉とされながらプロ入りを拒み、松下電器に入社した**山口**は、再び一番の注目を集めてドラフトに臨む。予備抽選1番目の近鉄が当然山口を指名するかと思いきや、選んだのは松下電器のチームメイトで、この年公式戦の登板は1試合の**福井**。山口を入団させるには高額な契約金が必要との、消極的な理由によるものだった。福井は通算43試合に投げ2勝に終わったが、一軍で登板した5年間のPVは常にプラス。通算13.8は74年の指名選手で5番目だった。

　こうして、予備抽選2番目の阪急に山口が転がり込んだ。松下OBも多く活躍する阪急に山口はすんなり入団し、史上最速とすら言われる快速球で先発とリリーフの両方で使われる。75年は12勝、新人王に加え日本シリーズのMVPも受賞した。以後4年連続2ケタ勝利、PVは78年の12.2を最多として2ケタが3回。酷使の影響で選手生命は短かったけれども、強烈なインパクトを残した。

通算2038安打で名球会入りした新井鐘律（のち宏昌に改名、法政大）も2位指名で南海入りしているが、通算PVは2.9でしかない。打率.366で首位打者になった87年はPV35.7（リーグ2位）、その他打率2位だった79年（.358）と82年（.315）も2ケタだった一方で、2ケタのマイナスだった年も5回あった。打率3割6回の巧打者でも、長打と四球が少なく通算出塁率は.342、長打率は.395。打率から想像されるほどには生産力の高い打者ではなかった。

球団別

1. 広島 （210.8）

順位	選手		在籍時のPV	通算PV	通算成績
1	堂園喜義	投手	出場なし		
2	望月卓也	投手	-2.3	-23.6	113試合、6勝10敗1S、5.07
3	高橋慶彦	投手	210.8	193.6	1722試合、.280、163本、604打点
4	中川惣一	捕手	出場なし		

予備抽選は最後の12番目。鹿児島実・定岡正二（巨人1位）のライバルで、甲子園に2度出場したアンダースローの**堂園**（鹿児島商）を1位指名するも、6年間で一軍での登板機会がないまま引退した。**望月**（竹原高）は77年に32試合に登板、PV2.9だったがその後は伸び悩み、79年にロッテへトレードされた。

2. 阪急 （31.1）

順位	選手		在籍時のPV	通算PV	通算成績
1	山口高志	投手	30.6	30.6	195試合、50勝43敗44S、3.18
2	松井満	外野手	-1.2	-1.2	7試合、.125、0本、0打点
3	笠間雄二	捕手	拒否		
4	鈴木弘規	投手	0.5	-10.0	18試合、0勝2敗0S、6.75

73年に太平洋の5位指名を断った**笠間**（電電北陸）は2度目の拒否。翌76年の6位指名で巨人入りし、80年にトレードで阪急にやってきた。ただし在籍したのは1年だけで81年に阪神へ放出されている。身長190cmで、当時としては相当な大型投手だった**鈴木**（水沢一高）は、1試合投げただけで80年に阪神へ移った。

3. 日本ハム（24.8）

順位	選手		在籍時のPV	通算PV	通算成績
1	菅野光夫	内野手	-66.2	-66.2	1009 試合、.222、21 本、168 打点
2	川原昭二	投手	24.8	24.8	276 試合、30 勝 17 敗 29 S、3.79
3	吉武正成	投手	出場なし		
4	木村聖一	投手	拒否		
5	柿崎幸男	外野手	-0.3	-0.3	46 試合、.000、0 本、0 打点

　定岡を高く評価していたが予備抽選の順位が低く、**菅野**（三菱自動車川崎）を1位指名。打撃は弱くとも二遊間の守備を評価され、77 〜 83 年の間は 78 年を除き毎年 100 試合以上に出場。引退後コーチを経て球団寮長となり、54 歳で亡くなるまで、若き日のダルビッシュ有を指導するなどチームを陰で支えた。無名中の無名だった**川原**（丹羽鉦電機）の通算 PV 24.8 は、75 年の指名全選手中 3 位。83 年にリーグ最多の 59 試合に登板し 11 勝、PV 13.8 を記録すると 85 年も 6 勝 7 セーブで PV 10.6 と、リリーフで活躍した。

4. 近鉄（13.8）

順位	選手		在籍時のPV	通算PV	通算成績
1	福井保夫	投手	13.8	13.8	43 試合、2 勝 3 敗 1 S、3.12
2	村田辰美	投手	-7.9	-7.5	404 試合、85 勝 90 敗 10 S、4.19
3	落合登	投手	拒否		
4	吹石徳一	内野手	-65.8	-65.8	1020 試合、.229、52 本、200 打点
5	谷宏明	投手	-57.8	-63.8	195 試合、36 勝 50 敗 2 S、4.81

　PV は福井が一番良いけれども、主力として活躍したのは他の 3 人。**村田**（三菱自動車川崎）は 78 年に 5 勝、防御率 1.83 で PV 15.1、翌 79 年は先発に回り12 勝、防御率 3.42（6 位）で PV 17.4。86 年は 7 年ぶりの 2 ケタとなる 14 勝を挙げた。唯一高校生で指名された**谷**（熊本第一工）は 82 年に 11 勝 / PV 6.8、84 年も 8 勝 /13.1。**吹石**（日本新薬）は内野の準レギュラーとなったが、PV がプラスの年はなく、唯一規定打席に達した 81 年（打率 .245、10 本塁打）も − 9.4だった。

5. 阪神 （0.4）

順位	選手		在籍時のPV	通算PV	通算成績
1	古賀正明	投手	拒否		
2	工藤一彦	投手	-17.9	-17.9	308 試合、66 勝 63 敗 4 S、4.04
3	笹本信二	捕手	-1.9	14.7	462 試合、.242、16 本、82 打点
4	榊原良行	内野手	-25.9	-30.2	689 試合、.249、20 本、96 打点
5	町田公雄	外野手	-7.0	-7.0	85 試合、.202、1 本、3 打点
6	松下立美	投手	-0.1/ 0.4	-0.1/ 0.4	2 試合、0 勝 0 敗 0 S、4.50/ 14 試合、.400、0 本、0 打点

　丸善石油の好投手・**古賀**を1位指名するも拒否に遭い、10回目のドラフトで初めて1位を取り逃した。土浦日大高の**工藤**は「高校四天王」の一角で、79年から一軍に定着し82年に11勝／PV 9.6、翌83年は13勝。阪神が日本一になった85年も6勝でPV 7.0と貢献した。**笹本**（同志社大）は77年に阪急へ移籍し、レギュラーにはなれなかったが79年は打率 .327／PV 9.4、翌80年も79試合で7本塁打を放ちPV 10.4。通算14.7はこの年の指名選手で4番目だった。**榊原**（日本楽器）は77年に正遊撃手となって、規定打席に到達した78年は打率 .288。80年まで4年連続で100試合以上に出場した。

6. 巨人 （0）

順位	選手		在籍時のPV	通算PV	通算成績
1	定岡正二	投手	-2.0	-2.0	215 試合、51 勝 42 敗 3 S、3.83
2	中山俊之	投手	-4.1	-4.1	22 試合、2 勝 0 敗 0 S、5.19
3	倉骨道広	捕手	出場なし		
4	塩月勝義	投手	-1.2	-1.2	9 試合、0 勝 0 敗 0 S、4.85

　本命は土屋だったが、中日にさらわれ人気ナンバーワンの**定岡**（鹿児島実）を指名した。5年目の80年に9勝、防御率 2.54、PV 18.4と急成長。82年にも15勝を挙げたが、85年限りで近鉄へのトレードを拒否し29歳で引退、芸能界へ転身した。前年の中日3位指名を拒否していた**中山**（大昭和製紙北海道）は、75・76年に1勝ずつしたが4年で退団している。

6. 太平洋（O）

順位	選手		在籍時のPV	通算PV	通算成績
1	田村忠義	投手	拒否		
2	西田隆広	内野手	-0.9	-0.9	6試合、.111、0本、0打点
3	吉本博	捕手	-0.1	-7.0	278試合、.229、21本、58打点
4	松岡高信	投手	出場なし		
5	春日祥之輔	外野手	-2.5	-5.5	76試合、.204、1本、6打点
6	川村博昭	外野手	-0.7	-0.7	61試合、.000、0本、0打点

　指名した6人全員が西日本の選手で、うち3人が地元の九州とあってか、例年に比べれば入団拒否は少なかった。だが1位指名した日本鋼管福山の**田村**は逃し、入団した5人も主力にはなれなかった。その中では**吉本**（南陽工）が、80～81年に控え捕手として70試合以上出場するなど、まずまず戦力になった。

6. 大洋（O）

順位	選手		在籍時のPV	通算PV	通算成績
1	根本隆	投手	-24.3	-27.4	113試合、7勝14敗2S、5.08
2	宮本四郎	投手	-16.4	-19.9	283試合、16勝29敗4S、4.48
3	大川浩	投手	-20.3	-18.7	108試合、1勝4敗0S、6.03
4	鈴木徳義	投手	拒否		
6	三浦正行	捕手	-1.6	-1.6	55試合、.176、0本、1打点

　日本石油から入団した速球派の**根本**は、76年にローテーション入りしたが、その後2年間でPVは－24.4と大幅なマイナス。中継ぎで一軍に定着した**宮本**（中京大）は81年に阪急へ移籍し、82年は防御率2.84／ＰＶ10.8。84年は規定投球回に達し8勝、ＰＶ6.0で優勝に貢献した。**大川**（新田高）は左の中継ぎとして多用された。

6. 中日（O）

順位	選手		在籍時のPV	通算PV	通算成績
1	土屋正勝	投手	-34.9	-43.8	240試合、8勝22敗4S、4.86
2	神垣雅行	内野手	-3.3	-3.3	89試合、.232、1本、10打点

順位	選手		在籍時のPV	通算PV	通算成績
3	高橋千秋	投手	拒否		
4	貝塚博次	投手	-	0.5	1試合、0勝0敗0S、0.00
5	松浦正	投手	-1.9	-4.6	35試合、1勝1敗0S、4.79

　土屋は銚子商のエースとして74年夏の甲子園で優勝。完成度が高く、高校生では一番の注目を集め全体3番目指名で入団した。だが81年（防御率1.91/PV6.6）を除けば、期待されたほどの成績は残せなかった。近畿大の好打者だった**神垣**も控えどまり。**貝塚**（三田学園高）と**松浦**（小倉工）はともに79年に南海へ移籍していて、ロッテへトレードになった土屋、近鉄へ移籍した神垣ともども、入団した4人全員が最後はパ・リーグに転じている。

6.南海（O）

順位	選手		在籍時のPV	通算PV	通算成績
1	長谷川勉	投手	-0.1	2.1	98試合、7勝19敗1S、3.97
2	新井鐘律	外野手	-21.5	2.9	2076試合、.291、88本、680打点
3	浜名繁幸	投手	出場なし		
4	岡本圭右	投手	-39.0	-39.6	579試合、.244、37本、183打点
5	米谷延夫	捕手	-12.4	-12.4	95試合、.197、2本、23打点

　長谷川（日産自動車）は南海には1年在籍し、6試合で0勝3敗。76年に江夏豊を獲得するための交換要員の一人として、阪神へトレードされた。**岡本**（三原高）と**米谷**（大昭和製紙）は、ともにプロ入り後に外野手へコンバート。岡本は85年に80試合で9本塁打を放つなど長打力を発揮したが、ＰＶがプラスの年は一度もなかった。

6.ヤクルト（O）

順位	選手		在籍時のPV	通算PV	通算成績
1	永川英植	投手	-0.5	-0.5	1試合、0勝0敗0S、9.00
2	角富士夫	投手	-65.0	-65.0	1521試合、.262、128本、489打点
3	浜師勝彦	投手	拒否		
4	上野貴士	内野手	拒否		
5	青木実	外野手	-27.4	-27.4	558試合、.229、2本、26打点

横浜高の**永川**は 73 年の選抜優勝投手。定岡（鹿児島実）、土屋（銚子商）、工藤（土浦日大高）とともに高校生投手四天王と呼ばれたが、プロでは 4 人のうちただ一人 0 勝で終わった。**角**（福岡第一高）は 78 年に正三塁手となり、18 本塁打を放った 81 年に P V 9.1。90 年には 16 年目にして自身唯一の 3 割となる打率 .301 を記録するなど、息の長い選手になった。俊足の**青木**（日産自動車）は 81 年にリーグ 1 位の 34 盗塁を決めたが、同年の P V は − 6.3 だった。

6. ロッテ（0）

順位	選手		在籍時のPV	通算PV	通算成績
1	菊村徳用	投手	出場なし		
2	長松純明	捕手	-2.5	-2.5	134 試合、.221、1 本、12 打点
3	芦岡俊明	内野手	-56.0	-56.0	780 試合、.252、54 本、214 打点
4	若林仁	投手	-2.8	-2.8	2 試合、0 勝 0 敗 0 S、81.00

6 人を指名し 5 人が入団。ただ一人拒否したのが 6 位指名で、のちの名遊撃手・石毛宏典（市銚子高）だった。**菊村**（育英高）は、金田正一監督が「1 番クジでも指名した」と言うほど素質を買っていた速球派左腕。しかしながらロッテでの 4 年間、その後西武と近鉄での 5 年間でとうとう一軍登板なし。84 年に韓国のロッテに入団した。**芦岡**（亜細亜大）は外野に転向、唯一 100 試合以上（109試合）出た 83 年に 16 本塁打を放ったが、.227 の低打率で P V − 15.9 だった。

1975 年 〈合計ＰＶ 562.9 ＝ 35 位〉

1	篠塚利夫	178.3	巨人 1 位	1651 試合、打率 .304、92 本塁打、628 打点
2	簑田浩二	134.3	阪急 2 位	1420 試合、打率 .279、204 本塁打、678 打点
3	山根和夫	80.0	広島 2 位	278 試合、78 勝 64 敗 8 S、防御率 3.31
4	北別府学	57.2	広島 1 位	515 試合、213 勝 141 敗 5 S、防御率 3.67
5	田尾安志	44.4	中日 1 位	1683 試合、打率 .288、149 本塁打、574 打点
6	中畑清	35.5	巨人 3 位	1248 試合、打率 .290、171 本塁打、621 打点
7	小林誠二	30.8	広島 4 位	222 試合、29 勝 15 敗 20 S、防御率 3.70

　目玉級の選手は不在ながらも、大不作だった 73・74 年とは違い、結果的には多くの好選手が輩出した、まずまずのドラフトになった。もっとも、予備抽選で 1 番目のロッテが指名した田中由郎（三菱重工三原）をはじめ、早い指名順だった球団が獲得した選手はほとんど活躍できず、遅い順番だった球団の 1 位指名（7 番目の巨人・篠塚、9 番目の中日・田尾、10 番目の広島・北別府）が大成している。拒否したのは 12 人だけで、入団率は初めて 80％ を超えた。

　通算ＰＶ 178.3 で 1 位の篠塚（銚子商）は、打撃センスは上々だったが病気持ちで評価が難しかった選手。事前には 3 位くらいで指名されるのでは、との見通しだった。指名当初の長嶋茂雄監督のコメントも「即戦力投手が欲しかったが、先に指名されたので」というものだったが、81 年は .357（2 位）の高打率でＰＶ 29.1（6 位）。84 年は .334 で首位打者となったほか、35 二塁打と 51 四球も自己最多で、リーグ 1 位のＰＶ 38.4 だった。87 年も .333 で 2 度目の首位打者、同年まで 7 年間で 3 割 6 回。二塁守備でも 4 回ダイヤモンドグラブ賞に輝き、ベストナインに 5 回選ばれている。

　巨人では 3 位指名の中畑（駒澤大）も主力に成長した。最初の 3 年間で 12 試合の出場にとどまっていたが、80 年に 22 本塁打を放つと翌 81 年は打率 .322（7 位）。明るいキャラクターの人気選手だったが、打率 3 割と 20 本塁打以上はそれぞれ 3 回ずつ。巨人の中軸打者というイメージほどよく打っていたわけではなく、ＰＶも 31 本塁打を放った 84 年の 15.6 が最多だった。2 ケタに乗ったのは他に 81 年（13.9）だけ。とはいえ極端に悪い年もなく、現役最後の 89 年に記録した− 3.9 が一番低い数字だった。

　篠塚とは首位打者争いのライバルとして鎬を削ったのが田尾。同志社大では

投手としても活躍したが、中日入りしてからは野手に専念。76年は67試合の出場で打率.277、46安打、ＰＶ－1.7と平凡な成績ながら、対抗馬がいなかったこともあり新人王を受賞した。以後79年まで毎年ＰＶはマイナスだったが、82年は.350の高打率。長崎慶一（大洋）に1厘及ばず首位打者を逃しはしたものの、ＰＶ39.5（3位）で中日の優勝に貢献した。翌83年も打率.318（3位）、81～84年は4年連続で3割以上。82年からは3年続けてリーグ最多安打を放ち、ＰＶも毎年2ケタに乗せた。85年に西武へトレードされてからは輝きが失われ、その後移籍した阪神時代を含め、引退するまでの6年間で－31.5と急落した。

　この年初のリーグ優勝を果たして"赤ヘルブーム"を巻き起こした広島は、その勢いに乗って……ということもあるまいが、ドラフトでも通算ＰＶ30以上の投手を3人も取れた。1位で指名した**北別府**（都城農）は「将来は別所毅彦タイプ」と言われていた九州高校球界の大物で、1年目から2勝を挙げ78年には10勝。以後11年連続2ケタ勝利、82年はリーグ最多の20勝、防御率2.43でＰＶ29.6（6位）。86年も18勝で2度目の最多勝、防御率2.43も1位。ＰＶ29.5（9位）で、広島が優勝したこともあり三冠王のランディ・バース（阪神）を抑えてＭＶＰに選ばれた。92年も防御率2.58（4位）で、3度目の20以上となるＰＶ20.5。同年は200勝に到達して名球会入りも果たした。ただし89年の－23.4をワーストとしてマイナスＰＶも5度と、浮き沈みも大きめで通算ＰＶは57.2。1年遅れで入団した2位指名の**山根**（日本鋼管福山）を下回った。

　その山根は最初の2年は0勝に終わったものの、79年に8勝、ＰＶ16.8、80年は14勝、防御率2.96でＰＶ17.3。この2年は北別府や江夏豊を抑えて、カープ投手陣で最多のＰＶだった。これが自己最多の数字であり、ピークは北別府より低かったけれども、西武移籍後も含め13年間でマイナスＰＶは2度だけと安定度が高かった。日本シリーズでも好投し、79・80年の連続日本一に大きく貢献している。

　広島工から4位で入団した**小林**は、最初の5年間は25試合に投げて2勝のみだった。しかしながら81年に西武へトレードされると、パームボールを身につけ3年間でＰＶ7.9と成長。広島へ復帰した84年は55試合に登板して11勝9セーブ、防御率2.20は1位。ＰＶ31.4は5位にランクされた。翌85年も45試合で4勝7セーブ、ＰＶ8.4とリリーフとして活躍を続けた。

　通算ＰＶの上位がセ・リーグに入団した者で占められていた中、唯一パ・リーグから顔を出しているのが、三菱重工三原から阪急に2位で入団した**簑田**。俊足・好守・強打の3拍子揃った名外野手で、当初は守備・代走要員として起用

されていたが、78年にレギュラーに定着すると、打率.307、17本塁打、61盗塁（2位）でＰＶ23.5（10位）と飛躍。31本塁打、39盗塁だった80年はＰＶ5.9と意外に低かったが、82年（22本塁打、27盗塁）はＰＶ22.6（7位）。続く83年は打率.312、32本塁打、35盗塁の"トリプルスリー"を達成し、リーグ1位のＰＶ44.9を記録した。肩の強さも相当なもので、ダイヤモンドグラブを78～85年に8年連続で受賞している。

球団別

1.巨人（213.8）

順位	選手		在籍時のPV	通算PV	通算成績
1	篠塚利夫	内野手	178.3	178.3	1651試合、.304、92本、628打点
2	岡田忠雄	捕手	出場なし		
3	中畑清	内野手	35.5	35.5	1248試合、.290、171本、621打点
4	猪口明宏	外野手	出場なし		
5	山本功児	内野手	-21.0	-46.0	1217試合、.277、64本、369打点

　篠塚、中畑だけでなく5位の**山本**（本田技研鈴鹿）も一軍に定着。巨人時代にＰＶがプラスだったのは78年（1.5）だけで、ロッテにトレードされた84年に初めて規定打席に達しリーグ9位の打率.301。ただ一塁手としては長打が少なく、同年のＰＶは0.8だった。中畑と一緒に駒澤大の主力として活躍した平田薫と二宮至は指名漏れとなり、ドラフト外で巨人入りしている。

2.阪急（141.3）

順位	選手		在籍時のPV	通算PV	通算成績
1	住友一哉	投手	拒否		
2	簑田浩二	内野手	141.3	134.3	1420試合、.279、204本、678打点
3	木村基治	投手	出場なし		
4	加藤安雄	内野手	-0.1	-0.1	1試合、.000、0本、0打点

　初の日本一に輝いた直後でも不人気は変わらず、6人中3人に入団拒否された。1位指名の**住友**（鳴門高）などは「阪急は希望のチームで嬉しい」とまで言っていたのに、家族の反対に遭って法政大へ進学した。もっとも**簑田**の大成功で、損

失は十分に埋め合わせている。**加藤**（熊谷組）は引退後コーチになり、87 年に高校・大学の先輩である星野仙一が監督になった中日へ移籍。阪神でも星野の下でコーチを務めた。

3. 広島（120.7）

順位	選手		在籍時のPV	通算PV	通算成績
1	北別府学	投手	57.2	57.2	515 試合、213 勝 141 敗 5 S、3.67
2	山根和夫	投手	63.5	80.0	278 試合、78 勝 64 敗 8 S、3.31
3	長内孝	外野手	-6.7	-16.2	1020 試合、.250、104 本、360 打点
4	小林誠二	投手	-13.8	30.8	222 試合、29 勝 15 敗 20 S、3.70
6	高月敏文	内野手	-2.0	-2.0	40 試合、.209、2 本、5 打点

　小林の在籍時のＰＶがマイナスになっているのは、81 年に一旦西武へ移籍したため、80 年までの成績しかカウントされていないのが理由。**長内**（桐蔭学園高）はパンチ力が魅力で、唯一規定打席に達した 86 年は 19 本塁打。同年はＰＶ 5.9、自己ベストは 89 年（打率 .273、11 本塁打）の 6.4 だった。

4. 中日（75.9）

順位	選手		在籍時のPV	通算PV	通算成績
1	田尾安志	外野手	75.9	44.4	1683 試合、.288、149 本、574 打点
2	美口博	投手	出場なし		
3	青山久人	投手	-49.4	-55.7	202 試合、14 勝 25 敗 4 S、5.12
4	早川実	投手	-4.0	-4.0	28 試合、2 勝 1 敗 1 S、5.14
6	関東孝雄	内野手	-16.1	-16.1	211 試合、.212、1 本、20 打点

　地元愛知県・国府高の**青山**は、細身の体格ながら 1 年目から一軍で投げ始め、翌 77 年は 6 勝。奪三振率 7.0 個は 100 イニング以上でリーグ 2 位、同僚の速球王・鈴木孝政をも上回った。**美口**（中村高）は 76 年オフに交通事故で全治 6 カ月の重傷を負ったこともあってか、一軍昇格すら果たせなかった。**早川**（西濃運輸）、**関東**（日本通運）、5 位の福田功（中央大）はみな引退後にコーチとなり、早川と福田は星野について行って楽天のフロント入りした。

5. 近鉄（2.4）

順位	選手		在籍時のPV	通算PV	通算成績
1	中野英明	投手	出場なし		
2	尾西和夫	投手	2.4	2.4	9試合、0勝0敗0S、2.12
3	兼光保明	投手	-1.1	-1.1	18試合、.000、0本、0打点
4	林正宏	内野手	-1.2	-1.2	84試合、.213、3本、11打点

　九州一の左腕と言われた**中野**（東海大二高）は5年在籍して一軍登板なし。通算PVはプラスだった**尾西**（新日鉄堺）も17.1回を投げただけ、**兼光**（倉敷工）は一軍で出たのが1年のみ。通算84試合出場の**林**（住友金属）が最も成功した部類に数えられるという、厳しい結果になった。

6. 太平洋（0.7）

順位	選手		在籍時のPV	通算PV	通算成績
1	古賀正明	投手	-20.9	-79.3	211試合、38勝54敗8S、4.59
2	糸数勝彦	投手	出場なし		
3	大屋好正	投手	-7.1	-7.1	20試合、1勝3敗0S、4.83
4	加倉一馬	投手	-2.9	-4.9	68試合、.125、0本、2打点
5	木村広	投手	0.7	-8.6	75試合、4勝2敗3S、4.73
6	池田弘	投手	-9.3	-16.9	116試合、5勝10敗5S、4.32

　指名した6人のうち、**大屋**（専修大）以外は全員九州出身。前年に阪神の1位指名を蹴った**古賀**（丸善石油）は、久留米出身ということもありすんなり入団。1年目から11勝／PV5.3、ロッテに移籍した79年に防御率2.84／PV8.8。史上2人目となる12球団相手に勝利を挙げる珍記録も作った。甲子園で名を売った**糸数**（石川高）は一軍登板なし。1年遅れで入団した**池田**（鷺宮製作所）は、78年に32試合で3勝。80年に大洋に移籍し、81年は46試合に投げた。

7. 大洋（0）

順位	選手		在籍時のPV	通算PV	通算成績
1	田村政雄	投手	-18.5	-64.9	135試合、9勝16敗4S、6.10

2	岩井靖久	内野手	-3.6	-21.7	557 試合、.247、23 本、96 打点
3	松本隆春	投手	出場なし		
4	斉藤巧	内野手	-14.0	-32.1	630 試合、.246、19 本、104 打点

　12 球団で唯一 5 位までで指名を打ち切った。予備抽選 3 番目で指名した**田村**は、中央大で東都史上 2 位の通算 39 勝、新記録の 359 奪三振。プロでも 1 年目から 10 勝できると言われていたが伸び悩み、79 年に南海へ移籍してからは 2 年連続で防御率 8 点台と、さらに成績が悪化した。**岩井**（法政大）も大洋では一軍に定着できず、日本ハム移籍後の 84 年に規定打席に達し打率.286。引退後はスカウトとして手腕を発揮した。**斉藤**（洲本実）は 81 年に 98 試合に出場したが P V －10.2。83 年にロッテへ移り、捕手へ転向して選手生命を伸ばした。

7. 南海（O）

順位	選手		在籍時 の PV	通算 PV	通算成績
1	森口益光	投手	-43.8	-52.0	222 試合、27 勝 58 敗 1 S、4.61
2	渡辺光弘	外野手	出場なし		
3	立石充男	内野手	-14.2	-14.2	267 試合、.238、11 本、49 打点
4	松尾裕二	投手	出場なし		
5	平沢隆好	投手	-57.5	-57.5	101 試合、4 勝 17 敗 0 S、6.36

　関西六大学新記録の通算 39 勝を挙げた**森口**（近畿大）は、78 年に 9 勝／ P V 7.9。翌 79 年に 9 勝 /1.1 だった以後はプラス P V の年がなかった。**平沢**（日通名古屋）は 79 年に 2 勝 11 敗、防御率 7.09 で P V － 29.7、森口ともども通算 P V は － 50 を超えた。**立石**（初芝高）は控え内野手として一軍に定着、引退後は国内 5 球団に加え台湾と韓国でもコーチとして働いた。

7. 日本ハム（O）

順位	選手		在籍時 の PV	通算 PV	通算成績
1	福島秀喜	投手	出場なし		
2	行沢久隆	内野手	-23.2	-63.2	1004 試合、.230、35 本、154 打点
3	中村武義	投手	出場なし		
4	鍵谷康司	内野手	-18.6	-18.6	346 試合、.248、0 本、29 打点

| 6 | 宮本好宣 | 投手 | -11.2 | -11.2 | 33 試合、2 勝 4 敗 0 S、5.08 |

　毎年拒否者を出していた日本ハムにとって、初めて指名した全選手が入団した記念すべき年だが、活躍した選手はいなかった。**福島**は 3 年で退団、日本ハムの 1 位指名で一軍出場がなかった唯一の選手である。福島と丹羽鉦電機でチームメイトだった**中村**も同様で、3 人の社会人投手では**宮本**（西濃運輸）だけ一軍を経験した。**行沢**（中央大）は 79 年途中に西武へ移籍して以降、貴重な内野の控えとして活躍し、84 年（打率 .270、9 本塁打）に自己ベストの P V 2.4 だった。身長 166 c m と小柄な**鍵谷**（大昭和製紙）は 537 打数で本塁打ゼロ。ただし三塁打は 5 本打っている。

7. 阪神（O）

順位	選手		在籍時のPV	通算PV	通算成績
1	足立義男	投手	拒否		
2	鍛冶舎巧	外野手	拒否		
3	宮田典計	投手	-4.8	-6.7	36 試合、1 勝 1 敗 0 S、5.00
4	中沢泰司	外野手	出場なし		
5	深沢恵雄	投手	-11.2	-59.7	217 試合、51 勝 53 敗 2 S、4.77

　予備抽選 2 番目で、社会人随一の左腕・**足立**（大分鉄道管理局）を指名するも「プロは時期尚早」と入団拒否。前年の古賀に続き 2 年続けて 1 位に蹴られるという、今では想像もできない事態が起こった。足立はその後もずっとドラフト候補に挙がっていたが、心臓を病んだ時期もあってプロ入りせずに終わった。
　2 位でも松下電器の好打者・**鍛冶舎**を取り逃がす。鍛冶舎はプロ入りせず、のちに高校野球の解説者として、さらには秀岳館高の監督として成功を収めた。**宮田**（鐘淵化学）と**深沢**（日本楽器）が入団したのも 1 年後。アンダースローの深沢は通算 51 勝のうち、阪神では 1 勝だけ。81 年にロッテへ移籍後、84 年の 15 勝（P V 14.9）を最多として 3 回 2 ケタ勝利を挙げた。

7. ヤクルト（O）

順位	選手		在籍時のPV	通算PV	通算成績
1	杉村繁	内野手	-32.4	-32.4	449 試合、.228、4 本、46 打点

2	田村忠義	投手	拒否		
3	寒川浩司	投手	出場なし		
4	近沢英二	内野手	出場なし		
5	芦沢優	捕手	-13.7	-13.7	280試合、.208、5本、38打点

　高知高の強打者として甲子園で活躍した**杉村**を1位指名したが、100打席以上立った年は2度だけ。引退後は打撃コーチとして手腕を評価されている。2位では前年に太平洋の1位指名を拒否した**田村**（日本鋼管福山）にアタックして失敗。6位では前年3位で拒否された浜師勝彦を再指名するも、またしても拒否に遭った。新日鉄室蘭のエースだった浜師は73年もロッテ4位を拒否していて、3度指名されながら最後までプロ入りしなかった。**芦沢**（巨摩高）は控え捕手で、81年に81試合で3本塁打、21打点。他には40試合以上出た年はなかった。

7. ロッテ（O）

順位	選手		在籍時のPV	通算PV	通算成績
1	田中由郎	投手	-10.8	-29.8	139試合、12勝24敗5S、4.54
2	大町定夫	投手	拒否		
3	水上善雄	内野手	-55.9	-66.0	1546試合、.244、105本、450打点
4	立野清広	投手	出場なし		
5	北川裕司	内野手	-1.8	-1.8	35試合、.154、0本、2打点

　全体1位指名権を引き当て、スカウト部長だった濃人渉の強い推薦もあって**田中**を獲得。ところが2年間で2勝8敗4セーブに終わり、78年に早くも大洋へトレード。79年は規定投球回に達したが、同年を含め一度もPVはプラスにならなかった。なお「活躍できなかったら腹を切る」と言っていた濃人は、76年オフに本当に辞職している。

　水上（桐蔭学園高）は、正遊撃手となった79年は打率.199/PV－26.1と大苦戦したが、翌80年にダイヤモンドグラブ賞を受賞。同年から4年連続フル出場、83年は打率.302でPV14.0だった。**大町**（新日鉄光）は73年の太平洋6位に続く2度目の入団拒否。その後79年のドラフト外で阪神入り、81年は7勝8セーブ、防御率1.91/PV15.8の好成績だった。

1976 年 〈合計ＰＶ 547.1 ＝ 38 位〉

1	宇野勝	188.4	中日 3 位	1802 試合、打率 .262、338 本塁打、936 打点
2	角三男	93.0	巨人 3 位	618 試合、38 勝 60 敗 99 S、防御率 3.06
3	斉藤明雄	85.7	大洋 1 位	601 試合、128 勝 125 敗 133 S、防御率 3.52
4	山本和範	77.9	近鉄 5 位	1618 試合、打率 .283、175 本塁打、669 打点
5	山崎隆造	50.1	広島 1 位	1531 試合、打率 .284、88 本塁打、477 打点
6	佐藤義則	23.8	阪急 1 位	501 試合、165 勝 137 敗 48 S、防御率 3.97
7	仁科時成	12.9	ロッテ 3 位	334 試合、110 勝 108 敗 1 S、防御率 4.10

　甲子園のスターで、ドラフトでも一番人気となるはずだった原辰徳（東海大相模）は、父・貢が監督を務める東海大へ進学。さらにはパ・リーグの 1 位指名 3 人が入団拒否する波乱の年だったが、長く第一線で活躍した選手を多く生み出している。

　宇野（銚子商）は遊撃手としては抜群の打力の持ち主だった。81 年に 25 本塁打を放ち PV 21.7 を記録すると、以後 PV 20 以上が 7 回。84 年に 37 本で本塁打王、翌 85 年は 41 本で自己ベストの PV 33.0（8 位）。89 年も打率 .304、25 本塁打で PV 31.0 は 6 位に入った。

　投手では新人王が 3 人生まれた。77 年に**斉藤**（大商大）と**佐藤**（日本大）、そして 1 年遅れで巨人入りした**角**（三菱重工三原）が 78 年に受賞。角は 78 年に 5 勝 7 セーブ、PV 17.2、サイドハンドにフォームを変えて抑えに定着した 81 年はリーグ最多の 20 セーブ、防御率 1.47 で PV 26.0（9 位）。一番悪い年でも PV は－1.9 だった。斉藤は 78 年に 16 勝、162 奪三振（1 位）で PV 29.8（10 位）と当初は先発で結果を残していたが、82 年にリリーフに回って 30 セーブ、規定投球回にも達し防御率 2.07 との二冠。同年は PV 20.2、セーブ王 3 回、史上 3 人目の通算 100 勝 & 100 セーブを達成した。佐藤は 85 年に 21 勝で最多勝、86 年は防御率 2.83 で 1 位となり、PV 24.1（6 位）も自己最多。44 歳まで現役を続け、95 年に史上最高齢の 41 歳でノーヒットノーランを達成した。

　山本（戸畑商）も長命で、近鉄に入団してすぐ投手から外野手に転向。82 年限りで自由契約となった時点で、PV は－2.2 だった。だが南海に拾われると

84年に打率.306／ＰＶ 19.2、打率.321、21本塁打だった88年にＰＶ 28.5（7位）。近鉄に戻ったのち99年に41歳で引退、最終打席で決勝本塁打を放つ劇的な幕切れだった。通算ＰＶ 77.9はこの年の野手で宇野に次ぐ数字となっている。

　春の選抜優勝校・崇徳高から広島入りした**山崎**はスイッチヒッターをものにし、83年から3年連続打率3割、85年は.328（4位）／出塁率.412でＰＶ 21.0。同年は35盗塁、前年の84年も39盗塁と足でも貢献した。

球団別

1. 中日（203.0）

順位	選手		在籍時のPV	通算PV	通算成績
1	都裕次郎	投手	7.2	7.2	243試合、48勝36敗10Ｓ、3.73
2	生田裕之	投手	出場なし		
3	宇野勝	内野手	195.8	188.4	1802試合、.262、338本、936打点
4	今岡均	投手	出場なし		
5	高元勝彦	投手	0.0	0.0	1試合、0勝0敗0Ｓ、4.50
6	中原勇一	捕手	-1.3	-1.3	26試合、.071、0本、0打点

　2位の**生田**（あけぼの通商）だけが社会人で、あとは高校生を指名。全体2番目の高評価で、江夏二世との評判もあった**都**（堅田高）は79年に一軍昇格しＰＶ 8.7。81年からはローテーションの一角を占め、翌82年は16勝、リーグ1位の勝率.762（ＰＶ 7.1）で優勝に貢献。84年にも13勝を挙げた。

2. 大洋（85.7）

順位	選手		在籍時のPV	通算PV	通算成績
1	斉藤明雄	投手	85.7	85.7	601試合、128勝125敗133Ｓ、3.52
2	丸谷富美幸	投手	拒否		
3	山村陽一	投手	拒否		
4	坂本照彦	内野手	拒否		

　斉藤のおかげで数字上は成功したドラフトになっているが、6人を指名して4人に拒否された。斉藤以外にただ一人入団した5位の安田尚弘（報徳学園高）も、一軍出場なし。ただし拒否した選手たちで、のちにプロ入りして活躍した者はい

なかった。

3. 巨人 (79.6)

順位	選手		在籍時のPV	通算PV	通算成績
1	藤城和明	投手	-17.0	-19.8	101 試合、14 勝 19 敗 0 S、4.51
2	赤嶺賢勇	投手	0.0	0.0	4 試合、0 勝 0 敗 0 S、3.86
3	角三男	投手	79.6	93.0	618 試合、38 勝 60 敗 99 S、3.06
4	吉沢克美	投手	出場なし		
5	松本匡史	内野手	-14.8	-14.8	1016 試合、.278、29 本、195 打点
6	笠間雄二	捕手	-3.1	6.7	397 試合、.236、25 本、85 打点

　佐藤の指名を予定しているとの報道もあったが、全体 4 番目で**藤城**（新日鉄広畑）を指名。79・80 年に 4 勝ずつ挙げたものの、主戦投手となることはなく 82 年に阪急へトレードされ、佐藤とチームメイトになった。**笠間**（電電北陸）は一足先に 80 年に阪急へ放出され、その後阪神に移った 83 年に正捕手として打率 .271、12 本塁打で P V 12.0 を記録した。

　通算 57 盗塁の東京六大学記録を作った**松本**（早稲田大）は「プロでは 2 割も打てない」との一部スカウトの声を覆し、レギュラーに成長。82 年に 61 盗塁でタイトルを獲得 P V 6.6、翌 83 年は 76 盗塁でリーグ記録を更新し P V 6.7 と、一番打者として活躍した。しかしながら現役最後の 87 年に− 14.9 で、通算でもマイナスになった。

4. 広島 (53.3)

順位	選手		在籍時のPV	通算PV	通算成績
1	山崎隆造	内野手	50.1	50.1	1531 試合、.284、88 本、477 打点
2	土居正史	投手	-8.5	-11.8	93 試合、4 勝 6 敗 1 S、4.95
3	平田英之	投手	1.4	-6.1	9 試合、0 勝 0 敗 0 S、7.80
4	立野政治	投手	拒否		
5	小川達明	外野手	1.8	1.2	548 試合、.252、15 本、79 打点

　崇徳高の優勝投手だった黒田を指名できず、2 位予定の**山崎**を繰り上げ。同じく優勝メンバーの**小川**も 5 位で入団、86 年は 105 試合（75 打席）で打率 .323、

ＰＶ 4.5 と控えとしてはまずまずの成績だった。日本石油から入団した**土居**は 1年目から 37 試合に登板したが、2 年目以降は数字を落とした。4 位指名拒否の**立野**（日本楽器）は 80 年のドラフト外でヤクルト入り、81 ～ 82 年に 9 勝を挙げている。

5. 阪急（23.8）

順位	選手		在籍時 の PV	通算 PV	通算成績
1	佐藤義則	投手	23.8	23.8	501 試合、165 勝 137 敗 48 S、3.97
2	森本進	内野手	拒否		
3	吉沢俊幸	外野手	-25.4	-30.6	740 試合、.198、17 本、51 打点
4	平山正人	投手	-4.5	-4.5	1 試合、0 勝 1 敗 0 S、13.50
6	山本良材	投手	-0.8	-0.8	3 試合、0 勝 0 敗 0 S、4.09

　2 位拒否の**森本**（宇治山田商）以外は全員大学・社会人を指名。**佐藤**が 22 年も現役を続けたのとは対照的に、**平山**（新日鉄堺）は 3 年、**山本**（鷺宮製作所）は 2 年で引退し、5 位では前年大洋の 5 位を拒否した根本俊郎（河合楽器）が、またしてもプロ入りを拒んだ。早稲田大史上 4 位の 12 本塁打を放った**吉沢**は、80 年は 136 打数で 8 本塁打。足も速く通算 55 盗塁を決めたが、確実性に欠ける打撃でレギュラー定着には至らなかった。

6. ロッテ（12.9）

順位	選手		在籍時 の PV	通算 PV	通算成績
1	森繁和	投手	拒否		
2	前川善裕	外野手	拒否		
3	仁科時成	投手	12.9	12.9	334 試合、110 勝 108 敗 1 S、4.10
4	坂川重樹	内野手	出場なし		

　12 球団で唯一 5 位までで指名を打ち切り。1 位指名の駒澤大・**森**は全日本選手権で完全試合を達成した好投手だったが、「ファンの多いところで」と断られ、2位では日本鋼管の主砲・**前川**にも拒否された。散々なドラフトとなるところを救ったのが**仁科**（大倉工業）。アンダーハンドの技巧派で 80 年は 17 勝、防御率 3.19 は 2 位で ＰＶ 33.6（4 位）。84 年も 13 勝／ＰＶ 15.7、二度にわたって 9 回二

死からノーヒッターを逃した非運の投手としても有名だった。

7. 日本ハム（12.5）

順位	選手		在籍時のPV	通算PV	通算成績
1	黒田真二	投手	拒否		
2	藤沢公也	投手	拒否		
3	末次秀樹	捕手	拒否		
4	大宮龍男	捕手	12.5	0.2	1034 試合、.243、63 本、284 打点

　選抜の優勝投手・黒田（崇徳高）を1位指名しながら拒否されただけでなく、2位では藤沢（日鉱佐賀関）が入団直前まで行きながら、結局4度目の拒否。甲子園で8連続安打を記録した末次（柳川商）も獲得できず、6人指名して4人に断られた。それでも大宮（駒澤大）が正捕手に成長。15本塁打を放った81年はPV 6.0、翌82年は16本、67打点でPV 14.7を記録するなどして、最悪のドラフトを免れた。なおドラフト外では、ダイヤモンドグラブ賞6回の島田誠（あけぼの通商）、81年防御率1位の岡部憲章（東海大相模高）、84年に同4位の坂巻明（青山学院大中退）の3人を獲得する豊作だった。

8. 近鉄（0）

順位	選手		在籍時のPV	通算PV	通算成績
1	久保康生	投手	-28.9	-46.9	550 試合、71 勝 62 敗 30 S、4.32
2	石原修治	内野手	-5.3	-5.3	54 試合、.094、1 本、4 打点
3	応武篤良	捕手	拒否		
4	渡辺麿史	投手	出場なし		
5	山本和範	投手	-2.2	77.9	1618 試合、.283、175 本、669 打点

　柳川商の好投手で、酒井・黒田とともに高校右腕三羽烏と言われた久保は、80年から一軍に定着し8勝、PV 9.2。82年には12勝を挙げた。88年途中阪神へ移籍してからはリリーフに回り、最後の2年間は近鉄に戻って39歳で引退。その後長くコーチとして働いた。3位指名を拒否した応武（崇徳高）は新日鉄広畑でオリンピックに出場、引退後は早稲田大の監督も務めた。6位でも高校生捕手の市川和正（国府高）に拒否されている。

8. クラウン（0）

順位	選手		在籍時のPV	通算PV	通算成績
1	立花義家	内野手	-86.8	-90.0	1149 試合、.262、51 本、318 打点
2	徳山文宗	外野手	-2.3	-5.0	44 試合、.024、0 本、0 打点
3	弓岡敬二郎	内野手	拒否		
4	坂田松一	内野手	拒否		

　スポンサーの交代で、球団名が太平洋クラブからクラウンライターに変更。1位は柳川商の**立花**でも、例年と異なり2位以下は九州ではなく主に近畿地方から指名した。3位を拒否した**弓岡**（東洋大姫路高）は、のちに阪急の正遊撃手になる。立花は2年目の78年に「19歳の三番打者」と注目を集め、80年は打率.301、18本塁打と開花したかに思えたが、ＰＶは同年の1.9が最高だった。**徳山**（立命館大）はライオンズでは21打数0安打、ロッテ移籍後の83年にやっと初安打を放つも通算42打数1安打。84年に韓国のロッテへ移り、洪文宗の名で主力として活躍した。

8. 南海（0）

順位	選手		在籍時のPV	通算PV	通算成績
1	武藤一邦	外野手	拒否		
2	久保寺雄二	内野手	-64.7	-64.7	770 試合、.258、44 本、239 打点
3	唐木祥一	投手	拒否		
4	村上之宏	投手	-40.1	-40.1	98 試合、14 勝 25 敗 5 S、5.25
6	上野克二	外野手	-0.1	-0.1	35 試合、1.000、0 本、0 打点

　武藤（秋田商）は「どうしても早慶戦で」と早稲田大進学を熱望し、野村克也監督直々の説得も実らず入団を拒否。もっとも入学したのは早稲田ではなく法政大だった。**久保寺**（静岡商）は80年に打率.292、リーグトップの29二塁打を放つなどレギュラーとして活躍していたが、85年に26歳で急死した。**村上**（日本通運）は1年遅れで入団した78年、5勝のみながら新人王に選出される。だがＰＶは同年が1.0、79年は－9.5、そして80年は防御率7.36で－31.6まで悪化し、その後は一軍で投げることがなかった。

8. 阪神 (O)

順位	選手		在籍時のPV	通算PV	通算成績
1	益山性旭	投手	-29.5	-29.5	167試合、11勝27敗1S、4.63
2	続木敏之	捕手	出場なし		
3	川辺邦好	内野手	拒否		
4	峯本達雄	外野手	-1.9	-1.9	18試合、.105、1本、1打点
5	渡辺純志	内野手	-8.5	-8.5	122試合、.202、2本、9打点

予備抽選12番目の**益山**（帝京大）が、3年ぶりに1位指名の入団者となる。1年目から28試合に登板、PV 2.5と上々のスタートを切ったが、78年は1勝10敗、PV − 14.2に転落した。**峯本**（新日鉄堺）は都市対抗で活躍した強打者だったがプロでは1本塁打、**渡辺**（東洋紡岩国）も控えで終わった。6位拒否の山田和英（柏原高）は大商大へ進学、4年後に再指名され阪神入りする。

8. ヤクルト (O)

順位	選手		在籍時のPV	通算PV	通算成績
1	酒井圭一	投手	-47.4	-47.4	215試合、6勝12敗4S、5.08
2	梶間健一	投手	-6.2	-6.2	428試合、85勝101敗13S、4.01
3	松崎泰治	内野手	-0.9	-0.9	37試合、.244、0本、3打点
4	黒坂幸夫	投手	-12.2	-12.2	50試合、0勝1敗0S、5.22
5	高橋寛	捕手	-1.5	-1.5	17試合、.000、0本、0打点

予備抽選で1番クジを引き、"サッシー"の愛称で甲子園の人気者だった**酒井**（海星高）を指名。実力だけでなく、松園尚巳オーナーと同郷の長崎出身というのも指名の動機だった。80年に4勝4セーブ、PV 3.4と開花の兆しはあったものの、結局14年在籍して6勝にとどまった。**梶間**（日本鋼管）は即戦力として77年に7勝、防御率3.34は3位でPV 16.7。80年は15勝、防御率2.76/ PV 19.1、83年も14勝でPV 23.8は9位。その一方で2ケタのマイナスPVも5度あった。

1977 年 〈合計ＰＶ 282.5 ＝ 48 位〉

1	遠藤一彦	87.2	大洋 3 位	460 試合、134 勝 128 敗 58 S、防御率 3.49
2	小松辰雄	87.1	中日 2 位	432 試合、122 勝 102 敗 50 S、防御率 3.44
3	田村藤夫	55.5	日本ハム 6 位	1552 試合、打率 .252、110 本塁打、486 打点
4	山倉和博	19.1	巨人 1 位	1262 試合、打率 .231、113 本塁打、 426 打点
5	山口哲治	17.2	近鉄 2 位	136 試合、16 勝 13 敗 12 S、防御率 3.75

　4 年前に阪急の 1 位指名を蹴った江川卓は、法政大に進み東京六大学史上 2 位の通算 47 勝を挙げ、再びドラフトに臨んだ。巨人だけでなくヤクルト、4 年前に拒否した阪急でもプロに入るとの事前情報が流れており、巨人が予備抽選で 2 番目を引いたことで、入団が叶うかと思われた。ところが 1 番目のクラウンライターが、まさかの強行指名。江川にとって「九州は遠すぎ」たらしく入団拒否、九州よりもさらに遠いアメリカで浪人生活を送ることを決意した。

　この年は、1 位で捕手が 3 人も指名された珍しいドラフトとなった。江川を目前でさらわれた巨人は早稲田大の**山倉**を、ロッテが法政大で江川とバッテリーを組んでいた袴田英利を指名。4 年前に山倉を 2 位で指名し逃げられた南海は、新日鉄堺の中出謙二を指名した。

　だが、最も成功した捕手は関東一高から日本ハムに 6 位で入った**田村**だった。85 年に正捕手となり翌 86 年は打率 .274、19 本塁打でＰＶ 16.5。翌 87 年も 10.9 で、2 ケタを超えたのはこの 2 年だけでも、毎年プラスを積み上げ通算では 55.5。ＰＶに反映されない守備でも、強肩で 2 回盗塁阻止率 1 位になっている。

　山倉は 87 年に打率 .273、22 本塁打を放つなどＰＶ 32.7（7 位）、巨人が優勝したこともあってＭＶＰに選ばれた。ＰＶ 10 以上は他に 85 年（10.6）だけ、マイナスの年も多く通算では 19.1 だった。それでも 77 年のドラフトでは 4 番目になる。

　通算ＰＶ 1 位は**遠藤**の 87.2 で、0.1 点差で**小松**を上回った。最多の選手でも通算 3 ケタに届かなかったのは初めてで、全選手の通算ＰＶは史上 3 番目に少ない合計 282.5 だった。東海大から大洋入りした遠藤は、フォークボールを武器に 83 年 18 勝、翌 84 年は 17 勝で 2 年連続最多勝。ＰＶは沢村賞に輝いた 83 年が 33.4（5 位）、85 年は 26.9。87 年まで 5 年連続 2 ケタと、エースとして活躍した。

快速球で注目された小松（星稜高）も、遠藤と同じく最初はリリーフで起用され、83 年から先発に転向。85 年は 17 勝で最多勝、防御率 2.65 と 172 奪三振も 1 位で P V 38.0（7 位）、87 年も再び 17 勝で最多勝、P V 24.0。88 年までは通算 P V 136.9 で、この時点では遠藤（108.1）を大きく上回っていたのだが、その後は 6 年連続マイナス。この間だけで − 49.8 も下げてしまい、遠藤より下になった。

球団別

1. 大洋（87.2）

順位	選手		在籍時のPV	通算PV	通算成績
1	門田富昭	投手	-74.8	-74.8	203 試合、31 勝 41 敗 1 S、5.14
2	加藤英美	投手	-9.5	-9.5	76 試合、0 勝 2 敗 1 S、4.97
3	遠藤一彦	投手	87.2	87.2	460 試合、134 勝 128 敗 58 S、3.49
4	大久保弘司	内野手	-10.4	-10.4	259 試合、.226、2 本、21 打点
6	屋鋪要	外野手	-37.5	-38.6	1628 試合、.269、58 本、375 打点

　西南学院大で 42 勝を挙げ、子連れルーキーとしても注目を集めた**門田**は、1 年目からローテーション入りしたが 5 勝 11 敗、P V − 14.4。82、85 年は 8 勝を挙げたものの、両年とも P V はマイナスだった。**屋鋪**（三田学園高）は球界有数の俊足で、86 年から 3 年連続盗塁王となり守備でもダイヤモンドグラブ賞 5 回。打撃では 84・85 に 2 年連続打率 3 割、85 年は .304、15 本塁打、58 盗塁で、唯一の 2 ケタとなる P V 13.6 だった。通算では 375 盗塁で、6 位指名としては十分すぎるくらいの実績を残した。

2. 中日（87.1）

順位	選手		在籍時のPV	通算PV	通算成績
1	藤沢公也	投手	-22.2	-22.2	163 試合、27 勝 35 敗 1 S、4.23
2	小松辰雄	投手	87.1	87.1	432 試合、122 勝 102 敗 50 S、3.44
3	石井昭男	外野手	-14.9	-14.9	557 試合、.226、19 本、89 打点
4	中林伸人	投手	拒否		
5	秋田秀幸	内野手	-3.5	-3.5	35 試合、.139、0 本、0 打点

　5 度目の指名となる**藤沢**（日鉱佐賀関）は、当初またしてもプロ拒否の姿勢

だったが、1年後の79年になって27歳でとうとうプロ入り。13勝、防御率2.82、勝率.722（1位）でＰＶ25.6（8位）の好成績で新人王に選ばれた。だが翌80年は一転して1勝15敗、ＰＶ－20.0。以後も1年目の輝きを取り戻せなかった。大学日本代表の主砲だった**石井**（東海大）は、80年に143打数で7本塁打、85年は打率.316、6本塁打でＰＶ8.1。**秋田**はプロ選手としては短命で、のちに母校・中央大の監督になった。

3. 日本ハム（70.6）

順位	選手		在籍時のＰＶ	通算ＰＶ	通算成績
1	石井邦彦	投手	-2.5	-2.5	1試合、0勝1敗0Ｓ、9.00
2	古屋英夫	内野手	-17.0	-20.2	1521試合、.273、180本、686打点
3	山本桂	外野手	-3.0	-5.2	69試合、.207、1本、9打点
4	川本智徳	投手	5.5	7.8	31試合、3勝2敗0Ｓ、3.32
6	田村藤夫	捕手	65.1	55.5	1552試合、.252、110本、486打点

日米大学野球で四番を打ち、1位指名も考えていた**古屋**（亜細亜大）を2位で確保。長く正三塁手を務め、85年は打率.300、33本塁打、96打点でＰＶ25.1（9位）。－10以上が5度あって通算ＰＶはマイナスになっているが、4回ダイヤモンドグラブを手にした好守でも貢献した。**川本**（八代工）は故障のため一軍で投げたのは4年しかないが、うち3年はプラスＰＶ。81、83年に二軍の二冠王になった**山本**（谷村工）は、一軍では通用しなかった。1位の**石井**（大東文化大）は大学球界屈指の評価を得ていたサブマリンだが、1試合投げただけだった。

4. 巨人（20.5）

順位	選手		在籍時のＰＶ	通算ＰＶ	通算成績
1	山倉和博	捕手	19.1	19.1	1262試合、.231、113本、426打点
2	木下透	投手	出場なし		
3	曽田康二	投手	拒否		
4	鈴木伸良	投手	1.4	-3.0	42試合、.188、1本、2打点
5	鈴木康友	内野手	-6.2	-23.9	688試合、.266、24本、91打点

江川を取れなかったのは残念だが、**山倉**の指名で将来の正捕手を確保できた。

天理高で活躍した**鈴木康**は、大学進学が有力視されていたのを長嶋茂雄監督が直々に交渉して入団。巨人ではレギュラーになれず、西武を経て移籍した中日で、86年に自身唯一の規定打席に到達した（打率.234、11本塁打、ＰＶ−4.2）。引退後も西武や巨人など5球団でコーチを歴任、独立リーグでも指導している。3位を拒否した**曽田**（日本通運）は81年にドラフト外で中日入りし、のちに鈴木とチームメイトになった。

5. 近鉄（17.1）

順位	選手		在籍時のPV	通算PV	通算成績
1	金光興二	内野手	拒否		
2	山口哲治	投手	17.1	17.2	136試合、16勝13敗12S、3.75
3	佐野クリスト	捕手	-0.9	-0.5	27試合、.136、1本、3打点
4	野田雲平	外野手	-1.1	-1.1	15試合、.154、0本、0打点
5	香川正人	投手	-2.1	-2.1	19試合、5勝0敗2S、4.71

　法政大の好選手・**金光**は1位指名を拒否し、三菱重工広島に入社。その後もドラフト候補に挙げられたがプロ入りはせず、母校の広島商と法大で指揮を執った。**山口**（智弁学園高）も松下電器に内定していて、当初は拒否する姿勢を見せていたが入団。79年に一軍に昇格すると7勝、防御率2.49（1位）でＰＶ28.7（6位）。プレーオフでも1勝2セーブでＭＶＰに選出された。その後はあまり活躍できなかったが、通算ＰＶ17.2は77年組で5番目の好成績である。社会人の好投手で、父・正も近鉄の外野手だった**香川**（三菱重工神戸）は、1年遅れで入団した79年に5勝。だが故障のため、一軍で投げたのはこの年だけだった。

6. ロッテ（4.9）

順位	選手		在籍時のPV	通算PV	通算成績
1	袴田英利	捕手	-66.7	-66.7	911試合、.231、38本、231打点
2	梅沢義勝	投手	4.9	1.5	244試合、17勝14敗22S、4.19
3	広木政人	投手	-7.3	-7.3	11試合、0勝4敗0S、5.50
4	川島正幸	内野手	-1.0	-1.0	22試合、.222、1本、4打点
5	佐藤健一	投手	-5.3	-5.3	1041試合、.254、65本、280打点

捕手の強化が課題とあって、73年の3位指名を拒否していた**袴田**に再アタックし、今回は入団。一軍定着まで時間を要したが、84〜88年は正捕手として100試合以上出場した。2位以降は全員高校生を指名。「西の松本（東洋大姫路高）、東の梅沢」との評判もあった**梅沢**（鬼怒商）は、81年に7勝8セーブ、ＰＶ10.9。**佐藤**（北海高）も内野のユーティリティーとして、86・90年の2度規定打席に到達し、89年は打率.297、11本塁打でＰＶ9.1だった。6位ではのちの名左腕・川口和久（鳥取城北高）に拒否されている。

7. 阪急 （3.9）

順位	選手		在籍時のPV	通算PV	通算成績
1	松本正志	投手	-23.0	-23.0	32試合、1勝3敗0Ｓ、6.83
2	三浦広之	投手	3.2	3.2	36試合、14勝14敗0Ｓ、4.09
3	米村理	内野手	-5.5	-5.5	281試合、.266、7本、29打点
4	小林晋哉	外野手	-28.2	-28.2	710試合、.257、47本、196打点
5	工藤博義	外野手	0.7	0.7	2試合、1.000、0本、0打点
6	金本誠吉	投手	-11.2	-11.2	78試合、1勝7敗2Ｓ、4.89

選抜の優勝投手・**松本**（東洋大姫路高）を1位指名するも1勝のみ。2位でも同じく甲子園の人気者だった**三浦**（福島商）を指名し、当初は拒否姿勢だったが入団。1年目4勝、2年目7勝と順調でＰＶも3年間すべてプラスだったが、故障に泣かされ81年以降は一軍登板がなかった。

守備固めでの出場が多かった**米村**（郡山高）は、引退後オリックスや楽天で長くコーチとして働いた。**小林**（神戸製鋼）は81年に規定打席に到達して打率.282、84年は13本塁打で優勝に貢献し、ＰＶも自身唯一のプラスとなる1.3。打撃妨害出塁の特技もあった。**金本**（本田技研鈴鹿）は日本では大成せず、87年に渡った韓国で通算54勝した。

8. 阪神 （3.5）

順位	選手		在籍時のPV	通算PV	通算成績
1	伊藤弘利	投手	-87.4	-87.4	320試合、54勝81敗4Ｓ、4.43
2	植松精一	外野手	-26.0	-26.0	220試合、.191、2本、22打点
3	清家政和	内野手	3.5	-16.3	228試合、.222、1本、36打点

4	池田親興	投手	拒否	
5	飯田正男	内野手	*	5試合

中日入りを希望していた**伊藤**（三協精機）を1位指名。81年から先発ローテーションに定着し、翌82年に10勝。だがPVは－10以上が6回もあって、通算－87.4と大幅なマイナスだった。**植松**（法政大）は1年目に104試合に出場したのが最多。**清家**（柳川商）は阪神では11試合に出ただけで、83年に西武へ移籍しプロ初本塁打を87年の日本シリーズで放った。4位を拒否した**池田**（高鍋高）は法政大→日産自動車を経て、6年後に再指名され阪神入りする。

9. ヤクルト（3.2）

順位	選手		在籍時のPV	通算PV	通算成績
1	柳原隆弘	外野手	-15.2	-26.9	351試合、.218、19本、71打点
2	渋井敬一	内野手	-55.2	-55.2	826試合、.220、21本、104打点
3	後藤雄一	投手	3.2	3.2	5試合、0勝0敗0S、0.00
4	尾花高夫	投手	-10.0	-10.0	425試合、112勝135敗29S、3.82
5	鳥原公二	投手	-4.2	-4.2	82試合、2勝4敗3S、4.11
6	田中毅彦	内野手	-0.2	-0.2	2試合、.000、0本、0打点

柳原（大商大）は関西六大学史上3位の12本塁打を放った強打者だったが、ヤクルト時代の5年間は打率が一度も2割に届かず、83年に近鉄へ移籍。84年は29試合のみの出場ながら、打率.387でPV7.7。翌85年は8本塁打、34打点だったがPVは－10.6まで下がった。**渋井**（桐蔭学園高）は控え内野手として86〜88年は100試合以上出場、87年の35犠打はリーグ最多だった。

尾花（新日鉄堺）は84年の14勝を最多として2ケタ勝利6回、82年には防御率2.60/PV22.5と、低迷期のエースとして活躍。2ケタPVが4回あった一方で2ケタのマイナスも4度あり、トータルでは－10.0だった。引退後は投手コーチとしての手腕が評判になり、横浜では監督も務めた。

10. クラウン（0）

順位	選手		在籍時のPV	通算PV	通算成績
1	江川卓	投手	拒否		

2	山本隆造	内野手	-0.7	-0.7	45 試合、.296、0 本、4 打点
3	浜本龍治	捕手	-0.9	-0.9	15 試合、.000、0 本、0 打点
4	慶元秀章	外野手	-11.4	-24.1	486 試合、.246、6 本、53 打点
5	良川昌美	投手	-1.6	-1.6	39 試合、1 勝 5 敗 0 S、4.48
6	山中重信	捕手	-1.2	-1.2	24 試合、.211、0 本、0 打点

　江川の交渉権は 78 年のドラフト前々日まで有効だったので、ライオンズを買収した西武が獲得交渉を試みるも実らずに「空白の一日」事件へ発展していく。江川以外の 5 人は全員入団したが、82 年に近鉄へ移った**慶元**（近畿大）が控え外野手としてそこそこ働いたくらい。阪急も狙っていた**浜本**（尾道商）は、13 年間の現役生活で 1 安打も打てなかった。**山本**（近畿大）と**良川**（淀商）は、ともに引退後審判に転向している。

10. 南海（O）

順位	選手		在籍時 の PV	通算 PV	通算成績
1	中出謙二	捕手	-3.1	-4.3	95 試合、.194、1 本、9 打点
2	梅津茂美	投手	拒否		
3	中塚昌尚	外野手	出場なし		
4	竹口昭憲	投手	-38.0	-38.0	184 試合、6 勝 11 敗 1 S、5.50

　77 年閉幕間際に発生した"野村騒動"で、長年チームの顔だった野村克也が退団。強肩の**中出**はその後継者候補だったが、79 年に 42 試合に出たのが最多だった。**竹口**（人吉高）は主にリリーフで使われ、84 年は 40 試合に登板するも防御率 6.21 / PV − 13.6。7 年間でプラス PV の年はなかった。

10. 広島（O）

順位	選手		在籍時 の PV	通算 PV	通算成績
1	田辺繁文	投手	-1.5	-1.5	1 試合、0 勝 0 敗 0 S、18.00
2	下地勝治	投手	出場なし		
3	林正毅	外野手	出場なし		
4	達川光男	捕手	-17.2	-17.2	1334 試合、.246、51 本、358 打点
6	高木真一	投手	-1.8	-1.8	5 試合、0 勝 0 敗 0 S、7.20

達川（東洋大）は"捕手ドラフト"の年を代表する好捕手の一人。83年に正捕手となり、86年は打率.274、9本塁打でＰＶ18.0、同年から3年連続でプラスＰＶ。ベストナインとゴールデングラブ賞に3回ずつ選ばれ、飄々としたキャラクターで広島ファン以外にも人気があった。ただし上位指名は、地元の逸材と言われていた**田辺**（盈進高）が1試合登板しただけ。**下地**（豊見城高）と**林**（柳川商）は一軍出場なしと、ほぼ全滅だった。

1978 年 〈合計ＰＶ 1066.7 ＝ 14 位〉

1	落合博満	680.3	ロッテ 3 位	2236 試合、打率 .311、510 本塁打、
				1564 打点
2	江川卓	165.4	阪神 1 位	266 試合、135 勝 72 敗 3 S、防御率 3.02
3	柴田保光	113.8	西武 2 位	346 試合、84 勝 97 敗 13 S、防御率 3.49
4	森繁和	52.2	西武 1 位	344 試合、57 勝 62 敗 82 S、防御率 3.73
5	福間納	21.5	ロッテ 1 位	451 試合、22 勝 21 敗 9 S、防御率 3.67
6	石嶺和彦	21.2	阪急 2 位	1566 試合、打率 .273、269 本塁打、
				875 打点
7	工藤幹夫	11.9	日本ハム 2 位	78 試合、30 勝 22 敗 0 S、防御率 3.74

　ドラフト史上最大の事件である江川事件で大揺れに揺れた。前年にクラウンの
1 位指名を拒み浪人を選択した**江川**（作新学院職員）と、どうしても江川が欲し
かった巨人は、交渉権の期限が翌年のドラフト前日ではなく“前々日”であるこ
とに着目。この“空白の一日”は、どの球団とも自由に交渉できる日である、と
の勝手な解釈を打ち出して入団契約を結んだ。契約が却下されると巨人はドラフ
ト会議を欠席。あとにも先にも、ドラフトに参加しなかったのはこの年の巨人が
唯一の例である。

　ドラフトの方式も大きく変更された。予備抽選が廃止され、入札後の抽選に
よって交渉権を決定することになり、1 球団の指名枠も 6 名から 4 名に削られた。
加えて、ライオンズを買収した西武球団がグループ企業のプリンスホテル名義で
社会人野球に参入。石毛宏典（駒澤大）や中尾孝義（専修大）、堀場秀孝（慶応
大）ら大学球界の有力選手を片っ端から入社させたことで、混乱に拍車がかかっ
た。

大騒動の渦中にある**江川**は近鉄・南海・阪神・ロッテの 4 球団から指名され、阪
神が交渉権を獲得。その後、金子鋭コミッショナーの「強い要望」により、江川
は阪神と一旦契約したのち、小林繁とのトレードで巨人のユニフォームを着た。
江川は開幕から 2 カ月出場停止となり、金子がコミッショナーを辞任して一連の
騒動は幕を下ろした。

　囂々たる非難を浴び、国民的な嫌われ者となった江川だが実力は確かで、79
年は 9 勝 10 敗ながら防御率 2.80（3 位）、ＰＶ 22.6。翌 80 年は 16 勝で最多勝、

ＰＶ 33.7（5 位）、さらに 81 年は 20 勝、防御率 2.29、221 奪三振、勝率 .769 の四冠を制しＭＶＰに選ばれた。ＰＶ 38.1 も自己最多でリーグ 3 位、続く 82 年もＰＶ 31.1（4 位）と 3 年続けて 30 の大台に乗せた。肩を痛めたとのことで 87 年限り引退、9 年間でＰＶがマイナスだったのは、防御率 5.28 の大不振だった 86 年（− 18.6）のみである。

　その江川をはるかに上回る通算ＰＶ 680.3 を記録したのは、東芝府中からロッテに 3 位で入団した**落合**だった。81 年に打率 .326 で首位打者、ＰＶ 59.0（1 位）。翌 82 年は .325、32 本塁打、99 打点で三冠王、ＰＶ 72.8 は 2 年連続 1 位でＭＶＰに選ばれた。85 年と 86 年も三冠王になり、3 度の三冠は史上唯一の偉業。とりわけ 85 年は打率 .367、52 本、146 打点と破格の数字で、ＰＶも 90.6 に達した。もちろん 2 度目のＭＶＰも受賞、優勝していない球団で 2 度ＭＶＰに選ばれたのは初めてだった。86 年も .360、50 本、116 打点で、ＰＶ 83.8 は 3 年連続 5 度目の 1 位。87 年に中日へ移籍してからも 88・89・91 年にＰＶ 1 位と打ち続け、通算ではＰＶ 50 以上が 7 度あった。

　落合が三冠王／ＭＶＰになった 82 年は、同じ秋田出身の**工藤**（本荘高）が大活躍した。81 年に一軍定着、2 勝 9 敗／ＰＶ − 9.3 ながら日本シリーズで 2 勝すると、翌 82 年は 20 勝と勝率 .833 が 1 位、防御率 2.10 も 2 位。ＰＶ 38.3 は落合に次いでリーグ 2 位だった。シーズン終盤は小指の骨折で投げなかったが、プレーオフでは意表を突いて第 1 戦に先発し好投、第 3 戦も勝利投手になる。しかし翌 83 年に 8 勝／ＰＶ − 10.7 に終わると、肩を痛めたこともあって 84 年に 1 試合投げたのが最後となった。

　江川以外に 1 位指名が重複したのは、西武・中日・日本ハム・ヤクルトの 4 球団が入札した**森**（住友金属）と、大洋・阪急・広島の 3 球団が競合した木田勇（日本鋼管）。広島が引き当てた木田は入団を拒否したが、森は抽選勝ちした西武に入団し、80 年から 3 年連続 2 ケタ勝利、81 年は 14 勝。翌 82 年からはリリーフに転向し、83 年はリーグ新の 34 セーブ、防御率 1.48 でＰＶ 26.1（6 位）の好成績だった。森も落合との縁があり、落合が中日監督時代は投手コーチ、ＧＭ就任後は監督を務めた。

　西武は 2 位の**柴田**（あけぼの通商）も、森を上回る通算ＰＶ 113.8。ただし好投手に成長したのは、84 年に江夏豊とのトレードで日本ハムへ移籍してからだった。当初は速球派で、85 年は 11 勝／ＰＶ 30.2（5 位）、翌 86 年は 14 勝。故障してからは技巧派へのモデルチェンジに成功し、90 年は 12 勝／ＰＶ 25.8（8 位）、ノーヒットノーランも達成。翌 91 年は防御率 2.48 でＰＶ 27.0（5 位）。85 年以降

の９年間は常にプラスＰＶだった。

　福間も移籍後に好成績を残した。松下電器で長く活躍した左腕は 27 歳でプロ入り、ロッテには２年いただけで 81 年に阪神へトレード。83 年は中継ぎとして 69 試合に登板、規定投球回に達して防御率 2.62 は１位、ＰＶ 22.0。翌 84 年はリーグ記録を更新する 77 試合に投げた。

　阪急の２位指名で入団した石嶺（豊見城高）は、もともと捕手だったが膝を痛めたこともあって、84 年以降は指名打者での起用がメインになる。レギュラーになった 86 年に打率 .300、33 本塁打でＰＶ 13.3、新記録となる 56 試合連続出塁も達成。翌 87 年も .317、34 本でＰＶ 24.1（10 位）は自己ベストになった。

球団別

1. ロッテ（387.6）

順位	選手		在籍時のＰＶ	通算ＰＶ	通算成績
1	福間納	投手	-0.4	21.5	451 試合、22 勝 21 敗 9 S、3.67
2	菊地恭一	外野手	拒否		
3	落合博満	内野手	387.6	680.3	2236 試合、.311、510 本、1564 打点
4	武藤信二	投手	拒否		

　菊地は東芝の主砲で、全日本では東芝府中の落合と３・４番を組んだ仲。指名順位が示す通り、落合よりも社会人時代の評価は高かったが入団拒否した。武藤（我孫子高）にも断られるなど相変わらず不人気で、福間が活躍したのも放出後だったが、落合の入団ですべて帳消しにできた。

2. 西武（52.2）

順位	選手		在籍時のＰＶ	通算ＰＶ	通算成績
1	森繁和	投手	52.2	52.2	344 試合、57 勝 62 敗 82 S、3.73
2	柴田保光	投手	-6.0	113.8	346 試合、84 勝 97 敗 13 S、3.49
3	山川猛	捕手	-1.7	-13.1	257 試合、.193、17 本、42 打点
4	黒原祐二	投手	-7.3	-7.3	76 試合、3 勝 1 敗 1 S、4.61

　４球団競合の森を引き当てた強運に加え、ドラフト外で松沼博久（通算ＰＶ 36.5）・雅之（同 75.4）兄弟を札束攻勢で獲得。80 年代の黄金期の土台が作られ

た。**山川**（西川物産）は 26 試合に出ただけで、83 年に阪神へ移籍。翌 84 年は正捕手として 114 試合に出場、打率 .193 ながら 10 本塁打を放った。**黒原**（都城工）は 83 年以降 8 年続けて一軍で登板。88 年は 33 試合で 2 勝 1 セーブを挙げた。

3. 阪急（45.0）

順位	選手		在籍時 の PV	通算 PV	通算成績
1	関口朋幸	投手	0.1	0.1	158 試合、12 勝 15 敗 13 S、4.18
2	石嶺和彦	捕手	44.9	21.2	1566 試合、.273、269 本、875 打点
3	大石直弘	投手	0.0	0.0	3 試合、0 勝 0 敗 0 S、4.15
4	山森雅文	外野手	-40.3	-40.3	1072 試合、.239、33 本、134 打点

　4 人とも高校生を指名したのは、3 年連続日本一だった余裕のなせる業か。**関口**（吉田商）は 81 年に 6 勝 12 セーブを記録するも、ＰＶは－5.6。その後肘を痛めて任意引退、復帰後は技巧派に転じ、87 年は防御率 1.26 でＰＶ 9.9。翌 88 年も 2 年続けて防御率 1 点台だった。**山森**（熊本工）は好守の外野手で、86 年にゴールデングラブを受賞。フェンスによじ登り本塁打性の飛球を好捕した写真が、アメリカ野球殿堂に飾られたのも有名だ。86 年は打率 .283、10 本塁打、88 年は 112 試合で打率 .275 とまったく打てないわけではなかったが、定位置を摑めるほどでもなく、ＰＶは 90 年の 2.6 が最多だった。

4. 日本ハム（11.9）

順位	選手		在籍時 の PV	通算 PV	通算成績
1	高代延博	内野手	-38.8	-40.4	917 試合、.256、57 本、346 打点
2	工藤幹夫	投手	11.9	11.9	78 試合、30 勝 22 敗 0 S、3.74
3	井上晃二	内野手	-1.9	-1.9	26 試合、.125、0 本、0 打点
4	国沢道雄	投手	出場なし		

　森の抽選を外し、**高代**（東芝）を 1 位指名。79 年は 123 試合に出場し、ＰＶ－11.8 ながら、それまでの正遊撃手不在の状態を解消した。83 年（打率 .275、9 本塁打）のＰＶ 6.2 が最多で 86 年までレギュラーを務め、引退後は 6 球団でコーチを歴任。日本代表の三塁ベースコーチとしても高く評価された。

5. ヤクルト (0.3)

順位	選手		在籍時のPV	通算PV	通算成績
1	原田末記	投手	0.3	0.3	4試合、0勝0敗0S、3.60
2	南秀憲	投手	-8.8	-8.3	11試合、0勝1敗0S、8.27
3	有沢賢持	投手	-0.4	-0.4	45試合、0勝0敗0S、4.29
4	谷松浩之	外野手	出場なし		

　1位で森を外したものの、2位の**南**（市岡高）は近鉄と西武、4位の**谷松**（PL学園高）は阪神との抽選に勝利。もっとも、2人とも一軍の戦力にはなれなかった。**原田**（北海道拓殖銀行）、**有沢**（日産サニー札幌）と北海道の社会人投手を2人指名。28歳でプロ入りした有沢は、82年に打撃投手に転じたが84年現役復帰、33歳で初登板。翌85年と合わせ45試合に投げた。

6. 近鉄 (0)

順位	選手		在籍時のPV	通算PV	通算成績
1	登記欣也	投手	-2.5	-2.5	1試合、0勝0敗0S、27.00
2	森脇浩司	内野手	-1.3	-35.7	843試合、.223、14本、75打点
3	金山晃士	内野手	出場なし		
4	谷崎浩二	投手	-10.6	-10.6	41試合、0勝2敗0S、5.21

　江川の外れ1位は、神戸製鋼で長年主力投手だった**登記**。27歳でプロ入りしたが、4年間で1試合に投げただけ。1年遅れで入団した**谷崎**（九州産交）も二軍で2度最多勝になるも、一軍では未勝利で終わった。美男で人気の**森脇**（社高）は、広島を経て87年に南海へ移籍してから出場機会が増え、内野の控えで89・93年に自己最多となる98試合に出場。引退後はコーチとして指導力を評価され、オリックスの監督も経験した。

6. 大洋 (0)

順位	選手		在籍時のPV	通算PV	通算成績
1	高本昇一	投手	出場なし		
2	与座朝勝	投手	出場なし		

| 3 | 小山昭晴 | 捕手 | -1.5 | -3.5 | 64 試合、.115、1 本、4 打点 |
| 4 | 増本宏 | 投手 | -6.0 | -6.0 | 109 試合、4 勝 3 敗 0 S、4.17 |

　木田の抽選を外し、勝山高の**高本**を 1 位指名。ヤクルトも狙っていた投手だったが、一軍に上がれないまま 3 年で退団した。**与座**（興南高）も 7 年間で一軍出場なし、**小山**（日大高）も大洋では出場 25 試合。一番戦力になったのが**増本**（九産大）で、勝ち星は 80 年の 4 勝だけだったが、その後も 84 年には 34 試合に登板するなど中継ぎで働いた。

6. 中日（O）

順位	選手		在籍時のPV	通算PV	通算成績
1	高橋三千丈	投手	-13.0	-13.0	60 試合、6 勝 6 敗 2 S、4.92
2	栗岡英智	外野手	-14.1	-14.1	274 試合、.218、0 本、19 打点
3	水谷啓昭	投手	-13.8	-13.8	181 試合、7 勝 5 敗 5 S、4.39
4	平田恒雄	投手	-3.0	-3.0	92 試合、.211、0 本、4 打点

　4 人全員が東海地区出身。明治大のエース格だった**高橋**は 1 年目から 43 試合に投げ、5 勝を挙げたが血行障害に見舞われ 2 年目以降は振るわなかった。**水谷**（新日鉄名古屋）も新人で 47 試合に登板、82 年まで 4 年連続で 30 試合以上とよく使われた。甲子園で 2 本塁打を放った**栗岡**（中京高）と、野手へ転向した**平田**（三協精機）は、ともに控え以上の存在にはなれなかった。

6. 南海（O）

順位	選手		在籍時のPV	通算PV	通算成績
1	高柳秀樹	外野手	-16.8	-16.8	592 試合、.249、48 本、177 打点
2	藤田達也	投手	出場なし		
3	岡本光	投手	拒否		
4	吉田博之	捕手	-10.6	-12.0	687 試合、.241、40 本、167 打点

　入団当初は苦しんだ**高柳**（国士舘大）は、5 年目の 83 年に初本塁打を放って以降一軍に定着。86 年は 68 試合で打率 .320、11 本塁打、PV 12.1 の好成績だった。**吉田**（横浜高）は 1 年後に入団する香川伸行と正捕手を争い、88 年に自身

唯一の規定打席到達。ＰＶはその前年、87年（打率 .274、9 本塁打）の 8.1 が最多だった。入団拒否した**岡本**（串本高）は 81 年の 5 位再指名も拒否、その後 82年に 2 位指名で巨人入りしている。

6. 阪神（O）

順位	選手		在籍時のPV	通算PV	通算成績
1	江川卓	投手	-	165.4	266 試合、135 勝 72 敗 3 S、3.02
2	枝川正典	投手	出場なし		
3	渡辺長助	捕手	-5.1	-5.1	78 試合、.169、1 本、3 打点
4	青木重市	投手	出場なし		

　江川の通算ＰＶ 165.4 はもちろんすべて巨人でのもの。代わりにトレードで獲得した小林は、83 年限りで引退するまでＰＶ 74.6 だったので、損得勘定はマイナスだったことになる。**渡辺**（九州産交）は引退後、コーチやスコアラー、選手寮の寮長など様々な仕事をこなした。

6. 広島（O）

順位	選手		在籍時のPV	通算PV	通算成績
1	木田勇	投手	拒否		
2	大久保美智男	投手	0.0	0.0	6 試合、0 勝 0 敗 0 S、3.60
3	北林久	内野手	出場なし		
4	伊藤嘉彦	内野手	出場なし		

　3 球団の抽選に勝ったまでは良かったが、関東に残りたかった**木田**は入団拒否。今に至るまで、カープの 1 位指名で入団しなかった唯一の選手になっている。2位では石嶺の抽選を外し、甲子園で活躍した**大久保**（仙台育英高）を指名したが 1 勝もできず、野手転向も実らなかった。また、この年は広島および中国地方の選手を一人も指名しなかった初のドラフトになった。

12. 巨人（不参加）

　本会議に不参加だったため、この年の新人補強はドラフト外に限られた。東京ガスの松沼博久、東洋大の松沼雅之の兄弟をセットで取ろうとしたものの、両者

とも西武にさらわれる。それでも明治大の鹿取義隆の獲得に成功。主にリリーフ
で使われた鹿取は通算ＰＶ155.2（うち巨人時代は87.1）の名投手に成長したので、
不参加のデメリットはそれほどなかったことになる。

1979 年 〈合計 PV 349.6 = 46 位〉

1	岡田彰布	236.4	阪神1位	1639 試合、打率 .277、247 本塁打、836 打点
2	牛島和彦	66.5	中日1位	395 試合、53 勝 64 敗 126 S、防御率 3.26
3	高沢秀昭	25.5	ロッテ2位	1005 試合、打率 .284、95 本塁打、399 打点
4	香川伸行	19.8	南海2位	714 試合、打率 .255、78 本塁打、270 打点

　東京六大学のスラッガー**岡田**と、甲子園を沸かせた**牛島・香川**の浪商バッテリーが注目され、実際にこの3人が最も成功した4選手のうちに入った。

　早稲田大の**岡田**は通算打率 .379、20 本塁打、81 打点で、打率と打点のリーグ新記録を塗り替え本塁打数は史上2位。大阪生まれで在阪球団を希望していたこともあり、在阪の4球団全部（近鉄・南海・阪急・阪神）に加え西武とヤクルトも入札に参加、第一志望の阪神が引き当てた。本来は三塁手であったが、スーパースターの掛布雅之がいたことから二塁へコンバートされ、80 年は打率 .290、18 本塁打、PV 12.1 で新人王を受賞。85 年は .342、35 本塁打、101 打点、守備面での負担が大きい二塁を守っていたこともあり、PV 68.0 は三冠王の同僚ランディ・バースの 58.2 を上回って1位だった。通算でも PV 20 以上を7回記録している。

　浪商バッテリーは**牛島**が中日の1位、香川が南海の2位で指名された。**香川**はドラフト制施行後では初となる、高卒新人の初打席アーチでデビュー。80 年は 50 試合で打率 .280、8 本塁打、PV 6.5。83 年は首位打者争いに絡み、結局は規定打席不足だったが打率 .313、15 本塁打で PV 23.2（9位）だった。ただしその後は体重が増加しすぎ、100 試合以上出たのは 83 年だけだった。

　1年目は9試合で2勝だった**牛島**は、翌 81 年から本格的に一軍で投げ始め PV 11.0。フォークボールを武器に 82 年は 17 セーブ、防御率 1.40、PV 17.4 で優勝に貢献。84 年はリーグ最多の 29 セーブ、中日時代の7年間で2ケタ PV は4度あった。87 年に落合博満との交換要員の一人としてロッテへトレードされ、24 セーブ（1位）、PV 15.3。88 年に3度目のセーブ王となり、翌 89 年は先発に回って 12 勝を挙げた。牛島とロッテでチームメイトになった**高沢**（王子製紙苫小牧）は、84 年に打率 .317（4位）、PV 7.1。88 年は打率 .327、松永浩美（阪急）に8毛差で首位打者、158 安打も1位で自己最高の PV 24.7 だった。

前年に3球団が入札し、広島への入団を拒否した木田勇（日本鋼管）には、再び3球団が1位入札。在京球団希望とあって巨人・大洋・日本ハムが指名し、日本ハムが引き当てると今度は入団。80年は22勝、防御率2.28、225奪三振など6部門で1位、ＰＶ66.4（1位）という途轍もない数字を叩き出し、新人王に加えてＭＶＰも受賞したが、2年目以降は大して活躍できなかった。

球団別

1. 阪神 （241.7）

順位	選手		在籍時のＰＶ	通算ＰＶ	通算成績
1	岡田彰布	内野手	241.7	236.4	1639 試合、.277、247 本、836 打点
2	赤松一朗	投手	-1.5	-1.5	2 試合、0 勝 0 敗 0 S、18.00
3	北村照文	外野手	-51.6	-57.4	1052 試合、.246、41 本、158 打点
4	井沢武則	投手	出場なし		

北村（三菱名古屋）は78年に都市対抗史上初のサイクル安打を達成。好守の外野手で、82・83年に2年続けてダイヤモンドグラブ賞を受賞した。ただし打力が弱く、唯一規定打席に達した83年もリーグ最多の31犠打を決めはしたが、打率.260、9本塁打でＰＶ−6.9。通算ＰＶは大幅なマイナスだった。

2. 中日 （47.4）

順位	選手		在籍時のＰＶ	通算ＰＶ	通算成績
1	牛島和彦	投手	47.4	66.5	395 試合、53 勝 64 敗 126 S、3.26
2	小松崎善久	捕手	-9.1	-15.9	267 試合、.220、11 本、37 打点
3	島田芳明	外野手	-9.4	-9.4	222 試合、.267、1 本、18 打点
4	井手登	投手	出場なし		

「中日以外なら社会人」と表明していた**牛島**を無事に獲得。強打の捕手として期待された**小松崎**（土浦三高）は、一軍定着までに時間を要し、外野手転向後の87年になって初本塁打。打率.289、4本塁打だった88年のＰＶ0.7が唯一のプラスだった。**島田**（同志社大）は俊足の外野手で、85年は96試合で20盗塁を決めている。

3. ロッテ（34.7）

順位	選手		在籍時のPV	通算PV	通算成績
1	竹本由紀夫	投手	拒否		
2	高沢秀昭	内野手	34.7	25.5	1005試合、.284、95本、399打点
3	佐藤和史	投手	-1.5	-1.5	89試合、.258、0本、6打点
4	中居謹蔵	投手	-12.6	-12.6	26試合、2勝7敗0S、5.54

　新日鉄室蘭の好投手で、日本代表メンバーの**竹本**は1位指名を拒否。同じ北海道の社会人球界出身の**高沢**で、その損失は取り返せた。**佐藤**（日南高）は野手に転向後、11年目の90年に初安打。**中居**（小高工）は83年に25試合で2勝を挙げたが、その後一軍登板は1試合だけで、ゴルフのキャディーに転身した。

4. 南海（19.8）

順位	選手		在籍時のPV	通算PV	通算成績
1	名取和彦	投手	-24.1	-30.0	35試合、5勝13敗0S、6.55
2	香川伸行	捕手	19.8	19.8	714試合、.255、78本、270打点
3	山内孝徳	投手	-63.2	-63.2	319試合、100勝125敗5S、4.43
4	水谷茂雄	投手	-29.0	-29.0	71試合、3勝3敗10S、6.92

　山内（電電九州）は1年遅れの81年に入団し、7勝13敗ながらPV 9.5。翌82年は13勝、防御率3.04（6位）でPV 19.4、3年目まで合計PV 33.2と順調だったが、その後はプラスの年は一度もなかった。**名取**（日産自動車）は1年目から30試合に登板し5勝12敗（PV −24.1）。翌81年にジム・タイロンとの、珍しい外国人選手との交換トレードで西武へ移った。**水谷**（四日市工）は81年に45試合に投げ10セーブを稼いだが、防御率5.00/PV −5.1。これでも防御率は自己ベストだった。

5. 日本ハム（19.3）

順位	選手		在籍時のPV	通算PV	通算成績
1	木田勇	投手	19.3	-13.8	273試合、60勝71敗6S、4.23
2	高橋正巳	投手	-6.9	-6.9	50試合、7勝11敗0S、4.54

3	松本信二	投手	出場なし
4	長瀬正弘	投手	出場なし

　80年の**木田**の防御率2.28は、リーグ平均より2.36も良い圧倒的なレベル。Ｐ
Ｖ66.4は、投手ではプロ野球史上最高記録である。2年目以降は82年（0.6）を
除きずっとマイナスＰＶでも、ルーキーシーズンの貯金が物を言い、日本ハム時
代のＰＶはプラスとなっている。サイドスローの**高橋**（仙台鉄道管理局）は、優
勝した81年に4勝を挙げた。

6. 広島（1.8）

順位	選手		在籍時のPV	通算PV	通算成績
1	片岡光宏	投手	-4.4/1.8	-4.4/1.5	5試合、0勝0敗0S、10.50/179試合、.243、15本、44打点
2	永田利則	内野手	-0.6	-4.3	46試合、.197、0本、5打点
3	滝口光則	投手	-2.6	-2.6	3試合、0勝0敗0S、12.00
4	山中潔	捕手	-5.0	-20.0	550試合、.224、13本、74打点

　4人全員高校生を指名。地元・府中東高の大型右腕で、選抜で注目された**片岡**
は投手としては芽が出ず野手に転向。87年に5本塁打でＰＶ5.0、翌88年は10
本塁打を放ったが、レギュラーを取るまでには至らなかった。父も元広島の**永田**
（広島商）は、カープでは通算8試合で0安打。引退後は20年以上にわたりコー
チを務めている。**山中**（ＰＬ学園高）は85年に90試合に出場し打率.276、6本
塁打でＰＶ4.9。89年にダイエーへ移籍して以降、中日、日本ハム、ロッテと合
計5球団を渡り歩いた。

7. ヤクルト（1.0）

順位	選手		在籍時のPV	通算PV	通算成績
1	片岡大蔵	投手	1.0	1.0	4試合、0勝0敗0S、1.80
2	大川章	投手	-37.7	-37.5	177試合、8勝13敗5S、5.17
3	熊野輝光	外野手	拒否		
4	岩下正明	外野手	-12.2	-13.5	623試合、.261、14本、115打点

岡田の抽選に外れて指名した**片岡**（国士舘大）は、4年間で1勝もできず引退。**大川**（大商大）は84年に65試合で5勝4セーブ、ＰＶ2.4だったが、翌85年は防御率6.21/ＰＶ−18.1と大きく成績を落とした。**岩下**（三菱重工横浜）は1年目に打率.296/ＰＶ4.7。85年は112試合に出て打率.316/ＰＶ1.4だった。3位拒否の**熊野**（中央大）は日本楽器に入社、のち阪急に入団し85年の新人王となる。

8. 巨人（0.4）

順位	選手		在籍時のＰＶ	通算ＰＶ	通算成績
1	林泰宏	投手	出場なし		
2	山崎章弘	捕手	0.4	0.4	44試合、.310、0本、7打点
3	岡崎郁	内野手	-7.2	-7.2	1156試合、.260、63本、384打点
4	上野敬三	内野手	出場なし		

　木田の抽選に外れ1位指名した市尼崎高の**林**は、公式戦出場がないまま引退。同じ兵庫の育英高で、強打の捕手として知られた**山崎**も一軍では出番が少なかった。息子の福也は2014年にオリックスの1位指名で入団している。**岡崎**（大分商）はレギュラーに成長し、89年に自己最多の12本塁打、59打点、以降4年続けて規定打席をクリア。90年まで通算ＰＶ25.5だったが、その後6年連続マイナスで−7.2まで下がってしまった。

9. 近鉄（0）

順位	選手		在籍時のＰＶ	通算ＰＶ	通算成績
1	藤原保行	投手	-6.6	-6.6	11試合、1勝2敗0S、6.07
2	光井正和	内野手	-0.4	-0.4	10試合、.154、1本、1打点
3	山村達也	投手	-36.5	-36.5	48試合、6勝8敗0S、6.06
4	銚子利夫	内野手	拒否		

　岡田を獲得できず、代わりに1位指名した**藤原**は名城大で通算23勝。だがプロでは80年の1勝のみだった。2位では大商大の大川章を外し、そのチームメイトである**光井**を指名したが二軍の強打者で終わった。3位も三たびクジに外れ、**山村**（泉州高）へ。83年に3勝を挙げたものの、その後伸び悩み、引退後は審

判員に転向した。息子の裕也も初めての親子2代審判員となっている。

9. 西武 (O)

順位	選手		在籍時 の PV	通算 PV	通算成績
1	鴻野淳基	内野手	-3.1	-0.7	450 試合、.255、14 本、60 打点
2	田鎖博美	投手	出場なし		
3	大石友好	捕手	-33.6	-55.2	683 試合、.206、12 本、111 打点
4	蓬莱明彦	外野手	-27.0	-27.4	309 試合、.223、6 本、36 打点

大型内野手の**鴻野**（名古屋電気高）は、西武での5年間は35試合に出ただけ。85年に巨人へトレードされてから出場機会が増え、87年は94試合で打率.292、ＰＶ5.4だった。超大物との呼び声が高く、プリンスホテル入りも噂されていた**田鎖**（盛岡工）は一軍登板すらなかった。

大石（河合楽器）は82年に101試合に出場するなど、伊東勤が入団するまでは第二捕手としてよく使われ、引退後は4球団でコーチを歴任。**蓬莱**（西南学院大）は新人で109試合に出場したが、西武の戦力が充実するに伴い出番は減っていった。

9. 大洋 (O)

順位	選手		在籍時 の PV	通算 PV	通算成績
1	杉永政信	投手	0.0	0.0	3 試合、0 勝 0 敗 0 S、4.50
2	江幡和志	投手	出場なし		
3	竹之内徹	外野手	-4.6	-5.3	38 試合、.176、1 本、3 打点
4	北安博	内野手	-0.3	-0.3	13 試合、.250、0 本、0 打点

横浜生まれの木田に2年続けて入札したが、抽選に外れる。日本ハム入りした木田は、その後86年にトレードで大洋へ移籍してきた。代わりに1位指名した**杉永**（鯖江高）は85年に3試合投げただけで引退し、審判に転身。2〜4位の3選手も一軍の戦力とはなれず、完全な失敗ドラフトと言わざるを得ない。

9. 阪急 (O)

順位	選手		在籍時のPV	通算PV	通算成績
1	木下智裕	投手	-6.3	-7.9	119 試合、10 勝 8 敗 1 S、4.52
2	森浩二	投手	-21.2	-19.7	231 試合、4 勝 6 敗 0 S、4.76
3	八木茂	内野手	-16.5	-22.5	240 試合、.209、4 本、33 打点
4	矢田万寿男	投手	-1.5	-1.5	1 試合、0 勝 0 敗 0 S、9.00

　東海大で通算 17 勝 0 敗の**木下**は、即戦力とはならなかったものの 83 年は主にリリーフで 9 勝。ただしその後は 1 勝だけに終わった。甲子園で活躍した**森**（高知商）は左の中継ぎとして、86 年から 4 年連続で 30 試合以上に登板。**八木**（東芝）は 1 年目に 92 試合に出たのが最多だった。

1980年 〈合計PV 1169.6 = 11位〉

1	原辰徳	284.3	巨人1位	1697 試合、打率 .279、382 本塁打、
				1093 打点
2	高木豊	240.9	大洋3位	1628 試合、打率 .297、88 本塁打、545 打点
3	石毛宏典	232.4	西武1位	1796 試合、打率 .283、236 本塁打、
				847 打点
4	大石大二郎	166.5	近鉄2位	1892 試合、打率 .274、148 本塁打、654 打点
5	中尾孝義	115.1	中日1位	980 試合、打率 .263、109 本塁打、335 打点
6	川口和久	107.9	広島1位	435 試合、139 勝 135 敗 4 S、防御率 3.38

　通算PV 200 以上の選手が 3 人出たのは 68 年以来、全選手の合計PV 1169.6
も 68 年の 2858.5 以来という、久々の豊作年。上位 4 名がみな内野手だったのも
特徴に挙げられる。

　ドラフト前の目玉も 2 人の内野手だった。東海大の三塁手・**原**とプリンスホテ
ルの遊撃手・**石毛**である。原は東海大相模高時代から抜群のスター性を誇り、高
卒時は大学進学を理由にプロを拒否。今回も在京セ・リーグ球団を希望し、それ
以外なら社会人と宣言していた。希望条件に叶う巨人と大洋のほか、日本ハムと
広島も抽選に加わったが、第一希望の巨人に当たり史上最高額の契約金 8000 万
円で入団した。81 年は 22 本塁打、PV 6.2 で新人王、83 年は 32 本塁打、リー
グ最多の 103 打点でPV 32.9（6 位）、巨人の優勝に貢献しMVPにも輝いた。
その後も 92 年まで 12 年連続 20 本塁打以上。86 年は自己最多の 36 本塁打でP
V 36.5（5 位）。88 年（打率 .300、31 本）はPV 34.3（3 位）で、通算 284.3 は 80
年組のトップだった。

　石毛は駒澤大に在学していた 2 年前のドラフトでは、プリンスホテル入社が
決まっていたためプロを拒否。実力的には原に匹敵すると見られていても、プ
リンスホテルが西武系企業とあって入団拒否を恐れる球団から敬遠され、入札
したのは西武以外は阪急だけだった。こちらも希望の西武に入団でき、打率 .311、
21 本塁打、25 盗塁、PV 35.8（3 位）と原以上の好成績で新人王を受賞。27 本
塁打を放った 85 年のPV 39.7 はリーグ 2 位、続く 86 年は打率 .329、27 本塁打、
89 打点で、PV 46.0 は 2 年連続 2 位にして自己ベスト。3 度目の三冠王となっ
た落合博満（ロッテ）を押しのけMVPに選ばれた。この時点で通算PVは原の

146.5 に対し、石毛は 197.2 とはるかに上を行っており、西武黄金時代のチームリーダーとしても高く評価されていた。しかしその後は、ＰＶ 20 以上の年は一度だけ。最終的には原に 50 点以上の差をつけられた。

　高木の通算ＰＶ 240.9 は石毛を上回る。中央大では史上 2 位の通算 115 安打、90 年は打率 .323（2 位）、続く 91 年も .333（3 位）で通算 8 度打率 3 割をクリア。それ以上に選球眼の良さが光り、85 年は出塁率 .416/ ＰＶ 40.1（6 位）、91 年も .427/39.8（3 位）。83 〜 92 年まで 10 年続けてＰＶは 2 ケタだった。ＰＶには反映されない守備でも、87 年に二塁手の最高守備率 .997 を記録している。

　高木と同じ東都リーグ、同じ二塁手の**大石**（亜細亜大）は、83 年に 60 盗塁で福本豊の連続盗塁王を 13 年でストップさせる。通算では盗塁王 4 回、また身長 166cm の小柄な体格ながら最多三塁打 3 回、84 年は 29 本塁打と意外な長打力も発揮し、同年はＰＶ 30.8（6 位）。90 年はリーグ 2 位の打率 .314、20 本塁打でＰＶ 36.2 も 2 位だった。

　プリンスホテルからは、**中尾**も相思相愛の中日に 1 位指名で入団した。強肩と敏捷な動きで鈍重な選手の多い捕手のイメージを覆し、2 年目の 82 年は打率 .282、18 本塁打でＭＶＰ。セ・リーグの捕手がＭＶＰに選ばれたのは初めてだった。同年はＰＶ 28.4（7 位）、84 年は打率 .322 でＰＶ 29.7（6 位）。ただこの年も出場は 76 試合だったように故障が多く、年間 100 試合以上出たのは最初の 2 年しかなかった。

　投手の出世頭は広島 1 位の**川口**（デュプロ）。事前の注目度はさほど高くはなかったが、2 年目に 4 勝、防御率 1.94 でＰＶ 11.5、翌 83 年は 15 勝、防御率 2.92（3 位）でＰＶ 29.3（7 位）。86 年からは 6 年連続 2 ケタ勝利、4 年連続 2 ケタＰＶと安定して好成績を残した。89 年も防御率 2.51 でＰＶ 24.6、奪三振が多く 91 年の 230 個を最多として 3 回リーグ 1 位になっている。

　この年は原・石毛・中尾と 3 人のＭＶＰが輩出したが、ただ一人名球会入りしたのは巨人 2 位の駒田徳広だった。桜井商時代は投手で、プロ入り後に野手へ転向。身長 191 ｃmの恵まれた体格でパワーヒッターとして期待されながら、20 本塁打以上を放ったのは 2 度だけで、打率 3 割 5 回のアベレージヒッターだった。94 年にＦＡとなり、高校時代も熱心に誘っていた横浜へ移籍、現役最後の 2000 年に通算 2000 本安打を達成している。だが上記のように、パワーはありながらも長打はさほど多くなく、四球も 90 年の 50 個が最多だった。さらには一塁手であったため守備位置修正の影響も受けたことにより、ＰＶはそれほど高くならなかった。それでも巨人時代は、打率 .307、27 本塁打だった 92 年の 28.0（7 位）

を最多として通算57.3を記録していたが、横浜移籍以降は7年間で6回マイナスとなり、最終的に通算−0.5まで下がってしまった。

愛甲猛の通算ＰＶが知名度に比べて低かったのも、駒田と同じような理由だった。この年の夏の甲子園で投手として横浜高を優勝へ導き、ロッテに1位指名され入団。3年目には48試合に投げたが、同年を最後に野手へ転向し、86年にレギュラーとなる。88年からは5年連続で130試合にフル出場。89年は打率.303だったが、駒田と同じように一塁手としては長打（13本塁打）も四球（46個）も少なかったため、ＰＶは−1.1だった。

球団別

1. 巨人 (341.6)

順位	選手		在籍時のPV	通算PV	通算成績
1	原辰徳	内野手	284.3	284.3	1697試合、.279、382本、1093打点
2	駒田徳広	投手	57.3	-0.5	2063試合、.289、195本、953打点
3	小原正行	投手	出場なし		
4	瀬戸山満年	捕手	拒否		

原と駒田を獲得でき大成功だったが、1位候補との呼び声もあり、3位で中日・日本ハム・阪神との4球団の抽選で引き当てた小原（臼杵商）は、一軍登板すらできなかった。4位指名を拒否した瀬戸山（中京高）はプリンスホテルに入社、その後2005年までずっと「巨人の最後の入団拒否者」であった。

2. 西武 (272.7)

順位	選手		在籍時のPV	通算PV	通算成績
1	石毛宏典	内野手	241.3	232.4	1796試合、.283、236本、847打点
2	岡村隆則	外野手	-32.9	-32.9	493試合、.223、10本、80打点
3	杉本正	投手	31.4	9.2	298試合、81勝90敗2S、3.87
4	安部理	内野手	-16.8	-25.4	816試合、.258、38本、217打点

指名した全員が一軍の戦力となる。岡村（河合楽器）は石毛とともに、80年に日本で開催された世界選手権に出場。レギュラーにはなれず、119試合に出場してサイクルヒットも達成した85年もＰＶは−9.9だった。杉本（大昭和製紙）

はすぐにローテーション入りし7勝／ＰＶ8.8、83年は12勝/12.4。西武時代の4年間はすべてプラスＰＶで、中日移籍後の86年も12勝を挙げＰＶ11.7を記録した。「東北の掛布」と呼ばれていた**安部**（東北高）は唯一100試合以上出場した88年に打率.263、8本塁打、49打点。ＰＶは94年（打率.348、3本）の8.8が最多だった。

3. 大洋（249.8）

順位	選手		在籍時のPV	通算PV	通算成績
1	広瀬新太郎	投手	-32.1	-44.8	84試合、3勝7敗0S、6.80
2	堀井恒雄	投手	-15.7	-16.3	168試合、15勝17敗2S、4.47
3	高木豊	内野手	249.8	240.9	1628試合、.297、88本、545打点
4	市川和正	捕手	-0.6	-0.6	459試合、.238、14本、93打点

　原の抽選に外れて指名した左腕の**広瀬**は、野村克也の母校・峰山高出身として話題になったが、大成できなかった。**堀井**（大商大）は85・86年に合計12勝を稼ぐも、ＰＶは両年ともマイナス。引退後はコーチやスカウトとして長く球界に残った。高卒時に近鉄の6位指名を拒否して東海大へ進んだ**市川**は、正捕手には定着できなかったが88年は打率.282、6本塁打、37打点でＰＶ14.4の好成績を残した。

4. 近鉄（176.0）

順位	選手		在籍時のPV	通算PV	通算成績
1	石本貴昭	投手	8.6	8.3	267試合、35勝19敗48S、4.04
2	大石大二郎	内野手	166.5	166.5	1892試合、.274、148本、654打点
3	花房健	投手	出場なし		
4	依田栄二	投手	0.9	0.9	1試合、0勝0敗0S、0.00

　1位ではヤクルトとの抽選で竹本を外し、近鉄を希望していた**石本**（滝川高）を指名。85年に70試合に投げ19勝、勝率.864（1位）でＰＶ16.3。翌86年は32セーブでタイトルに輝きＰＶ10.2、87年まで3年連続でリーグ最多登板と投げまくった。2位は4球団の抽選で武藤を外すも、代わりに**大石**が取れ結果的に成功。3位は再びヤクルトとかち合い、今度は**花房**（福岡大）を獲得できたが公

式戦出場はなかった。

5. 広島 (115.9)

順位	選手		在籍時のPV	通算PV	通算成績
1	川口和久	投手	115.9	107.9	435 試合、139 勝 135 敗 4 S、3.38
2	榊原聡一郎	内野手	-1.8	-5.2	36 試合、.213、1 本、2 打点
3	松林和雄	外野手	-1.2	-3.2	38 試合、.163、2 本、5 打点
4	原伸次	捕手	-9.5	-11.7	440 試合、.232、8 本、62 打点

　原を外したとはいえ、川口を取れたのでリカバリーに成功している。2〜4位は高校生野手。榊原（宮崎日大高）と松林（柳井商）は広島での出場機会に恵まれないまま、いずれも 90 年にダイエーへ移籍した（榊原はシーズン途中）。地元・広陵高で甲子園にも出た原は、内野の控えを長く務め、51 打数のみながら打率 .314 だった 93 年はＰＶ 5.3 だった。

6. 中日 (111.5)

順位	選手		在籍時のPV	通算PV	通算成績
1	中尾孝義	捕手	108.3	115.1	980 試合、.263、109 本、335 打点
2	後藤祝秀	投手	3.2	3.2	32 試合、0 勝 3 敗 0 S、3.27
3	古谷盛人	捕手	-0.3	-0.3	9 試合、.250、0 本、2 打点
4	長田克史	内野手	-1.9	-1.9	51 試合、.158、0 本、2 打点

　2 位以下の 3 人も公式戦には出場したが、重要な戦力となった者はいなかった。後藤（本田技研）は身長 192cm の大型投手。82 年には 5 試合に先発、好投した試合もあったけれども勝ち星はつかずじまい。長田（日産自動車）も 83 年に 49 試合に起用された後は、85 年の 2 試合だけだった。

7. 日本ハム (0.9)

順位	選手		在籍時のPV	通算PV	通算成績
1	高山郁夫	投手	拒否		
2	金城博和	外野手	-1.8	-1.8	7 試合、.150、1 本、3 打点

順位	選手		在籍時のPV	通算PV	通算成績
3	木村孝	外野手	-18.4	-18.4	472 試合、.236、6 本、39 打点
4	清水信明	捕手	0.9	0.9	34 試合、.240、0 本、3 打点

　原の抽選を外して1位指名したのは、秋田商のエースとして甲子園で活躍した**高山**。当初は「在京ならプロ」との意向だったが、ドラフト直前になって「西武以外は拒否」と心変わりし、実際に拒否してプリンスホテル入りした。2位で武藤、3位で小原とクジ自体も3連敗、代わりに指名した選手も大して活躍しなかった。**木村**（近畿大）は81・82年に100試合以上出場。82年は13盗塁と足で貢献したがPV − 8.4と、打力の弱さは否めなかった。引退後はスカウトになっている。

8. 南海（O）

順位	選手		在籍時のPV	通算PV	通算成績
1	山内和宏	投手	-13.9	-36.2	326 試合、97 勝 111 敗 1 S、4.30
2	井上祐二	投手	-40.0	-41.2	487 試合、54 勝 68 敗 77 S、4.41
3	刀根剛	外野手	*		3 試合
4	山田勉	外野手	-13.7	-15.7	391 試合、.253、8 本、35 打点

　通算PVがプラスの者はいなくとも、タイトルホルダーが2人出ている。**山内**（リッカー）は82年に11勝/PV 17.5、続く83年は18勝で最多勝に輝き（PV 8.9）、87年もPV 12.5。2ケタ勝利5回、ホークスで通算92勝を稼いだ。2位は76年の1位指名を拒否された武藤に再アタックするも、幸か不幸かクジを外して**井上**（都城高）を指名。先発投手としては好成績を残せず、リリーフ転向後の88年に20セーブ、防御率2.35でPV 13.7、翌89年はリーグ1位の21セーブでPV 9.8。広島移籍後の95年も防御率2.68/PV 10.7と息が長かった。控え外野手の**山田**（松下電器）は、85年に打率.296/PV 4.4を記録している。

8. 阪急（O）

順位	選手		在籍時のPV	通算PV	通算成績
1	川村一明	投手	拒否		
2	長村裕之	捕手	-8.3	-8.3	144 試合、.201、3 本、20 打点
3	弓岡敬二郎	内野手	-69.2	-69.2	1152 試合、.257、37 本、273 打点

4   西尾利春   投手   出場なし

　石毛のクジに外れて川村（松商学園）1位指名したが、「西武一本」の意志を貫きプリンスホテルへ。石毛を取り損なった遊撃手としては弓岡（新日鉄広畑）を指名した。新人で130試合にフル出場したものの、打率.212/ PV－22.2。徐々に打力は向上、84年は打率.304でPV 6.0だったが、その後はまたマイナスになった。強打の捕手だった長村（駒澤大）はプロでは控えどまりながら、フロント入りして出世し球団本部長の要職を務めた。

8. 阪神（O）

順位	選手		在籍時のPV	通算PV	通算成績
1	中田良弘	投手	-40.8	-40.8	226試合、33勝23敗14S、4.73
2	渡真利克則	内野手	-12.6	-13.0	268試合、.255、14本、47打点
3	石橋功行	投手	出場なし		
4	山田和英	投手	-3.5	-3.5	1試合、0勝0敗0S、36.00

　中田（日産自動車）は1年目から6勝8セーブ、PV 2.9と戦力になる。優勝した85年も12勝を挙げたが、14年中9年は勝ち星なしだった。渡真利（興南高）はレギュラーになれず、引退後は審判に転向。4年前に阪神の6位指名を断った山田（大商大）は、今度は入団したが83年に1試合投げただけだった。

8. ヤクルト（O）

順位	選手		在籍時のPV	通算PV	通算成績
1	竹本由紀夫	投手	-7.2	-7.2	37試合、0勝5敗0S、4.71
2	佐々木正行	外野手	-2.9	-6.4	96試合、.187、2本、9打点
3	宮城弘明	投手	-14.3	-14.3	25試合、0勝3敗0S、7.17
4	高仁秀治	投手	-6.4	-6.4	176試合、.247、2本、19打点

　前年ロッテの1位指名を断った竹本（新日鉄室蘭）を、近鉄との抽選に勝ち獲得したまでは良かったが、「15勝も可能」との声にもかかわらず故障続きで1勝もできずに退団。社会人の強打者・佐々木（大昭和製紙）もヤクルトでは通算6安打に終わった。大型投手の宮城（横浜商）も勝ち星がなく、88年に在日コリ

アンでない選手として初めて韓国プロ野球に加わる。最も実績を残したのが4位の高仁（東農大二高）で、86年は96試合に出場し打率 .284 だった。

8. ロッテ（O）

順位	選手		在籍時 のPV	通算 PV	通算成績
1	愛甲猛	投手	-13.5/ -54.7	-13.5/ -58.6	61試合、0勝2敗0S、6.70/ 1532試合、.269、108本、513打点
2	武藤一邦	外野手	-6.3	-6.3	77試合、.123、1本、4打点
3	欠端光則	投手	-25.2	-69.4	351試合、57勝71敗3S、4.36
4	桃井進	捕手	-0.6	-0.6	17試合、.182、0本、1打点

　愛甲は投手として大成できず、欠端（福岡高）もロッテでは通算3勝10敗。84年に大洋へトレードされてから主力となり、85・89年に9勝、88年は唯一の2ケタとなる11勝を挙げている。自己最多のPVは、リーグ最多の55試合に投げ防御率3.10だった92年の5.2。76年に南海の1位を拒否し法政大に進んだ武藤は、2位で4球団が重複する高評価でプロ入りしたが通算8安打に終わった。

1981 年 〈合計ＰＶ 679.0 ＝ 30 位〉

1	工藤公康	175.9	西武 6 位	625 試合、224 勝 140 敗 3 S、防御率 3.44
2	槙原寛己	167.3	巨人 1 位	463 試合、159 勝 128 敗 56 S、防御率 3.19
3	吉村禎章	149.8	巨人 3 位	1349 試合、打率 .296、149 本塁打、535 打点
4	伊東勤	51.4	西武 1 位	2379 試合、打率 .247、156 本塁打、811 打点
5	村田真一	45.4	巨人 5 位	1134 試合、打率 .234、98 本塁打、367 打点
6	津田恒美	33.3	広島 1 位	286 試合、49 勝 41 敗 90 S、防御率 3.31
7	山沖之彦	32.0	阪急 1 位	327 試合、112 勝 101 敗 24 S、防御率 3.92
8	井辺康二	11.2	ロッテ 1 位	168 試合、10 勝 12 敗 4 S、防御率 3.78

　前年まで 4 名に制限されていた指名枠が、再び 6 名へ拡大されたこの年は、西武の編成部長・根本陸夫の策略が光った。1 位指名したのは、前年に熊本工の好捕手として甲子園で注目された**伊東**。定時制に通学していて 3 年間で卒業できなかったことに目をつけた根本は、伊東を本拠である所沢高の定時制に編入させた上で、球団職員として採用しライオンズの練習に参加させた。ただしこの囲い込み作戦は、実際には他球団も検討しており、根本だけが思いついた訳ではなかった。ドラフト本番では下位で取るつもりではとの憶測もあり、巨人などが指名に動くとも言われていたが堂々と 1 位で指名。他球団の入札もなく単独での獲得となった。

　さらに 6 位では名古屋電気高の左腕で、夏の甲子園においてノーヒットノーランの快投を演じた**工藤**を指名。熊谷組入社が内定していた工藤を他球団は回避していたため、こちらも事前に密約があったのではとの疑惑が囁かれたが、関係者は一様に否定している。

　伊東は 84 年に正捕手となり、打率 .284/ 出塁率 .371 でＰＶ 16.1。以後 2002 年まで 19 年にわたってレギュラーマスクをかぶり続けた。投手リードを含めた守備力を高く評価され、西武黄金時代の守備の要としてゴールデングラブに 11 回選ばれただけでなく、攻撃力もまずまずで、通算ＰＶ 51.4 はこの年の指名選手中 4 番目。打率 .281、11 本塁打だった 90 年のＰＶ 18.2 が自己最多である。

　工藤は 85 年に防御率 2.76 で 1 位、ＰＶ 29.2（6 位）、87 年も 15 勝、リーグベストの防御率 2.41 でＰＶ 33.4（3 位）。15 勝、防御率 2.05（1 位）、ＰＶ 28.6（4

位）だった93年にMVPを受賞した。西武時代は通算PV 149.7、95年にFA で移籍したダイエーでも53.0を追加。PV 33.1（6位）だった99年に2度目の MVPを受賞した。2000年に再びFAで巨人へ移籍。40歳になった03年頃から 力が落ち、47歳で引退するまでの8年でPVは－40.7も下がってしまった。そ れでもなお通算175.9は、81年組のトップに立っている。

　工藤と同じ愛知県で鎬を削った**槇原**（大府高）は、当時はほんの一握りだった 150km を超える快速球の持ち主で、83年に12勝／PV 9.4 で新人王。88年の 最多奪三振を除いてタイトルには縁がなかったものの、88年に防御率 2.16／PV 30.7（5位）、翌89年も1.79/29.8（8位）とコンスタントに好成績を残した。94 年には完全試合も達成。19年間でPVがマイナスだったのは5年だけ、最も悪 い年でも－2.8にとどめた。

　この年の巨人のドラフトは大成功で、槇原に加えて3位で**吉村**（PL学園高）、 5位でも**村田**（滝川高）を取れた。天才的な打撃センスの吉村は早くから頭角を 現し、84年は規定打席不足ながら.342の高打率でPV 27.4。以後4年連続打率 3割、86年（.312、23本塁打）はPV 32.2（7位）、続く87年（.322、30本）も 31.1（8位）と中心打者として活躍を続けていた。ところが88年に味方野手と衝 突して左膝靱帯断裂の重傷を負い、以後は規定打席に到達することはなかった。 打撃型の捕手だった村田は、90年に84試合で13本塁打を放ちPV 21.6、ベス トナインにも選出された。翌91年も17本塁打でPV 17.4。守備面での評価は高 いとは言えず、規定打席をクリアしたことはなかったが、4回2ケタPVを記録 している。

　ドラフト前に最も注目されていたのは、夏の甲子園で投打に活躍し報徳学園高 を優勝へ導いた金村義明。パ・リーグの人気が低迷していた当時、珍しく阪急 ファンを公言していた金村には、阪急と近鉄が1位で入札し近鉄が引き当てた。 プロでは野手に転向し、86年に正三塁手となって23本塁打、PV 9.1。88年は 打率.288でPV 13.7だったが、通算では－5.0（近鉄在籍時は3.6）と、入団当時 に期待されたほどではなかった。

　金村を外した阪急は、代わりに専修大のエース**山沖**を1位指名。1年目はリー グワーストの15敗を喫したものの、翌83年は15勝、143奪三振（1位）でPV 20.0と躍進。87年は19勝で最多勝、防御率2.75でPV 27.5（7位）、通算では2 ケタ勝利5回と、結果的には得をした。

　金村の他に1位指名が重複したのは、大洋と阪神が入札した右田一彦（電電九 州）だけで、8球団は単独指名。社会人ナンバーワン投手と評価されていた**津田**

（協和発酵）も、希望球団の広島に単独で入団できた。自慢の快速球で82年に11勝を挙げ新人王、同年はＰＶ－8.7だったが翌83年は防御率3.07（4位）でＰＶ15.6。リリーフ転向後の86年からは4年間で3回2ケタＰＶ、89年はリーグ最多の28セーブに加え、自己ベストの防御率1.63/ＰＶ17.9だった。しかしながら91年に脳腫瘍を患って現役引退を余儀なくされ、93年に32歳の若さで亡くなった。

　希望通り大洋入りした右田は、即戦力と見込まれながらも82年は1試合投げただけ。83年も防御率8.80/ＰＶ－15.9と打ちこまれ、84年には早くもロッテへ放出されたが、移籍後も登板機会こそ増えたけれども成績は芳しくなかった。

球団別

1. 巨人（354.1）

順位	選手		在籍時のPV	通算PV	通算成績
1	槙原寛己	投手	167.3	167.3	463試合、159勝128敗56S、3.19
2	山本幸二	捕手	-2.2	-2.2	43試合、.235、2本、7打点
3	吉村禎章	外野手	149.8	149.8	1349試合、.296、149本、535打点
4	橋本敬司	投手	-2.0	-9.7	87試合、5勝11敗0S、4.52
5	村田真一	捕手	45.4	45.4	1134試合、.234、98本、367打点
6	仁村薫	投手	-8.4	-12.1	396試合、.231、15本、60打点

　80年に続いて2年連続の大成功ドラフト。事前では津田へ入札するとの見方もあったが、**槙原**で正解だった。名古屋電気高で工藤公康とバッテリーを組んでいた**山本**は、強肩強打の評価だったが、同期・同ポジションの**村田**の後塵を拝した。拒否姿勢からプロ入りに転じた**橋本**（富士重工）は、最初の3年間で58試合に投げ5勝を挙げるも、その後移籍したホークスでは白星なし。早稲田大の主戦投手だった**仁村**は外野手に転向し、88年に弟の徹がいる中日へ移籍。同年は7本塁打を放ち、ＰＶは唯一のプラスとなる2.7だった。

2. 西武（201.1）

順位	選手		在籍時のPV	通算PV	通算成績
1	伊東勤	捕手	51.4	51.4	2379試合、.247、156本、811打点
2	金森栄治	捕手	-16.4	-38.6	1048試合、.270、27本、239打点

3	小田真也	投手	-6.0	-6.0	196 試合、4 勝 6 敗 9 S、4.39
4	串原泰夫	投手	-0.1	-0.1	1 試合、0 勝 0 敗 0 S、4.50
6	工藤公康	投手	149.7	175.9	625 試合、224 勝 140 敗 3 S、3.44

　伊東、工藤に加えて 2 位ではプリンスホテルの**金森**も獲得。捕手として入団するも外野手として一軍に定着、85 年は打率 .312（8 位）、12 本塁打。リーグ最多の 15 死球も手伝って出塁率は .411（5 位）の高率に達し、ＰＶ 5.8 は自己ベストだった。翌 86 年も 112 試合で打率 .298/ 出塁率 .374 を記録している。**小田**（京都大丸）は左のワンポイントとして重宝され、91 年は 33 試合に投げて防御率 1.31/ ＰＶ 5.9。5 位では藤高俊彦（新日鉄広畑）を阪急との抽選に勝って指名したが、入団拒否に遭った。なお藤高は 2020 年時点で、西武から指名されて拒否した最後の選手である。

3. 広島（39.7）

順位	選手		在籍時 のPV	通算 PV	通算成績
1	津田恒美	投手	33.3	33.3	286 試合、49 勝 41 敗 90 S、3.31
2	斉藤浩行	外野手	-13.3	-18.3	228 試合、.196、16 本、41 打点
3	高木宣宏	投手	6.4	6.4	97 試合、16 勝 18 敗 0 S、3.85
4	木原彰彦	内野手	出場なし		
6	及川美喜男	外野手	-1.8	-2.4	113 試合、.204、1 本、2 打点

　津田以外に活躍したのは、西武・ヤクルトとの 3 球団の抽選で手に入れた**高木**（北陽高）。84 年は前半戦だけで 9 勝を挙げ、ＰＶ 5.2。その後故障で低迷したが、90 年は 26 試合で防御率 2.67/ ＰＶ 11.1 と復活した。東京ガスの大砲だった**斉藤**は二軍で通算 161 本塁打を放つも、一軍では 16 本。**及川**（東芝）は 87 年に日本ハムへ移籍、守備固め中心で 72 試合に出ている。

4. 阪急（39.6）

順位	選手		在籍時 のPV	通算 PV	通算成績
1	山沖之彦	投手	32.0	32.0	327 試合、112 勝 101 敗 24 S、3.92
2	太田敏之	投手	-7.6	-7.6	16 試合、0 勝 2 敗 0 S、6.55
3	南牟礼豊蔵	外野手	-22.0	-28.8	546 試合、.249、13 本、78 打点

| 4 | 有賀佳弘 | 捕手 | -14.9 | -15.6 | 167 試合、.198、3 本、19 打点 |
| 5 | 岩本好弘 | 内野手 | 7.6 | 2.9 | 393 試合、.233、9 本、35 打点 |

　指名したのは 1 位入札の金村以外、全員大学・社会人。3 位では倉田邦房（大昭和製紙）を中日に、5 位でも藤高俊彦（新日鉄広畑）を西武に取られ、2 球団による抽選で 3 戦 3 敗というクジ運の悪さだった。

　もっとも、外れで指名した選手は全員一軍の戦力になっている。**南牟礼**（電電九州）は 89 年に 106 試合で打率 .282、シーズン途中で中日へ移った 91 年は移籍後の 52 試合で .297、6 本塁打。**有賀**（日産自動車）は 2 年目に 69 試合に出場したが、正捕手にはなれなかった。ファイターの**岩本**（東海理化）は 85 年に打率 .276、6 本塁打、21 盗塁、ＰＶ 10.9 の好成績。有賀と岩本も、南牟礼と同じくのちに中日へ移籍している。

5. ロッテ（11.2）

順位	選手		在籍時 のPV	通算 PV	通算成績
1	井辺康二	投手	11.2	11.2	168 試合、10 勝 12 敗 4 S、3.78
2	田子譲治	投手	-6.0	-6.0	13 試合、2 勝 2 敗 0 S、5.59
3	田中忠勝	捕手	拒否		
4	石井宏	投手	拒否		
5	西村徳文	内野手	-52.7	-52.7	1433 試合、.272、33 本、326 打点
6	吉岡知毅	投手	-3.4	-3.4	48 試合、1 勝 4 敗 0 S、4.47

　1 位指名した東海大の**井辺**は、通算成績は大した数字ではないけれども、実働 9 年のうち 6 年はプラスＰＶ。90 年（2 勝 3 セーブ）に 7.7、翌 91 年（4 勝）も 6.1 で、通算 11.2 は 81 年ドラフト組で 8 番目だった。南海・ヤクルトとの 3 球団の抽選で引き当てた**西村**（鹿児島鉄道管理局）は、85 年は打率 .311 でＰＶ 8.8。86 年から 4 年連続盗塁王となり、88 年に自己最多の 55 盗塁を決めた。90 年は打率 .338 で首位打者になりＰＶ 19.8 だった。それでも通算ＰＶが大幅なマイナスとなっているのは、プラスの年が 85・86・90 年の 3 度しかなく、また 89 年からコンバートされた外野手としては長打力に乏しいのが原因だった。4 位指名を拒否した**石井**（北海道日大高）は日本大に進み、85 年の 1 位で阪急に入っている。

6. 近鉄（3.6）

順位	選手		在籍時 のPV	通算 PV	通算成績
1	金村義明	投手	3.6	-5.0	1262 試合、.258、127 本、487 打点
2	小山昌男	投手	-20.9	-20.9	86 試合、23 勝 21 敗 0 S、4.81
3	加藤正次	投手	拒否		
4	篠崎宏道	内野手	拒否		
5	中馬賢治	捕手	*		1 試合
6	住友一哉	投手	-2.5	-4.0	229 試合、18 勝 11 敗 17 S、4.18

　小山（天理高）は 2 年目から一軍で投げ始め、84・85 年は 2 年続けて 6 勝。86 年は 9 試合のみの登板ながら 5 勝、防御率 3.12 で P V 6.1 だった。6 位では 75 年の阪急 1 位指名を拒否し、法政大からプリンスホテルへ進んだ**住友**を指名。リリーバーとして 83 年は 8 勝、P V 12.8 の好成績だったが、ほかにプラスの年は阪神に移った 89 年（3 勝 7 セーブ、P V 1.1）だけだった。

7. 中日（2.1）

順位	選手		在籍時 のPV	通算 PV	通算成績
1	尾上旭	内野手	-20.1	-19.4	362 試合、.204、5 本、33 打点
2	浜田一夫	投手	-2.2	-2.2	8 試合、0 勝 0 敗 0 S、6.30
3	倉田邦房	投手	2.1	2.1	24 試合、2 勝 0 敗 0 S、3.86
4	金田進	捕手	-4.9	-4.9	61 試合、.186、1 本、5 打点

　中央大で通算 105 安打、大学記録の 14 本塁打を放った**尾上**は、もともと中日志望。名二塁手・高木守道の後継者と目されながらも、85 年に 81 試合出たのが最多だった。地元・愛知高の好投手・**浜田**も伸び悩み、阪急との抽選に勝った**倉田**（大昭和製紙）も、84 年に挙げた 2 勝に終わった。

8. 日本ハム（1.3）

順位	選手		在籍時 のPV	通算 PV	通算成績
1	田中幸雄	投手	1.3	1.3	214 試合、25 勝 36 敗 16 S、4.23
2	中原朝日	投手	-1.6	-1.6	2 試合、0 勝 0 敗 0 S、7.20
3	中村稔	内野手	-0.5	-0.5	5 試合、.000、0 本、0 打点

4　　小田英明　捕手　　　出場なし

　身長190cmの大型投手で、日本ハムは意中の球団だった**田中**（電電関東）は、83年に6勝、防御率2.22でPV19.1。85年にノーヒットノーラン達成、翌86年は抑えで13セーブ／PV8.6とまずまずの成績だった。名古屋電気高では工藤公康と同級で、主将を務めた**中村**は選手としては芽が出ず、審判に転向した。

9. 大洋（O）

順位	選手		在籍時のPV	通算PV	通算成績
1	右田一彦	投手	-15.5	-63.4	116試合、12勝16敗5S、6.04
2	菊地恭一	外野手	-3.1	-3.1	42試合、.156、0本、0打点
3	村岡耕一	内野手	-21.4	-23.8	447試合、.198、2本、18打点
4	竹下浩二	投手	-2.9	-2.9	7試合、0勝0敗0S、7.00
5	金沢次男	投手	-40.6	-35.2	367試合、60勝70敗7S、4.21

　期待に応えられなかった**右田**の代わりではないが、**金沢**（三菱自動車川崎）は初登板から26.2回連続無失点。83・84年に2年連続10勝し、日本ハムへ移籍した86年も10勝／PV7.6。中継ぎで投げた89年は1勝のみながら、自己ベストのPV8.7だった。78年にロッテ2位を拒否した**菊地**は、東芝時代の強打は再現できずじまい。2位で明治大・平田の抽選を外したので、3位で同じ遊撃手の**村岡**（電電九州）を獲得。85年は103試合に出るなど守備は評価されていたが、打力が弱すぎた。

9. 南海（O）

順位	選手		在籍時のPV	通算PV	通算成績
1	金城信夫	投手	出場なし		
2	赤星鉄治	捕手	出場なし		
3	矢野実	投手	-3.3	-9.9	386試合、21勝23敗19S、4.29
4	藤本博史	内野手	-25.7	-30.0	1103試合、.235、105本、419打点
6	川本和宏	投手	-0.5	-0.5	1試合、0勝0敗0S、9.00

　隠し球的存在だった**金城**（市川高）は、一軍で投げることなく4年で退団。そ

の後韓国に渡って青宝の主力投手となった。**赤星**（九州産交）も公式戦出場なし、5位では78年に3位指名した岡本光（松下電器）に再度拒否されるなど散々だったが、成果がなかったわけではない。**矢野**（神戸大丸）は主に中継ぎで長く投げ続け、88年はリーグ最多の57試合に登板。防御率3.30でＰＶ5.2も自己最多だった。**藤本**（天理高）は88年に正三塁手となり、89年から7年連続2ケタ本塁打。92年は20本でＰＶ11.6だった。引退後も解説者、指導者としてホークスと長く関わり続けている。

9. 阪神（0）

順位	選手		在籍時のＰＶ	通算ＰＶ	通算成績
1	源五郎丸洋	投手	出場なし		
2	平田勝男	内野手	-57.3	-57.3	979試合、.258、23本、220打点
3	月山栄珠	捕手	-1.6	-1.6	14試合、.125、0本、1打点
4	福家雅明	投手	-31.4	-31.4	95試合、0勝5敗0S、5.50
6	服部浩一	内野手	-2.0	-2.0	45試合、.059、0本、0打点

　右田の外れ1位で指名した**源五郎丸**（日田林工）は珍名で話題になるも、一軍での登板機会はなく退団。2位では大洋との抽選で、明治大の**平田**を獲得した。通算ＰＶは大幅なマイナスながら遊撃守備は天下一品で、84年から4年続けてダイヤモンド／ゴールデングラブを受賞した。**月山**（印旛高）もロッテとの抽選に勝って手に入れたが、こちらは期待外れ。**福家**（三菱自動車川崎）は通算95試合に登板しながら1勝も挙げられず、テレビ番組制作会社に入社。ディレクターとして古巣の試合中継に携わった。

9. ヤクルト（0）

順位	選手		在籍時のＰＶ	通算ＰＶ	通算成績
1	宮本賢治	投手	-71.0	-71.0	378試合、55勝71敗7S、4.38
2	加藤誉昭	外野手	-1.0	-1.0	10試合、.000、0本、0打点
3	中川昭仁	投手	-0.7	-0.7	4試合、0勝1敗0S、5.00
4	小川淳司	外野手	-38.3	-42.1	940試合、.236、66本、195打点

　宮本は細身のサイドスローで、亜細亜大の最多記録となる通算35勝。プロ

でもルーキーイヤーから先発ローテーション入りしたが、89年まで30勝56敗、通算ＰＶは－92.6に達していた。だが90年に11勝／ＰＶ13.0を記録してからは、6年間でＰＶ21.5と盛り返した。**加藤**（都城商）は甲子園で3本塁打の強打者だったが不発。**小川**（河合楽器）は75年夏の甲子園を制した習志野高の優勝投手。中央大で野手に転向、84・85年は準レギュラーとして11本塁打。打率.290だった88年のＰＶ8.7が最多で、引退後はスカウトやコーチを経て、2度にわたりスワローズの監督を務めた。

1982 年 〈合計ＰＶ 395.3 ＝ 45 位〉

1	斎藤雅樹	271.8	巨人 1 位	426 試合、180 勝 96 敗 11 S、防御率 2.77
2	西田真二	39.8	広島 1 位	777 試合、打率 .285、44 本塁打、226 打点
3	彦野利勝	31.8	中日 5 位	965 試合、打率 .264、85 本塁打、340 打点
4	御子柴進	21.8	阪神 4 位	251 試合、18 勝 26 敗 2 S、防御率 3.30
5	石井毅	10.8	西武 3 位	85 試合、8 勝 4 敗 4 S、防御率 3.63
6	宮下昌己	10.2	中日 6 位	117 試合、9 勝 12 敗 3 S、防御率 3.31

　ドラフト前に注目されていたのは、1 年生時から甲子園のアイドルとして絶大な人気を博していた荒木大輔（早実）、82 年夏の優勝校・池田高を投打にわたって牽引した畠山準、そして立教大の左腕・野口裕美だった。しかしながら通算ＰＶは 3 人ともマイナス。大成功を収めたのは、荒木の抽選に外れた巨人が代わりに指名した**斎藤**（市立川口高）だった。

　斎藤は 85 年に 12 勝／ＰＶ 22.7 の好成績を残したが、87 年は 1 勝もできず打者転向の噂も出た。しかし 88 年にＰＶ 11.8 と復調すると、翌 89 年は 20 勝で最多勝、防御率 1.62 も 1 位でＰＶは 53.2（2 位）の歴史的水準。90 年も 20 勝と防御率 2.17 は 1 位、ＰＶ 43.1 も 2 年連続 2 位でＭＶＰに選ばれた。96 年も 16 勝と防御率 2.36 は 1 位でＰＶ 35.4（5 位）。5 度の最多勝、3 度の沢村賞に輝き、ＰＶ 20 以上 7 回。通算ＰＶ 271.8 はドラフト制施行後では江夏豊、山田久志に次ぎ 3 位だった。

　「巨人以外なら早大進学」と公言していた荒木は、結局は抽選に勝ったヤクルト入り。85 年に 6 勝を挙げて以降 8 勝、10 勝と順調に白星を増やしていったが、ＰＶはずっとマイナスだった。肘の手術から 4 年ぶりに復帰、4 試合に投げた 92 年の 4.2 が、唯一のプラスとなっている。

　南海の単独指名だった畠山は、84 年に規定投球回に達して 5 勝 12 敗、ＰＶ 2.3。その後は 1 勝を追加しただけで 88 年に野手へ転向、91 年に大洋へ移籍し、93 年は打率 .281、14 本塁打、72 打点でＰＶ 11.2。規定打席にも達し、投打両方で規定数を満たした初のドラフト指名選手となっている。

　野口には西武・中日・阪急の 3 球団が入札し西武が獲得。だが大学時代に痛めた肩が完治せず、通算 5 試合で 0 勝に終わった。野口と同じく 3 球団から指名された法政大の田中富生は、日本ハムが広島・ロッテとの抽選に勝利。84・85 年

に2年続けて8勝した後は低迷が続いた。田中を外した広島は、同じ法政大の外野手・**西田**を1位指名。勝負強い打撃が魅力で、100試合以上出たのは91年（102試合）だけでも、89年は.355の高打率でPV 20.0。翌90年も.349、13本塁打でPV 22.9、通算39.8は斎藤に次ぐ数字だった。

球団別

1. 巨人（274.4）

順位	選手		在籍時のPV	通算PV	通算成績
1	斎藤雅樹	投手	271.8	271.8	426試合、180勝96敗11S、2.77
2	岡本光	投手	1.8	1.8	46試合、3勝2敗2S、3.55
3	石井雅博	外野手	-4.7	-4.7	167試合、.218、3本、15打点
4	川相昌弘	投手	-20.9	-23.8	1909試合、.266、43本、322打点
5	中島浩人	投手	0.8	0.8	6試合、0勝0敗0S、3.38
6	藤本茂喜	内野手	-0.1	-0.1	1試合、.000、0本、0打点

　80・81年に続き、3年連続でPVは12球団トップ。80～90年代の主力選手の多くがこの3年で揃った。岡山南高では投手として甲子園に出た**川相**には、近鉄とヤクルトも競合。入団後は野手へ転向、通算533本を決めた送りバントの達人として、また6度のゴールデングラブを受賞した守備の名手として知られた。PVも90年（打率.288、9本塁打）は10.5、94年（打率.302、出塁率.376）も11.9と2回2ケタに乗せている。**岡本**（松下電器）は南海からの2度の指名を拒否し、この年も2位ながら4球団が競合したほど評価は高かったが、87年の3勝のみだった。甥の洋介は2009年の西武6位指名でプロ入りしている。

2. 中日（46.2）

順位	選手		在籍時のPV	通算PV	通算成績
1	鹿島忠	投手	-15.7	-15.7	405試合、36勝28敗14S、3.95
2	平沼定晴	投手	-26.4	-59.9	336試合、18勝22敗5S、4.78
3	市村則紀	投手	4.2	2.1	163試合、5勝2敗1S、3.95
4	近藤満	投手	-4.2	-4.2	20試合、0勝3敗0S、5.29
5	彦野利勝	投手	31.8	31.8	965試合、.264、85本、340打点
6	宮下昌己	投手	10.2	10.2	117試合、9勝12敗3S、3.31

愛知高時代に投手だった**彦野**も含めると、全員投手。通算ＰＶがプラスなのは下位指名の２人で、彦野は87年にレギュラーとなり、88年は打率.273、15本塁打でＰＶ12.1。続く89年は26本塁打、長打率.507でＰＶ24.8、ベストナインにも選ばれた。**宮下**（日大三高）も実働５年ながら、87年は50試合に投げ５勝、防御率3.02/ＰＶ9.6だった。

　野口の外れ１位だった**鹿島**（鹿児島鉄道管理局）は主に中継ぎで、40試合以上の登板が５度。89年は９勝、防御率2.56/ＰＶ11.9の好成績を残した。**平沼**（千葉商大付高）は87年に落合博満との交換要員の一人としてロッテへ移籍、92年に防御率2.41/ＰＶ13.5。96年に中日へ復帰している。ドラフト史上最高齢の30歳でプロ入りした**市村**（電電関東）は１年目から44試合に登板、左のリリーフとしてまずまず働いた。

3. 広島（40.2）

順位	選手		在籍時のPV	通算PV	通算成績
1	西田真二	外野手	39.8	39.8	777試合、.285、44本、226打点
2	白武佳久	投手	0.4	-9.9	282試合、39勝39敗13S、3.89
3	定岡徹久	外野手	-2.4	-2.7	44試合、.107、0本、2打点
4	太田龍生	投手	出場なし		
5	鍋屋道夫	投手	-0.9	-0.9	6試合、0勝0敗0S、4.91
6	田中和博	投手	-0.2	-0.2	3試合、0勝0敗0S、4.50

　太田（高田高）以外は全員大学・社会人を指名。日体大の好投手だった**白武**は86年から先発ローテーションの一角を占め、88年は防御率2.89/ＰＶ7.1。ロッテへ移籍した90年は10勝を挙げＰＶ8.3だった。**定岡**（専修大）は長兄・智秋、次兄・正二に次いでのプロ入りだったが、ほとんど活躍できなかった。

4. 阪神（22.3）

順位	選手		在籍時のPV	通算PV	通算成績
1	木戸克彦	捕手	-7.6	-7.6	965試合、.230、51本、226打点
2	前田耕司	投手	-2.6	-18.8	95試合、5勝2敗0S、5.48
3	田村浩一	投手	出場なし		
4	御子柴進	投手	21.8	21.8	251試合、18勝26敗2S、3.30

| 5 | 浜田知明 | 投手 | -11.3 | -11.3 | 40 試合、0 勝 2 敗 0 S、5.77 |
| 6 | 浜岡浩幸 | 投手 | 0.5 | 0.5 | 2 試合、0 勝 0 敗 0 S、0.00 |

　将来の正捕手候補として相思相愛だった**木戸**（法政大）を単独指名。85 年は 13 本塁打で P V 4.3、阪神が優勝したこともあってダイヤモンドグラブに輝く。唯一規定打席に到達した 88 年が自己最多の P V 5.5 だった。2 位以下は全員投手を指名し、**御子柴**（松本工）が地味ながらも長く活躍。42 試合に登板した 87 年は 0 勝ながら P V 6.0、92 年は 29 試合で防御率 1.53 / P V 13.6 で、通算 P V 21.8 は同期の投手では斎藤の次に良かった。

5. 西武 （11.2）

順位	選手		在籍時 の PV	通算 PV	通算成績
1	野口裕美	投手	-1.2	-1.2	5 試合、0 勝 0 敗 0 S、5.11
2	笘篠誠治	内野手	-49.4	-49.4	884 試合、.256、18 本、121 打点
3	石井毅	投手	10.8	10.8	85 試合、8 勝 4 敗 4 S、3.63
4	村井一男	投手	出場なし		
5	成田幸洋	投手	0.4	1.3	27 試合、0 勝 1 敗 0 S、3.83

　野口が通用しなかったマイナス分は、2・3 位で多少取り返した。**笘篠**（上宮高）は P V がプラスだった年はなくとも、控え内野手として 87、92 ～ 94 年に 100 試合以上出場。92 年は打率 .295 で 16 盗塁を決めた。79 年に箕島高のエースとして甲子園春夏連覇を達成した**石井**（住友金属）は、86 年に 46 試合で 5 勝、防御率 2.50、P V 10.7。石井、**村井**（九州産業大）、**成田**（東芝）はみなサイド / アンダーハンドの変則投手だった。

6. ロッテ （2.5）

順位	選手		在籍時 の PV	通算 PV	通算成績
1	石川賢	投手	-24.3	-34.1	162 試合、22 勝 25 敗 0 S、4.81
2	柳沼美広	投手	出場なし		
3	長島哲郎	投手	1.4	1.4	10 試合、0 勝 0 敗 0 S、3.00
4	中島克介	内野手	0.5	0.5	6 試合、.333、0 本、0 打点
5	丸山一仁	内野手	0.6	0.6	111 試合、.266、4 本、28 打点

田中の外れ1位で**石川**（日本大）を指名。84年に15勝、リーグ1位の勝率.789でPV 11.3だったが、肩を痛めてその後3年間は3勝13敗。大洋にトレードされた88年に中継ぎでPV 5.4と復調するも、長くは続かなかった。仙台六大学で23勝の**長島**（東北福祉大）も0勝。**丸山**（近畿大）は87年に50試合で打率.292、3本塁打、PV 3.7。通算でもわずかながらプラスだった。

7. 日本ハム（0.1）

順位	選手		在籍時のPV	通算PV	通算成績
1	田中富生	投手	-30.1	-42.1	199試合、28勝45敗1S、4.73
2	佐藤誠一	投手	-5.2	-5.2	148試合、28勝41敗19S、4.06
3	二村忠美	内野手	-64.3	-71.7	777試合、.238、64本、223打点
4	本間立彦	内野手	0.1	0.1	3試合、.333、0本、1打点

佐藤は専売東北を退社し、日本ハムの練習生となっていた選手。86年に4勝を挙げPV 6.4、翌87年は9勝、88・89年も合計PV 11.0と主力として投げた。**二村**（九州産交）は83年に打率.282、13本塁打で新人王。以後4年連続で2ケタ本塁打を放ったが、PVは83年でも−2.0。11年間で一度もプラスはなかった。

8. 近鉄（0）

順位	選手		在籍時のPV	通算PV	通算成績
1	加藤哲郎	投手	-20.4	-24.4	151試合、17勝12敗6S、4.60
2	谷真一	内野手	-30.7	-30.7	279試合、.208、5本、57打点
3	佐藤純一	外野手	-9.8	-9.8	290試合、.230、4本、11打点
4	中島裕司	内野手	出場なし		
6	古久保健二	捕手	-55.0	-55.0	943試合、.204、38本、186打点

単独指名の**加藤**（宮崎日大高）は高校の頃から強気な発言で知られていた男で、89年に7勝、PV 4.2。日本シリーズ第3戦で勝利投手となり、実際の発言とは異なるが「巨人はロッテより弱い」と言ったとされ有名になった。91年も6勝4セーブ、4年連続プラスのPV 3.2だったが、87年の−21.1が響き通算ではマイナス。名遊撃手・吉田義男の甥である**谷**（本田技研）は新人で119試合に出場したものの、打率.232、3本塁打でPV−11.6。翌84年も−10.1で以後は出番が

減った。秋田出身で落合博満二世とも言われた**佐藤**（秋田相互銀行）はその片鱗を示せず審判へ転身。**古久保**（大成高）は第二捕手として20年にわたり現役を続け、ＰＶは97年（打率.287）の6.8が最多だった。

8. 大洋（O）

順位	選手		在籍時のPV	通算PV	通算成績
1	大畑徹	投手	-1.8	-7.3	22 試合、0 勝 2 敗 0 S、6.67
2	関根浩史	投手	-18.9	-18.9	107 試合、9 勝 26 敗 1 S、4.61
3	西村博巳	外野手	-5.7	-5.7	150 試合、.257、2 本、9 打点
4	高橋雅裕	内野手	-40.9	-40.9	1101 試合、.243、14 本、168 打点

　九州産業大で通算50勝を挙げた**大畑**を単独指名。しかし3年間で15試合しか登板できず86年日本ハムへトレード、未勝利のまま引退した。**関根**（日産自動車）は84・85年に2年続けて規定投球回に到達したが、合わせて9勝24敗、ＰＶ－4.6。**高橋**（名古屋電気高）は、87年に正遊撃手となり、翌88年はフル出場してリーグ8位の打率.293、ＰＶ13.4の好成績だった。

8. 南海（O）

順位	選手		在籍時のPV	通算PV	通算成績
1	畠山準	投手	-8.5/ -11.1	-8.5/ -8.5	55 試合、6 勝 18 敗 0 S、4.74/ 862 試合、.255、57 本、240 打点
2	大久保学	投手	-16.1	-16.1	30 試合、2 勝 1 敗 1 S、7.13
3	青井要	投手	-14.4	-14.4	84 試合、0 勝 1 敗 0 S、6.41
4	山川周一	投手	-15.1	-15.1	25 試合、0 勝 3 敗 1 S、7.24
5	藤本修二	投手	-50.2	-63.6	240 試合、53 勝 71 敗 6 S、4.63

　6位の森田芳彦（鹿児島鉄道管理局）に拒否され、入団した5人は全員高校生投手。**大久保**（静岡高）は1年目に2勝した後は勝ちがなく、**山川**（崇徳高）も0勝で引退。90年にリーグ最多の49試合に投げた**青井**（尽誠学園高）も1勝もできなかった。その中で、**藤本**（今治西高）は2年目にローテーション入りして7勝、86年からは3年連続2ケタ勝利と主力に成長。87年は15勝、ＰＶ14.7だったが、89・90年の2年だけでＰＶ－56.8の大幅なマイナスとなり、貯金を

使い果たしてしまった。

8. 阪急（0）

順位	選手		在籍時のPV	通算PV	通算成績
1	榎田健一郎	投手	-10.2	-10.2	7試合、0勝0敗0S、13.97
2	田中孝尚	捕手	出場なし		
3	藤田浩雅	捕手	-13.5	-14.4	725試合、.235、72本、279打点
4	柴原実	外野手	-14.7	-14.7	467試合、.252、10本、75打点
5	湧川勉	内野手	-5.1	-5.1	104試合、.185、0本、1打点
6	山中賢次	投手	-1.9	-1.9	20試合、.150、0本、1打点

　野口の抽選に外れ、選抜大会の優勝投手・榎田（PL学園高）を指名したが0勝のまま4年で退団。佐賀商の好捕手・田中も一軍出場なしだった。**藤田**（関東自動車）は84年に打率.287、22本塁打、PV 26.7で新人王に選ばれただけでなく、ベストナインとダイヤモンドグラブも受賞。だが88年には中嶋聡に正捕手の座を明け渡した。**柴原**（常石鉄工）は30歳を超えてから出場機会が増え、93年は打率.308/出塁率.377（PV 3.5）だった。

8. ヤクルト（0）

順位	選手		在籍時のPV	通算PV	通算成績
1	荒木大輔	投手	-78.8	-84.1	180試合、39勝49敗2S、4.80
2	新谷博	投手	拒否		
3	阿井英二郎	投手	-32.8	-33.0	144試合、17勝17敗4S、4.79
4	広瀬哲朗	内野手	拒否		
6	西沢浩一	投手	-1.6	-1.6	6試合、0勝0敗0S、5.19

　甲子園でノーヒットノーランを達成した**新谷**（佐賀商）を2位指名するも、駒澤大進学を希望して拒否。その駒澤大の**広瀬**にも4位指名を断られた。**阿井**（東農大二高）は86年に主にリリーフで9勝（PV -4.5）。引退後、高校教師を経験したのち2013年に日本ハムのヘッドコーチとしてプロに戻った。他にも**荒木**は指導者、新谷と広瀬は選手として日本ハムのユニフォームを着ている。

1983 年 〈合計ＰＶ 860.6 ＝ 20 位〉

1	池山隆寛	250.0	ヤクルト 2 位	1784 試合、打率 .262、304 本塁打、898 打点
2	山本昌広	134.9	中日 5 位	581 試合、219 勝 165 敗 5 Ｓ、防御率 3.45
3	渡辺久信	81.0	西武 1 位	389 試合、125 勝 110 敗 27 Ｓ、防御率 3.67
4	星野伸之	80.4	阪急 5 位	427 試合、176 勝 140 敗 2 Ｓ、防御率 3.64
5	辻発彦	69.2	西武 2 位	1562 試合、打率 .282、56 本塁打、510 打点
6	川端順	64.2	広島 1 位	310 試合、46 勝 26 敗 19 Ｓ、防御率 3.00
7	小早川毅彦	46.7	広島 2 位	1431 試合、打率 .273、171 本塁打、626 打点
8	水野雄仁	43.6	巨人 1 位	265 試合、39 勝 29 敗 17 Ｓ、防御率 3.10
9	佐々木誠	35.9	南海 6 位	1581 試合、打率 .277、170 本塁打、638 打点
10	村上隆行	18.5	近鉄 3 位	1380 試合、打率 .258、147 本塁打、464 打点
11	吉井理人	14.6	近鉄 2 位	385 試合、89 勝 82 敗 62 Ｓ、防御率 3.86

　多数の名選手が生まれた年で、とりわけ高校生が充実していた。通算ＰＶ 10 以上の 11 選手中、上位 4 名を含む 8 人が高卒選手で、目玉級だったのは池田高で全国制覇した**水野**と、享栄高の強打者・藤王康晴。水野は巨人、藤王は地元の中日が単独で指名した。

　最も人気を集めた高卒選手は、近鉄・南海・日本ハムの 3 球団が入札した創価高の左腕・小野和義だったが、通算ＰＶ 250.0 で 1 位となったのは、市尼崎高からヤクルトに 2 位指名で入団した**池山**だった。87 年に正遊撃手となり、翌 88 年に 31 本塁打でＰＶ 20.9（10 位）、89 年は 34 本塁打でＰＶ 31.4（5 位）。さらに打率 .303 と確実性も備わった 90 年にはリーグトップの 45.7 まで跳ね上がり、92 年まで 4 年連続ＰＶ 30 以上と高レベルで安定していた。

　高卒野手で池山に次ぐのは南海 6 位の**佐々木**（水島工）。91 年に打率 .304、21 本塁打、36 盗塁でＰＶ 31.0（2 位）、打率 .322 で首位打者、40 盗塁も 1 位だった翌 92 年はＰＶ 27.5（8 位）。ただしＰＶが 2 ケタに乗ったのはこの 2 年だけだっ

た。

　高卒以外の野手だと、西武２位指名の辻の通算ＰＶ 69.2 が一番高い。日本通運で三塁を守っていた辻は、プロでは二塁にコンバートされ、守備の名手としてゴールデングラブ賞を８回受賞。打撃では長打力に欠けていたものの、走者を進める打撃に秀で、92 年は打率 .285/ 出塁率 .373 で初の２ケタとなるＰＶ 16.9。翌 93 年はいずれも１位の打率 .319/ 出塁率 .395 でＰＶ 28.9（３位）、ヤクルト移籍後の 96 年も打率 .333（２位）で、あと少しで両リーグでの首位打者になるところだった。同年はＰＶ 14.4 だったが、守備力を考えればＰＶが示す以上の価値は明らかにあった。

　投手では中日５位の**山本**（日大藤沢高）が、誰もが予想しなかった大投手に成長した。88 年に米国マイナーリーグに留学、スクリューボールを会得して同年途中で帰国すると、８試合の登板ながら５勝０敗、防御率 0.55 でＰＶ 15.8。翌 89 年からは先発ローテーションに定着し、93 年は 17 勝、防御率 2.05 の両部門で１位になりＰＶ 31.9（10 位）、続く 94 年も 19 勝で連続最多勝。2008 年は 42 歳で 11 勝、５度目の 20 以上となるＰＶ 21.6 を記録し、50 歳まで現役を続けた。

　山本が二軍でくすぶっていた頃、**渡辺**（前橋工）はすでに一軍のスター投手になっていた。85 年に８勝 11 セーブ、ＰＶ 25.0（10 位）、翌 86 年は 16 勝で最多勝となりＰＶ 31.8（５位）。88、90 年も最多勝で 90 年（18 勝、防御率 2.97）に自己最多のＰＶ 32.2（６位）。この時点で通算ＰＶは 123.3 まで達していた。だがその後は 92 年の 1.7 を除いてずっとマイナスであり、最終的には 81.0 まで下がって、山本に大差をつけられた。

　山本と同じ５位指名の左腕投手だった**星野**（旭川工）は、カーブを効果的に用いた緩急自在の投球で、87 年の 11 勝を皮切りに 11 年連続２ケタ勝利。ＰＶは 89 年（15 勝、防御率 3.48）の 16.2 を最多として４回２ケタに乗せた。**水野**は 86 年に８勝、翌 87 年は 10 勝、防御率 2.61 でＰＶ 14.4。リリーフでの起用が多く規定投球回数には一度も達しなかったが、90 年も 11 セーブ、防御率 1.97/ ＰＶ 14.8 の好成績で、通算ＰＶ 43.6 は 83 年組の８位にランクされている。

　大学・社会人では、東海大のエース高野光に西武・大洋・阪急・ヤクルトの４球団が競合し、ヤクルトが引き当てた。84 年は開幕投手も任され 10 勝、86 年も 12 勝を挙げＰＶ 11.3 だったが、通算では 51 勝 / － 26.3 とドラフト当時の評価ほどの成績は残せなかった。最も成功したのは、東芝から広島に１位で入団した**川端**。得意のパームボールを駆使し、２年目の 85 年に 11 勝７セーブ、防御率 2.72、ＰＶ 28.2 で新人王を受賞。87 年も 10 勝、勝率 .833（１位）でＰＶ 20.3、91 年ま

でＰＶは７年連続プラスと安定していた。

広島は２位の**小早川**（法政大）が、川端の前年の84年に打率.280、16本塁打で新人王に選ばれている。同年のＰＶは− 0.4 だったが、翌85年からの９年中８年はプラス。本塁打は87年の24本、打率は89年の.301がベストで、ＰＶはその間の88年に記録した17.3が唯一の２ケタ。打率.289、17本塁打に加え72四球を選び、出塁率が.395と高かったのが利いていた。

そしてこの年から、いよいよ将来のメジャーリーガーが指名され始める。近鉄２位の**吉井**（箕島高）は、抑えに定着した88年に10勝24セーブ、ＰＶ9.5、翌89年は20セーブ/11.6。その後95年にヤクルトへ移り、在籍した３年間で合計46.2、この時点では通算ＰＶ60.4だった。98年には夢だったメジャー・リーグへ活躍の場を移し、５年間で通算32勝を挙げた。2003年にオリックスで日本に復帰、42歳まで現役を続けたが、帰国後のＰＶは合計− 45.8と以前の力はなくなっていた。

球団別

1. ヤクルト（254.6）

順位	選手		在籍時のPV	通算PV	通算成績
1	高野光	投手	-26.3	-26.3	182試合、51勝55敗13S、4.08
2	池山隆寛	内野手	250.0	250.0	1784試合、.262、304本、898打点
3	橋上秀樹	捕手	4.6	1.6	543試合、.265、17本、86打点
4	桜井伸一	内野手	-19.9	-21.8	382試合、.231、13本、68打点
6	金敷一美	外野手	-0.7	-0.7	4試合、.000、0本、0打点

４球団の抽選で**高野**を引き当てただけでなく、**池山**も巨人・近鉄との抽選に勝つなどクジ運の強さを発揮した。捕手として入団した**橋上**（安田学園高）は外野手に転向し、92年は107試合に出場。ＰＶは前年の91年（打率.287、５本塁打）の4.8が最多だった。**桜井**（成田高）も控え内野手として一定の貢献があった。

2. 西武（143.3）

順位	選手		在籍時のPV	通算PV	通算成績
1	渡辺久信	投手	84.8	81.0	389試合、125勝110敗27S、3.67
2	辻発彦	内野手	58.5	69.2	1562試合、.282、56本、510打点

順位	選手		在籍時のPV	通算PV	通算成績
3	青山道雄	外野手	-3.6	-7.7	140 試合、.154、3 本、15 打点
4	川村一明	投手	-3.9	-10.8	61 試合、7 勝 5 敗 1 S、5.09
5	仲田秀司	捕手	-13.2	-13.2	115 試合、.118、0 本、3 打点

　高野の抽選に外れ、代わりに**渡辺**を指名でき結果的には大成功。3・4位でプリンスホテルの2選手を獲得したが、**青山**は西武での6年間で1安打のみ。80年に阪急1位を蹴ってプリンス入りした**川村**も、重要な戦力にはならなかった。興南高で同姓の仲田幸司（阪神3位）とバッテリーを組んでいた**仲田**は、控え捕手として通算149打席に立って打率.118、長打は二塁打1本だけだった。

3. 中日 （137.0）

順位	選手		在籍時のPV	通算PV	通算成績
1	藤王康晴	内野手	-11.4	-18.8	237 試合、.220、10 本、37 打点
2	仁村徹	投手	0.8/1.3	0.8/-15.0	1 試合、1 勝 0 敗 0 S、0.00 / 1068 試合、.273、67 本、344 打点
3	三浦将明	投手	-4.4	-4.4	16 試合、0 勝 0 敗 0 S、4.94
4	山田和利	内野手	-0.6	3.7	366 試合、.262、22 本、102 打点
5	山本昌広	投手	134.9	134.9	581 試合、219 勝 165 敗 5 S、3.45

　83年の選抜大会で11打席連続出塁の新記録を打ち立てた**藤王**は、84年は36打数のみながら打率.361（ＰＶ1.9）。しかし2年目以降のＰＶはプラスの年がなかった。**三浦**（横浜商）も甲子園の人気者だったがプロでは0勝。**山田**（東邦高）は広島移籍後の92年に打率.282、8本塁打、ＰＶ14.6の好成績を残した。投手としてプロ入りし、唯一の一軍登板で勝利投手になった**仁村**（東洋大）は、86年に内野手へ転向。87年に正二塁手として打率.287、翌88年は.306/ＰＶ5.5。自己ベストの打率.318、12本塁打だった93年はＰＶ13.2だった。

4. 広島 （120.8）

順位	選手		在籍時のPV	通算PV	通算成績
1	川端順	投手	64.2	64.2	310 試合、46 勝 26 敗 19 S、3.00
2	小早川毅彦	内野手	56.6	46.7	1431 試合、.273、171 本、626 打点
3	紀藤真琴	投手	-21.9	-38.4	474 試合、78 勝 73 敗 16 S、4.07

4	伊藤寿文	捕手	-2.0	-6.9	127 試合、.226、11 本、31 打点
6	阿部慶二	内野手	-0.5	-0.5	27 試合、.111、1 本、2 打点

同一年・同一球団で2人の新人王が輩出したのは、67年の巨人以来16年ぶり2度目。**紀藤**（中京高）は89年にリーグ最多の61試合投げ防御率2.68/ PV 9.0、続く90年も防御率2.58でPV 9.7。94年は初の2ケタとなる16勝、勝率.762はリーグトップだったがPV－5.3と、勝ち星ほど良い内容ではなかった。東芝で**川端**とバッテリーを組んでいた**伊藤**は、最初の2年間/83打数で6本塁打を放つも、あまり出場機会を得られなかった。**阿部**（ヤマハ発動機）はPL学園で**小早川**と同級生。本塁打は初打席で放った1本だけで、引退後は長くコーチとして働いた。

5. 阪急（79.8）

順位	選手		在籍時のPV	通算PV	通算成績
1	野中徹博	投手	-0.2	-3.9	111 試合、2 勝 5 敗 4 S、4.15
2	小林敦美	投手	-5.9	-5.9	29 試合、1 勝 1 敗 0 S、4.93
3	飯塚富司	内野手	-8.4	-10.4	233 試合、.196、14 本、49 打点
4	東哲也	投手	-0.2	-0.2	1 試合、.000、0 本、0 打点
5	星野伸之	投手	79.8	80.4	427 試合、176 勝 140 敗 2 S、3.64

高野の抽選を外し、中京高のエース**野中**を指名。85年に7試合に投げただけで89年限り戦力外となったが、その後台湾へ渡って93年に15勝。翌94年に中日で日本球界復帰、97年はヤクルトで44試合に登板、防御率2.28/ PV 9.7と好投した。**飯塚**（三菱重工横浜）は控え外野手として長く在籍し、出場は93年の57試合が最多だった。

6. 近鉄（52.6）

順位	選手		在籍時のPV	通算PV	通算成績
1	小野和義	投手	-4.4	-2.3	284 試合、82 勝 78 敗 4 S、4.03
2	吉井理人	投手	14.3	14.6	385 試合、89 勝 82 敗 62 S、3.86
3	村上隆行	投手	25.2	18.5	1380 試合、.258、147 本、464 打点
4	光山英和	捕手	13.1	2.2	726 試合、.238、42 本、136 打点

5	安達俊也	内野手	-27.9		-27.9	507 試合、.222、4 本、58 打点

5 位まで全員高校生を指名し、揃って重要な戦力になった優秀なドラフト。パ・リーグ 3 球団の抽選で引き当てた**小野**は 86 年に 14 勝を挙げると、以後 6 年間で 5 回 2 ケタ勝利。10 勝 10 敗ながら防御率 2.59（4 位）だった 88 年に P V 26.9、翌 89 年も 16.8。91 年も 16.4 と全盛期の活躍は大したものだった。2 位で池山のクジを外した代わり、3 位で指名した**村上**（大牟田高）が 2 年目の 85 年に正遊撃手となり、翌 86 年は 22 本塁打。守備が不安定で外野に回り、90 年（71 試合で打率 .327、10 本塁打）に P V 14.4、93 年まで 10 年続けて P V はプラスだった。

光山（上宮高）も近鉄在籍時の通算 P V は 2 ケタ。正捕手定着こそならなかったものの 90 年は打率 .301、12 本塁打で P V 14.2、引退後は理論派の解説者として鳴らし、バッテリーコーチとしての手腕も評価された。**安達**（愛工大名電高）は堅実な守備で出場機会も多く、90 年はオールスターに選出された。

7. 巨人（48.8）

順位	選手		在籍時のPV	通算PV	通算成績
1	水野雄仁	投手	43.6	43.6	265 試合、39 勝 29 敗 17 S、3.10
2	香田勲男	投手	5.2	-3.3	350 試合、67 勝 54 敗 11 S、3.82
3	林哲雄	内野手	出場なし		
4	加茂川重治	投手	-2.7	-5.3	16 試合、0 勝 0 敗 0 S、5.64

全員が高校生という将来性重視の指名。池山の抽選に外れて指名した**香田**（佐世保工）は、89 年に 7 勝 / P V 11.9、日本シリーズでも 2 勝を稼いで日本一に貢献すると、翌 90 年は自身唯一の 2 ケタとなる 11 勝を挙げ P V 14.5。その後は不振が続いたが、近鉄移籍後の 99 年に 5 勝 8 セーブ、防御率 2.44 で P V 16.2 は自己最多だった。

8. 南海（45.3）

順位	選手		在籍時のPV	通算PV	通算成績
1	加藤伸一	投手	-0.9	-7.9	350 試合、92 勝 106 敗 12 S、4.21
2	山口裕二	外野手	-29.5	-29.5	487 試合、.228、8 本、58 打点
3	岸川勝也	内野手	10.5	9.1	744 試合、.245、97 本、307 打点

| 4 | 山中律俊 | 内野手 | 出場なし |
| 6 | 佐々木誠 | 外野手 | 34.8　　35.9　　1581 試合、.277、170 本、638 打点 |

　1 位（小野）・3 位（仲田）・4 位（川原）と 3 回もクジを外したにもかかわらず、**加藤・岸川・佐々木**と 3 人の主力選手が生まれた。ただ一人の投手だった加藤（倉吉北高）は高卒新人ながら 84 年は 5 勝 4 セーブ、防御率 2.76/ ＰＶ 13.4、翌 85 年も 9 勝、ＰＶ 12.5。広島・オリックス時代も含め 2 ケタＰＶ 5 回の一方、マイナスが 2 ケタの年も 4 度あった。俊足の**山口**（佐賀龍谷高）は 93 年に 110 試合に出場し 74 安打、リーグ 2 位の 6 三塁打、17 盗塁。同郷の**岸川**（佐賀北高）はレギュラーとなった 89 年に 26 本塁打でＰＶ 11.4、以後 3 年連続 20 本以上と長打力を発揮。79 試合で 20 本打った 91 年に自己ベストのＰＶ 13.2 を記録した。

9. 阪神（2.8）

順位	選手		在籍時のＰＶ	通算ＰＶ	通算成績
1	中西清起	投手	-47.6	-47.6	477 試合、63 勝 74 敗 75 S、4.21
2	池田親興	投手	-59.0	-77.3	277 試合、53 勝 69 敗 30 S、4.58
3	仲田幸司	投手	-43.0	-51.1	335 試合、57 勝 99 敗 4 S、4.06
4	川原新治	投手	1.5	1.5	21 試合、1 勝 0 敗 0 S、3.52
5	吉川弘幸	外野手	1.3	1.3	15 試合、.250、0 本、0 打点
6	岩切英司	捕手	-0.9	-2.8	71 試合、.159、0 本、3 打点

　1～3 位の 3 投手はいずれも通算ＰＶは大幅なマイナス。それでも阪神が日本一になった 85 年には、みな主力として貢献している。高知商時代に甲子園で活躍した**中西**は、リッカーを経て単独 1 位指名で入団。85 年に 11 勝 19 セーブ、防御率 2.67 でＰＶ 19.2、翌 86 年もＰＶ 6.8 だったが、その後 10 年間でプラスは 94 年（3.6）のみだった。77 年に阪神の 4 位指名を蹴った**池田**（日産自動車）は、6 年後の再指名で入団し 84・85 年に 2 年連続 9 勝。ＰＶは 84 年の 3.4 が最多だった。

　3 位**仲田**（興南高）・4 位**川原**（大商大）はいずれも南海との抽選を制した。大型左腕の仲田は、85 年は 17 先発で 3 勝、翌 86 年は 7 勝 / ＰＶ 7.9。92 年に 14 勝、リーグ 3 位の防御率 2.53、同 1 位の 194 奪三振でＰＶ 25.9 は 10 位。いよいよ大器が覚醒したかと思われたが後が続かず、実働 13 年でプラスＰＶは 2 年だ

けだった。大商大で7連続完封、77.2回連続無失点の大記録を作った**川原**も1勝で終わった。

10. ロッテ（1.4）

順位	選手		在籍時のPV	通算PV	通算成績
1	比嘉良智	投手	1.4	1.4	1試合、0勝0敗0S、0.00
2	田中力	捕手	＊		1試合
3	長冨浩志	投手	拒否		
4	岡島厚	捕手	-0.2	-0.2	1試合、.250、0本、0打点
6	高橋忠一	外野手	-7.4	-7.4	150試合、.246、6本、29打点

　川端の入札を外し、**比嘉**（沖縄水産高）を1位で獲得するも一軍では1試合投げただけ。2位以下も振るわず、**田中**（東芝府中）と**岡島**（神奈川大）の両捕手も1試合のみの出場で、**高橋**（東京ガス）が1年目に打率.280だったのが目立つ程度。**長冨**（国士舘大）はこの年の全指名選手で、ただ一人入団拒否している。

11. 大洋（0）

順位	選手		在籍時のPV	通算PV	通算成績
1	銚子利夫	内野手	-33.1	-34.5	433試合、.256、3本、60打点
2	青木秀夫	投手	-11.4	-11.4	7試合、0勝0敗0S、12.46
3	板倉賢司	内野手	-0.6	-0.6	5試合、.000、0本、0打点
4	大門和彦	投手	-14.3	-16.7	233試合、36勝52敗3S、3.86

　法政大の巧打者・**銚子**は即戦力とはならず、5年目の88年に正三塁手として125試合に出場。打率.271ながら、本塁打0本の長打力不足が祟ってPVは－11.9。打率.281だった翌89年も－6.4だった。**大門**（東宇治高）は86年から先発ローテーション入り、8勝／防御率3.22だった90年のPV9.1がベストだった。

11. 日本ハム（0）

順位	選手		在籍時のPV	通算PV	通算成績
1	白井一幸	内野手	-30.1	-32.9	1187試合、.246、49本、334打点

2	田中学	投手	-2.8	-2.8	9試合、1勝0敗0S、5.33
3	津野浩	投手	-62.9	-59.0	231試合、53勝71敗0S、4.61
4	野村裕二	捕手	-0.2	-0.2	2試合、.000、0本、0打点
6	高橋功一	投手	-0.5	-0.5	3試合、0勝0敗0S、6.00

　小野の抽選を外すと、正二塁手不在を解消するため**白井**（駒澤大）を1位指名。545機会連続無失策のプロ野球記録を達成した堅実な守備に加え、打撃でも91年は打率.311、出塁率.428（1位）でPV 18.9、93年も出塁率.356/ PV 10.4。引退後も日本ハムの二軍監督・コーチとして高く評価された。**津野**（高知商）も高卒新人で4勝、翌85年は開幕投手に選ばれ7勝、PV 4.8と着実に実績を積み、88年に自身最多のPV 15.4。ただし－18以上の年も3度もあり、通算では－59.0まで下がった。6位では南海と競合し、佐々木の抽選を外している。

1984 年 〈合計ＰＶ 476.8 ＝ 44 位〉

1	広沢克己	92.8	ヤクルト 1 位	1893 試合、打率 .275、306 本塁打、985 打点
2	和田豊	64.1	阪神 3 位	1713 試合、打率 .291、29 本塁打、403 打点
3	福良淳一	60.7	阪急 6 位	1240 試合、打率 .279、50 本塁打、372 打点
4	秦真司	54.2	ヤクルト 2 位	1182 試合、打率 .262、97 本塁打、341 打点
5	正田耕三	49.9	広島 2 位	1565 試合、打率 .287、44 本塁打、391 打点
6	高橋智	41.7	阪急 4 位	945 試合、打率 .265、124 本塁打、408 打点
7	中村武志	36.3	中日 1 位	1955 試合、打率 .242、137 本塁打、604 打点
8	大久保博元	33.1	西武 1 位	303 試合、打率 .249、41 本塁打、100 打点
9	宮本和知	24.0	巨人 3 位	287 試合、66 勝 62 敗 4 S、防御率 3.60

　84 年ロスアンジェルス五輪で公開競技として行なわれた野球において、日本はアメリカを破って金メダル。メンバーのうち 9 名が同年のドラフトで指名され、**広沢・和田・秦・正田・宮本**の 5 人が通算ＰＶ 20 以上と成功を収めた。

　注目されていたのは竹田光訓と**広沢**の明治大コンビ。通算 21 勝の竹田は巨人・大洋・中日が指名し大洋に、広沢は西武・日本ハムとの抽選に勝ったヤクルトに入った。竹田は通算 1 勝に終わったが、広沢はスワローズの主砲として 88 年は 30 本塁打、ＰＶ 23.6（8 位）。リーグ 3 位の打率 .317 で OPS.914 の 90 年もＰＶ 22.7 だった。ヤクルトは 2 位の**秦**（法政大）も、89 ～ 91 年に 3 年連続 2 ケタＰＶ。唯一規定打席に達した 91 年に打率 .292、16 本塁打でＰＶ 16.5 は自己最多となった。

　和田（日本大）は打率 5 位以内に 3 度入った巧打者で、90 年は .307（5 位）／ＰＶ 19.7、94 年は .318（4 位）／20.0。**正田**（新日鉄広畑）は 87 年に打率 .333、翌 88 年も .340 で 2 年連続首位打者となり、90 年まで 4 年連続 3 割。89 年は 34

盗塁も1位だったので、和田より活躍していたイメージがあるかもしれない。Ｐ
Ｖも88年の23.4は9位、89年も20.1で、92年まで合計87.9だった。しかしな
がらその後引退まで6年間で−34.5と急降下。通算の打率と出塁率も和田を下
回る。

　二塁手では**福良**（大分鉄道管理局）も名選手になった。6位指名ながら2年目
の86年にレギュラーとなり打率.309、12本塁打でＰＶ21.8（8位）。88年はリー
グ3位の.320/ 出塁率.395でＰＶ23.9、守備でもゴールデングラブこそ受賞でき
なかったものの、93〜94年にかけては804守備機会連続無失策の二塁手新記録。
阪急では身長194cmの大型パワーヒッター・**高橋**（向上高）も、92年に打率.297、
29本塁打で、ＰＶ28.9は6位に入った。

　野手が豊作だったのとは対照的に、投手は**宮本**（川崎製鉄水島）の通算ＰＶ
24.0がトップという寂しい結果。1位指名8人のうち、河野博文（駒澤大→日本
ハム）と佐々木修（近大呉工学部→近鉄）以外はほとんど活躍できなかった。

球団別

1. ヤクルト（141.5）

順位	選手		在籍時のＰＶ	通算ＰＶ	通算成績
1	広沢克己	内野手	84.2	92.8	1893試合、.275、306本、985打点
2	秦真司	捕手	57.3	54.2	1182試合、.262、97本、341打点
3	柳田浩一	内野手	-23.8	-24.7	327試合、.225、8本、48打点
4	増永祐一	投手	拒否		
6	乱橋幸仁	投手	-14.3	-14.3	124試合、3勝7敗1Ｓ、4.57

　秦は88年に正捕手となったが、古田敦也の加入によって外野に転向、持ち前
の打力を生かした。熊野の外れで獲得した**柳田**（鳴門商）も内野から外野へ回り、
90年はゴールデングラブに選ばれた。ただし打率.237/ ＰＶ−14.6と打力が弱す
ぎてレギュラーに定着できず、のちに審判に転身した。**乱橋**（旭川大高）は左の
中継ぎとして、92年は28試合で防御率2.35/ ＰＶ5.3と好投し優勝に貢献してい
る。

2. 阪急（88.1）

順位	選手		在籍時のPV	通算PV	通算成績
1	白井孝幸	投手	-8.9	-8.9	18 試合、1 勝 4 敗 0 S、5.15
2	古溝克之	投手	-65.1	-50.7	316 試合、33 勝 50 敗 42 S、4.51
3	熊野輝光	外野手	-6.5	-11.1	740 試合、.254、50 本、195 打点
4	高橋智	投手	27.4	41.7	945 試合、.265、124 本、408 打点
5	二宮正己	投手	-4.8	-7.3	34 試合、3 勝 0 敗 0 S、5.31
6	福良淳一	内野手	60.7	60.7	1240 試合、.279、50 本、372 打点

　単独１位で指名した**白井**（豊川高）は１勝のみと大成しなかったけれども、**古溝・熊野・高橋・福良**の４人が主力に成長した。古溝（専売東北）は 88 年には 10 勝を挙げたものの、ＰＶは最初の６年間で－70.1。真に活躍し始めたのは阪神へ移籍してからで、94 年はリーグ最多の 61 試合に投げて７勝 18 セーブ、防御率 2.20／ＰＶ 15.7。91 ～ 96 年は毎年プラスＰＶと安定していた。日本楽器の強打者・熊野は 85 年に打率 .295、14 本塁打、ＰＶ 9.7 で新人王を受賞。87 年も .291 でＰＶ 10.9 を記録した。**二宮**（熊本工）は阪急では４試合に投げたのみ。中日移籍後の 93 ～ 94 年に合計３勝した。

3. 阪神（64.1）

順位	選手		在籍時のPV	通算PV	通算成績
1	嶋田章弘	投手	2.1／ -7.2	2.1／ -10.6	21 試合、0 勝 2 敗 0 S、3.56／ 138 試合、.219、0 本、20 打点
2	佐藤秀明	投手	-5.5	-3.5	193 試合、10 勝 11 敗 6 S、4.15
3	和田豊	内野手	64.1	64.1	1713 試合、.291、29 本、403 打点
4	嶋田宗彦	捕手	-13.2	-13.2	300 試合、.208、13 本、53 打点
5	大野久	外野手	-13.4	-32.5	833 試合、.259、23 本、160 打点
6	山口重幸	投手	-8.5	-9.5	283 試合、.202、1 本、15 打点

　１位で箕島高の投手・**章弘**、４位では住友金属の捕手・**宗彦**の嶋田兄弟バッテリーを指名して話題になった。新人で 10 試合に登板した章弘は投手としては大成できず、野手転向も実らなかった。86 年に 91 試合に出てＰＶ 5.3 だった宗彦も、正捕手定着までには至らなかった。**佐藤**（日立製作所）は 85 年に中継ぎで 37 試

合に登板し、ＰＶ3.8で優勝に貢献。**大野**（日産自動車）は89年に打率.303/ＰＶ6.6。ダイエーに移籍した91年は42盗塁でタイトルを獲得するも、ＰＶは0.0だった。**山口**は84年の選抜で岩倉高がＫＫコンビのＰＬ学園を破り、優勝したときのエース。プロでは野手に転向したが芽が出なかった。

4. 中日 （55.5）

順位	選手		在籍時のPV	通算PV	通算成績
1	中村武志	捕手	54.8	36.3	1955 試合、.242、137 本、604 打点
2	川畑泰博	投手	0.7	-6.0	160 試合、26 勝 22 敗 6 S、3.83
3	古川利行	投手	-0.9	-0.9	22 試合、0 勝 0 敗 0 S、4.50
4	江本晃一	投手	-9.0	-9.0	51 試合、3 勝 4 敗 0 S、4.83
5	米村明	投手	-3.6	-3.6	130 試合、14 勝 9 敗 0 S、3.77
6	神山一義	外野手	-11.0	-11.0	136 試合、.220、6 本、14 打点

　竹田の抽選を外し、**中村**（花園高）を1位指名。本領は強肩を生かした守備力ながら、打撃でもパンチ力を発揮して、89年（出塁率.370）にＰＶ15.5。20本塁打を放った91年は21.0、98年まで11年連続のプラスＰＶだった。**川畑**（洲本高）は87年に5勝、防御率2.76/ＰＶ11.5、89年も7勝。オリンピックメンバーながら5位指名だった**米村**（河合楽器）も、リリーフとして86年に防御率2.21/ＰＶ9.3、続く87年も2.40/8.9と好投した。

5. 広島 （49.9）

順位	選手		在籍時のPV	通算PV	通算成績
1	杉本正志	投手	出場なし		
2	正田耕三	内野手	49.9	49.9	1565 試合、.287、44 本、391 打点
3	石橋文雄	内野手	-2.4	-2.4	43 試合、.184、0 本、0 打点
4	熊沢秀浩	捕手	出場なし		

　阪神との抽選で嶋田を外すと、同じ箕島高の投手・杉本を指名。だが5年間在籍して一軍で投げることはなく、その後移籍したロッテ、オリックスでも同様だった。**熊沢**（中部大春日丘高）と5位の中村基昭（愛工大名電高）はいずれも愛知県の高校生捕手だったが、こちらも一軍の出場機会はなかった。

6. 巨人 (27.5)

順位	選手		在籍時のPV	通算PV	通算成績
1	上田和明	内野手	-13.8	-13.8	203 試合、.202、5 本、18 打点
2	藤岡寛生	内野手	-0.4	-2.3	38 試合、.095、0 本、1 打点
3	宮本和知	投手	24.0	24.0	287 試合、66 勝 62 敗 4 S、3.60
4	佐藤洋	捕手	-0.2	-0.2	97 試合、.254、1 本、6 打点
5	井上真二	外野手	3.5	3.5	289 試合、.253、16 本、60 打点
6	藤本健治	内野手	-2.6	-2.6	48 試合、.111、0 本、1 打点

　慶応大の**上田**はオリンピックにも出場した遊撃手だったが、90 年に 59 試合出場したのが最多。4 人の内野手は誰も大成しなかった。**宮本**は 89 年（防御率 2.73）の PV 9.7 を皮切りに 5 年連続プラス。90 年に自己最多の 14 勝、96 年（5 勝、防御率 3.05）の PV 11.3 がベストだった。**井上**（熊本工）は 89 年に打率 .298、12 本塁打で PV 12.5 だったが、他の年は好成績を残せなかった。**藤岡**（三田学園高）は住職、**藤本**（東海大相模高）は巨人寮長の、それぞれ息子として話題になった。

7. 日本ハム (6.5)

順位	選手		在籍時のPV	通算PV	通算成績
1	河野博文	投手	6.5	9.5	462 試合、54 勝 72 敗 15 S、3.93
2	西村基史	投手	-2.5	-1.4	264 試合、6 勝 13 敗 0 S、4.01
3	早川和夫	外野手	-8.5	-8.9	207 試合、.244、4 本、33 打点
4	山蔭徳法	投手	出場なし		
5	森範行	内野手	-11.1	-11.1	326 試合、.238、8 本、38 打点
6	丑山努	捕手	-0.7	-0.7	13 試合、.000、0 本、0 打点

　広沢を外して指名した**河野**は本格派左腕で、1 年目から 8 勝 / PV 9.7。88 年は 6 勝 9 セーブ、防御率 2.38 は 1 位で PV 22.0 だった。同じ左腕の**西村**（新日鉄広畑）も実働 13 年のうちプラス PV が 8 度と安定。もっとも最高でも 90 年の 2.8 と、際立って良い年はなかった。**森**（岩倉高）は 84 年の選抜で PL 学園を破り優勝したときの中心選手。92 年は 94 試合に出場し打率 .302/ PV 5.3 だった。

8. 南海 (4.9)

順位	選手		在籍時のPV	通算PV	通算成績
1	田口竜二	投手	-0.5	-0.5	1試合、0勝0敗0S、9.00
2	湯上谷宏	内野手	-32.0	-32.0	1242試合、.258、42本、269打点
3	大塚義樹	捕手	4.9	4.9	68試合、.252、7本、21打点
4	松崎秀昭	投手	-3.4	-3.4	9試合、0勝0敗0S、6.28
6	坂口千仙	内野手	-4.9	-7.3	178試合、.197、1本、7打点

　1位の**田口**（都城高）をはじめ、入団拒否した5位の岩田由彦（電電九州）を含め4人が九州の選手。ただし主要な戦力には誰もなれなかった。**湯上谷**（星稜高）はレギュラーとなった88年に打率.284、PV 12.9。90〜92年は3年続けてフル出場した。**大塚**（向上高）は90年に17試合で打率.357、3本塁打を放ったが一軍には定着できず、92年に大洋へ移籍した。

9. 近鉄 (0)

順位	選手		在籍時のPV	通算PV	通算成績
1	佐々木修	投手	-26.5	-26.5	181試合、36勝38敗2S、4.40
2	吉田剛	内野手	-22.1	-26.4	1012試合、.243、18本、166打点
3	山崎慎太郎	投手	-18.8	-49.3	339試合、87勝92敗9S、4.19
4	山下和彦	捕手	-39.8	-55.2	910試合、.218、30本、159打点
5	鈴木貴久	外野手	-12.6	-12.6	1501試合、.257、192本、657打点

　6位の田崎正明（電電近畿）に拒否されたが、入団した5人はみな通算PVこそマイナスながら一軍の戦力となった。南海との抽選に勝って獲得したサイドハンドの**佐々木**は、86年は規定投球回に達して8勝。91年は10勝、防御率3.21でPV 10.8だった。取手二高で全国制覇した**吉田**は内野の控えとして、.329の高打率だった94年に自己最多のPV 9.6。**山崎**（新宮高）は88年に13勝／PV 12.1、94年も12勝／PV 15.8と主力投手として活躍したが、以後8年間で－62.3と大きく数字を落とした。

　山下（新日鉄大分）は87〜89年に100試合以上出場、89年は打率.262、20二塁打で自身唯一のプラスとなるPV 6.5。優勝への貢献を認められベストナインに選ばれた。パンチ力が特徴の**鈴木**（電電北海道）は、87年から4年連続20

本塁打以上。ＰＶは 91 年（打率 .269、18 本）の 9.2 が最多だった。

9. 西武（O）

順位	選手		在籍時 のＰＶ	通算 ＰＶ	通算成績
1	大久保博元	捕手	-5.5	33.1	303 試合、.249、41 本、100 打点
2	田辺徳雄	内野手	-5.5	-6.1	1229 試合、.268、87 本、442 打点
3	高山郁夫	投手	-17.4	-32.4	92 試合、12 勝 12 敗 0 S、5.16

　1 ～ 3 位の抽選をすべて外しただけでなく、人材不足との判断により指名を 3 人で打ち切って、改めて独自性を印象付けた。獲得を熱望していた広沢を外し同じ右の強打者である**大久保**（水戸商）を 1 位指名。西武時代は 87 年に 56 試合に出たのが最多だったが、92 年に巨人へ移籍すると 84 試合で 15 本塁打、長打率 .504/ ＰＶ 20.6。94 年も 130 打数で 9 本塁打、ＰＶ 12.8 と活躍した。

　2 位は吉田剛を外して**田辺**（吉田高）を指名。89 年はリーグ 2 位の打率 .316 でＰＶ 8.4、92 年は打率 .302（3 位）、13 本塁打で自己ベストのＰＶ 16.8 だった。80 年に日本ハムの 1 位を拒否しプリンスホテル入りした**高山**は、89 年に 5 勝を挙げた以外は冴えなかったが、引退後に投手コーチとして評価を高めた。大久保は楽天、田辺は西武で監督になっている。

9. 大洋（O）

順位	選手		在籍時 のＰＶ	通算 ＰＶ	通算成績
1	竹田光訓	投手	-3.0	-3.0	40 試合、1 勝 2 敗 0 S、4.01
2	日野善朗	内野手	-2.1	-2.1	142 試合、.256、2 本、19 打点
3	蒲谷和茂	投手	拒否		
4	長谷川国利	外野手	出場なし		
5	杉浦幸二	投手	-4.2	-4.2	3 試合、0 勝 1 敗 0 S、12.46
6	岡本哲司	捕手	-4.6	-6.4	89 試合、.168、0 本、5 打点

　3 球団競合で引き当てた**竹田**が 1 勝のみで、2 位以下もほぼ討ち死に状態。竹田と同じく 3 球団の抽選で獲得した**日野**（新日鉄大分）は、89 年の 48 試合が最多出場。**岡本**（神戸製鋼）も一軍に定着できなかったが、引退後は日本ハムの二軍監督、横浜のコーチなどを経て高校野球の監督になっている。公式戦出場はな

かった**長谷川**は、東海大出身の人脈を生かしスカウトに転身、チーフ格まで昇進した。

9. ロッテ（0）

順位	選手		在籍時のPV	通算PV	通算成績
1	笠原栄一	投手	-9.6	-16.9	22 試合、0 勝 8 敗 0 S、6.98
2	小川博	投手	-6.1	-6.1	132 試合、21 勝 26 敗 5 S、4.12
3	岡部明一	外野手	-9.4	-9.4	254 試合、.234、22 本、78 打点
4	横田真之	外野手	-27.0	-30.5	917 試合、.279、38 本、239 打点
6	伊藤優	投手	-15.8	-15.8	113 試合、3 勝 9 敗 0 S、4.82

　単独指名の**笠原**（佐波農）は「2～3年後には20勝投手」の評価も1勝もできずに退団。その代わり入団拒否した5位の金沢健一（棚倉高）以外の4人が戦力となる。**小川**（青山学院大）は87年に40試合に投げ防御率3.28/ＰＶ5.2、翌88年は先発で10勝、リーグ最多の204奪三振。ＰＶも自己最多の7.9だったが、その後は故障で成績を落とし、引退後に殺人事件を犯してしまった。

　岡部（中央大）は88年に11本塁打を放つなど長打力を発揮したが、レギュラーとなったのは同じ左打者の**横田**（駒澤大）のほう。85年は打率.300、86年も.304で、最初の2年で連続3割は長嶋茂雄に次いで史上2人目だった。しかしながら外野手としては長打力が足りず、ＰＶは87年（打率.281、26盗塁）の3.0が最多だった。1年遅れで入団した**伊藤**（東芝府中）は86年に52試合に登板、防御率2.97/ＰＶ9.7。笠原と横田はいずれも息子がプロ入りしている。

1985 年 〈合計ＰＶ 563.8 ＝ 34 位〉

1	清原和博	316.7	西武1位	2338 試合、打率 .272、525 本塁打、1530 打点
2	田中幸雄	118.8	日本ハム3位	2238 試合、打率 .262、287 本塁打、1026 打点
3	桑田真澄	63.1	巨人1位	442 試合、173 勝 141 敗 14 S、防御率 3.55
4	広田浩章	39.6	巨人2位	342 試合、29 勝 19 敗 30 S、防御率 3.00
5	横田久則	14.5	西武6位	130 試合、26 勝 43 敗 0 S、防御率 3.57

　83・85 年の夏の甲子園を制し、高校野球史上最強チームと呼ばれたＰＬ学園。その投打の主軸だった桑田・清原のＫＫコンビのうち、桑田が早稲田大学進学を表明していたことから、ドラフト前の注目はもっぱら清原に集中。その清原も、巨人・阪神以外なら日本生命へ入社するとの姿勢を打ち出していた。ところが蓋を開けてみれば、桑田は巨人から単独指名を受けて入団。盟友に裏切られた格好で涙を流した清原は、阪神など 6 球団による抽選で交渉権を獲得した西武に入団した。

　甲子園で通算 13 本塁打の最多記録を打ち立てた清原は、プロでも 1 年目から 31 本塁打。高卒新人のみならず、大学・社会人出身者を含めても最多タイとなり、打率も .304 でＰＶ 21.6（9 位）、新人王を受賞した。90 年には打率 .307、37 本塁打、いずれも 1 位の出塁率 .454、長打率 .615、ＰＶ 43.3。ＰＶが 30 を超えたのはこの年しかなく、打撃三冠も一度もなし。出塁率で 2 回、長打率で 1 回 1 位になっただけで、入団当初の期待からすれば物足りなさもあったのは否めない。それでも巨人移籍後の 2001 年にも 21.8 を記録するなど、ＰＶ 20 以上 6 回、通算 316.7 と立派な数字を残した。

　入団の経緯から悪役扱いされてしまった桑田も、2 年目の 87 年に 15 勝、防御率 2.17 でＰＶ 38.1（4 位）とすぐに活躍。94 年は 14 勝、防御率 2.52、ＰＶ 27.5（6 位）で、清原が受賞することのなかったＭＶＰに選ばれた。ＰＶ 20 以上は 5 回あったが、現役最後の 4 年間は －54.0 で、通算では 63.1 まで下降した。その代わり年を経るにつれ、野球に対する真摯な姿勢を評価されるようになり、当初のダーティーイメージを払拭。巨人に移って以降、成績不振に加え粗野な振る舞いの目立つようになり人気を下げた清原とは、立場が逆転した。

清原に次ぐ通算ＰＶ118.8だったのは、都城高から日本ハムに３位で入団した**田中**。87年に正遊撃手に抜擢され、95年に打率.291、25本塁打、80打点で唯一の打撃タイトルとなる打点王に輝き、ＰＶも最多の43.8（３位）。98年も107試合で24本塁打、長打率.512でＰＶ31.8（２位）と活躍を続け、打率３割は一度もなかったが通算2000安打をクリアした。守備でも強肩で鳴らし、ゴールデングラブを５回受賞している。

球団別

1. 西武 (260.7)

順位	選手		在籍時のPV	通算PV	通算成績
1	清原和博	内野手	240.3	316.7	2338 試合、.272、525 本、1530 打点
2	山野和明	外野手	-4.0	-4.4	60 試合、.230、0 本、2 打点
3	原口哲也	投手	-7.9	-7.9	28 試合、1 勝 3 敗 0 S、5.11
4	森博幸	外野手	2.5	2.5	374 試合、.275、15 本、80 打点
5	岡田展和	投手	-2.8	-10.9	215 試合、8 勝 8 敗 4 S、4.24
6	横田久則	投手	17.9	14.5	130 試合、26 勝 43 敗 0 S、3.57

　清原だけでなく**山野**（鎮西高）、**原口**（熊谷商）、**横田**（那賀高）と抽選は４戦４勝。**森**（新日鉄君津）以外は全員高校生で、山野と原口は大した活躍はできず、**岡田**（近大福山高）も西武では31試合の登板にとどまったが、巨人へ移籍してからは94年に41試合に投げ防御率3.30と、リリーフで貢献した。横田は87年に５勝、防御率1.64でＰＶ20.8。その後故障に苦しんだ時期を乗り越え、98年も６勝／ＰＶ8.2。森は主に左の代打として起用され、91年は打率.303、7本塁打、OPS.900でＰＶ9.5だった。

2. 日本ハム (118.8)

順位	選手		在籍時のPV	通算PV	通算成績
1	広瀬哲朗	内野手	-35.4	-35.4	966 試合、.261、12 本、173 打点
2	渡辺弘	投手	出場なし		
3	田中幸雄	内野手	118.8	118.8	2238 試合、.262、287 本、1026 打点
4	沖泰司	内野手	-1.8	-1.8	36 試合、.182、0 本、0 打点
5	水沢正浩	投手	-1.4	-1.4	1 試合、0 勝 0 敗 0 S、13.50

| 6 | 大内実 | 外野手 | -29.5 | -29.5 | 331 試合、.255、0 本、39 打点 |

　清原の抽選に外れ、本田技研の遊撃手・広瀬を指名。打撃が弱く、同ポジションの田中に抜かれて控えで終わるかと思われたが、田中が故障した 93 年に 32 歳で定位置を摑んで打率.279。翌 94 年も.281 で、2 年続けてベストナインとゴールデングラブを受賞、この 2 年はＰＶもプラスだった。**大内**（尽誠学園高）は 90・91 年に 100 試合以上出場するも長打力不足で、94 年に韓国へ渡りオールスター選手となった。

3. 巨人（87.3）

順位	選手		在籍時のPV	通算PV	通算成績
1	桑田真澄	投手	63.1	63.1	442 試合、173 勝 141 敗 14 S、3.55
2	広田浩章	投手	24.2	39.6	342 試合、29 勝 19 敗 30 S、3.00
3	渡辺政仁	投手	-1.3	-1.3	13 試合、.167、0 本、0 打点
4	本原正治	投手	-	-24.7	73 試合、16 勝 22 敗 0 S、4.64
5	福王昭仁	内野手	-16.3	-16.3	500 試合、.201、9 本、45 打点

　広田（ＮＴＴ中国）は 87 年から中継ぎで一軍に定着。同年は 30 試合で防御率 1.76/ ＰＶ 10.5、89 年も 8 勝 11 セーブでＰＶ 6.7。ダイエーを経て 97 年に移籍したヤクルトでも 3 年間でＰＶ 20.5 と好投した。巨人では出番のなかった**本原**（広陵高）は 90 年にダイエーへ移り、翌 91 年は規定投球回に達して 8 勝。**福王**（明治大）は代打や守備固めとして 13 年連続で 10 試合以上出場しながら、100 打席以上立った年はなかった。

4. ヤクルト（7.8）

順位	選手		在籍時のPV	通算PV	通算成績
1	伊東昭光	投手	-45.1	-45.1	325 試合、87 勝 76 敗 21 S、4.01
2	荒井幸雄	外野手	7.8	0.4	1042 試合、.270、55 本、276 打点
3	内山憲一	投手	-4.5	-4.5	12 試合、0 勝 1 敗 1 S、5.75
4	矢野和哉	投手	-38.9	-38.9	129 試合、14 勝 27 敗 0 S、4.55
5	山田勉	投手	-7.8	-20.9	208 試合、30 勝 20 敗 14 S、4.30

1位では阪急、ロッテとの抽選を制し本田技研の**伊東**を獲得。88年にはリーグ最多の18勝に加え17セーブも挙げたが、ＰＶは4.4。7勝どまりながら防御率2.77だった92年に自己最多のＰＶ13.4、翌93年も13勝／ＰＶ9.1を記録した。伊東と同じく84年ロスアンジェルス五輪代表だった**荒井**（日本石油）は、87年に打率.301／ＰＶ8.3で新人王を受賞。本塁打は最多でも9本と長打力には欠けたが、選球眼が良く出塁率.350以上が4度あった。

　矢野（神戸製鋼）は先発とリリーフの両方で使われ、89年に5勝、防御率3.21で唯一のプラスとなるＰＶ4.4。大型投手の**山田**（大垣工）は8年目の93年に初勝利を挙げ10勝5敗2セーブ、1完投・1完封。続く94年もまったく同じ10勝5敗2セーブ、1完投・1完封。ＰＶは93年が2.5、94年が4.0だった。

5. 中日 （2.4）

順位	選手		在籍時のPV	通算PV	通算成績
1	斉藤学	投手	-14.6	-34.9	135試合、7勝10敗3S、5.53
2	片平哲也	投手	2.4	1.3	28試合、.341、1本、11打点
3	内田強	捕手	-0.1	-15.9	391試合、.235、11本、68打点
4	小森哲也	内野手	-18.3	-18.3	173試合、.212、0本、16打点
5	前原博之	内野手	-20.1	-21.5	438試合、.237、21本、90打点
6	遠田誠治	内野手	-2.3	-2.3	55試合、.207、0本、1打点

　片平（銚子商）がプラスのＰＶとなっているとはいえ、たった17試合でのもの。主力に成長した者は不在だった。清原を外して指名した**斉藤**（青山学院大）は、中日在籍時は24試合に投げて0勝。90年にダイエーへ移籍してからリリーフで一軍の戦力となり、95年は46試合で防御率2.59／ＰＶ4.8だった。**内田**（日立製作所）は1年いただけで阪急へトレードされ、ダイエー移籍後の89～90年は準レギュラーとなった。4～6位で指名された3人の内野手では、**前原**（県岐阜商）が92年に打率.269、9本塁打を放った。

6. 近鉄 （0.7）

順位	選手		在籍時のPV	通算PV	通算成績
1	桧山泰浩	投手	出場なし		
2	山田真実	投手	-2.6	-2.6	17試合、0勝0敗0S、4.83

3	福島明弘	投手	出場なし		
4	池上誠一	投手	-7.4	-7.4	167試合、14勝10敗1S、4.15
5	福地経人	投手	0.7	0.7	1試合、0勝0敗0S、0.00

　1位の清原だけでなく、4位西山、6位大内と3回抽選に敗れ、外れ6位の吉川啓一（協和発酵）は入団拒否。3位では阪神・ヤクルトとの抽選で**福島**（大宮東高）を当てたが、早大進学を翻して入団した1位の**桧山**（東筑高）ともども、公式戦登板なしと残念な結果になった。入団した5人の投手では、池上（滝川高）が94年に4勝、防御率2.65/ＰＶ9.4を記録するなど、主にリリーフとして働いた。

7. 大洋（O）

順位	選手		在籍時のPV	通算PV	通算成績
1	中山裕章	投手	-21.1	-6.3	423試合、51勝71敗62S、3.83
2	高橋一彦	投手	-17.6	-18.3	103試合、6勝6敗2S、4.68
3	大川隆	投手	-7.4	-7.4	108試合、.197、0本、7打点
4	北野勝則	投手	-4.7	3.5	178試合、4勝3敗2S、3.62
5	相川英明	投手	-20.1	-20.1	75試合、12勝13敗0S、4.45

　内野手に転向した**大川**（銚子商）を含め、指名した6人全員が投手で、**高橋**（日本石油）以外は高校生。1位で単独指名した高知商の剛腕・**中山**はすぐに一軍で使われ、87年は24セーブ、防御率2.28/ＰＶ19.0。だがその後3年間はマイナスＰＶで、91年オフに刑事事件を起こし解雇となる。94年に中日で復帰し、96年は14セーブ、引退までにＰＶ14.8と復活した。高卒新人ながら一軍で4勝を挙げた**相川**（横浜高）も短命に終わる。大洋では6試合に投げただけだった**北野**（三重海星高）は90年に中日へ移り、左の中継ぎとして94年44試合、96年は54試合に投げ防御率2点台。唯一の即戦力として入団した高橋は、87年に51試合に登板したが防御率5点台だった。

7. 南海（O）

順位	選手		在籍時のPV	通算PV	通算成績
1	西川佳明	投手	-55.5	-56.3	110試合、25勝39敗1S、4.95

2	中村弘道	投手	-8.7	-8.7	26 試合、0 勝 0 敗 0 S、7.11
3	広永益隆	投手	-2.7	-4.4	463 試合、.247、34 本、116 打点
4	西山秀二	捕手	-	2.7	1216 試合、.242、50 本、282 打点
6	安田秀之	外野手	-2.5	-8.5	274 試合、.232、8 本、37 打点

　清原の外れ 1 位には、PL学園で 81 年春の優勝投手となり、法政大でも通算 30 勝を挙げた**西川**を指名。86 年は 10 勝、PV 5.0 と期待に応えたが、翌 87 年は防御率 5.59/PV－24.9 と急降下。以後も立ち直れないままで終わった。**広永**（徳島商）はレギュラーにこそなれなかったものの、代打などで活躍。初打席本塁打を皮切りに、代打満塁サヨナラ本塁打など印象に残る一発が多かった。**西山**（上宮高）は南海では一軍に上がれず、87 年途中広島へ移籍。94 年は打率 .284/PV 12.2、96 年はリーグ 8 位の .314 で PV 23.1 の好成績。守備でも強肩で盗塁阻止率が高く、両年ともベストナインとゴールデングラブを受賞した。

7. 阪急（O）

順位	選手		在籍時のPV	通算PV	通算成績
1	石井宏	投手	-9.5	-9.5	10 試合、2 勝 3 敗 0 S、6.38
2	山本誠	投手	0.0	0.0	4 試合、0 勝 0 敗 0 S、4.15
3	渡辺伸治	捕手	-0.1	-1.8	122 試合、.294、4 本、23 打点
4	本西厚博	内野手	-55.1	-76.2	1389 試合、.258、22 本、240 打点
6	風岡尚幸	内野手	-10.0	-13.5	247 試合、.141、0 本、7 打点

　石井（日本大）は 86・87 年に 1 勝ずつ挙げたものの 3 年で戦力外。阪神に拾われたが現役生活は 4 年で終わった。**山本**（明徳義塾高）も 1 年目に 4 試合投げただけ。**渡辺**（東海大）は打数こそ少ないが、91 ～ 93 年は合計 .359 の高打率。1 年遅れで入団した**本西**（三菱重工長崎）は、打撃が弱くプラス PV だったのは 89 年（打率 .302）の 3.8 のみ。それでも内野・外野の両方で高い守備力を誇り、89 年は外野手としてゴールデングラブに選ばれた。**風岡**（中部大春日丘高）も同じく守備が売り物で、通算 247 試合に出場しながら打席に立ったのは 182 回にとどまった。

7. 阪神（O）

順位	選手		在籍時のPV	通算PV	通算成績
1	遠山昭治	投手	-25.5	-34.9	393 試合、16 勝 22 敗 5 S、4.38
2	中野佐資	外野手	-7.6	-7.6	529 試合、.241、28 本、102 打点
3	服部裕昭	投手	-5.0	-5.0	12 試合、0 勝 2 敗 0 S、6.23
4	宮内仁一	外野手	-1.2	-1.2	108 試合、.269、5 本、15 打点
5	吉田康夫	捕手	-6.4	-6.4	132 試合、.167、0 本、1 打点

1位の清原だけでなく、2位では山野を西武、3位では福島を近鉄にさらわれ抽選は3戦全敗。外れ1位の**遠山**（八代一高）は、高卒新人でローテーションに加わり8勝を挙げたが、PVは－9.1。90年まで5年間ずっとマイナスで、91年にロッテへトレードされた。その後打者転向を経て98年に阪神へ復帰、中継ぎに活路を見出し99年は63試合で防御率2.09/PV 11.7、翌2000年も5.4だった。**中野**（三菱重工横浜）は89年に打率.268、11本塁打でPV 6.5。**吉田**（三菱自動車川崎）はロスアンジェルス五輪代表の強肩捕手だったが、プロでは89年に58試合に出たのが最多だった。

7. 広島（O）

順位	選手		在籍時のPV	通算PV	通算成績
1	長冨浩志	投手	-43.0	-21.4	464 試合、77 勝 77 敗 10 S、3.84
2	高信二	内野手	-18.3	-18.3	668 試合、.235、3 本、50 打点
3	河田雄祐	外野手	-6.6	-19.6	574 試合、.223、6 本、50 打点
4	谷下和人	投手	出場なし		
5	足立亘	投手	-1.1	-5.4	38 試合、4 勝 11 敗 1 S、4.13

単独指名で手に入れた**長冨**（NTT関東）は86年に10勝、PV 7.3で新人王を受賞。89、90年も2ケタ勝利を挙げ、最初の5年間で4回プラスPVだった。その後4年間で－55.1と大きく数字を下げてしまったが、95年以降は日本ハム、ダイエーでリリーフとしてPV 21.6と盛り返した。**高**（東筑高）と**河田**（帝京高）はいずれもレギュラーにはなれなかったが控えとして長く働き、引退後はコーチとして手腕を評価された。

7. ロッテ （0）

順位	選手		在籍時のPV	通算PV	通算成績
1	石田雅彦	投手	-1.0	-1.0	2 試合、0 勝 0 敗 0 S、-
2	園川一美	投手	-78.6	-78.6	376 試合、76 勝 115 敗 2 S、4.32
3	森田芳彦	内野手	-10.8	-10.8	436 試合、.232、2 本、29 打点
4	古川慎一	外野手	-31.3	-31.3	569 試合、.243、52 本、180 打点

　伊東の抽選に外れて指名した川越工の**石田**は、一軍登板 2 試合のみ。比嘉、笠原に次ぎ 3 年続けて 1 位の高校生投手が 1 勝もできなかった。4 球団の抽選に勝って獲得した**園川**（日体大）は 88 年に 10 勝を挙げたが、翌 89 年は防御率 6.10/ ＰＶ－ 27.3。その後もずっとローテーションで投げ続けたものの、2 ケタのマイナスＰＶだった年が 5 度もあって、通算では－ 78.6 に上った。**森田**（鹿児島鉄道管理局）と**古川**（亜細亜大）は 84 年ロスアンジェルス五輪の金メダルメンバー。だが森田は内野の控えにとどまり、古川も 1 年目の 16 本塁打を超えられなかった。6 位では横田を抽選で外し、有倉雅史（北海高）を指名するも拒否に遭っている。

1986年 〈合計PV 594.0 = 33位〉

1	緒方孝市	223.0	広島3位	1808試合、打率.282、241本塁打、725打点
2	西崎幸広	145.5	日本ハム1位	330試合、127勝102敗22S、防御率3.25
3	藤井康雄	133.7	阪急4位	1641試合、打率.252、282本塁打、861打点
4	山﨑武司	42.7	中日2位	2249試合、打率.257、403本塁打、1205打点
5	阿波野秀幸	34.6	近鉄1位	305試合、75勝68敗5S、防御率3.71

　高校生は享栄高の近藤真一、大学生は亜細亜大の**阿波野**と2人の大型左腕に人気が集中。5球団が競合した近藤は地元の中日が引き当て、巨人・近鉄・大洋の3球団が指名した阿波野は、本人希望の在京セ・リーグではない近鉄に決まった。

　近藤は初登板となった8月9日の巨人戦でノーヒットノーランという、史上唯一の快挙を達成。87年4勝、88年は8勝と順調に見えたが3年目以降は1勝もできず26歳で引退した。**阿波野**は87年に15勝、リーグ最多の201奪三振でPV 24.3（8位）、新人王を受賞。翌88年は14勝/PV 27.8（9位）、89年は19勝で最多勝、PVも39.8（2位）と、3年目まではリーグ有数の成績だった。だが3年連続で220回以上投げた影響があったか、90年を最後に規定投球回にも届かなくなり、リリーフに転身。通算PVは最終的に34.6まで下がった。

　近藤の外れ1位で日本ハム入りした**西崎**（愛知工大）は、阿波野のライバルとして87年は15勝/PV 21.5、翌88年は15勝で最多勝、防御率2.50/PV 33.7（4位）。93年もリーグ2位の防御率2.20でPV 26.9（6位）、実働15年でマイナスPVは92・94年の－2.8だけ。通算では阿波野を大きく上回った。

　1位指名は12球団すべて投手だったが、この年の指名選手で最も成功したのは外野手の**緒方**（鳥栖高）。定位置を確保したのは9年目の95年という遅咲きながら、同年打率.316、47盗塁（1位）でPV 27.3（9位）を記録すると、以後3年連続盗塁王。99年は打率.305、36本塁打でPV 46.9（4位）、通算でPV 20以上7回。守備でも5度ゴールデングラブに選ばれた名手だった。

　41歳まで現役を続けた緒方以上に長命だったのは**山﨑**（愛工大名電高）。こち

らもレギュラーになったのが10年目の96年で、39本塁打でタイトルに輝きPV 39.7（3位）。PV 20を超えたのは一度だけでも、楽天時代の2007年にも10年ぶり、両リーグでの本塁打王となる43本塁打、108打点も1位でPV 15.4。12年に中日へ復帰し、翌13年を最後に45歳で引退した。

野手では**藤井**（プリンスホテル）も89年に30本塁打／PV 24.9（9位）、翌90年はリーグ2位の37本でPV 34.5は4位。勝負強さに定評があり、満塁本塁打は通算14本。こちらも息が長く40歳までプレイを続けた。

球団別

1. 広島（223.0）

順位	選手		在籍時のPV	通算PV	通算成績
1	栗田聡	投手	出場なし		
2	小野一也	投手	出場なし		
3	緒方孝市	内野手	223.0	223.0	1808試合、.282、241本、725打点
4	望月一	投手	-9.4	-9.4	161試合、21勝19敗7S、3.94

指名したのは4人だけ。近藤の外れ1位だった**栗田**（三菱重工神戸）は4年間在籍し、一軍登板のないまま退団。**小野**（常磐高）も登板ゼロで終わったが、**緒方**が上位指名の失敗を帳消しにした。**望月**（静岡高）も92〜94年は毎年40試合以上登板、93年に7勝を挙げた。

2. 阪急（148.5）

順位	選手		在籍時のPV	通算PV	通算成績
1	高木晃次	投手	-6.2	-52.9	357試合、29勝36敗3S、4.77
2	山越吉洋	内野手	-22.5	-22.5	471試合、.225、8本、53打点
3	中嶋聡	捕手	14.8	-32.7	1550試合、.232、55本、349打点
4	藤井康雄	内野手	133.7	133.7	1641試合、.252、282本、861打点
5	島袋修	捕手	-0.2	-0.2	11試合、.000、0本、0打点

1・2・4位指名が重複し、抽選に勝った2位の**山越**（本田技研）ではなく、外れた1位の**高木**（横芝敬愛高）と4位の**藤井**が活躍した。高木は90年に6勝、PV 9.3だった後は伸び悩み、94年にダイエーへトレードされ97年限りで自由

契約となる。だがヤクルトに拾われると、99 年は初めて規定投球回に達し 9 勝／
ＰＶ 5.4。その後ロッテに移り 41 歳まで投げ続けた。

　中嶋（鷹巣農林高）は無類の強肩で、正捕手となった 89 年にゴールデングラ
ブを受賞。打撃でも 90 年は打率 .283、12 本塁打でＰＶ 18.3、続く 91 年も 22 二
塁打、48 打点でＰＶ 13.0 と水準以上だった。阪急／オリックス時代の通算ＰＶ
は 14.8。98 年にＦＡで西武へ移籍、横浜を経て 2004 年に加入した日本ハムでは、
コーチを兼任しながら 46 歳まで細々と現役を続け、実働年数は史上最多タイの
29 年に及んでいる。20 年途中からはオリックスの監督になった。

3. 日本ハム（132.7）

順位	選手		在籍時のPV	通算PV	通算成績
1	西崎幸広	投手	132.7	145.5	330 試合、127 勝 102 敗 22 S、3.25
2	筒井孝	外野手	出場なし		
3	名洗将之	外野手	出場なし		
4	南出仁	捕手	出場なし		

　西崎は在籍時の通算ＰＶが 132.7。これはダルビッシュ有に抜かれるまで、ド
ラフト制施行後ではフライヤーズ／ファイターズの球団記録であった。ところが
2〜6 位で指名した 5 選手は、誰も一軍公式戦に出場できないという両極端な結
果。3 位では青柳に入札し、ロッテとの抽選で敗れた。

4. 中日（73.9）

順位	選手		在籍時のPV	通算PV	通算成績
1	近藤真一	投手	-6.0	-6.0	52 試合、12 勝 17 敗 0 S、3.90
2	山﨑武司	捕手	73.9	42.7	2249 試合、.257、403 本、1205 打点
3	西村英嗣	投手	-4.0	-12.3	20 試合、0 勝 2 敗 0 S、6.64
4	荒川哲男	内野手	出場なし		
5	長谷部裕	捕手	-2.5	-2.5	46 試合、.227、0 本、5 打点
6	本村信吾	外野手	-	-2.4	53 試合、.179、0 本、0 打点

　5 位までは全員高校生。享栄・近藤、愛工大名電高・山﨑を 1・2 位で指名す
る地元路線が奏功し、近藤とバッテリーを組んでいた長谷部も 5 位で指名した。

唯一の社会人出身だった**本村**（熊本鉄道管理局）は中日では一軍出場がなく、89年に広島、90年にはダイエーへ移籍し、前年にダイエーへ移っていた**西村**（柳川高）と再びチームメイトになった。

5. 近鉄 (57.2)

順位	選手		在籍時のPV	通算PV	通算成績
1	阿波野秀幸	投手	57.2	34.6	305 試合、75 勝 68 敗 5 S、3.71
2	中村良二	内野手	-4.0	-4.0	41 試合、.098、0 本、4 打点
3	真喜志康永	内野手	-29.9	-29.9	370 試合、.207、14 本、53 打点
4	中藤義雄	内野手	-1.5	-1.5	16 試合、.286、0 本、0 打点
6	大村慎次	外野手	-1.6	-1.6	10 試合、.000、0 本、0 打点

阿波野以外は、入団拒否した5位の杉本拓也（熊本工）も含め全員野手。天理高ではスラッガーとして鳴らした**中村**は、二軍では本塁打王4回、通算100本以上打ちながらも、一軍ではついに1本も出なかった。**真喜志**（東芝）は88・89年に100試合以上に出場、守備力は評価されていたが打撃が弱かった。

6. 巨人 (7.7)

順位	選手		在籍時のPV	通算PV	通算成績
1	木田優夫	投手	7.7	-17.5	516 試合、73 勝 82 敗 50 S、3.91
2	水沢薫	投手	出場なし		
3	高田誠	捕手	-2.6	-25.7	467 試合、.233、10 本、101 打点
4	樽見金典	投手	出場なし		
5	勝呂博憲	内野手	-1.2	-24.0	691 試合、.242、12 本、107 打点
6	緒方耕一	内野手	-6.1	-6.1	685 試合、.263、17 本、130 打点

　阿波野のクジを外して1位指名した**木田**（日大明誠高）は、90年に12勝7セーブ、リーグ最多の182三振を奪ってPV24.2。先発とリリーフ両方での起用が長く続き、リリーフに専念した97年に2度目の2ケタとなるPV10.2を記録した。99年からはメジャー・リーグへ挑戦するもあまり活躍できず、2006年に帰国しヤクルトで23セーブ。その後日本ハムへ移り、44歳まで現役だった。

　2位で3球団が重複した**水沢**（河合楽器）は一軍登板なし。**高田**（法政大）と

勝呂（日本通運）はともに92年にオリックスへ移籍、高田は94年に104試合で打率.271、ＰＶ6.0、96年にゴールデングラブ受賞。勝呂もＰＶの値は冴えなかったが、優勝した95年は117試合に出場した。緒方（熊本工）は90年に33盗塁、93年も24盗塁で2度タイトルを獲得。ＰＶは打率.286/出塁率.370だった92年の9.2が最多だった。

7. 阪神（4.8）

順位	選手		在籍時のPV	通算PV	通算成績
1	猪俣隆	投手	4.5	4.5	191試合、43勝63敗3S、3.68
2	嶋尾康史	投手	-7.8	-7.8	66試合、3勝7敗1S、4.06
3	八木裕	内野手	-12.6	-12.6	1368試合、.247、126本、479打点
4	多岐篤司	投手	0.3	0.3	4試合、0勝0敗0S、3.18

近藤を外して同じ左腕の**猪俣**（法政大）を1位指名。87年は5勝/ＰＶ9.6、90年も5勝11敗と負け越しながらＰＶ10.1とコンスタントに好成績を収め、通算ＰＶもプラスだった。6人中5人が投手で、唯一の野手だった**八木**（三菱自動車水島）は90年に28本塁打、以後3年連続20本以上。92年（打率.267、21本）に自己最多のＰＶ13.7、30代後半には代打の切り札として活躍した。

8. 大洋（2.0）

順位	選手		在籍時のPV	通算PV	通算成績
1	友利結	投手	-27.5	7.7	399試合、18勝29敗30S、3.89
2	石井章夫	捕手	拒否		
3	松村高明	投手	出場なし		
4	大野雄次	内野手	-3.1	-9.5	457試合、.245、27本、116打点
5	塩崎兼一	投手	2.0	2.0	3試合、0勝0敗0S、0.00

阿波野の外れ1位で指名した**友利**（興南高）は、大洋/横浜では芽が出なかったが、登録名をデニーに変更した西武時代は98年に7勝8セーブ、ＰＶ10.2。続く99年は12セーブ、防御率2.03でＰＶ12.9と覚醒し、西武での6年間はＰＶ34.4だった。**石井**（慶応大）は拒否して東京ガスに入社。弟の貴は93年にドラフト1位で西武に入団する。**大野**（川崎製鉄千葉）は思い切りの良い打撃で、

主に代打で起用。90年は打率.310、5本塁打でＰＶ7.6を記録した。

9. 西武 (0.1)

順位	選手		在籍時のPV	通算PV	通算成績
1	森山良二	投手	-5.8	-15.5	86試合、14勝15敗0Ｓ、4.21
2	中村日出夫	内野手	-0.4	-1.6	32試合、.182、0本、5打点
3	小川宗直	投手	0.1	-1.0	22試合、0勝1敗0Ｓ、4.30
4	山本勝則	投手	-5.5	-5.5	3試合、0勝0敗0Ｓ、12.71
5	亀井猛斗	投手	-2.0	-2.0	2試合、0勝0敗0Ｓ、11.57

　　まったく無名の存在で、正真正銘の隠し球だった**森山**（北九州大中退）を1位指名する根本マジックが炸裂。2年目の88年に10勝を挙げＰＶ5.4、新人王に選ばれたが、好成績はこの年だけだった。2位以下の選手も公式戦には出場したけれども、確固たる結果を出した者は皆無。アメリカ留学で好投し注目された**亀井**（群馬・中央高）も大成しなかった。

10. 南海 (0)

順位	選手		在籍時のPV	通算PV	通算成績
1	田島俊雄	投手	-2.2	-2.2	30試合、3勝7敗0Ｓ、3.99
2	森浩之	捕手	-1.8	-1.8	28試合、.108、2本、6打点
3	右田雅彦	外野手	-7.0	-7.5	154試合、.204、1本、8打点
4	大塚賢一	投手	-1.7	-1.7	3試合、0勝0敗0Ｓ、9.00

　　阪急との抽選に勝って入団した**田島**（日本生命）は、即戦力との評判もルーキーイヤーに3勝したのみ。その後ロッテ、米マイナー、日本ハム、台湾、米独立リーグと様々なチームを渡り歩いた。**森**（東洋大）は選手としては大成せず、指導者となって一軍ヘッドコーチまで昇格。**右田**一彦（81年大洋1位）の弟・雅彦（ＮＴＴ九州）は89年に61試合に出たのが最多だった。

10. ヤクルト (0)

順位	選手		在籍時のPV	通算PV	通算成績
1	西岡剛	投手	-7.8	-7.8	39試合、0勝4敗0Ｓ、4.74

2	土橋勝征	内野手	-1.4	-1.4	1464 試合、.266、79 本、427 打点
3	内藤尚行	投手	-3.6	-19.7	195 試合、36 勝 29 敗 26 S、3.96
4	飯田哲也	捕手	-31.4	-36.3	1505 試合、.273、48 本、363 打点

　通算ＰＶがプラスの選手こそいないものの、90 年代のヤクルト黄金時代に活躍した 3 選手が入団し、十分に成功と言える。近藤の外れ 1 位で指名した**西岡**（近畿大）は 1 勝もできなかったが、**土橋**（印旛高）は二塁手兼外野手として 94 年にレギュラーとなると、翌 95 年は打率 .281、リーグトップの 32 二塁打でＰＶ 11.7。97 年も打率 .301 でＰＶ 10.5 だった。「ギャオス」の愛称で人気だった**内藤**（豊川高）は、88 年に主にリリーフでＰＶ 7.7、翌 89 年は 12 勝 8 セーブでＰＶ 13.7。優勝した 92 年も 10 セーブを稼いだ。

　捕手として入団した**飯田**（拓大紅陵高）90 年に正二塁手となり、翌 91 年は外野へコンバート。打率 .294、いずれも 1 位の 8 三塁打と 33 盗塁だった 92 年のＰＶ 11.9 以外、ＰＶ 5 を超えた年はなかった。だが俊足を生かした守備範囲の広さ、肩の強さと正確なスローイングのどれをとっても一流で、91 年から 7 年連続ゴールデングラブを受賞。ＰＶが示す以上の価値は間違いなくあった。

10. ロッテ（O）

順位	選手		在籍時 のPV	通算 PV	通算成績
1	関清和	投手	-10.1	-10.1	60 試合、4 勝 7 敗 0 S、4.59
2	森廣二	投手	-4.5	-6.1	45 試合、5 勝 4 敗 0 S、4.62
3	青柳進	捕手	-0.1	-2.9	596 試合、.232、26 本、140 打点
4	佐藤幸彦	内野手	-24.4	-24.4	774 試合、.254、31 本、191 打点
5	永野吉成	投手	-5.5	-12.8	93 試合、4 勝 5 敗 0 S、4.60

　単独指名した専修大の奪三振王・関は、88 年に 3 勝したのが最多。**森**（岡山理大付高）と**永野**（熊本工）も一軍でそこそこ使われたが大成には至らなかった。戦力になったのは 2 人の野手で、**青柳**（西日本短大付高）は 92 年に 107 試合に出場、9 本塁打、41 打点でＰＶ 4.0。ヤクルト移籍後の 99 年は 71 打席のみながら打率 .309/ ＰＶ 5.6 だった。**佐藤**（拓大紅陵高）も 98 年に打率 .320、8 本塁打でＰＶ 10.8 を記録している。

1987 年 〈合計ＰＶ 812.6 ＝ 23 位〉

1	立浪和義	251.4	中日1位	2586 試合、打率 .285、171 本塁打、1037 打点
2	吉永幸一郎	171.8	南海5位	1250 試合、打率 .278、153 本塁打、505 打点
3	堀幸一	135.0	ロッテ3位	2064 試合、打率 .269、183 本塁打、810 打点
4	鈴木健	97.1	西武1位	1686 試合、打率 .278、189 本塁打、797 打点
5	伊良部秀輝	49.8	ロッテ1位	273 試合、72 勝 69 敗 11 S、防御率 3.55
6	野田浩司	40.2	阪神1位	316 試合、89 勝 87 敗 9 S、防御率 3.50
7	鈴木平	26.1	ヤクルト3位	296 試合、27 勝 20 敗 36 S、防御率 3.11
8	伊藤敦規	19.0	阪急1位	483 試合、56 勝 51 敗 11 S、防御率 3.76
9	橋本清	10.8	巨人1位	134 試合、9 勝 12 敗 8 S、防御率 3.17

　指名を受けた全選手が入団した初のドラフト。話題性では長嶋茂雄の息子・一茂（立教大）が一番で、大洋とヤクルトが入札しスワローズに決まった。甲子園で春・夏連覇を果たしたＰＬ学園高の**立浪**、社会人ナンバーワン投手の**伊藤**（熊谷組）にも2球団が競合。高校生投手では東亜学園高の川島堅に近鉄・阪神・広島の3球団が競合、広島が引き当てた。

　中日入りした**立浪**はすぐに正遊撃手として起用され、.223 の低打率ながら新人王を受賞。3年目の90年に打率 .303、33 二塁打でＰＶ 35.3（3位）、以後8年連続でＰＶ 18 以上。96 年は打率 .323、39 二塁打で自己最多の 36.0（4位）だった。打撃タイトルはなかったものの3割以上7回、史上8位の通算 2480 安打、同1位の 487 二塁打。守備でも二塁、遊撃、三塁の3ポジション合計で5度のゴールデングラブに輝く名選手となった。

　立浪に次ぐ通算ＰＶ 171.8 だったのは、南海に5位指名で入団した**吉永**（東海大工）。左打ちの好打者で、93 年に打率 .291 / 出塁率 .372 でＰＶ 31.9（2位）、以後4年連続ＰＶ 25 以上。96 年は打率 .295、20 本塁打でリーグ2位のＰＶ 49.2。パ・リーグの捕手では野村克也以来の高水準となった。翌 97 年は打率 .300、出塁率 .403、29 本塁打とさらに成績を伸ばしたが、城島健司の台頭によりＤＨで

の出場が主になったため、ＰＶは逆に 19.2（9 位）まで下がった。

　鈴木（浦和学院）は吉永と同タイプの、左の中・長距離打者。地元の西武が単独で１位指名し、94 年は規定打席不足ながら .350 の高打率でＰＶ 26.2（5 位）。97 年（打率 .312、94 打点）は 90 四球、出塁率 .413 の２部門で１位となり、ＰＶ 39.6 は３位だった。ヤクルトに移籍した 2003 年も６年ぶりの打率３割となる .317（5 位）、95 打点でＰＶ 27.4 と活躍した。

　上位４人の打者の中で、堀（長崎海星高）は唯一の右打ち。91 年に正二塁手となって 20 本塁打、ＰＶ 16.2、95 年は打率 .309 でＰＶ 35.9（4 位）。続く 96 年も .312 でＰＶ 41.2（3 位）と、リーグきっての好選手に成長した。その後一時控えに降格した時期もあったが、03 年にはいずれも自己最多の 22 本塁打、78 打点でＰＶ 22.4 と復活。05 年は９年ぶりに打率を３割に乗せ、通算安打は 1827 本に上っている。

　投手で最も成功したのは、ロッテが単独１位で指名した伊良部（尽誠学園高）。恵まれた体格からの剛速球を持ちながら、91 年は防御率 6.88、ＰＶ － 33.6 だったように、なかなか実力を発揮できなかった。だが 94 年に 15 勝で最多勝、239 奪三振も１位、ＰＶ 26.8（4 位）と素質を開花させ、翌 95 年も防御率 2.53 と 239 奪三振は１位、ＰＶ 21.3 も７位。さらに 96 年も防御率 2.40 は２年連続１位、ＰＶ 23.0 は再び７位だった。しかしながらメジャー挑戦を強く希望、球団と散々もめた末にこの年限りでアメリカへ渡った。

　伊良部に続く好成績を残した野田・鈴木・伊藤の３投手は、みな入団時の球団より移籍先で活躍している。川島の外れ１位で阪神が指名した野田（九州産交）は、タイガースでの５年間では 35 勝 52 敗、ＰＶ － 10.2 に過ぎなかった。だが 93 年にオリックスへトレードされるとリーグ最多の 17 勝、ＰＶ 25.5（7 位）と飛躍を遂げ、以後３年連続で２ケタ勝利＆ 200 奪三振。95 年には１試合 19 奪三振の新記録も達成し、移籍後のＰＶは 50.2 に達した。

　サイドスローの鈴木（東海大一高）は、３位指名ながら阪急・広島・ヤクルトの３球団が競合。ヤクルトでの登板は７年間で 29 試合だったが、野田と同じくオリックスへ移籍した 95 年に 50 試合で防御率 1.83、ＰＶ 10.7。翌 96 年は７勝 19 セーブ、日本シリーズでは１勝３セーブで優秀選手賞を受賞。98 年までの４年間で３回ＰＶ 10 以上と、安定して好成績を残した。

　伊藤も鈴木と同じサイドハンドで、福井工大時代の 84 年にロスアンジェルス五輪に出場。阪急／オリックス時代は 91 年に６勝 12 敗ながらＰＶ 14.1 と、主に先発で使われまずまずの成績だった。だが全盛期は横浜を経て 97 年に移籍し

た阪神時代。中継ぎとして5年連続50試合以上に登板、2000年はリーグ最多の71試合に投げ防御率1.86、自己最多のPV15.4。翌01年も防御率1.79/PV10.0、タイガースに在籍した6年間で合計PVは43.2に上った。数字上は、阪神は野田を手放した分を伊藤でカバーした格好になっている。

鈴木、伊良部とともに単独指名されたもう1人の選手は、PL学園のエースであり、立浪の幼馴染でもあった**橋本**。92年まで一軍では1試合投げただけだったが、93年は52試合で6勝、防御率1.83と急成長を遂げPV17.1。続く94年も同じく52試合でPV9.8と好投した。この年のPLは立浪、橋本の他にも大洋3位の野村弘、同志社大を経て92年2位で日本ハム入りした片岡篤史もいて、さすがは春夏連覇を果たすだけのメンバーが揃っていた。

球団別

1. 中日 (251.4)

順位	選手		在籍時のPV	通算PV	通算成績
1	立浪和義	内野手	251.4	251.4	2586試合、.285、171本、1037打点
2	鎌仲政昭	投手	-2.2	-2.2	2試合、0勝0敗0S、13.50
3	上原晃	投手	-40.6	-40.6	138試合、19勝21敗1S、4.85
4	小美濃武芳	投手	出場なし		
5	音重鎮	外野手	-8.2	-39.8	773試合、.251、33本、195打点
6	高橋幸二	投手	-1.1	-1.1	6試合、0勝0敗0S、5.40

立浪と同じ高卒新人の**上原**（沖縄水産高）も、ルーキーシーズンから24試合に登板し防御率2.35、PV5.8で優勝に貢献。だが2年目以降は伸び悩み、8勝を挙げた91年もPV−6.1だった。進学校（神戸高）出身で話題になった**鎌仲**は一軍登板2試合のみ。**音**（新日鉄名古屋）は91年に広島へ移籍してから出場機会が増え、94年は115試合で打率.294。続く95年は規定打席に達し打率.267、9本塁打だったがPVは−7.3。翌96年にトレードで中日へ戻った。

2. ロッテ (190.7)

順位	選手		在籍時のPV	通算PV	通算成績
1	伊良部秀輝	投手	55.3	49.8	273試合、72勝69敗11S、3.55
2	里見祐輔	投手	0.4	0.4	2試合、0勝1敗0S、3.00

3	堀幸一	内野手	135.0	135.0	2064 試合、.269、183 本、810 打点
4	小林茂生	投手	出場なし		
5	山下徳人	内野手	-18.2	-18.2	442 試合、.255、19 本、109 打点
6	大村巌	投手	-14.4	-14.4	441 試合、.268、36 本、174 打点

　伊良部、堀と投打の主軸を手に入れた大成功ドラフト。この 2 人以外にも、山下（東洋大）と大村（東海大四高）の下位指名組が準レギュラー級に成長した。山下は 90 年に 75 安打、リーグトップの 6 三塁打。大村は 96 年に打率 .312/ P V 6.4、99 年は 99 試合で 13 本塁打、52 打点。引退後は両者とも打撃コーチになり、特に大村は日本ハム時代に糸井嘉男、横浜では筒香嘉智を育てて、その手腕を高く評価された。

3. 南海（171.0）

順位	選手		在籍時のPV	通算PV	通算成績
1	吉田豊彦	投手	-70.4	-75.7	619 試合、81 勝 102 敗 17 S、4.38
2	若井基安	内野手	-32.3	-32.3	732 試合、.279、9 本、140 打点
3	柳田聖人	内野手	-1.3	-62.6	555 試合、.238、3 本、114 打点
4	大道典良	外野手	-30.3	-32.4	1356 試合、.284、60 本、415 打点
5	吉永幸一郎	捕手	171.0	171.8	1250 試合、.278、153 本、505 打点
6	村田勝善	投手	-5.2	-31.9	181 試合、54 勝 65 敗 0 S、4.23

　ダイエー初期の主力選手が多数入団した。立浪の外れ 1 位だった吉田（本田技研熊本）は、ホークス時代の 10 年間でプラスPVは 92 年（4.8）と 94 年（9.0）の 2 度だけだったが、阪神を経て 2002 年に近鉄へ移籍すると、03 年は防御率 2.33 でPV 14.9。06 年まで 5 年続けてプラスだった。高校（PL学園）大学（法政）社会人（日本石油）ですべて全国制覇した若井は、プロでも現役最後の 99 年に日本一を達成。通算出塁率は .352 の高率ながら、長打力に欠けPVの値は伸びなかった。

　柳田（延岡工）は 94 年にヤクルトへ移ったのち、96 年に復帰。97 年から 3 年続けて 110 試合以上に出場するも、長打力と選球眼のいずれも不足していてPVは大幅なマイナスだった。大道（明野高）も長打はそれほどなかったが、96 年の打率 .325（PV 15.5）以降、7 年連続 .290 以上と確実性は高く、2010 年まで現役を続けた。村田（星稜高）は 6 位指名ながら 89 年に早くもローテーション入

り、91 年に 13 勝を挙げ以後 3 年連続 2 ケタ勝利。ホークス時代の 6 年間は、90 年に − 29.9 の大不振だった以外はプラス P V だった。

4. 西武 （86.5）

順位	選手		在籍時のPV	通算PV	通算成績
1	鈴木健	内野手	86.5	97.1	1686 試合、.278、189 本、797 打点
2	上田浩明	内野手	-22.9	-22.9	796 試合、.179、0 本、21 打点
3	城土大二郎	内野手	出場なし		
4	加世田美智久	投手	-3.1	-3.1	1 試合、0 勝 0 敗 0 S、18.00
6	上中吉成	外野手	-0.3	-0.3	2 試合、.000、0 本、0 打点

　4 位の**加世田**（都城高）だけが投手で、その他は野手を指名。うち 4 人が内野手だった。1 位では早稲田大進学を表明していた**鈴木**の単独指名に成功したものの、2 位以下は**上田**（北陽高）が守備要員として貢献した以外、一軍の戦力にはならなかった。

5. 阪急 （13.6）

順位	選手		在籍時のPV	通算PV	通算成績
1	伊藤敦規	投手	-10.7	19.0	483 試合、56 勝 51 敗 11 S、3.76
2	山内嘉弘	投手	6.9	-9.4	110 試合、10 勝 5 敗 23 S、4.47
3	八木政義	投手	-4.2	-4.2	2 試合、0 勝 0 敗 0 S、22.50
4	伊藤隆偉	投手	6.7	6.7	268 試合、30 勝 33 敗 36 S、3.84

　指名は 4 位までで打ち切り、しかも全員投手。**八木**（銚子商）は成功しなかったが、大学・社会人出身の 3 人が戦力になった。**山内**（近畿大）は 88 年に 11 セーブを挙げ P V 7.9、翌 89 年も 12 セーブ／ P V 6.4 と上々のスタートを切ったものの、3 年目以降は数字を落とした。**伊藤隆**（東海理化）はまずリリーフで使われ 93 年に 16 セーブ、自己最多の P V 7.2。97 年は先発で 10 勝、規定投球回にも達して P V 6.3 と活躍を続けた。3 位で抽選を外した鈴木平は、オリックスになってからトレードで獲得し主力投手の一人になっている。

6. 巨人 (10.8)

順位	選手		在籍時のPV	通算PV	通算成績
1	橋本清	投手	10.8	10.8	134試合、9勝12敗8S、3.17
2	後藤孝次	内野手	-11.4	-11.4	835試合、.263、30本、119打点
3	磯貝公伸	投手	出場なし		
4	小沢浩一	内野手	-0.1	-0.1	1試合、.000、0本、0打点
5	益田明典	投手	0.0	0.0	5試合、0勝0敗0S、3.60
6	杉山直樹	捕手	-12.4	-12.4	272試合、.210、12本、48打点

　長嶋を指名するかどうか注目されたが、1位は**橋本**。二軍暮らしが長かった**後藤**（中京高）は次第に出場機会を増やし、95年は51試合で打率.343、ＰＶ9.2。98・99年は100試合以上に出場した。控え捕手として出場機会を得ていた**杉山**（沼津学園高）は、2000年に暴力事件を起こして解雇された。**益田**は愛知学院大での監督が、73年に巨人のドラフト1位を拒否した小林秀一だったことが話題になった。

7. 広島 (3.4)

順位	選手		在籍時のPV	通算PV	通算成績
1	川島堅	投手	-7.1	-7.1	18試合、1勝4敗0S、4.83
2	石貫宏臣	投手	3.4	3.4	81試合、5勝3敗1S、3.32
3	北原喜久男	投手	出場なし		
4	水沢英樹	投手	出場なし		

　指名した6人全員が高校生投手という極端なドラフトは、結果的に上手くいかなかった。一番人気の**川島**は1勝しただけ、3位以下の4人は公式戦登板自体がなかった。91年に46試合で5勝、ＰＶ9.9の好成績を残した**石貫**（西日本短大付高）も、93年以降は故障もあって登板できなかった。3位で鈴木平の抽選を外したのも惜しかった。

8. 大洋 (0.8)

順位	選手		在籍時のPV	通算PV	通算成績
1	盛田幸妃	投手	-10.4	-15.7	345 試合、47 勝 34 敗 29 S、4.05
2	岡本透	投手	0.8	0.8	200 試合、30 勝 33 敗 2 S、3.67
3	野村弘	投手	-39.2	-39.2	301 試合、101 勝 88 敗 0 S、4.01
4	清水義之	内野手	-19.5	-25.3	454 試合、.246、15 本、149 打点
5	横谷彰将	外野手	-19.1	-19.1	354 試合、.257、4 本、48 打点
6	田辺学	投手	-23.5	-23.5	185 試合、20 勝 33 敗 1 S、4.08

　6 人全員が一軍の戦力となり、数字以上に充実したドラフトだった。長嶋の外れ 1 位で獲得した**盛田**（函館有斗高）は 92 年に 14 勝、リーグトップの防御率 2.05 で P V 22.7。95 年もリーグ最多の 57 試合に投げ防御率 1.97/ P V 15.8 だった。98 年の近鉄移籍後に脳腫瘍を患い、現場復帰は果たしたものの再発して 45 歳で死去。3 球団が競合した**岡本**（川崎製鉄神戸）は 91 年に 11 勝、翌 92 年も規定投球回に達し、8 勝を挙げ P V 6.6 だった。

　P L 学園の春夏連覇メンバーで、東洋大進学の意思を翻して入団した**野村**は、91 年に 15 勝 / P V 12.2、93 年はリーグ最多の 17 勝で P V 21.3。だが翌 94 年は－ 20.9 に転落するなど波が激しかった。**清水**（スリーボンド）は 90 ～ 91 年の 2 年間は正三塁手として規定打席に達したが、P V は 91 年の 0.1 が最高。**横谷**（熊谷組）も清水と同じ 90 年にレギュラーとなり、打率 .276 とまずまずながら長打が少なかった。1 年遅れで入団した**田辺**（東京ガス）は、92 年は規定投球回到達も 4 勝のみ。94 年に防御率 2.55/ P V 12.8 を記録している。

9. 近鉄 (0)

順位	選手		在籍時のPV	通算PV	通算成績
1	高柳出己	投手	-20.2	-20.2	119 試合、29 勝 30 敗 0 S、4.27
2	野林大樹	内野手	-0.1	-6.2	59 試合、.141、0 本、4 打点
3	藤原清景	捕手	出場なし		
4	松久保新吾	外野手	-8.2	-8.2	79 試合、.170、2 本、10 打点
6	木下文信	投手	-9.7	-13.6	185 試合、9 勝 7 敗 0 S、4.60

　川島の抽選を外し、日本通運の**高柳**を指名。1 年目から 6 勝 / P V 3.6 とまず

まずの出だしで、91・92 年は規定投球回に達したが、1 位指名の期待に沿うほど
でもなかった。2 位以下では、大阪ガスから初のドラフト指名となった**木下**が左
のリリーフとして一軍に定着。**野林**（日大三高）の息子は 2008 年に広島から 2
位指名された中田廉である。

9. 日本ハム（O）

順位	選手		在籍時のPV	通算PV	通算成績
1	武田一浩	投手	-0.2	0.1	341 試合、89 勝 99 敗 31 S、3.92
2	小川浩一	内野手	-31.3	-31.3	772 試合、.249、25 本、167 打点
3	藤島誠剛	内野手	-23.8	-23.8	405 試合、.198、23 本、86 打点
4	五十嵐明	投手	-	-7.7	3 試合、0 勝 0 敗 0 S、15.88
6	芝草宇宙		-24.7	-24.7	430 試合、46 勝 56 敗 17 S、4.24

　伊藤敦のクジを外して明治大の**武田**を 1 位指名。90 年は 10 勝 13 セーブ、Ｐ
Ｖ 11.7、翌 91 年はＰＶ－ 1.1 ながらリーグ最多の 18 セーブを稼いだ。ダイエー
移籍後の 98 年は 13 勝で最多勝。最多セーブと最多勝の両方になったのは、村田
兆治に次いでリーグ史上 2 人目だった。巧打者タイプの**小川**（日本鋼管福山）は
89 年に打率 .306/ ＰＶ 2.7、翌 90 年も .290/5.2 と好調を維持したが、その後 8 年
間はマイナスＰＶだった。
　二軍では通算 100 本塁打以上を放った**藤島**（岩陽高）は、一軍では 99 年の 7
本が最多。帝京高のエースとして甲子園でノーヒットノーランを達成した**芝草**は、
6 位と意外な下位指名。先発として 96・98 年に 7 勝、リリーフに回ってからは
2001 年以降 4 年連続 50 試合以上に登板し、01 年のＰＶ 7.6 が最多だった。

9. 阪神（O）

順位	選手		在籍時のPV	通算PV	通算成績
1	野田浩司	投手	-10.2	40.2	316 試合、89 勝 87 敗 9 S、3.50
2	高井一	外野手	-2.3	-2.3	78 試合、.258、2 本、18 打点
3	山田勝彦	捕手	-65.6	-73.0	795 試合、.205、21 本、130 打点
4	宮脇則昭	投手	出場なし		

　2 位以下は全員高校生。**高井**（横浜高）は打撃センスを高く評価され、3 年目

の 90 年は 66 試合で打率 .270 と順調に成長していたが、故障に泣かされた。**山田**（東邦高）は 92 年に 114 試合に出場。正捕手の座をつかみかけるも、打率 .204/ 出塁率 .239 と打力が低すぎ、定着には至らなかった。

9. ヤクルト（O）

順位	選手		在籍時のPV	通算PV	通算成績
1	長嶋一茂	内野手	-16.3	-29.9	384 試合、.210、18 本、82 打点
2	悴田幸也	投手	-0.4	-0.4	5 試合、0 勝 0 敗 0 S、4.05
3	鈴木平	投手	-3.4	26.1	296 試合、27 勝 20 敗 36 S、3.11
4	池末和隆	投手	出場なし		
5	中西親志	捕手	-20.6	-20.6	172 試合、.153、1 本、18 打点
6	城友博	外野手	-24.9	-25.4	362 試合、.243、2 本、41 打点

　予想通りの大フィーバーを巻き起こした**長嶋**は、人気先行は否めず出場数はルーキーシーズンの 88 試合が最多。身体能力こそ高かったものの数字には結びつかず、ＰＶは巨人移籍後を含め、7 年のプロ生活で一度もプラスにならなかった。**鈴木**が成功したのもオリックスへ移籍してから。89 年は 77 試合に出た**中西**（ＮＴＴ東海）も、古田敦也の入団以降は出番が大幅に減った。その中にあって、**城**（習志野高）は 92、93、95 年に 2 ケタ盗塁と、足や守りで貢献した。

1988 年 〈合計ＰＶ 1262.8 ＝ 10 位〉

1	江藤智	313.1	広島 5 位	1834 試合、打率 .268、364 本塁打、1020 打点
2	野村謙二郎	211.5	広島 1 位	1927 試合、打率 .285、169 本塁打、765 打点
3	谷繁元信	204.5	大洋 1 位	3021 試合、打率 .240、229 本塁打、1040 打点
4	大豊泰昭	145.8	中日 2 位	1324 試合、打率 .266、277 本塁打、722 打点
5	今中慎二	97.4	中日 1 位	233 試合、91 勝 69 敗 5 S、防御率 3.15
6	赤堀元之	91.6	近鉄 4 位	380 試合、58 勝 45 敗 139 S、防御率 2.88
7	石井丈裕	70.2	西武 2 位	253 試合、68 勝 52 敗 10 S、防御率 3.31
8	初芝清	31.7	ロッテ 4 位	1732 試合、打率 .265、232 本塁打、879 打点
9	吉田修司	30.9	巨人 1 位	533 試合、37 勝 32 敗 23 S、防御率 3.57
10	渡辺智男	24.9	西武 1 位	123 試合、45 勝 40 敗 2 S、防御率 3.73
11	川崎憲次郎	18.3	ヤクルト 1 位	237 試合、88 勝 81 敗 2 S、防御率 3.69
12	酒井勉	15.4	オリックス 1 位	117 試合、33 勝 31 敗 14 S、防御率 3.78

　この年開催されたソウル五輪の銀メダルメンバー 4 人が 1 位で指名されたが、アマチュアナンバーワン投手と評判だった志村亮（慶応大）がプロ入りを拒否したこともあり、突出した目玉候補は不在。入札が競合したのは中島輝士（プリンスホテル）、**酒井**（日立製作所）、**川崎**（津久見高）の 3 人に 2 球団ずつだった。超高校級捕手と言われた**谷繁**（江の川高）は大洋、大学生では最も評価の高かった**野村**（駒澤大）は広島、高校時代から好投手として有名だった**渡辺**（ＮＴＴ四国）は西武が、それぞれ単独で交渉権を得た。

　競合した 3 人中、中島は期待通りの働きではなかったが、他の 2 人は主力投手に成長する。**川崎**は 2 年目の 90 年に 12 勝、翌 91 年は 14 勝でＰＶ 18.1。その後故障で低迷したが、98 年はリーグ最多の 17 勝を挙げＰＶ 14.3 と復活した。**酒井**も 89 年に 9 勝 9 セーブ、ＰＶ 10.7 で新人王に輝き、92 年も 10 勝 / ＰＶ 10.6 と

活躍を続けていたが、難病を患い実働５年で引退した。

　最も成功したのは広島５位の**江藤**（関東高）。捕手として入団したのち打力を生かすため内野に転向、正三塁手に定着した93年はリーグ最多の34本塁打、ＰＶ36.5（７位）。39本塁打、106打点の二冠に輝いた95年はＰＶ50.2で２位、続く96年も出塁率.431（１位）、OPS1.047もキャリアハイで、２年連続２位のＰＶ51.3と打ち続けた。2000年にＦＡで巨人へ移籍してからも01年にＰＶ27.2（10位）、同年まで９年連続27本塁打／ＰＶ20以上だった。

　広島では**野村**も通算ＰＶ200を超える名選手になった。90年に正遊撃手となり33盗塁でタイトルを獲得、ＰＶ27.1（７位）。翌91年は自己最高打率の.324でＰＶ38.7（４位）、95年は打率.315、32本塁打、30盗塁。遊撃手としては初の"トリプルスリー"を達成、ＰＶ67.1（１位）でセ・リーグ遊撃手の最高記録を更新した。通算ＰＶの１・２位が同一球団の選手なのは、70年のヤクルト（１位若松勉・２位杉浦享）以来だった。

　広島県生まれで、カープの１位指名も予想されていた**谷繁**は、96年に打率.300／出塁率.391で初の２ケタとなるＰＶ29.6（７位）。20本塁打を放った2001年に自己最多のＰＶ34.9（７位）、翌02年に中日へ移籍して以降も、15年に44歳で引退するまでチームの要であり続け、ゴールデングラブ受賞は横浜時代と併せて６回。最後の２年は監督も兼任、通算出場試合数は3021に達し、野村克也を抜いて新記録を樹立した。

　中日も１・２位指名がともに大成功。単独１位の**今中**（大阪桐蔭高）は91年に12勝／ＰＶ26.6（８位）、以後６年連続２ケタＰＶ。左腕から繰り出すカーブが一番の武器で、17勝、247奪三振の両部門で１位となり沢村賞も受賞した93年はＰＶ38.0（５位）だった。２位では台湾出身の本名・陳大豊、名古屋商大を卒業後は練習生／球団職員として囲っていた**大豊**を指名。成績にはムラがあったけれどもパワフルな打撃で、94年は打率.310に加え38本塁打、107打点の２部門で１位、ＰＶ41.0（３位）。96年も再び38本塁打でＰＶ27.6（９位）、通算４回ＰＶ20以上を記録した。

　１・２位指名が活躍したのは西武も同じだった。**渡辺**は伊野商時代、85年の選抜大会で清原・桑田のＫＫコンビを擁するＰＬ学園を倒し、優勝投手となる。プロでも１年目から10勝／ＰＶ10.9。翌90年は13勝／17.3、さらに91年は防御率2.35で１位となりＰＶ26.7（６位）と順調だった。だが92年から急激に制球力が悪化し、以後５年間はＰＶがプラスにならなかった。渡辺と同じくソウル五輪メンバーの**石井**（プリンスホテル）は、92年に15勝、リーグ２位の防御率

1.94 でＰＶ 32.3（3 位）、ＭＶＰにも選ばれる。故障が多く規定投球回に達したのは 3 年だけでも、投球内容は良く 97 年まで 8 年続けてプラスＰＶだった。

92 年に石井を抑え、防御率 1.80 で 1 位となったのは近鉄に 4 位指名で入団した**赤堀**（静岡高）。リリーフ投手であったが最後の 2 試合に先発、規定投球回数にぎりぎり達してのタイトルだった。同年は防御率のほか 50 登板と 22 セーブも 1 位で、ＰＶは 30.3（4 位）。94 年も 3 年連続 1 位の 24 セーブでＰＶ 24.9（6 位）と、パ・リーグを代表するリリーフ投手となった。

赤堀と同じ 4 位指名でロッテに入団した**初芝**（東芝府中）は、最初の 5 年間は毎年マイナスＰＶであったが、95 年は打率 .301、25 本塁打、リーグ最多の 80 打点でＰＶ 28.2（5 位）。98 年も 38 二塁打、25 本塁打、86 打点の好成績で、ＰＶ 25.1 は 7 位だった。

球団別

1. 広島（497.1）

順位	選手		在籍時のPV	通算PV	通算成績
1	野村謙二郎	内野手	211.5	211.5	1927 試合、.285、169 本、765 打点
2	佐藤裕幸	内野手	-1.2	-3.2	37 試合、.077、0 本、1 打点
3	畝龍実	投手	-5.8	-5.8	7 試合、0 勝 0 敗 0 S、10.57
4	近藤芳久	投手	-1.4	-7.8	285 試合、30 勝 21 敗 7 S、3.92
5	江藤智	捕手	285.6	313.1	1834 試合、.268、364 本、1020 打点
6	千代丸亮彦	投手	-1.9	-1.9	14 試合、.000、0 本、0 打点

佐藤（津久見高）は野村と同じ大分県出身の遊撃手。広島には 96 年まで在籍して 1 安打のみ、その後近鉄へトレードされたのち 2000 年に戻ってきた。**近藤**（東芝）は 93 年にリーグ最多の 60 試合に登板し、防御率 3.09／ＰＶ 4.5。翌 94 年は先発に回って規定投球回をクリア、11 勝／ＰＶ 2.6 だった。広島出身の**畝**（ＮＴＴ関東）は選手としてはものにならず、スコアラーを経て投手コーチとなった。

2. 中日（224.6）

順位	選手		在籍時のPV	通算PV	通算成績
1	今中慎二	投手	97.4	97.4	233 試合、91 勝 69 敗 5 S、3.15
2	大豊泰昭	内野手	124.4	145.8	1324 試合、.266、277 本、722 打点

3	山口幸司	外野手	-19.0	-19.0	417 試合、.236、15 本、56 打点
4	中嶋治彦	投手	2.8	2.8	7 試合、0 勝 0 敗 0 S、0.93
5	酒井忠晴	投手	-10.8	-70.5	1034 試合、.248、12 本、181 打点
6	清水雅治	内野手	-27.0	-44.6	951 試合、.244、13 本、111 打点

　練習生として確保していた**大豊**だけでなく、3 位でも進学希望の**山口**（大宮東高）を指名して入団させるなど、強引な手法が目についた。山口は控えの域を出なかったが、**酒井**（修徳高）はロッテ移籍後、高い守備力を買われてレギュラーに定着。2001 年は 125 試合で打率 .266、99 安打、34 打点だった。**清水**（三菱自動車川崎）も守りと足を武器に 92 年は 114 試合に出場、94 年は 23 盗塁。西武移籍後も控えながら渋い働きを演じ、酒井ともどもＰＶは大幅なマイナスでも貴重な戦力になった。

3. 西武 （132.9）

順位	選手		在籍時のＰＶ	通算ＰＶ	通算成績
1	渡辺智男	投手	45.7	24.9	123 試合、45 勝 40 敗 2 S、3.73
2	石井丈裕	投手	87.2	70.2	253 試合、68 勝 52 敗 10 S、3.31
3	垣内哲也	捕手	-9.8	-13.4	917 試合、.227、110 本、315 打点
4	青野信二	投手	-0.6	-0.6	73 試合、.278、0 本、17 打点

　垣内は珍しい分校出身（日高高中津分校）。ただの話題づくりではなく、95 年に 14 本塁打、翌 96 年は 28 本でＰＶ 14.1。ただし低打率がネックで完全には定位置を確保できなかった。**青野**（佐伯豊南高）は安藤姓に改名。二軍で好成績を残し、一軍でも出場機会こそ少なかったが、通算出塁率は .388 に上った。

4. 大洋 （116.9）

順位	選手		在籍時のＰＶ	通算ＰＶ	通算成績
1	谷繁元信	捕手	116.9	204.5	3021 試合、.240、229 本、1040 打点
2	宮里太	捕手	-25.9	-25.9	761 試合、.268、9 本、127 打点
3	井上純	外野手	-11.2	-19.1	686 試合、.269、18 本、105 打点
4	堀江賢治	内野手	-0.9	-0.9	172 試合、.250、4 本、29 打点
5	石田文樹	投手	-2.9	-2.9	25 試合、1 勝 0 敗 0 S、4.59

谷繁だけでなく、2位でも捕手の**宮里**（熊谷組）を指名。もっともすぐに外野へ転向、91年は規定打席に達し打率.291。ただ長打も四球も少なかったため、ＰＶは1.8にしかならず、打率が落ちるとレギュラーの座から転落した。**井上**（東陵高）は長く守備・代走要員として使われ、98年は109打数ながら打率.330（ＰＶ1.8）。**石田**は取手二高時代の84年夏に甲子園で優勝、その後早稲田大を中退し日本石油に入社したが、プロでは短命だった。

5. 近鉄（91.6）

順位	選手		在籍時のPV	通算PV	通算成績
1	米崎薫臣	内野手	-7.4	-8.6	196試合、.234、4本、36打点
2	中根仁	外野手	-17.8	4.7	1092試合、.264、78本、351打点
3	田口茂樹	投手	出場なし		
4	赤堀元之	投手	91.6	91.6	380試合、58勝45敗139Ｓ、2.88
6	太田暁	外野手	0.0	0.0	3試合、.000、0本、0打点

　単独1位で指名したソウル五輪代表の**米崎**（日本生命）は、90年に70試合に出たのが最多。**中根**（法政大）は94年に打率.291、10本塁打でＰＶ9.3。横浜移籍後の2000年は.325、11本、61打点、出塁率は.394の高率でＰＶ17.6の好成績を収めた。**太田**（帝京五高）は引退後チームスタッフを経てオリックスの打撃投手となり、在職中の18年に息子の椋が同球団から1位指名された。

6. ロッテ（31.7）

順位	選手		在籍時のPV	通算PV	通算成績
1	前田幸長	投手	-51.1	-42.2	595試合、78勝110敗9Ｓ、4.17
2	今野隆裕	投手	-13.2	-18.4	136試合、15勝18敗0Ｓ、4.61
3	渡辺英昭	内野手	-8.4	-8.4	59試合、.168、0本、3打点
4	初芝清	内野手	31.7	31.7	1732試合、.265、232本、879打点
6	平井光親	外野手	-15.2	-15.2	1067試合、.272、39本、294打点

　1・2位はともに左腕投手。酒井の外れ1位で指名した**前田**（福岡第一高）は2年目からローテーションに定着するも、94年は防御率6.20／ＰＶ-22.9など苦戦が続く。成績が向上したのは中日に移籍後、リリーフで起用されるようになって

からで、98年から7年連続プラスPV。2004年に自己最高の9.3だった。**今野**（西濃運輸）は91年に5勝、防御率1.92/PV 12.3だったが、その他の年は平凡。拾い物は**平井**（愛知工大）で、91年は打率.314で首位打者となりPV 4.6。98年も.320で2位に入り、PV 13.7だった。5位の西山一宇（高知高）はこの年のドラフトでただ一人入団拒否し、NTT四国へ入社した。

7. ヤクルト（26.2）

順位	選手		在籍時のPV	通算PV	通算成績
1	川崎憲次郎	投手	26.2	18.3	237試合、88勝81敗2S、3.69
2	岡幸俊	投手	-4.8	-4.8	23試合、0勝1敗0S、4.65
3	笘篠賢治	内野手	-22.2	-24.9	628試合、.254、19本、105打点
4	幸田正広	内野手	-2.7	-2.7	39試合、.167、0本、1打点

　岡（高知商）はヤクルトのほか、巨人、ダイエー、広島、ロッテの5球団が競合したほど評価の高かった投手。新人で22試合に登板したが、2年目以降は肘の故障にも見舞われ1試合投げただけだった。ソウル五輪代表の**笘篠**（中央大）は89年に打率.263、32盗塁で新人王を受賞したが、PVは－3.5。96年に0.1だったのを除き一度もプラスにはならなかった。

8. オリックス（15.4）

順位	選手		在籍時のPV	通算PV	通算成績
1	酒井勉	投手	15.4	15.4	117試合、33勝31敗14S、3.78
2	小川博文	内野手	-33.1	-43.2	1720試合、.266、100本、597打点
3	中村佳広	投手	出場なし		
4	山崎尚史	投手	出場なし		
5	戸羽隆	内野手	-1.4	-1.4	22試合、.179、0本、3打点

　上位2人が社会人の即戦力、3位以下は将来性重視の高校生とわかりやすい指名。もっとも、高卒組は**戸羽**（佐野日大高）が22試合に出ただけで終わった。プリンスホテルから入団した**小川**はルーキーながら正遊撃手となり、94年に打率.303。139安打も自己記録だったが、同年のPVは－4.1。横浜移籍後の2002年まで14年連続で100試合以上に出場、打率.288、9本塁打だった96年のPV

8.4 が最多となっている。

9. 巨人 (0.1)

順位	選手		在籍時 の PV	通算 PV	通算成績
1	吉田修司	投手	-11.1	30.9	533 試合、37 勝 32 敗 23 S、3.57
2	松谷竜二郎	投手	-10.3	-17.7	59 試合、4 勝 4 敗 1 S、5.06
3	佐川潔	投手	出場なし		
4	四條稔	内野手	0.1	-9.1	279 試合、.255、2 本、23 打点

　抽選で外した 1 位川崎・2 位岡はいずれもヤクルトに入団。外れ 1 位で指名したソウル五輪メンバーの**吉田**（北海道拓殖銀行）は、巨人ではあまり活躍できず、94 年途中にダイエーへ移籍してから中継ぎとして台頭。98 年は 10 セーブ／ＰＶ 11.2、2000 年は 69 試合で 9 勝、ＰＶ 14.8 だった。**松谷**（大阪ガス）は二軍で 2 度もノーヒットノーランを達成したものの、一軍では実績を残せずじまい。**四條**（東海大甲府高）はオリックス移籍後の 96 年に 108 試合に出場、日本シリーズで古巣の巨人を倒した。

10. ダイエー (0)

順位	選手		在籍時 の PV	通算 PV	通算成績
1	篠田淳	投手	出場なし		
2	御船英之	内野手	-6.2	-12.1	242 試合、.251、5 本、40 打点
3	松本卓也	投手	-1.8	-1.8	23 試合、3 勝 3 敗 0 S、4.44
4	村上誠一	投手	-0.1	-5.0	23 試合、0 勝 0 敗 0 S、4.91
5	山之内健一	内野手	-1.0	-1.0	7 試合、.000、0 本、0 打点

　ダイエー元年は 1 位で中島、2 位で岡、3 位で川名、そして 6 位で太田と 4 度もクジを外す運のなさ。1 位指名した**篠田**（大垣商）も一軍に上がることなく 3 年で退団、**松本**（愛知学院大）も 1 年目に 23 試合で 3 勝しながら、同じく 3 年で戦力外になった。地元の**御船**（福岡大）も控え内野手の域を出ず、同じく地元の福岡第一高で、甲子園で注目された**山之内**もものにならなかった。

10. 日本ハム (O)

順位	選手		在籍時のPV	通算PV	通算成績
1	中島輝士	内野手	-40.1	-46.4	641 試合、.251、52 本、225 打点
2	鈴木慶裕	外野手	-51.1	-54.8	711 試合、.253、24 本、136 打点
3	川名慎一	外野手	-14.8	-14.9	334 試合、.235、1 本、21 打点
4	上岡良一	投手	-0.9	-0.9	2 試合、0 勝 0 敗 0 S、7.71
6	矢作公一	内野手	-3.6	-3.6	33 試合、.167、0 本、7 打点

全日本の4番打者だった**中島**は、プロ初試合でサヨナラ本塁打を放つ派手なデビューを飾るも、期待されたほどには打てなかった。唯一規定打席に達した92年も打率.290、13本塁打ながらPV-2.7。**鈴木**（日本石油）が規定打席に届いたのも中島と同じ92年だけで、打率.284、20盗塁、PV-2.3だった。西武・ダイエーとの抽選に勝った**川名**（鹿児島商工）は球界有数の俊足で、91年と93年は16盗塁を決めたものの打撃に難があり、代走要員どまり。立教大時代に通算17本塁打した**矢作**もプロでは0本に終わった。

10. 阪神 (O)

順位	選手		在籍時のPV	通算PV	通算成績
1	中込伸	投手	-0.7	-0.7	182 試合、41 勝 62 敗 2 S、3.74
2	鶴見信彦	内野手	出場なし		
3	金子誠一	外野手	-11.9	-11.9	324 試合、.225、11 本、40 打点
4	岩田徹	捕手	-3.1	-3.1	58 試合、.172、1 本、3 打点
5	渡辺伸彦	投手	-20.3	-1.1	237 試合、9 勝 10 敗 15 S、3.83
6	鮎川義文	内野手	-15.4	-16.4	227 試合、.211、2 本、33 打点

甲府工の好投手で、阪神の球団職員／練習生となっていた**中込**（神崎工）を単独指名。92年に9勝、防御率2.42／PV26.3（9位）、肘の故障から復活後の97年も7勝／PV9.3と先発要員として上々の成績を収めながらも、素行面に問題があり、2002年には台湾へ渡った。**渡辺**（常石鉄工）は94年にオリックスへ移籍し11セーブ、PV16.0と好投し、以後4年連続でプラスPV。**鶴見**（三菱自動車川崎）は2年だけで巨人へトレードとなり、公式戦出場がないまま引退。その他3人の野手も重要な戦力にはならなかった。

1989 年 〈合計ＰＶ 1341.3 ＝ 7 位〉

1	古田敦也	493.2	ヤクルト2位	2008 試合、打率 .294、217 本塁打、1009 打点
2	前田智徳	265.3	広島4位	2188 試合、打率 .302、295 本塁打、1112 打点
3	潮崎哲也	110.4	西武 1 位	523 試合、82勝55敗55Ｓ、防御率 3.16
4	石井浩郎	102.4	近鉄 3 位	974 試合、打率 .289、162 本塁打、536 打点
5	佐々木主浩	98.0	大洋 1 位	439 試合、43勝38敗252Ｓ、防御率2.41
6	野茂英雄	91.6	近鉄 1 位	139 試合、78 勝 46 敗 1 Ｓ、防御率 3.15
7	佐々岡真司	63.3	広島 1 位	570 試合、138 勝 153 敗 106 Ｓ、防御率 3.58
8	小宮山悟	41.5	ロッテ 1 位	455 試合、117勝141敗4Ｓ、防御率3.71
9	橋本武広	14.2	ダイエー3位	560 試合、12勝22敗20Ｓ、防御率3.71
10	葛西稔	13.1	阪神 1 位	331 試合、36勝40敗29Ｓ、防御率3.59
11	井上一樹	12.2	中日 2 位	1215 試合、打率 .275、79 本塁打、349 打点
12	浅井樹	11.8	広島 6 位	1070 試合、打率 .285、52 本塁打、259 打点
13	南渕時高	10.6	ロッテ 4 位	824 試合、打率 .262、22 本塁打、201 打点

　入団した全選手の合計ＰＶは1341.3。入札抽選制時代では一番の豊作だった。前年のソウル五輪で日本代表のエースだった**野茂**（新日鉄堺）が指名解禁となり、史上最多の8球団（オリックス、近鉄、ダイエー、大洋、日本ハム、阪神、ヤクルト、ロッテ）が入札に参加、近鉄が引き当てた。独特のトルネード投法から繰り出される速球とフォークボールで三振を奪いまくり、90 年は 18 勝、防御率 2.91、287 奪三振など主要タイトルを独占。ＰＶ 35.2 も 3 位で新人王とＭＶＰを同時受賞した。以後 4 年連続で最多勝と最多奪三振のダブルタイトルに輝き、最初の 5 年間の合計ＰＶ 91.6 は、投手では同期のナンバーワン。95 年からはアメリカへ渡ってドジャースに入団、同年の新人王をはじめ最多奪三振 2 回、両リーグでのノーヒットノーラン達成など輝かしい実績を残し、通算 123 勝。日本人メ

ジャーリーガーのパイオニアとしてその名を歴史に刻んだ。

　野茂を指名しなかった4球団は、みな単独指名。西武が獲得した松下電器の**潮崎**は、サイドハンドからのシンカーで主にリリーフで起用。90年に防御率1.84／ＰＶ27.6（7位）、93年も1.18／22.3（8位）と好成績を残し続け、通算ＰＶ110.4は1位指名の選手で最も高かった。

　広島入りした**佐々岡**（ＮＴＴ中国）も1年目に13勝17セーブ、ＰＶ12.6、翌91年はいずれも1位の17勝、防御率2.44。ＰＶ35.3（5位）で優勝に貢献、ＭＶＰに選ばれた。96年は抑えで23セーブ／ＰＶ18.1を記録している。佐々岡を抑えて90年の新人王を受賞したのは、中日が1位指名したＮＴＴ東京の剛速球投手・与田剛。リーグ最多の31セーブを挙げるもＰＶは6.3で、また酷使の影響もあり活躍できた期間は短かった。残る巨人は慶応大の大森剛を指名。巨人入りを熱望していた上宮高の元木大介は、ダイエーに外れ1位で指名されたが入団拒否し、浪人の道を選んだ。

　野茂を外した球団も、1位でそれぞれ好選手を獲得できた。大洋が指名した**佐々木**（東北福祉大）はフォークボールを武器に、91年から抑えに定着しＰＶ22.9、95年から4年連続最多セーブ。横浜が38年ぶりの優勝を果たした98年は45セーブ、防御率0.64、ＰＶ21.6でＭＶＰに輝いた。2000年にはマリナーズに入団して37セーブを挙げ、野茂に次ぎ日本人選手で2人目の新人王に選出されている。

　小宮山も野茂の外れ1位指名からメジャーリーガーになった。精密なコントロールの持ち主で、早稲田大からロッテに入団した90年に6勝／ＰＶ18.8、97年はリーグトップの防御率2.49でＰＶ28.9（6位）。ＦＡ資格を得た2000年に自由契約とされ横浜入り、01年は4度目の2ケタとなるＰＶ12.4。02年はメッツで投げ、1年の浪人期間を経て04年ロッテに復帰、09年に44歳で引退した。阪神が外れ1位で指名した**葛西**（法政大）は、サイドハンドの中継ぎとして97年に防御率1.51／ＰＶ15.5を記録した。

　これだけ1位指名が大豊作でも、通算ＰＶの上位4名中3名は2位以下で指名された選手たちだった。**古田**（トヨタ自動車）は、ヤクルトに2位で入団した当初は強肩が光る守備型捕手の印象だったのが、打撃面で急成長。91年に打率.340で首位打者となりＰＶ56.9（2位）、続く92年は打率.316に加えて30本塁打、86打点と長打力も大幅アップし、ＰＶ82.2（1位）。これでも同年はＭＶＰに選ばれず、打率.308、17本塁打でＰＶ48.4（2位）だった翌93年に受賞した。97年も.322、86打点、ＰＶ52.6（2位）で2度目のＭＶＰ。通算ではＰＶ30以

上9回、ゴールデングラブも10回手にし、攻守とも史上最高級の名捕手として名を残した。

　熊本工から広島に4位で入団した**前田**も、卓越した打撃技術で主力打者として活躍。93年は打率.317、27本塁打で、ＰＶ48.9は古田を抑えて1位。95年にアキレス腱断裂の重傷を負ったが、復帰後の98年に自己最高打率の.335、リーグ最多の36二塁打でＰＶ42.6（4位）。打率は94年が3厘差、98年は2厘差の2位で惜しくも首位打者を逃したが、3割11回で5位以内が5度。古田と同様2000本安打に届いた。

　近鉄3位の**石井**（プリンスホテル）も力強いスイングが魅力の強打者で、90年は86試合の出場ながら22本塁打、OPS1.015でＰＶ19.6。故障が多く、規定打席に達したのは92〜94年の3年だけだったが、93年は打率.309、リーグ最多の147安打を放ちＰＶ27.1（5位）。打率.316、33本塁打、111打点（1位）だった94年のＰＶ33.5は2位だった。

球団別

1. ヤクルト（517.7）

順位	選手		在籍時のPV	通算PV	通算成績
1	西村龍次	投手	15.3	-4.4	205試合、75勝68敗2Ｓ、3.76
2	古田敦也	捕手	493.2	493.2	2008試合、.294、217本、1009打点
3	黒須陽一郎	外野手	拒否		
4	押尾健一	投手	-0.2	-0.2	2試合、0勝0敗0Ｓ、4.50
5	松元繁	投手	9.2	9.2	72試合、3勝5敗0Ｓ、3.26
6	広沢好輝	内野手	-0.5	-0.7	10試合、.125、0本、0打点

　野茂の外れ1位で指名した**西村**（ヤマハ）はルーキーシーズンに10勝、翌91年は15勝／ＰＶ24.4（10位）とエース級の成績。93年まで4年連続2ケタ勝利、95年に近鉄へトレードされるまでのＰＶは15.3だった。移籍後は数字を落としたが、98年にはダイエーで10勝／ＰＶ9.5と復活している。3位では吉岡のクジに外れ、立教大の**黒須**を指名するも入団拒否、野球部のない日本興業銀行へ入社した。**押尾**（成東高）は9年目で初登板を果たすも、勝ち星なしで引退。**松元**（朝霞高）が一軍で投げたのは94〜96年の3年だけだったが、ＰＶは毎年プラス。96年は49試合で3勝、防御率3.20／ＰＶ7.5だった。

2. 広島 （340.4）

順位	選手		在籍時 の PV	通算 PV	通算成績
1	佐々岡真司	投手	63.3	63.3	570試合、138勝153敗106 S、3.58
2	仁平馨	外野手	-7.3	-7.6	246 試合、.257、5 本、30 打点
3	前間卓	投手	-3.8	-3.8	38 試合、3 勝 2 敗 1 S、4.67
4	前田智徳	外野手	265.3	265.3	2188試合、.302、295本、1112打点
6	浅井樹	外野手	11.8	11.8	1070 試合、.285、52 本、259 打点

　佐々岡、前田に加えて浅井（富山商）も好打者に成長した。96 年は 124 打数のみだったが打率 .339、6 本塁打、OPS.898 で P V 5.7。2000 年は打率 .300、269 打数で 13 本塁打を放ち 46 打点、P V 6.3 を記録した。2 位以下は全員高校生を指名。仁平（宇都宮工）は俊足の外野手として、前間（鳥栖高）は左のリリーフとして、いずれも短期間ではあったが一軍の戦力になった。

3. 近鉄 （204.2）

順位	選手		在籍時 の PV	通算 PV	通算成績
1	野茂英雄	投手	91.6	91.6	139 試合、78 勝 46 敗 1 S、3.15
2	畑山俊二	外野手	-7.0	-7.6	75 試合、.139、2 本、8 打点
3	石井浩郎	内野手	106.0	102.4	974 試合、.289、162 本、536 打点
4	藤立次郎	外野手	6.6	-4.9	431 試合、.255、29 本、105 打点
5	平江巌	外野手	-0.1	-0.1	1 試合、.000、0 本、0 打点
6	入来智	投手	-22.4	-26.8	214 試合、35 勝 30 敗 2 S、4.25

　野茂と石井を取れただけでも万々歳だが、その他の選手も活躍した。2 位指名の畑山（住友金属）こそ当てが外れた格好でも、同じ外野手の藤立（天理高）は96 年に 94 打数で打率 .309、9 本塁打で P V 8.5。近鉄時代の通算 P V もプラスだった。入来（三菱自動車水島）は 91 年に 4 勝 / P V 8.3、その後 96 年に広島へトレードされたが 1 年後に復帰。2001 年はヤクルトで 10 勝、P V 13.3 の好成績を残している。

4. 西武 (110.4)

順位	選手		在籍時 の PV	通算 PV	通算成績
1	潮崎哲也	投手	110.4	110.4	523 試合、82 勝 55 敗 55 S、3.16
2	鈴木哲	投手	-12.1	-3.6	84 試合、7 勝 13 敗 1 S、4.01
3	大塚孝二	外野手	-21.9	-21.9	466 試合、.258、7 本、70 打点
4	宮地克彦	投手	-15.1	-25.7	457 試合、.275、12 本、111 打点
5	佐伯秀喜	内野手	-0.6	-0.6	7 試合、.167、1 本、2 打点
6	北原泰二	投手	-4.0	-4.0	5 試合、0 勝 0 敗 0 S、10.80

　慶応大時代に 1 位指名が有力視されながら、プロ入りを拒否した**鈴木**（熊谷組）を 2 位で獲得。88 年のソウル五輪にも選ばれたが、プロでは 91 年の 4 勝が最多だった。**大塚**（東北福祉大）は守備・代走要員として重宝され、打撃でも 92 年は打率 .340。96 年も .348 と、打数は少なかったけれども高打率を残した。外野手に転向した**宮地**（尽誠学園高）は、ホークス移籍後の 2004 年に打率 .310。翌 05 年は規定打席に到達して .311 とさらに数字を伸ばし、ＰＶ 0.4 ながらベストナインに選ばれた。

5. 大洋 (98.0)

順位	選手		在籍時 の PV	通算 PV	通算成績
1	佐々木主浩	投手	98.0	98.0	439 試合、43 勝 38 敗 252 S、2.41
2	東瀬耕太郎	投手	-7.6	-17.3	116 試合、2 勝 7 敗 0 S、4.98
3	平塚克洋	外野手	-3.4	-19.2	588 試合、.263、43 本、201 打点
4	今久留主成幸	捕手	-0.8	0.2	23 試合、.214、0 本、3 打点
5	川端一彰	内野手	-6.9	-6.9	204 試合、.270、3 本、27 打点

　5 位まで全員が大学・社会人。**東瀬**は大洋には 3 年在籍しただけで、93 年ロッテにトレード。以後広島、中日、近鉄と渡り歩いた。**今久留主**も東瀬と同じ明治大で、**平塚**（朝日生命）も大学は明治。こちらも大洋では出場機会に恵まれず、オリックスを経て 96 年に移籍した阪神で規定打席に達し 11 本塁打。翌 97 年は打率 .293、142 安打、17 本塁打、68 打点でＰＶ 7.0 だった。

6. ロッテ（70.2）

順位	選手		在籍時 のPV	通算 PV	通算成績
1	小宮山悟	投手	57.1	41.5	455試合、117勝141敗4S、3.71
2	小林昭則	投手	-10.6	-10.6	27試合、0勝2敗0S、5.65
3	鈴木俊雄	捕手	-0.6	-0.6	20試合、.238、0本、4打点
4	南渕時高	内野手	13.1	10.6	824試合、.262、22本、201打点
6	林博康	外野手	-6.4	-6.4	93試合、.220、5本、17打点

　青山学院大→東芝で主力を張った**南渕**は、ロッテでも2年目から準レギュラーとなり、93年に14打席連続出塁のプロ野球記録を達成。同年は.394の高出塁率でPV 8.1、95年まで3年続けてプラスだった。**小林**は、筑波大が87年に明治神宮大会で初優勝したときのエース。同大初のドラフト指名選手となったがプロでは1勝もできなかった。

7. 阪神（13.1）

順位	選手		在籍時 のPV	通算 PV	通算成績
1	葛西稔	投手	13.1	13.1	331試合、36勝40敗29S、3.59
2	岡本圭治	内野手	-9.7	-9.7	172試合、.197、2本、11打点
3	麦倉洋一	投手	-4.6	-4.6	12試合、2勝4敗0S、4.81
4	古里泰隆	投手	-1.1	-1.1	17試合、2勝2敗0S、4.08
5	新庄剛志	内野手	-13.1	-15.3	1411試合、.254、205本、716打点
6	吉田浩	外野手	-9.1	-9.1	221試合、.240、3本、13打点

　岡本（近畿大）は4年目に初めて一軍に昇格し98試合に出場。しかし打率.205と打力不足を克服できなかった。**麦倉**（佐野日大高）はオリックス、**古里**（福岡第一高）はヤクルト、中日との抽選で引き当てる。ともに91年に2勝を挙げたが、以後は1勝もできなかった。

　新庄（西日本短大付高）は93年に102試合で23本塁打を放ちPV 8.1、ベストナインを受賞。以後も低打率ながら一発長打の魅力はあり、2000年の28本を最多として5回20本塁打以上。ゴールデングラブ10回の守備力でもファンを魅了し、オールスターに7回出場した。2001年にFAとなってアメリカへ渡り、帰国後の04〜06年は北海道移転直後の日本ハムを盛り上げるなど、通算PV−

15.3 という数字では測れない人気と存在感があった。

8. 中日 (12.2)

順位	選手		在籍時のPV	通算PV	通算成績
1	与田剛	投手	-22.4	-22.9	148 試合、8 勝 19 敗 59 S、4.58
2	井上一樹	投手	-4.9/12.2	-4.9/12.2	9 試合、0 勝 1 敗 0 S、6.75/1215 試合、.275、79 本、349 打点
3	松永幸男	投手	-8.4	-8.4	60 試合、2 勝 3 敗 1 S、4.45
4	松井達徳	外野手	-8.9	-9.0	187 試合、.253、6 本、28 打点
5	山田喜久夫	投手	-0.1	-1.8	222 試合、6 勝 8 敗 0 S、3.76
6	種田仁	内野手	-13.6	-6.4	1434 試合、.264、71 本、401 打点

　与田は短期間で燃え尽きてしまったが、2 位以下では長く活躍した選手たちが出た。井上（鹿児島商）は 91 年に 8 試合投げたのち、94 年に野手へ転向。唯一規定打席に届いた 99 年は打率.296、65 打点でPV 6.9、2006 年は打率.311 で自己最多のPV 8.7 を記録した。山田は 89 年の選抜で優勝した東邦高のエース。プロでは主に中継ぎで、92 年は 44 試合に投げPV 9.4。その東邦に敗れ準優勝だった上宮高の種田は、91 年に早くもレギュラーとなり打率.272/ PV 4.4。その後は成績が下降していたが、2001 年途中横浜へトレードされ復調。05 年は打率.310、164 安打、出塁率.384 の好成績でPV 18.9 だった。

9. オリックス (4.3)

順位	選手		在籍時のPV	通算PV	通算成績
1	佐藤和弘	外野手	-7.0	-7.0	149 試合、.273、3 本、26 打点
2	吉田直喜	投手	-2.1	-2.1	2 試合、0 勝 1 敗 0 S、13.50
3	高橋功一	投手	4.3	4.3	164 試合、24 勝 23 敗 0 S、3.82
4	藤本俊彦	捕手	-0.4	-0.4	4 試合、.200、0 本、0 打点
5	松山秀明	内野手	-0.4	-0.4	126 試合、.253、2 本、7 打点
6	佐々木明義	内野手	-	-2.3	66 試合、.103、1 本、3 打点

　野茂の外れ 1 位で指名した佐藤（熊谷組）は明るいキャラクターで、"パンチ佐藤"の異名で人気者となる。成績は 133 打数で打率.331（PV 0.4）だったルーキーイヤーを超えることなく、5 年間で引退しタレントに転向した。2 位では金

澤、3位も麦倉の抽選を外し3連敗。**高橋**（能代高）は94年に6勝、続く95年は7勝／ＰＶ9.4。98年も再びＰＶ9.4を記録した。**松山**はＰＬ学園時代に清原・桑田の同級生で主将を務め、青山学院大では2位指名の**吉田**と同期。プロでは大成せず引退後にコーチとして働いた。

10. 巨人 (0)

順位	選手		在籍時のPV	通算PV	通算成績
1	大森剛	内野手	-10.0	-12.6	132試合、.149、5本、16打点
2	川邉忠義	投手	-	-5.5	17試合、1勝3敗0S、4.89
3	吉岡雄二	投手	-7.8	-5.5	1012試合、.273、131本、463打点
4	佐久間浩一	外野手	出場なし		
5	鈴木望	内野手	-	-1.3	14試合、.133、1本、1打点

　慶応大で通算17本塁打、3年春に三冠王となった**大森**は、90年に38試合に出たのが最多で打率2割に届いた年すらなかった。長身投手の**川邉**（川崎製鉄千葉）も巨人での登板機会はなく、96年に日本ハムで1勝しただけ。**佐久間**（東海大）と**鈴木**（駒澤大）も一軍に上がれず退団、のちに川邉と同じく日本ハムへ移った。89年夏の甲子園で優勝投手となった**吉岡**（帝京高）は打者に転向。近鉄移籍後の99年に定位置を確保し、2001〜02年は2年続けて26本塁打。ＰＶは98年（81試合で13本塁打、OPS.912）の7.1が最多だった。

10. ダイエー (0)

順位	選手		在籍時のPV	通算PV	通算成績
1	元木大介	内野手	拒否		
2	金澤健一	投手	-11.1	-11.1	7試合、0勝0敗0S、10.80
3	橋本武広	投手	-16.2	14.2	560試合、12勝22敗20S、3.71
4	西俊児	内野手	-4.9	-8.7	152試合、.233、2本、19打点
5	馬場敏史	内野手	-12.3	-50.8	675試合、.242、12本、119打点

　入団拒否した**元木**をはじめ、ホークスではなく他球団の戦力になった選手が多かった。**橋本**（プリンスホテル）はダイエーでの4年間はほとんどいいところがなく、94年に西武へ移籍して左の中継ぎとして覚醒。2001年まで8年連続プラ

スＰＶ、防御率 1.68 だった 97 年に自己最多のＰＶ 11.8。西武時代の 9 年間は合計 40.3 だった。**馬場**（新日鉄堺）も 94 年にオリックスへ移ると、95 〜 96 年は100 試合以上に出場し、2 年連続で三塁手としてゴールデングラブを受賞。打力は弱くＰＶがプラスの年はなかったが、95 年にリーグ 1 位の 29 犠打を決めた。

10. 日本ハム（O）

順位	選手		在籍時のPV	通算PV	通算成績
1	酒井光次郎	投手	-4.1	-5.6	171 試合、23 勝 36 敗 1 S、4.07
2	岩本勉	投手	-60.5	-60.5	239 試合、63 勝 79 敗 3 S、4.44
3	中山大輔	投手	出場なし		
4	舟山恭史	投手	-2.4	-2.4	5 試合、0 勝 0 敗 0 S、6.75
6	有倉雅史	投手	-6.1	-8.4	89 試合、8 勝 7 敗 1 S、4.31

　6 人全員投手を指名する偏ったドラフト。1 位で野茂を外すと、佐々木主浩を指名する予定を**酒井**（近畿大）へ変更した。1 年目に 10 勝／ＰＶ 15.3 と上々のスタートを切った酒井は、以後は頭打ち。**岩本**（阪南大付高）は逆に、一軍初勝利が 6 年目の 95 年と時間はかかったが、96 年に 10 勝、99 年は 13 勝。ＰＶは95 年の 5.9 が最多だった。85 年にロッテの 6 位指名を拒否した**有倉**（日体大）は、同じ 6 位で日本ハム入りし、90 年は 4 勝／ＰＶ 6.9 だった。

1990 年 〈合計ＰＶ 549.6 ＝ 37 位〉

1	矢野輝弘	153.5	中日 2 位	1669 試合、打率 .274、112 本塁打、570 打点	
2	鈴木尚典	133.7	大洋 4 位	1517 試合、打率 .303、146 本塁打、700 打点	
3	高津臣吾	49.6	ヤクルト 3 位	598 試合、36 勝 46 敗 286 S、防御率 3.20	
4	長谷川滋利	46.5	オリックス 1 位	142 試合、57 勝 45 敗 4 S、防御率 3.33	
5	関川浩一	36.0	阪神 2 位	1408 試合、打率 .286、24 本塁打、324 打点	
6	野村貴仁	28.5	オリックス 3 位	344 試合、24 勝 22 敗 39 S、防御率 3.21	
7	田村勤	26.6	阪神 4 位	287 試合、13 勝 12 敗 54 S、防御率 2.90	
8	岡林洋一	17.8	ヤクルト 1 位	175 試合、53 勝 39 敗 12 S、防御率 3.51	
9	水尾嘉孝	14.8	大洋 1 位	269 試合、7 勝 9 敗 2 S、防御率 3.42	
10	山崎一玄	12.1	阪神 3 位	204 試合、20 勝 19 敗 3 S、防御率 3.69	

最大の目玉は亜細亜大の奪三振王・小池秀郎。前年の野茂に並ぶ 8 球団が入札するほどの大人気で、指名権を獲得したのはロッテだったが、意中の球団ではないと入団を拒み松下電器に入社した。

指名が重複したのは小池だけで、残る 4 球団は単独指名。前年にダイエーの 1 位を拒否、浪人中だった元木大介は希望通り巨人に入団できた。上宮高時代は甲子園で通算 6 本塁打を放ったが、プロ入り後は 2 ケタ本塁打は一度もなし。98 年に初めて規定打席に達し打率 .297/ ＰＶ 7.6、2001 年も .292/13.0 だったが、通算は － 22.7。同じように巨人入団当初は悪役扱いされた江川卓や桑田真澄は、その後の活躍もあって印象が変わったが、元木のイメージは引退するまで改善されなかった。

東北福祉大から 2 位指名で中日入りした**矢野**は、96 年に打率 .346、ＰＶ 18.4 を記録したこともあったが、ドラゴンズでは正捕手に定着できなかった。ところが 98 年に阪神へトレードされると、08 年まで 11 年間レギュラーマスクを被り続ける。02 年は 66 試合の出場ながら打率 .321 でＰＶ 25.8（9 位）、翌 03 年は .328、79 打点でＰＶ 47.5（3 位）。06 年も 3 度目の 20 以上となる 21.6 で 3 度目のベストナインに選出された。

矢野と交換で中日へ移った**関川**（駒澤大）も打撃のいい捕手で、95 年は打率 .295/ ＰＶ 19.4、97 年も .306/19.8。阪神時代は通算打率 .289、出塁率は .356 の高率に達した。中日でも 99 年は打率 .330 でリーグ 2 位だったが、外野へ転向していたこともありＰＶは 13.8 と打率ほどではなかった。

　阪神は関川だけでなく、3 位の**山崎**（静岡高）、4 位の**田村**（本田技研）も通算ＰＶを 2 ケタに乗せた。山崎は 94 年に規定投球回に達し 7 勝、防御率 3.20 でＰＶ 7.7。99 年は主に中継ぎで防御率 2.40、ＰＶ 15.8 の好成績を残した。田村は左のリリーフとして 92 年は 5 勝 14 セーブ、防御率 1.10 でＰＶ 11.4。翌 93 年は 22 セーブ、96 年はセーブは 1 個もなかったが防御率 1.16/ ＰＶ 10.0 だった。

　鈴木は地元の横浜高から、ベイスターズの 4 位指名を受け入団。97 年に打率 .335 で首位打者となりＰＶ 36.0（7 位）、翌 98 年も .337 で 2 年連続タイトルに輝き、ＰＶ 35.0 は 5 位。横浜の優勝に貢献して、日本シリーズでもＭＶＰに輝いた。さらに 99 年も .328（3 位）、178 安打でＰＶ 27.9 と打ち続け、通算では 5 回打率 3 割をクリアしている。

　前年の 89 年も野茂・佐々木・新庄・小宮山と 4 人のメジャーリーガーが誕生したが、この年も 3 人がメジャーのユニフォームを着た。オリックス 1 位の**長谷川**（立命館大）は 91 年に 12 勝を挙げ新人王を受賞すると、92 〜 95 年は 4 年連続 2 ケタＰＶ。11 勝、防御率 3.11 だった 94 年のＰＶ 19.0（8 位）が最多だった。もともとメジャー志向が強く、97 年にエンジェルズへ円満移籍を果たすと、マリナーズ時代も含め主に中継ぎで 9 年間投げ、通算 517 登板。これは日本人メジャー投手の最多記録である。

　オリックスは 3 位の**野村**（三菱重工三原）も左の中継ぎとして好投した。93 年は 36 試合で防御率 1.53、ＰＶ 16.1、95 年も 37 試合で防御率 0.98/ ＰＶ 10.1。その後、こちらもメジャーへ移籍する木田優夫とのトレードで 98 年に巨人へ移籍。2002 年に渡米しブルワーズに入団したが 1 年だけで帰国、日本ハムで日本球界に復帰した。大洋 1 位の**水尾**（福井工大）は、ホエールズ / ベイスターズでは 3 年間で 20 試合に投げただけだったが、95 年にオリックスへ移籍すると、97 年はリーグ最多の 68 試合に登板し、防御率 2.26/ ＰＶ 9.3。翌 98 年も 55 試合で防御率 1.89/ ＰＶ 7.5 と、野村が抜けた左の中継ぎポジションを埋めた。

　もう 1 人のメジャーリーガーは、ヤクルトに 3 位で入団した**高津**。亜細亜大では小池に次ぐ 2 番手だったが、プロではサイドハンドからのシンカーでリリーバーとして躍進。93 年に 20 セーブを挙げＰＶ 11.2、翌 94 年に 19 セーブで初タイトル。以後通算 4 回最多セーブに輝き、2001 年に自己最多の 37 セーブ、03 年

に佐々木の通算セーブ記録を更新した。ただしＰＶが最も良かったのは、7セーブだった97年の15.9で、2ケタＰＶも2度だけだった。04年はホワイトソックスに入団し19セーブ。翌05年限りで帰国し、06〜07年はヤクルトで投げたのち、さらに韓国、台湾、独立リーグなどで43歳まで現役を続けた。20年にスワローズＯＢの投手として初めて古巣の監督に就任している。

　ヤクルトは小池の抽選を外し、代わりの1位指名には専修大で通算28勝を挙げた**岡林**を選んだ。91年は12勝に加えて12セーブ、先発に転向した翌92年は15勝でＰＶ13.8。94年も11勝／ＰＶ13.8だったが、故障もあって活躍した期間は短かった。

球団別

1. 大洋（133.7）

順位	選手		在籍時のPV	通算PV	通算成績
1	水尾嘉孝	投手	-12.1	14.8	269 試合、7 勝 9 敗 2 S、3.42
2	宮川一彦	内野手	-6.3	-6.3	99 試合、.217、2 本、11 打点
3	加藤将斗	投手	-21.9	-21.9	68 試合、6 勝 13 敗 0 S、5.04
4	鈴木尚典	外野手	133.7	133.7	1517 試合、.303、146 本、700 打点
6	渡部高史	投手	-0.4	1.1	106 試合、2 勝 5 敗 1 S、3.53

　入団拒否した5位の米正秀（西京高）を除く3人の投手はみな左腕、野手2人も左打ち。**加藤**（東北高）は94年にローテーション入りし4勝を挙げるも、後が続かなかった。**渡部**（札幌琴似工）は通算2勝ながら、93年は35試合でＰＶ8.7。95年に水尾と同じくオリックスに移籍し、防御率1.72／ＰＶ6.1と結果を出した。

2. オリックス（104.2）

順位	選手		在籍時のPV	通算PV	通算成績
1	長谷川滋利	投手	46.5	46.5	142 試合、57 勝 45 敗 4 S、3.33
2	戎信行	投手	16.5	8.4	80 試合、15 勝 16 敗 1 S、4.04
3	野村貴仁	投手	41.2	28.5	344 試合、24 勝 22 敗 39 S、3.21
4	岩崎久則	投手	-13.1	-13.0	39 試合、1 勝 2 敗 0 S、6.04

4位まで全員投手を指名し、うち3人が大学・社会人出身で即戦力の期待に応えた。唯一の高卒だった戎は地元・神戸の育英高出身。99年まで通算27試合で0勝だったのが、10年目の2000年は8勝、防御率3.27で1位となりPV17.0。続く01年も5勝9敗と負け越しながらもPV9.0と、1年限りの突然変異でないと証明した。

3. 阪神（88.6）

順位	選手		在籍時のPV	通算PV	通算成績
1	湯舟敏郎	投手	-18.3	-22.0	257試合、60勝79敗3S、3.99
2	関川浩一	捕手	47.1	36.0	1408試合、.286、24本、324打点
3	山崎一玄	投手	13.4	12.1	204試合、20勝19敗3S、3.69
4	田村勤	投手	28.1	26.6	287試合、13勝12敗54S、2.90
5	嶋田哲也	投手	-1.6	-1.6	37試合、1勝3敗0S、3.98

　関川以外に指名した5人は全員投手で、3人が2ケタの通算PVという豊作だった。小池の外れ1位に選んだのは同じ左腕の**湯舟**（本田技研鈴鹿）。92年はノーヒットノーランを含む11勝、防御率2.82でPV12.7。翌93年は12勝、94年も5勝ながらPV9.6と、ローテーション投手として活躍を続けた。

4. ヤクルト（67.4）

順位	選手		在籍時のPV	通算PV	通算成績
1	岡林洋一	投手	17.8	17.8	175試合、53勝39敗12S、3.51
2	小坂勝仁	投手	-3.5	-3.3	80試合、2勝2敗1S、3.90
3	高津臣吾	投手	49.6	49.6	598試合、36勝46敗286S、3.20
4	新井潔	内野手	-4.2	-9.8	139試合、.180、2本、9打点
6	伊林厚志	投手	-6.4	-6.4	31試合、0勝2敗0S、5.96

　上位3人がみな大学生右腕と、明確な即戦力志向が上手く行った。**小坂**（東北福祉大）も92年は28試合に登板したが、**岡林**や**高津**とは大きな差がついた。**新井**（本田技研）は広島との抽選に勝って獲得。ヤクルトのほか横浜、オリックスにも在籍したけれども、どこでも結果は残せなかった。

5. 近鉄 (28.0)

順位	選手		在籍時 の PV	通算 PV	通算成績
1	寺前正雄	投手	-3.9	-3.9	9 試合、0 勝 5 敗 0 S、4.91
2	水口栄二	内野手	-14.8	-23.5	1561 試合、.269、53 本、417 打点
3	佐野重樹	投手	14.7	1.5	353 試合、41 勝 31 敗 27 S、3.80
4	柴田佳主也	投手	13.3	9.0	259 試合、4 勝 1 敗 1 S、3.57

　1 位小池、2 位内之倉、3 位野村と抽選に 3 連敗。外れ 1 位の**寺前**は北陽高で甲子園に出場、ダイナミックな投球フォームが話題だったが 1 勝もできなかった。**水口**（早稲田大）と**佐野**（近大呉工学部）は松山商の同級生。甲子園で大会記録の 19 安打を放った水口は、94 年に正遊撃手となり、その後二塁へコンバート。97 年に打率 .284、出塁率 .370、リーグ最多の 42 犠打で自己最多のＰＶ 9.7 だった。佐野は中継ぎとして早くから積極的に起用され、93 年は防御率 2.00/ ＰＶ 13.5、95 年は 10 勝 6 セーブ。**柴田**（阿部企業）は左の中継ぎで、50 試合に登板した 2000 年に防御率 1.82/ ＰＶ 8.5 の好成績を収めた。

6. 中日 (24.3)

順位	選手		在籍時 の PV	通算 PV	通算成績
1	小島弘務	投手	6.1	6.1	167 試合、19 勝 15 敗 8 S、3.60
2	矢野輝弘	捕手	18.2	153.5	1669 試合、.274、112 本、570 打点
3	山本保司	内野手	-7.4	-11.9	170 試合、.202、0 本、21 打点
4	吉田太	投手	-1.5	-1.5	13 試合、0 勝 0 敗 0 S、4.91
5	森田幸一	投手	-4.8	-4.8	117 試合、18 勝 13 敗 24 S、3.87
6	寺西秀人	投手	-0.5	-0.5	6 試合、0 勝 1 敗 0 S、4.15

　小島は住友金属時代の 89 年にドラフト外で西武と契約。しかしながら大学中退ではなく高校卒扱いとされ、高卒 3 年を経なければプロ入りできない規定に抵触して契約無効となっていた。中日では 1 年目に 6 勝、94 年はチーム最多の 8 セーブ、防御率 1.53/ ＰＶ 14.2 で優勝争いに大きく貢献した。住友金属で小島と同僚だった**森田**は、5 位指名ながら 10 勝 17 セーブ、ＰＶ 7.2 で 91 年の新人王を受賞。しかし 2 年目以降は成績を落とし、プロ生活は 5 年で終わった。

7. 西武 (8.0)

順位	選手		在籍時のPV	通算PV	通算成績
1	長見賢司	投手	-0.8	-0.8	6試合、.182、0本、0打点
2	奈良原浩	内野手	-25.3	-66.5	1508試合、.237、13本、212打点
3	犬伏稔昌	内野手	-0.4	-0.4	116試合、.295、4本、29打点
4	親富祖弘也	捕手	出場なし		
5	内山智之	投手	8.0	-21.2	125試合、15勝21敗0S、4.32

　長見（伊丹西高）は投手として入団するも一軍に上がることなく、5年目に野手転向。公式戦に出たのは、横浜にトレードされた97年の6試合だけだった。奈良原（青山学院大）は守備の名手として高く評価されたものの、打撃は非力で西武時代はレギュラーには定着できず、日本ハムに移籍した98年に唯一の規定打席到達。打率.280、30盗塁で自己ベストのPV 5.8だった。内山（大阪経法大）は93年に3勝、PV 5.3を記録すると、翌94年にトレードでダイエーへ移籍。先発ローテーションで使われるも94、95年は2年続けて2ケタのマイナスPVだった。

8. 日本ハム (2.5)

順位	選手		在籍時のPV	通算PV	通算成績
1	住吉善則	内野手	-4.4	-4.4	30試合、.159、0本、2打点
2	石本努	内野手	-46.4	-46.4	512試合、.262、6本、73打点
3	小島善博	投手	1.0	1.0	50試合、4勝4敗0S、3.83
4	南竜次	投手	-11.6	-11.6	11試合、0勝0敗0S、12.08
5	小牧雄一	捕手	1.5	1.5	34試合、.267、1本、6打点

　前年の中島に続き、プリンスホテルから大砲候補として住吉を1位指名するも、通算7安打で本塁打はゼロ。隠し球的存在だった石本（別府大付高）は俊足の持ち主で通算83盗塁。99年に打率.304を記録するもPV 0.2で、これが自己最多だった。天理高のエースとして甲子園を制した南も1勝が遠かった。

9. 巨人（0）

順位	選手		在籍時のPV	通算PV	通算成績
1	元木大介	内野手	-22.7	-22.7	1205 試合、.262、66 本、378 打点
2	吉原孝介	捕手	-8.5	-10.6	303 試合、.214、4 本、27 打点
3	藤崎靖彦	外野手	出場なし		
4	阿部茂樹	捕手	-	-0.1	1 試合、.000、0 本、0 打点

　5位の原正俊（日大二高）以外は全員野手。2位では矢野のクジを外し、同じ捕手の**吉原**（川崎製鉄水島）を指名したが、92年の49試合が最多出場。99年途中から中日、さらにオリックスへ移るも控えで終わった。3位以下で指名した4選手も、巨人での一軍出場は1試合もなかった。

9. ダイエー（0）

順位	選手		在籍時のPV	通算PV	通算成績
1	木村恵二	投手	-37.1	-41.1	325 試合、31 勝 53 敗 41 S、4.35
2	内之倉隆志	内野手	-4.8	-4.8	118 試合、.216、2 本、11 打点
3	江口孝義	投手	-2.0	-2.0	16 試合、0 勝 1 敗 0 S、4.50
4	下柳剛	投手	-16.4	1.9	627 試合、129 勝 106 敗 22 S、3.92
5	足利豊	投手	-19.6	-19.6	81 試合、13 勝 20 敗 1 S、4.37
6	村松有人	外野手	-57.6	-87.2	1673 試合、.277、18 本、393 打点

　社会人投手を4人指名。単独1位の**木村**（日本生命）はルーキーイヤーに4勝14敗、防御率5.88/ＰＶ－28.1と打ちこまれたが、94年は防御率2.21/ＰＶ17.1。95年は抑えで21セーブを稼いだ。佐賀工時代から評価が高かった**江口**（ＮＴＴ九州）は、肩の故障もあってプロでは0勝。アンダースローの**足利**（新日鉄名古屋）は、93年に規定投球回に達するも6勝13敗、ＰＶ－10.4だった。

　下柳（新日鉄君津）は、ダイエーでの4年間は毎年マイナスＰＶ。だが日本ハム移籍後の97年は、先発1試合のみで規定投球回をクリアしＰＶ6.4。翌98年は66試合に投げＰＶ8.8、2003年に阪神へトレードされてからは先発で使われ、05年は15勝で最多勝、ＰＶ16.3。以後4年連続2ケタ勝利、44歳まで現役を続けた。

　残る2人は高校生野手。3球団の抽選に勝って獲得した**内之倉**（鹿児島実）は

大成せず、**村松**（星稜高）が俊足を生かし定位置を確保。リーグ最多の58盗塁を決め、ベストナインにも選ばれた96年はＰＶ1.9にとどまったが、ダイエーでの最後の年となった2003年は、打率.324、13三塁打（1位）で自己最多のＰＶ14.3だった。

9. 広島（O）

順位	選手		在籍時 のPV	通算 PV	通算成績
1	瀬戸輝信	捕手	-14.7	-14.7	537試合、.244、10本、91打点
2	小野幸一	投手	出場なし		
3	高橋英樹	投手	-13.5	-13.5	97試合、7勝8敗0S、4.37
4	山崎健	投手	-4.2	-0.8	222試合、17勝18敗4S、4.05
5	小林敦司	投手	-0.9	-2.8	59試合、1勝1敗0S、4.40
6	松本隆	捕手	-0.8	-0.8	9試合、.000、0本、0打点

　将来の正捕手と期待して指名した**瀬戸**（法政大）は、キャリアを通じてほぼ控え。唯一98年は120試合に出場したが、打率.233/ＰＶ-8.5だった。2～5位は高校生投手。**高橋**（喜界高）は離島出身の上、有名俳優と同姓同名で話題となる。97年に5勝を挙げた後は2試合に投げたのみだった。最も活躍したのは**山崎**（関東一高）で、96年は4完封を含む9勝、ＰＶ10.1。ロッテ移籍後の2004年も、0勝3敗ながら防御率3.05/ＰＶ7.5だった。

9. ロッテ（O）

順位	選手		在籍時 のPV	通算 PV	通算成績
1	小池秀郎	投手	拒否		
2	定詰雅彦	捕手	-45.2	-51.8	511試合、.187、14本、88打点
3	五十嵐章人	外野手	-27.7	-64.0	870試合、.234、26本、171打点
4	吉井英昭	投手	-1.0	-1.0	13試合、0勝0敗0S、4.64
6	榎康弘	投手	-0.8	-15.2	66試合、10勝12敗0S、4.71

　金田正一監督の独断で指名した**小池**からは「一番行きたくない球団」と猛烈な拒否反応に遭う。**定詰**（新日鉄広畑）は94～95年に100試合以上出場するも、両年とも打率1割台だった。**五十嵐**（日本石油）も、オリックス時代を含め100

試合以上出た年は４度あったものの、レギュラーの一歩手前にとどまった。全ポジションでの出場、全打順での本塁打という２つの珍記録を作ったことでも知られる。**榎**（東海大甲府高）は 94 年に７勝／ＰＶ 4.3 を記録した。

1991 年 〈合計ＰＶ 1462.7 ＝ 6 位〉

1	金本知憲	511.3	広島 4 位	2578 試合、打率 .285、476 本塁打、1521 打点	
2	鈴木一朗	340.1	オリックス 4 位	951 試合、打率 .353、118 本塁打、529 打点	
3	中村紀洋	216.2	近鉄 4 位	2267 試合、打率 .266、404 本塁打、1348 打点	
4	片岡篤史	96.9	日本ハム 2 位	1569 試合、打率 .270、164 本塁打、717 打点	
5	三浦大輔	60.9	大洋 6 位	535 試合、172 勝 184 敗 0 Ｓ、防御率 3.60	
6	落合英二	48.5	中日 1 位	463 試合、37 勝 45 敗 24 Ｓ、防御率 3.29	
7	石井一久	26.3	ヤクルト 1 位	419 試合、143 勝 103 敗 1 Ｓ、防御率 3.63	
8	斎藤隆	23.7	大洋 1 位	403 試合、91 勝 81 敗 55 Ｓ、防御率 3.75	
9	島崎毅	23.7	日本ハム 4 位	197 試合、20 勝 19 敗 28 Ｓ、防御率 3.09	
10	河本育之	21.3	ロッテ 2 位	500 試合、36 勝 43 敗 95 Ｓ、防御率 3.57	
11	新谷博	21.2	西武 2 位	238 試合、54 勝 47 敗 14 Ｓ、防御率 3.64	
12	弓長起浩	20.7	阪神 3 位	400 試合、17 勝 13 敗 7 Ｓ、防御率 3.28	
13	町田公二郎	18.4	広島 1 位	955 試合、打率 .251、85 本塁打、272 打点	
14	吉田篤史	16.3	ロッテ 1 位	292 試合、26 勝 37 敗 6 Ｓ、防御率 3.69	

　前年まで 1 球団 6 名だった指名枠が 10 名に拡大され、球史に名を残す名打者 3 人が揃って 4 位で指名された。事前に人気を集めていたのは駒澤大のエース若田部健一で、巨人・西武・ダイエー・広島の 4 球団が入札しダイエーに決定。東北福祉大の**斎藤**は中日との抽選に勝った大洋へ、関西学院大の大型遊撃手・田口壮はオリックスと日本ハムが入札し、本人が希望していたオリックスが引き当てた。高校ナンバーワン左腕との評価だった東京学館浦安高の**石井**は、ヤクルトが単独指名した。

　指名された選手のうち、日本で最も成功したのは広島 4 位の**金本**。東北福祉大では大洋 1 位の斎藤、ダイエー 2 位の作山和英、同 3 位の浜名千広、巨人 4 位の伊藤博康の 5 人と同期で、金本の注目度は必ずしも高くなかった。だがプロ入り後に打力が飛躍的に向上し、94 年から 16 年連続 2 ケタＰＶ、10 位以内が 9

度。主要打撃タイトルは 2004 年の打点王だけでも、打率 3 割 8 回、30 本塁打 6 回、選球眼も良く最多四球 6 回。カープ時代では 01 年（打率 .314、25 本、93 打点、128 四球）の P V 54.7（3 位）が最多、03 年に阪神へ移籍して以降は、05 年（.327、40 本、125 打点、98 四球）に P V 65.8（1 位）で M V P も受賞した。並外れて頑丈な選手でもあり、史上 3 位の 1766 試合連続出場も達成。現役最終年の 44 歳までレギュラーで起用され、同年も P V 6.4 と打力は最後まで水準以上を保っていた。通算 P V 511.3 は史上 10 位にランクされている。

しかしメジャー・リーグまで視野を拡げれば、ナンバーワンはオリックス 4 位の**鈴木**以外に考えられない。愛工大名電高から入団し、94 年に登録名を**イチロー**と変更すると打率 .385、日本新記録の 210 安打を放って国民的スターとなる。以後 7 年連続で首位打者、5 年連続最多安打、3 年連続 M V P。P V は 94 年が 60.5、翌 95 年は打率 .342、80 打点、49 盗塁など 9 部門で 1 位となり自己最多の 66.4。96 年（50.6）まで 3 年連続、98 年（32.7）に 4 度目の 1 位となった。レギュラーとなって以降 7 年間、最も低かったのが 98 年で他は毎年 40 以上。実働 9 年で通算 340.1 に達した。メジャーに移った 2001 年は新人王と M V P の同時受賞という史上 2 人目の快挙を成し遂げ、04 年は年間新記録の 262 安打。19 年に 45 歳で引退するまで通算 3089 安打、日本での数字を合わせると 4257 本という偉業で、米国野球殿堂入りが確実視されている。守備も超一流で、日本ではゴールデングラブ 7 回、アメリカでも 10 回。王貞治と並び日本史上最高の野球選手である。

中村も、渋谷高では投手として甲子園に出たのはイチローと同じ。近鉄に 4 位指名で入団し内野手に転向、思い切りの良いパワフルな打撃で 98 年から 5 年連続 30 本塁打以上、2000 年は 39 本塁打、110 打点の二冠王に輝き P V 35.7（4 位）。翌 01 年は打率 .320、46 本塁打、132 打点で P V 62.3（2 位）、02 年（42 本、115 打点）も 55.1（3 位）。以後は P V 15 を超えた年はなく、メジャー挑戦の失敗、育成選手への転落など紆余曲折がありながら、通算 2000 安打 /400 本塁打を達成した。三塁守備でもゴールデングラブに 7 回輝いている。

P L 学園高の 87 年春夏甲子園連覇メンバーだった**片岡**は、同志社大を経て日本ハムへ。選球眼に優れた中距離打者で、96 年は打率 .315 で 2 位。98 年にリーグ新の 113 四球、出塁率 .435 も 1 位で P V 31.5（4 位）、2000 年も 101 四球で再び 1 位となり、出塁率 .406 で P V 26.1（8 位）。阪神時代も含め 7 回 2 ケタ P V を記録した。

投手の出世頭は、高田商から大洋に入団した**三浦**（通算 P V 60.9）。年間最多は 12 勝ながら 2 ケタ勝利 7 回、05 年はいずれもリーグ 1 位の防御率 2.52、177

奪三振でＰＶ 37.8（5 位）。42 歳まで現役を続けた。**斎藤**も長年ベイスターズの主力として貢献。94 年に 9 勝／ＰＶ 11.6、以後 7 年間で 2 ケタＰＶ 4 回。10 勝 10 敗ながらリーグ最多の 206 三振を奪った 95 年の 16.7 が最多だった。2006 年に 36 歳でアメリカへ渡ると、7 年間で 21 勝 84 セーブと予想以上に活躍し、07 年はオールスターに選出。最後の 3 年は楽天で投げ、45 歳で引退した。

　石井は 95 年に 13 勝／ＰＶ 19.6、97 年は規定投球回不足ながら防御率 1.91 でＰＶ 25.3（9 位）、2000 年はリーグトップの防御率 2.61 で自己ベストのＰＶ 26.5（6 位）。02 年からの 4 年間はメジャーで 39 勝を稼ぎ、斎藤と入れ替わるように 06 年ヤクルトに復帰。08 年にＦＡで西武へ移り、三浦や斎藤と同じく 40 歳を過ぎても現役だった。ただし 2 ケタ勝利が 8 回あった一方で、ＰＶがプラスだったのは実働 18 年中 7 年だけで、通算 26.3 は印象より低い数字だった。

球団別

1. オリックス（340.1）

順位	選手		在籍時のPV	通算PV	通算成績
1	田口壮	内野手	-25.0	-25.0	1222 試合、.276、70 本、429 打点
2	萩原淳	内野手	-23.4/ -0.5	-37.4/ -0.5	270 試合、13 勝 15 敗 15 S、4.91/ 277 試合、.091、0 本、0 打点
3	本東洋	投手	-1.8	-1.8	3 試合、0 勝 0 敗 0 S、10.13
4	鈴木一朗	投手	340.1	340.1	951 試合、.353、118 本、529 打点

　関西学生リーグ史上最多の通算 123 安打を放った**田口**は、打撃が意外に伸びず、97 年（打率 .294、32 二塁打）のＰＶ 5.7 が最多だった。守備では送球難から外野へコンバートされると、ゴールデングラブ 5 度受賞の名手に成長。2002 年には同期の**イチロー**のあとを追ってメジャーに挑戦し、8 年間で 672 試合に出場、2 度世界一を味わっている。**萩原**（東海大甲府高）は野手としては 7 試合に出て 6 打数 1 安打だと、8 年目に投手へ転向。異例のコンバートながら 02 年に 48 試合で 3 勝 10 セーブ、ＰＶ 7.5 を記録するなど、リリーフで結果を残した。

2. 広島（294.7）

順位	選手		在籍時のPV	通算PV	通算成績
1	町田公二郎	外野手	20.2	18.4	955 試合、.251、85 本、272 打点

2	徳本政敬	内野手	出場なし		
3	佐藤貞治	投手	-1.6	-1.6	4 試合、0 勝 0 敗 0 S、8.10
4	金本知憲	外野手	271.6	511.3	2578 試合、.285、476 本、1521 打点
5	杉田勇	捕手	*	-0.1	3 試合、.000、0 本、0 打点
6	伊藤真	投手	0.4	0.4	1 試合、0 勝 0 敗 0 S、0.00
7	小畑幸司	捕手	2.5	2.5	76 試合、.229、1 本、2 打点

若田部の外れで、東都リーグ史上 2 位の 15 本塁打を放った専修大の大砲・町田を指名。96 年は打率 .308、9 本塁打で P V 9.6、自己最多の 13 本塁打だった 2000 年は P V 11.9。通算代打本塁打 20 本はセ・リーグ記録となっている。2 位で西武と重複して獲得した徳本（木本高）は一軍出場ゼロに終わったが、逆に 4 位では星稜高（静岡県）の斎藤肇を外したおかげで金本を取れた。

3. 近鉄（218.4）

順位	選手		在籍時のPV	通算PV	通算成績
1	高村祐	投手	-48.2	-56.3	287 試合、83 勝 102 敗 9 S、4.31
2	江坂政明	投手	-25.1	-28.3	76 試合、15 勝 14 敗 0 S、4.68
3	品田操士	投手	-42.3	-42.3	64 試合、7 勝 5 敗 0 S、6.19
4	中村紀洋	投手	215.4	216.2	2267 試合、.266、404 本、1348 打点
5	背尾伊洋	投手	3.0	3.0	22 試合、1 勝 2 敗 0 S、3.25
6	森山一人	投手	-0.2	-1.5	25 試合、.067、1 本、2 打点

法政大の高村を単独 1 位で指名。92 年は 13 勝、防御率 3.15（5 位）、P V 15.0 で新人王を受賞。2 年目以降は 2 ケタ勝利に届かなかったとはいえ、95 年も 10 試合の登板ながら防御率 1.91 で P V 13.0 と、主力投手として投げ続けた。江坂（神戸製鋼）は 93 年に 8 勝を挙げ、P V 9.6 だったのが唯一のプラス。米独立リーグに派遣された品田（花咲徳栄高）と背尾（大阪桐蔭高）は、期待されたほどには成長しなかった。

4. 日本ハム（122.9）

順位	選手		在籍時のPV	通算PV	通算成績
1	上田佳範	投手	-53.7	-58.5	1027 試合、.236、37 本、192 打点

2	片岡篤史	内野手	99.2	96.9	1569 試合、.270、164 本、717 打点
3	徳田吉成	捕手	出場なし		
4	島崎毅	投手	23.7	23.7	197 試合、20 勝 19 敗 28 S、3.09
6	根本隆輝	内野手	-6.2	-11.2	165 試合、.248、4 本、27 打点

　上田は 91 年春の甲子園で 3 試合連続完封するなど、松商学園を準優勝に導いた好投手。打撃の評価も高く入団 2 年目で打者に転向すると、97 年は規定打席に到達して打率.300/ 出塁率.383、ＰＶ 7.2 だったが、その後は打率.250 に達しなかった。**島崎**（ＮＴＴ北海道）は 95 年に 51 試合で 9 勝、防御率 2.00/ ＰＶ 15.4。続く 96 年も 54 試合で 14 セーブ、ＰＶ 15.2 の好投で、同年から制定された最優秀中継ぎ賞に選ばれた。引退後も長く日本ハムでコーチなどとして働いている。**根本**（小松島西高）は、99 年に 71 試合で打率.287、3 本塁打、20 打点だったのがピークだった。

5. 大洋（81.1）

順位	選手		在籍時 の PV	通算 PV	通算成績
1	斎藤隆	投手	17.6	23.7	403 試合、91 勝 81 敗 55 S、3.75
2	永池恭男	内野手	-7.0	-14.2	349 試合、.217、3 本、27 打点
3	有働克也	投手	-32.8	-33.8	127 試合、23 勝 33 敗 0 S、4.39
4	斎藤肇	投手	出場なし		
6	三浦大輔	投手	60.9	60.9	535 試合、172 勝 184 敗 0 S、3.60
7	山根善伸	捕手	2.6	2.6	33 試合、.318、1 本、1 打点

　斎藤隆と**三浦**に加え、**有働**（大阪経済大）も一軍のローテーション投手となる。93 年は 6 勝 / ＰＶ 3.8、翌 94 年は規定投球回に達し 8 勝、防御率 3.39 でＰＶ 4.6 と 2 年続けてまずまずの数字を残したが、95 ～ 96 年は合計 - 31.7 と苦しんだ。**永池**（福岡工大付高）は巨人に移籍した 98 年に、自己最多の 65 試合に出場。その後近鉄と楽天にも在籍した。

6. ロッテ（63.0）

順位	選手		在籍時 の PV	通算 PV	通算成績
1	吉田篤史	投手	16.3	16.3	292 試合、26 勝 37 敗 6 S、3.69

2	河本育之	投手	46.7	21.3	500 試合、36 勝 43 敗 95 S、3.57
3	丹波健二	内野手	-5.2	-5.2	37 試合、.143、1 本、4 打点
4	花島寛己	投手	出場なし		
5	樋口一紀	内野手	-5.3	-10.9	204 試合、.234、0 本、14 打点
6	服部文夫	投手	-0.4	-0.4	6 試合、0 勝 0 敗 0 S、4.50

　翌年からの千葉移転を控えて臨んだドラフトで、単独 1 位で指名した**吉田**（ヤマハ）は、新人でローテーションに加わり 7 勝。その後 2 年間は不振だったが、95 年にリリーフへ回ると 25 試合で防御率 1.00/ Ｐ Ｖ 9.9 と復調。97 年も防御率 1.56 でＰ Ｖ 16.3 だった。**河本**も社会人（新日鉄光）出身で、小柄ながら左腕から勢いのある球を投げ、92 年は 19 セーブ、Ｐ Ｖ 11.2。以後 6 年続けて 40 試合以上に登板、95 年は防御率 1.64。リーグ最多の 25 セーブを挙げた 97 年はＰ Ｖ 15.6、ロッテでの 8 年間の合計では 46.7 だった。

　91 年の都市対抗で大会新記録の 9 本塁打を放った**丹波**（東芝）は、プロでは 1 本のみ。7 位では元力士の市場孝之（国際海洋高）、8 位では東京大の小林至と異色の人材を指名したのも、話題作りの域を出なかった。小林はその後、大学の助教授などを経てソフトバンクのフロント入りした。

7. ヤクルト（57.6）

順位	選手		在籍時のPV	通算PV	通算成績
1	石井一久	投手	57.6	26.3	419 試合、143 勝 103 敗 1 S、3.63
2	西岡洋	投手	-15.0	-15.4	34 試合、0 勝 3 敗 0 S、8.31
3	増田政行	投手	-8.0	-8.0	36 試合、1 勝 5 敗 0 S、5.05
4	津川力	内野手	-0.2	-0.2	1 試合、.000、0 本、0 打点
5	高梨利洋	外野手	-6.2	-6.2	49 試合、.181、1 本、6 打点
6	鮫島秀旗	捕手	-0.7	-0.7	8 試合、.000、0 本、0 打点

　12 球団で唯一クジを引かずに済ませた。1 位の**石井**に続き、2 位も左腕の**西岡**（大阪ガス）を指名。即戦力と期待されたが 5 年在籍し 1 勝もできず、移籍先の近鉄でも勝利をつかめなかった。**増田**（国士舘大）も 96 年の 1 勝のみ。津川（明徳義塾高）は一軍公式戦出場 1 試合だけで、審判員に転向した。**高梨**（札幌第一高）は父・英夫が社会人（大昭和製紙北海道）の名選手で、兄の芳昌も近鉄の選手だった。

8. 中日 (48.8)

順位	選手		在籍時のPV	通算PV	通算成績
1	落合英二	投手	48.5	48.5	463 試合、37 勝 45 敗 24 S、3.29
2	佐々木健一	投手	-1.0	-1.0	5 試合、0 勝 0 敗 0 S、4.50
3	若林隆信	投手	-0.8/ -	0.7/ -1.1	43 試合、0 勝 0 敗 0 S、3.76/ 62 試合、.286、0 本、1 打点
4	若林弘泰	投手	-11.1	-11.1	17 試合、1 勝 1 敗 0 S、8.85
5	井手元健一朗	投手	0.3	-0.1	53 試合、4 勝 3 敗 0 S、3.98
6	佐野心	外野手	-0.8	-0.8	27 試合、.091、0 本、1 打点

　日本大 4 年時に肘を故障していた**落合**を、回復を見込んで指名に踏み切った決断は成功だった。主にリリーフで安定した成績を残し、98 年以降は 7 年連続防御率 2 点台以下。61 試合に投げ防御率 1.77 だった 03 年に自己ベストの P V 14.8、最初の 12 年間でマイナスは 1 年だけだった。**若林隆**（佐賀学園高）は投手として甲子園に出場。プロ入りすぐ野手に転向したものの、95 年に投手へ戻り、広島移籍後の 97 年は 30 試合に登板。その後再び野手に戻って 99 年に初安打を放った。

9. 阪神 (28.7)

順位	選手		在籍時のPV	通算PV	通算成績
1	萩原誠	内野手	-7.4	-9.3	124 試合、.192、4 本、14 打点
2	久慈照嘉	内野手	-24.0	-28.5	1199 試合、.257、6 本、153 打点
3	弓長起浩	投手	20.7	20.7	400 試合、17 勝 13 敗 7 S、3.28
4	桧山進次郎	外野手	8.0	8.0	1959 試合、.260、159 本、707 打点

　単独 1 位指名した大阪桐蔭高の強打者・**萩原**は、95 年に 54 試合に出たのが最多。本塁打も同年の 4 本がすべてだった。それでも 2 ～ 4 位指名の 3 人はみな戦力になる。**久慈**（日本石油）は守備力を評価されてすぐ正遊撃手となり、92 年は打率 .245/ P V - 7.2 でも新人王を受賞。阪神時代の 6 年間は毎年 120 試合以上に出場、95 年は打率 .266 ながら .381 の高出塁率で P V 5.4 だった。

　弓長（熊谷組）は左の中継ぎで新人ながら 51 試合に登板、防御率 1.35/ P V 20.0。98 年もリーグ最多の 57 試合で防御率 1.69/ P V 10.6 だった。三井の外れで指名した**桧山**（東洋大）は、キャリアの初期は長打はあっても打率の低い

打者だった。だが次第に確実性が向上し、2001 年は打率 .300/ ＰＶ 11.3、04 年も .306/11.4。30 代の終わり頃からは代打の切り札として使われ、44 歳まで現役を続けた。

10. 西武 (25.6)

順位	選手		在籍時のＰＶ	通算ＰＶ	通算成績
1	竹下潤	投手	-12.1	-12.1	162 試合、12 勝 12 敗 1 Ｓ、4.13
2	新谷博	投手	25.6	21.2	238 試合、54 勝 47 敗 14 Ｓ、3.64
3	熊沢当緒琉	外野手	出場なし		
4	松田和哉	投手	出場なし		

　若田部の抽選に外れ、同じ駒澤大の左腕・**竹下**を指名。4 年目の 95 年に一軍に定着、ＰＶ 9.5 と一定の働きはしたけれども、1 位指名としては物足りなさもあった。日本生命から入団した**新谷**も大学は駒澤。27 歳での遅いプロ入りで、1 年目から 5 年続けてプラスＰＶ、94 年は 10 勝 9 セーブ、防御率 2.91（1 位）でＰＶ 18.7（10 位）の好成績だった。9 人を指名したが、3 位以下で公式戦出場者は皆無。8 位で元槍投げ選手の日月哲史（関東高出）、9 位では 84 年の大洋 3 位指名で、交通事故を乗り越え再起した蒲谷和茂（元東芝）を指名したものの、話題性だけにとどまった。

11. 巨人 (0)

順位	選手		在籍時のＰＶ	通算ＰＶ	通算成績
1	谷口功一	投手	-2.4	-3.0	7 試合、0 勝 0 敗 0 Ｓ、7.36
2	小原沢重頼	投手	-22.9	-22.9	47 試合、3 勝 7 敗 0 Ｓ、6.55
3	松岡正樹	捕手	出場なし		
4	伊藤博康	外野手	-0.4	-0.4	9 試合、.211、0 本、0 打点
6	羽根川竜	投手	-	-1.6	9 試合、0 勝 0 敗 0 Ｓ、6.35

　天理高の大型投手として 2 年生時に夏の甲子園で優勝した**谷口**は、巨人では 6 年間で 3 試合に投げただけ。その後西武と近鉄にも在籍したが、0 勝に終わった。**小原沢**（城西大）も通算防御率 6 点台で、指名した 6 人のうち一軍で重要な働きができた者は一人もいなかった。

11. ダイエー (O)

順位	選手		在籍時のPV	通算PV	通算成績
1	若田部健一	投手	-24.8	-26.8	271 試合、71 勝 75 敗 0 S、4.15
2	作山和英	投手	-4.4	-4.4	9 試合、0 勝 1 敗 0 S、8.64
3	浜名千広	内野手	-48.1	-57.6	1160 試合、.245、32 本、271 打点
4	三井浩二	投手	拒否		
7	林孝哉	内野手	-3.5	-5.9	263 試合、.237、12 本、57 打点
8	市原圭	外野手	-	-1.4	83 試合、.135、0 本、1 打点
10	田畑一也	投手	-7.4	-13.8	166 試合、37 勝 36 敗 1 S、4.14

　大量 10 人を指名し、**若田部、浜名、三井**（足寄高）はクジ引きで全員引き当てた（三井は入団拒否）。若田部は 4 回 2 ケタ勝利を挙げ、いずれもジャスト 10 勝。ホークスでの最後の年となった 2002 年が自身最多の P V 11.5（防御率 2.99）だった。2・3 位の東北福祉大コンビは、**作山**が 2 年だけで引退しスカウトに転身。ルーキーで正遊撃手となった**浜名**は、96 年は 123 安打、33 盗塁。98 年は出塁率 .363 だった。

　田畑は北陸銀行を退職後、実家で大工として働いていたが入団テストに合格、全選手で最後に指名された。ダイエーでは成績を残せず、ヤクルトに移籍した 96 年に 12 勝 / P V 10.8 と飛躍、続く 97 年も 15 勝 /16.9 とさらに数字を伸ばした。

1	松井秀喜	499.7	巨人 1 位	1268 試合、打率 .304、332 本塁打、889 打点
2	豊田清	107.2	西武 3 位	558 試合、66 勝 50 敗 157 Ｓ、防御率 2.99
3	伊藤智仁	93.7	ヤクルト 1 位	127 試合、37 勝 27 敗 25 Ｓ、防御率 2.31
4	野口茂樹	40.4	中日 3 位	281 試合、81 勝 79 敗 2 Ｓ、防御率 3.69
5	小倉恒	23.1	ヤクルト 7 位	401 試合、50 勝 48 敗 32 Ｓ、防御率 3.93
6	成本年秀	22.1	ロッテ 2 位	271 試合、26 勝 20 敗 83 Ｓ、防御率 3.33

　高校生では星稜高の強打者・**松井**、大学・社会人ではバルセロナ五輪代表に選ばれた好素材が揃い、注目度の高かったドラフト。入札が重複したのは松井に 4 球団、三菱自動車京都の**伊藤**に 3 球団。松井は巨人の監督に復帰したばかりの長嶋茂雄が引き当て、伊藤はヤクルトが交渉権を得た。

　2 人は期待通りに活躍した。**松井**は 1 年目に 11 本塁打を放つと翌 94 年も 20 本、ＰＶ 21.6。96 年は打率 .314、38 本でリーグ 1 位のＰＶ 55.7、初のＭＶＰに輝く。以後 7 年連続ＰＶ 50 以上、2000 年からは 3 年連続 70 以上でいずれも 1 位と歴史的な成績を収め続け、98・2000・02 年は本塁打・打点の二冠王。02 年は 50 本塁打の大台に乗せ打率 .334 も 2 位、3 度目のＭＶＰに選出された。ＰＶ 95.7 はリーグ史上 3 位、5 度目の 1 位と最高の結果を残して 03 年にメジャーへ旅立つと、ヤンキースなどでの 10 年間で 175 本塁打、09 年はワールドシリーズでＭＶＰになった。

　伊藤は史上最高とも言われるスライダーを駆使し、93 年に 7 勝、防御率 0.91 でＰＶ 32.4、新人王を受賞。だが酷使が祟りシーズン途中で離脱しただけでなく、その後 2 年間は一軍で投げられなかった。96 年に復活すると翌 97 年は抑えとして 19 セーブ／ＰＶ 12.4。98 年には先発に戻り初めて規定投球回に到達、6 勝 11 敗と負け越しながらもＰＶ 16.7 と内容は良く、続く 99 年も 8 勝／ＰＶ 23.5。実働 7 年でマイナスＰＶは 1 年だけだった。

　通算ＰＶ 107.2 で伊藤を上回ったのは、西武 3 位の**豊田**（同朋大）。当初は先発として使われ、97 年には 10 勝／ＰＶ 16.0 と結果も残していたが、2001 年からリリーフに回り同年 28 セーブ、続く 02・03 年は 2 年続けてリーグ最多の 38 セーブ。02 年は防御率 0.78 でＰＶ 18.5、03 年は自己最多のＰＶ 21.9 と救援転向

は大成功だった。

　豊田がＦＡで巨人へ移籍した06年、同じようにＦＡで中日から巨人へ移ったのが**野口**（丹原高）。98年に14勝、リーグ1位の防御率2.34でＰＶ28.3（7位）、翌99年は19勝、ＰＶ33.2でＭＶＰを受賞する。さらに2001年も2度目の防御率1位でＰＶ28.3（8位）と好成績を残した一方、ＰＶがマイナス2ケタだった年も4度あった。

球団別

1. 巨人 （502.2）

順位	選手		在籍時のPV	通算PV	通算成績
1	松井秀喜	内野手	499.7	499.7	1268試合、.304、332本、889打点
2	門奈哲寛	投手	2.5	2.5	44試合、1勝3敗0S、3.38
3	西山一宇	投手	-9.4	-9.4	207試合、24勝18敗12S、4.11
4	木村龍治	投手	-6.0	-6.0	172試合、10勝5敗2S、4.21
5	村田善則	捕手	-23.8	-23.8	302試合、.213、6本、43打点

　松井以外の4人も一軍の戦力になった。3人指名した投手の中では、バルセロナ五輪メンバーの**西山**（ＮＴＴ四国）が速球派のリリーバーとして貢献。95年は5勝7セーブ、防御率0.55でＰＶ12.4、自己最多の49試合に登板した98年も防御率2.48/ＰＶ10.6の好成績を収めた。左腕の**門奈**（日本大）は1年目こそ33試合で防御率2.70/ＰＶ5.9だったが、その後は11試合に投げただけだった。**木村**（青山学院大）は99・2000年に2年続けて50試合以上登板し、2000年のＰＶ5.7がベスト。長く控え捕手を務めた**村田**（佐世保実）は、引退後もスコアラー/コーチで球団に残った。

2. 西武 （104.6）

順位	選手		在籍時のPV	通算PV	通算成績
1	杉山賢人	投手	9.6	-1.2	333試合、17勝13敗17S、3.91
2	前田勝宏	投手	-4.3	-4.3	25試合、0勝2敗0S、4.89
3	豊田清	投手	95.0	107.2	558試合、66勝50敗157S、2.99
4	黒田哲史	内野手	-9.7	-18.7	237試合、.195、6本、24打点
6	田原晃司	捕手	-10.4	-10.4	99試合、.158、1本、7打点

大学・社会人の投手を上位3位まで指名した、即効性重視のドラフト。単独指名したバルセロナ五輪代表の**杉山**（東芝）は、左のリリーフとして93年は54試合に投げ、7勝／PV 6.4だったが、成績はこの年がピークだった。剛速球の持ち主で大器と評判だった**前田**（プリンスホテル）は、西武では1勝もできず96年にメジャー挑戦を直訴し退団。ヤンキースと契約するもメジャー昇格はならなかった。4〜7位は全員高校生を指名したが、一軍に上がった**黒田**（村野工）と**田原**（泉州高）も控えで終わった。

3. ヤクルト（100.3）

順位	選手		在籍時のPV	通算PV	通算成績
1	伊藤智仁	投手	93.7	93.7	127試合、37勝27敗25S、2.31
2	住友健人	内野手	-1.1	-1.1	6試合、.000、0本、0打点
3	真中満	外野手	-17.3	-17.3	1368試合、.286、54本、335打点
4	山本樹	投手	6.6	6.6	405試合、27勝37敗10S、3.85
6	古沢淳	外野手	-0.7	-0.7	3試合、.143、0本、0打点
7	小倉恒	投手	-8.5	23.1	401試合、50勝48敗32S、3.93

真中（日本大）は97年に打率.338／PV 10.5、99年と2001年は規定打席到達で打率3割。01年（.312＝6位）に自己最多のPV 11.4、引退後はヤクルトの監督となり15年にリーグ優勝を果たした。**山本**（龍谷大）は先発からリリーフに回った98年に7勝、防御率2.03／PV 8.8。97〜2001年は5年連続プラスPVと安定していた。

クラブチーム（全足利）出身の**小倉**は、ヤクルトでは4年間で23試合の登板だったが、97年にオリックスへ移ると99年は5勝11セーブ、PV 19.9（10位）と飛躍。以後3年連続で2ケタPV、楽天時代の06年も58試合でPV 9.9。通算PV 23.1は92年指名組で5番目にランクされた。

4. 中日（43.6）

順位	選手		在籍時のPV	通算PV	通算成績
1	佐藤秀樹	投手	-32.4	-37.7	145試合、22勝25敗1S、4.61
2	鶴田泰	投手	-5.9	-19.7	125試合、21勝31敗2S、4.17
3	野口茂樹	投手	43.6	40.4	281試合、81勝79敗2S、3.69

4	吉鶴憲治	捕手	-1.4	-10.4	389 試合、.236、9 本、59 打点
5	伊礼忠彦	外野手	0.0	0.0	6 試合、.333、0 本、0 打点
6	古池拓一	投手	-22.8	-27.2	99 試合、11 勝 20 敗 3 S、4.79
7	神野純一	内野手	-4.2	-4.2	383 試合、.239、12 本、78 打点

　指名した 7 人中、**野口**以外は大学・社会人出身。松井の外れ 1 位だった**佐藤**（三菱重工横浜）は 94 年に 7 勝、ＰＶ 9.0 だったが、翌 95 年は防御率 6.63、ＰＶ－27.4 と急降下した。新人で 7 勝した**鶴田**（駒澤大）も 2 年目以降伸び悩み、広島へ移った 2001 年はＰＶ 8.0 だったものの翌 02 年は－20.1。サイドハンドの**古池**（松下電器）は、95 年にローテーション入りして 6 勝。117 三振を奪い、9 回平均 8.9 個はリーグ 2 位だった（10 先発以上）。**吉鶴**（トヨタ自動車）は中日では 34 打席に立っただけ。96 年にロッテに移って以降、控え捕手として出場機会が増えた。愛知六大学の安打製造器・**神野**（愛知工大）は 99 年に 102 打席のみながら打率 .330/ＰＶ 7.1 だった。

5. ロッテ（28.9）

順位	選手		在籍時のPV	通算PV	通算成績
1	武藤潤一郎	投手	-45.7	-50.2	159 試合、17 勝 33 敗 0 S、4.77
2	成本年秀	投手	19.3	22.1	271 試合、26 勝 20 敗 83 S、3.33
3	和田孝志	投手	9.6	9.6	72 試合、2 勝 3 敗 0 S、3.67
4	干場崇永	投手	0.0	0.0	20 試合、1 勝 0 敗 0 S、3.89
6	安藤学	外野手	-2.6	-2.6	36 試合、.227、0 本、2 打点

　目玉クラスの競合を避け、1 位はロッテ志望の**武藤**（プリンスホテル）を単独指名。最初の 3 年間で 0 勝、防御率 10.80、ＰＶ－33.4 と苦戦したのち、徐々に成績は向上。98 年 8 勝、99 年は 6 勝で自己最多のＰＶ 6.3 だった。2 位で金田、3 位で五十嵐の抽選を続けて外したが、外れ 2 位の**成本**（大阪ガス）は大当たり。94 年から抑えに定着し 19 セーブ、ＰＶ 14.0、翌 95 年も 21 セーブ、防御率 2.00 でＰＶ 10.3。96 年にリーグ最多の 23 セーブを稼いだ。**和田**（東洋大）は 99 年までの 7 年間で 10 試合しか投げなかったが、この間合計 14.1 回で無失点。01 年は 38 試合に登板した。

6. オリックス（9.4）

順位	選手		在籍時のPV	通算PV	通算成績
1	小林宏	投手	-31.1	-35.5	245 試合、53 勝 47 敗 19 S、4.42
2	金田政彦	投手	9.4	-12.5	244 試合、52 勝 65 敗 1 S、4.16
3	牧野塁	投手	-14.3	-10.3	222 試合、13 勝 23 敗 2 S、4.33
4	関吉雅人	外野手	出場なし		

　上位 3 人の投手はみな通算 200 試合以上に登板。**小林**（広島経済大）は 95 年にローテーション入りして 8 勝、同年の日本シリーズでも力投した。97 年はリリーフで 15 セーブ、ＰＶ 11.9。98 年まで通算ＰＶ 22.2 だったが、その後 6 年間で－57.7 と大きく数字を落とした。

　金田（日産自動車九州）は小林とは逆に、最初の 5 年間は合計－28.0 だったのが、その後 7 年間は 37.4。99 年は 11 勝、2002 年は防御率 2.50 で 1 位となりＰＶ 18.7 だった。同年はたった 4 勝で、最優秀防御率投手の最少勝利数記録である。150 ｋｍを超える速球で有望視された**牧野**（山梨学院大付高）は、2000 年に 34 試合でＰＶ 6.8 だったが、制球が安定せず大成できなかった。

7. 広島（2.4）

順位	選手		在籍時のPV	通算PV	通算成績
1	佐藤剛	投手	-12.9	-12.9	21 試合、1 勝 0 敗 0 S、6.13
2	菊地原毅	投手	-38.2	-26.8	474 試合、15 勝 26 敗 3 S、4.51
3	鈴木健	投手	-23.0	-23.0	21 試合、1 勝 7 敗 0 S、7.05
4	吉本亮	捕手	2.4	-4.1	100 試合、.193、4 本、15 打点
5	井上浩司	内野手	-	-0.2	6 試合、.000、0 本、0 打点
7	池田郁夫	投手	-7.4	-7.4	5 試合、0 勝 0 敗 0 S、15.00
8	高橋顕夫	投手	-	0.4	1 試合、0 勝 0 敗 0 S、0.00

　伊藤の外れ 1 位で指名した**佐藤**（本田技研）、3 位の**鈴木**（日本石油）の社会人組はともに 1 勝のみ。だが**菊地原**（相武台高）は中継ぎとして息の長い投手になり、2001 年はリーグ最多の 78 試合に登板（ＰＶ－6.4）。オリックスに移籍した 05 年は 71 登板で 2 度目の 1 位、防御率 1.38 と内容も良くＰＶ 17.5。オリックスでの 6 年間は合計 13.7 だった。**井上**（専大北上高）は 97 年限りで退団したの

ち、99年に復帰して一軍昇格を果たしている。

8. 横浜 （1.9）

順位	選手		在籍時のPV	通算PV	通算成績
1	小桧山雅仁	投手	-14.7	-14.7	122 試合、9 勝 14 敗 4 S、4.30
2	佐伯貴弘	内野手	1.9	-2.8	1895 試合、.277、156 本、795 打点
3	五十嵐英樹	投手	-13.3	-13.3	245 試合、31 勝 28 敗 9 S、4.13
4	金村康平	捕手	出場なし		
5	戸叶尚	投手	-53.3	-45.1	252 試合、32 勝 35 敗 0 S、4.72
6	吉井晃	投手	-0.4	-0.4	12 試合、0 勝 0 敗 0 S、3.86
7	田中敏昭	投手	-1.4	-1.4	11 試合、0 勝 1 敗 0 S、4.50

　球団名が横浜ベイスターズに変わって最初のドラフトは、バルセロナ五輪代表で、横浜入りを望んでいた**小桧山**（日本石油）を単独指名。1年目は3勝4セーブ、PV 6.5とまずまずだったが以後は今一つだった。関西六大学リーグの三冠王だった**佐伯**（大商大）は、プロでは年間19本塁打が最多だった代わり、打率3割4度のアベレージヒッターとして活躍。2007年（打率.302、16本塁打）の14.8を最多として2ケタPVを3回記録した。

　五十嵐（三菱重工神戸）は2年目から5年連続30試合以上に登板、96年に9勝、PV 5.9。横浜が優勝した98年も40試合で防御率2.61と奮闘した。**戸叶**（佐野商）は97年に10勝を挙げたが、続く98・99年は合計でPV－39.9の大乱調。それでもオリックス移籍後に盛り返し、2004年（40試合、防御率2.61）は自己最多のPV 11.1だった。

9. ダイエー （0.8）

順位	選手		在籍時のPV	通算PV	通算成績
1	大越基	投手	0.8/ -7.7	0.8/ -7.7	13 試合、0 勝 0 敗 0 S、3.95/ 365 試合、.237、1 本、24 打点
2	久保貴裕	投手	出場なし		
3	浜涯泰司	投手	-9.2	-9.2	58 試合、1 勝 1 敗 1 S、5.00
4	佐藤真一	外野手	-8.4	-18.3	629 試合、.261、36 本、155 打点
5	渡辺正和	投手	-1.3	-1.3	264 試合、15 勝 9 敗 1 S、4.18

仙台育英高時代に甲子園で活躍、早稲田大に進みながらすぐ中退した**大越**を1位指名。投手としては94年に13試合に投げただけで、野手転向後に守備・代走要員として重宝された。たくぎんの強打者としてバルセロナ五輪に出た**佐藤**は、ダイエーでは3年間で20安打、本塁打0本。96年にヤクルトへ移籍してから出場機会が増え、打率.341、13本塁打だった99年はPV 21.2の好成績を収めた。**渡辺**（東京ガス）は即戦力と期待されながら長く伸び悩んでいたが、2000年に34歳で60試合に登板、PV 17.6で優勝の一翼を担った。

10. 近鉄（O）

順位	選手		在籍時のPV	通算PV	通算成績
1	小池秀郎	投手	-38.3	-55.1	309試合、51勝47敗2S、4.40
2	吉田道	投手	出場なし		
3	内匠政博	外野手	-18.3	-18.3	433試合、.253、10本、70打点
4	衣川幸夫	捕手	-0.1	-1.9	50試合、.174、0本、3打点
5	大島公一	内野手	-1.6	-2.0	1375試合、.261、24本、334打点
6	渕脇芳行	内野手	-0.2	-0.2	1試合、.000、0本、0打点
7	久保充広	捕手	-	0.0	11試合、.200、0本、0打点

　亜細亜大時代の90年に8球団から入札され、ロッテ入団を拒否した**小池**は、松下電器では振るわず評価が下降。90年にも入札していた近鉄が単独で指名した。97年は15勝で最多勝、PV 18.7だったが、これが唯一の2ケタ勝利。2000年に中日へトレードされたのち、02年に近鉄に復帰した。
　3・5位では日本生命の野手を指名。**内匠**は、94・95年に準レギュラーとして100試合以上出場し、95年は打率.277/ PV 3.7。バルセロナ五輪代表の**大島**は、長打力不足ながら二遊間を守れる上に選球眼も良く、2000年は90四球を選び出塁率.418。2度目のベストナイン、3度目のゴールデングラブに輝きPV 8.7。最多のPVは出塁率.372、8本塁打を放った98年の10.3だった。

10. 日本ハム（O）

順位	選手		在籍時のPV	通算PV	通算成績
1	山原和敏	投手	-25.2	-25.2	65試合、5勝11敗8S、5.47
2	松田慎司	投手	-13.9	-23.8	194試合、6勝7敗1S、4.70

順位	選手		在籍時のPV	通算PV	通算成績
3	今関勝	投手	-31.8	-31.8	114 試合、26 勝 30 敗 0 S、4.39
4	田口昌徳	捕手	-43.6	-49.6	534 試合、.199、18 本、94 打点
5	西浦克拓	内野手	-18.0	-18.0	346 試合、.235、35 本、119 打点

　上位3名はみな社会人投手。単独1位の**山原**（川崎製鉄水島）は勢いのある速球でリリーフとして使われるも、故障に見舞われ通算成績は平凡だった。鶴田の抽選を外して指名した**松田**（西濃運輸）は、日本ハムには3年いただけ。ダイエーを経て移籍したヤクルトで2001年48試合に登板、リーグ優勝に貢献した。引退後は同球団のスカウトとして山田哲人、村上宗隆の両スターを担当した。**今関**（ＮＴＴ東京）は96年に11勝、ＰＶ8.9でオールスターに出場。98年も9勝を挙げた。

　田口（駒澤大）は94年に101試合に出場、正捕手の座をつかみかけたが、打撃に確実性を欠き定着できなかった。上宮高では黒田博樹を差し置いてエースだった**西浦**は、プロでは内野手。98年に20本塁打、18盗塁と開花しかけたものの、1年限りの好成績に終わった。

10. 阪神（O）

順位	選手		在籍時のPV	通算PV	通算成績
1	安達智次郎	投手	出場なし		
2	竹内昌也	投手	-7.3	-5.8	202 試合、28 勝 29 敗 1 S、4.05
3	米村和樹	投手	出場なし		
4	片山大樹	捕手	出場なし		
6	塩谷和彦	捕手	-9.7	-54.2	496 試合、.264、29 本、145 打点
7	山下和輝	外野手	-0.2	-0.2	4 試合、.200、0 本、0 打点

　阪神ファンだった松井秀喜の抽選を外し、地元・村野工の左腕・**安達**を指名したが一軍登板がないまま引退。8人中6人は高校生の指名で、うち公式戦に出たのは**塩谷**（神港学園高）だけ。阪神では控えだった塩谷は、オリックス移籍後の2003年に規定打席に達し、打率.307を記録した。**竹内**（ＮＴＴ東北）は95年に10勝を挙げると、翌97年も8勝。防御率3.01はリーグ5位でＰＶ13.0だった。

1993 年 〈合計ＰＶ 888.5 ＝ 18 位〉

1	松井和夫	377.8	西武 3 位	1913 試合、打率 .291、201 本塁打、837 打点
2	小久保裕紀	258.4	ダイエー 2 位	2057 試合、打率 .273、413 本塁打、1304 打点
3	藪恵一	62.4	阪神 1 位	279 試合、84 勝 106 敗 0 S、防御率 3.58
4	平井正史	56.9	オリックス 1 位	569 試合、63 勝 43 敗 41 S、防御率 3.31
5	岡島秀樹	52.1	巨人 3 位	549 試合、38 勝 40 敗 50 S、防御率 3.19
6	小野晋吾	38.7	ロッテ 6 位	293 試合、85 勝 77 敗 0 S、防御率 3.68
7	石井貴	28.1	西武 1 位	321 試合、68 勝 58 敗 13 S、防御率 3.78

　この年から、戦力均衡を目指すドラフトの理念を否定するような逆指名制度が導入された。大学・社会人の所属に限り、1 球団 2 名まで選手側が希望球団を指定し、事前に入団内定を得られるというもの。「アマチュア選手に職業選択の自由を認める」という大義名分が掲げられてはいたものの、その実は人気球団である巨人などが、有力選手を優先的に獲得したいがために強硬に推し進めて実現させた、歪な制度であった。

　だが新制度のメリットを最大限に活用したのは巨人ではなく、"球界の寝業師"こと根本陸夫が編成部長を務めるダイエーだった。正真正銘の 1 位候補である青山学院大のスラッガー**小久保**を 2 位で確保しておき、1 位では大学球界屈指の好投手・渡辺秀一（神奈川大）を指名して、目玉級の両取りに成功したのである。小久保を取り損ねた巨人は、中央球界でさほど知られていなかった三野勝大（東北福祉大）の逆指名を取り付けるのが精一杯だった。

　しかし、有力選手に逆指名してもらうために正当ではない手段を用いる球団も少なくなく、"裏金"が飛び交うことになる。その結果、この年の指名選手のうち小久保や渡辺ら 8 選手が脱税容疑で起訴され、執行猶予付きの懲役刑を下された。78 年の抽選制度導入以来初めて、指名が重複する選手がなく一度もクジ引きが行なわれなかった年でもあった。

　前評判が最も高かったのは関東学院大の左腕・河原隆一で、地元の横浜を逆指名。その他広島を除く 11 球団の 18 選手が、この制度を利用して希望する球団に入った。だが逆指名組で通算ＰＶ 10 以上は小久保、**藪**、**石井**の 3 人だけ。見込

み通りに働いた選手は少なかった。

最も高い通算ＰＶ 377.8 だったのは、西武が３位指名したＰＬ学園高の**松井**。入団後は投手から内野手に転向、登録名を和夫から稼頭央と改め、３年目の 96 年には正遊撃手に定着し打率.309、62 盗塁。翌 97 年からは７年連続ＰＶ 30 以上、98 年は.311、43 盗塁、ＰＶ 31.8（２位）でＭＶＰに選ばれた。2002 年は.332、36 本塁打、33 盗塁の"トリプルスリー"。ＰＶは 87.4 の驚異的な数字で、99 年（.330、32 盗塁）の 49.8、2000 年（.322、23 本塁打、90 打点）の 58.6 に続いて３度目の１位。04 年にメッツと契約して以降７年間をアメリカで過ごし、帰国後は楽天に加わり 15 年に 2000 安打に到達した。最終的には 2090 本、メジャーでの 615 本を合計すると 2705 本になる。ずっと日本に居たら史上２人目の 3000 安打を超えていた可能性が高く、通算ＰＶも 600 以上になっていたかもしれない。

小久保も期待通りの名選手に成長した。95 年に 28 本塁打でタイトルを獲得、ＰＶ 44.3 は２位。97 年は打率.302、36 本、114 打点（１位）でＰＶ 49.7 は１位だった。2000 年からは５年連続 30 本塁打以上、01 年に自己最多の 44 本、123 打点でＰＶ 39.1（４位）。"無償トレード"で巨人に移籍した 04 年は打率.314、ＰＶは３度目の 40 以上となる 41.1（４位）だった。07 年にホークスへＦＡで戻り、松井ともども通算 2000 安打に到達して名球会入りしている。

朝日生命から阪神入りした**藪**は 94 年に９勝、防御率 3.18、ＰＶ 10.7 で新人王を受賞。４回２ケタ勝利を挙げたが、ＰＶが最も高かったのは７勝 13 敗と大きく負け越しながらも、防御率 2.98（６位）だった 95 年の 20.4。04 年も６勝９敗ながら防御率 3.02／ＰＶ 17.7 で、この年を最後にメジャーへ移籍した。10 年に楽天で日本球界に復帰し、42 歳で引退している。

西武１位の**石井**（三菱重工横浜）も 97 年に主としてリリーフで 10 勝を挙げると、翌 98 年から先発に回り、防御率 3.29 はリーグ３位。99 年は 13 勝でＰＶ 16.4、02 年まで８年続けてＰＶはプラスだった。

宇和島東高の**平井**はダイエー入りを熱望し、オリックスの１位指名を拒否する姿勢だったが結局は入団。95 年は 15 勝 27 セーブ、防御率 2.32、ＰＶ 10.9 で優勝に貢献し、新人王に選ばれた。その後故障もあって成績を落としたが、2003 年に中日へトレードされると先発投手として 12 勝、ＰＶ 17.6 と復活。以後はまたリリーフに戻り、39 歳まで現役を続けた。

藪や平井と同様に、**岡島**の選手生活も長かった。東山高からドラフト３位で巨人入りし、一軍昇格当初は先発も務めたが、次第に左の中継ぎとして重要な役割を任されるようになる。01 年は抑えで 25 セーブ。日本ハムを経て 07 年にメ

ジャーへ移籍、同年はレッドソックスでオールスターにも出場した。12年に帰国し、ソフトバンクで56試合に投げ防御率0.94、自己最多のPV 11.0。13年は再びアメリカへ渡り、15年のDeNAを最後に39歳で引退した。

　下位指名では、ロッテ6位の小野（御殿場西高）が2000年に13勝、防御率3.45（2位）でPV 17.6。翌01年も10勝、防御率3.74は6位と2年続けて好成績を残した。06年も7勝、防御率2.66（5位）でPV 15.6、合計では4回2ケタPVに乗せた。

球団別

1. 西武（373.6）

順位	選手		在籍時のPV	通算PV	通算成績
1	石井貴	投手	28.1	28.1	321試合、68勝58敗13S、3.78
2	山田潤	内野手	0.2	-3.2	30試合、.213、1本、3打点
3	松井和夫	投手	345.3	377.8	1913試合、.291、201本、837打点
4	尾山敦	投手	出場なし		
5	白鳥浩徳	投手	-1.9	-1.9	8試合、0勝0敗0S、5.19

　石井と松井は大成功でも、その他はほとんど活躍できずじまい。岐阜県の朝日大から初のプロ野球選手となった山田は、西武では8試合に出ただけ、99年に移籍した広島でも振るわなかった。住友金属の好投手だった尾山は一軍での登板機会がないまま退団、住友金属鹿島の白鳥も一軍未勝利で終わった。

2. ダイエー（189.3）

順位	選手		在籍時のPV	通算PV	通算成績
1	渡辺秀一	投手	-2.7	-2.7	140試合、27勝30敗0S、3.89
2	小久保裕紀	内野手	186.4	258.4	2057試合、.273、413本、1304打点
3	吉本一義	投手	-2.2	-2.2	32試合、.200、0本、0打点
4	吉武真太郎	投手	2.9	5.0	319試合、30勝41敗5S、3.81

　渡辺は94年に8勝を挙げ、PV 10.6で新人王を受賞。登録名を"ヒデカズ"と改めた96年は9勝、規定投球回に達して防御率2.54はリーグ3位。PV 18.9も10位に入ったが、その後は不振が続いた。吉武（国東高）も高卒ながら2年

目には先発ローテーションに加わる。勝ち星は97年の7勝が最多で、通算の勝敗数も負け越しながら、実働13年でプラスＰＶが8回。61試合に投げ32ホールドを稼いだ05年の6.9がベストだった。

3. 阪神 (63.6)

順位	選手		在籍時のPV	通算PV	通算成績
1	薮恵一	投手	63.6	62.4	279試合、84勝106敗0S、3.58
2	平尾博司	内野手	-14.4	-16.5	781試合、.245、39本、196打点
3	高波文一	外野手	-18.0	-35.5	628試合、.169、2本、26打点
4	中里鉄也	内野手	出場なし		
5	井上貴朗	投手	-1.6	-1.1	54試合、3勝10敗0S、3.90

　薮以外の4人は全員高校生。**平尾**は大宮東高時代に強打者として知られたが、プロでは96年と、西武移籍後の2006年に76試合出たのが最多。それでも19年現役を続け、08年に打率.285、7本塁打で自己最多のＰＶ8.7。同年の日本シリーズは2本塁打を放ち優秀選手賞を手にした。**高波**（熊本工）も平尾の後を追うように、03年に西武へトレード。その後楽天とオリックスにも所属、ＰＶの値が示す通り打撃は弱かったが、守備固めと代走で多用され通算59盗塁を決めた。

4. ロッテ (40.2)

順位	選手		在籍時のPV	通算PV	通算成績
1	加藤高康	投手	1.5	1.5	12試合、2勝4敗0S、3.89
2	立川隆史	外野手	-37.0	-40.1	530試合、.236、28本、117打点
3	大塚明	投手	-45.1	-45.1	737試合、.241、35本、172打点
4	中山雅行	投手	-9.2	-9.2	15試合、0勝1敗0S、6.98
5	諸積兼司	外野手	-56.3	-56.3	1110試合、.263、7本、153打点
6	小野晋吾	投手	38.7	38.7	293試合、85勝77敗0S、3.68
7	福浦和也	投手	-45.7	-45.7	2235試合、.284、118本、935打点

　渡辺秀一の意中の球団とも言われていたがダイエーにさらわれ、契約金1億6000万円の最高条件で獲得した**加藤**（ＮＴＴ東北）も、たった2年で退団した。それでも2位以下の選手たちに救われた。通算ＰＶがプラスだったのは**小野**だけ

でも、**諸積**（日立製作所）と**福浦**（習志野高）がレギュラーポジションを確保。**立川**（拓大紅陵高）と**大塚**（別府羽室台高）も一軍に定着した。

　諸積は95年にリーグ6位の打率.290、24盗塁。99年も.280（9位）で2度目の打率10位以内に入った。立川は97年に76試合で打率.274、7本塁打だったがその後は頭打ち。大塚は優勝した05年に打率.293、8本塁打で自己最多のPV 6.9を記録した。

　福浦は01年に.346の高打率で首位打者となり、PV 31.8は7位。以後6年連続3割と、リーグきってのアベレージヒッターとして活躍、通算安打2000本ジャストで引退した。ただし一塁手としては長打力が低かったため、05年以降の15年間でPVがプラスだったのは10年（1.0）のみだった。

5. 巨人（29.3）

順位	選手		在籍時のPV	通算PV	通算成績
1	三野勝大	投手	-2.4	-2.4	5試合、0勝0敗0S、7.50
2	柳沢裕一	捕手	-7.9	-13.6	204試合、.209、1本、17打点
3	岡島秀樹	投手	29.3	52.1	549試合、38勝40敗50S、3.19
4	大畑裕勝	内野手	出場なし		
5	佐藤誠	投手	-8.0	0.5	209試合、16勝8敗1S、4.14

　三野は巨人では1試合投げただけで横浜へ移籍。**柳沢**（明治大）も97年は57試合に出たが、それ以外は2ケタの出場試合数がなく99年途中オリックスへトレードされるなど、主導したはずの逆指名制度を生かせなかった。**佐藤**（駒大岩見沢高）も巨人での登板は5試合のみ。だが01年にダイエーへ移ると、中継ぎとして頭角を現し03年はPV 8.4。02～06年は5年連続でプラスのPVだった。

6. 横浜（18.7）

順位	選手		在籍時のPV	通算PV	通算成績
1	河原隆一	投手	-51.2	-51.2	271試合、5勝11敗2S、5.76
2	波留敏夫	内野手	18.1	-18.6	913試合、.278、44本、266打点
3	大家友和	投手	-11.5	-31.5	63試合、8勝17敗0S、5.23
4	川崎義文	捕手	0.6	0.1	28試合、.175、0本、2打点
5	西沢洋介	投手	-3.0	-3.0	1試合、0勝0敗0S、*

6	万永貴司	内野手	-17.0	-17.0	518 試合、.236、5 本、35 打点

　巨人との逆指名争いに勝って獲得した**河原**は、期待に応えるような成績は収められずじまい。サイドスローに転向したのち、リーグ最多の 66 試合に登板した 97 年も、防御率 6.29 でＰＶ－13.2 だった。**波留**（熊谷組）は 1 年目から打率 .298 でＰＶ 11.2、翌 95 年もリーグ 5 位の .310/ ＰＶ 8.1。横浜時代は通算ＰＶ 18.1 だったが、01 年途中に中日へ移ってから成績を落とし、キャリア通算では－18.6 まで下降した。

　大家（京都成章高）は 98 年まで在籍したのち、自ら退団を申し出て渡米。99 ～ 2009 年までメジャー 5 球団に所属し 2 ケタ勝利が 3 回、通算 51 勝と確固たる実績を残した。12 年ぶりに横浜に復帰した 10 年には 7 勝を挙げた。**万永**（中山製鋼）は内野の控えで、引退後もコーチやスカウトとしてベイスターズに残り続けている。

7. オリックス（16.2）

順位	選手		在籍時のPV	通算PV	通算成績
1	平井正史	投手	16.2	56.9	569 試合、63 勝 43 敗 41 S、3.31
2	三輪隆	捕手	-40.5	-40.5	584 試合、.222、18 本、115 打点
3	斉藤秀光	内野手	-4.8	-13.1	342 試合、.214、6 本、41 打点
4	福留宏紀	内野手	-19.6	-19.6	199 試合、.182、6 本、25 打点

　92 年バルセロナ五輪の代表メンバーだった**三輪**（神戸製鋼）は、逆指名でオリックス入り。正捕手には定着できなかったが、2003 年は打率 .308、8 本塁打でＰＶ 6.6 だった。**斉藤**（横浜商大高）は 02 年に一旦阪神へ移籍、04 年に戻ってきて 104 試合に出場し出塁率 .359。その後楽天、ソフトバンク、横浜と渡り歩いた。

8. 近鉄（15.3）

順位	選手		在籍時のPV	通算PV	通算成績
1	酒井弘樹	投手	4.7	4.7	154 試合、21 勝 26 敗 1 S、3.68
2	西川慎一	投手	10.6	0.1	282 試合、4 勝 5 敗 0 S、3.91
3	大村直之	外野手	-52.9	-86.2	1789 試合、.284、78 本、568 打点

| 4 | 的山哲也 | 捕手 | -55.4 | -60.2 | 1026 試合、.206、40 本、201 打点 |
| 5 | 善村一仁 | 内野手 | -0.4 | -0.6 | 40 試合、.250、0 本、3 打点 |

　5 選手を指名し、4 人が一軍の主力となった。**酒井**（國學院大）は 96 年に 8 勝、リーグ最多の 15 敗を喫するも防御率 3.30 で P V 8.6。98 年は中継ぎで 60 試合に登板、防御率 1.97、P V 15.8 の好成績だった。**西川**（N T T 四国）も左の中継ぎとして 97 〜 98 年は 2 年続けて 50 試合以上に登板し、P V は合計 9.9。2000 年は阪神で防御率 1.93/ P V 10.3 だった。

　大村（育英高）は規定打席以上での打率 3 割が 4 回、03 年に打率 .300、16 本塁打で P V 8.8。ソフトバンク移籍後の 06 年にリーグ最多の 165 安打、通算 1865 安打を放った。しかしながら長打力と選球眼に乏しかったせいで、16 年間で P V がプラスの年は 2 度しかなかった。**的山**（新日鉄広畑）は 97 〜 2001 年の 5 年間で 4 回 100 試合以上出場。強肩で盗塁阻止率は 2 度 1 位となったが、打撃は弱く、オリックス移籍後の 06 年の P V 4.6 が最多だった。

9. 中日（2.2）

順位	選手		在籍時のPV	通算PV	通算成績
1	平田洋	投手	-10.6	-10.6	2 試合、0 勝 1 敗 0 S、32.40
2	鳥越裕介	内野手	-24.0	-87.2	1057 試合、.226、21 本、164 打点
3	笹山洋一	投手	2.2	2.2	3 試合、0 勝 0 敗 0 S、0.00
4	遠藤政隆	投手	-31.3	-32.5	332 試合、28 勝 21 敗 6 S、4.52

　地元・豊田大谷高の速球派・**平田**を 1 位指名するも、94・95 年に 1 試合ずつ投げたのみ。逆指名で入団した**鳥越**（明治大）も、守備の評価は高かったが打力は弱く、124 試合に出た 97 年も打率 .208。通算 P V − 87.2 は、ドラフトで入団した内野手で史上最低の数字となっている。**遠藤**（熊谷組）は遠藤一彦の従弟で、主にリリーフで活躍。96 年に 8 勝、防御率 2.83 だった 03 年の P V 6.1 が最多だった。

10. 日本ハム（0）

順位	選手		在籍時のPV	通算PV	通算成績
1	関根裕之	投手	-14.3	-14.3	180 試合、47 勝 45 敗 0 S、4.27

2	井出竜也	外野手	-30.7	-36.7	1108 試合、.253、79 本、336 打点
3	金子誠	内野手	-74.7	-74.7	1996 試合、.256、84 本、620 打点
4	大貝恭史	外野手	-7.4	-7.4	93 試合、.219、0 本、2 打点

　東北福祉大から逆指名で入団した**関根**は、98 年に 9 勝／ＰＶ 10.0。続く 99・2000 年はマイナスＰＶではあったが 12 勝、10 勝を挙げた。**井出**（日本通運）は好守のセンターとして 97、2002 年にゴールデングラブを受賞。打撃では 01 年に打率.288、00 〜 02 年は 3 年連続 2 ケタ本塁打を放った。**金子**（常総学院高）は 3 年目の 96 年に正二塁手となって新人王に選ばれると、以後も好守の二塁手／遊撃手として 3 度のゴールデングラブに輝く。ＰＶがプラスだったのは 4 年だけだが、33 歳となった 09 年はすべて自己最高の打率.304、31 二塁打、14 本塁打、66 打点でＰＶ 20.8 だった。

10. 広島（O）

順位	選手		在籍時のＰＶ	通算ＰＶ	通算成績
1	山根雅仁	投手	-3.6	-3.6	8 試合、0 勝 1 敗 0 S、6.14
2	上田好剛	投手	出場なし		
3	玉木朋孝	内野手	-1.4	-4.5	120 試合、.224、0 本、6 打点
4	福地和広	内野手	-15.2	-6.0	1009 試合、.272、20 本、184 打点
5	田中由基	投手	-25.6	-25.6	41 試合、4 勝 6 敗 0 S、6.07

　逆指名を利用せず、指名した 5 人中 4 人が高校生。**山根**（岡山南高）は期待されながらも、故障もあって一軍での勝利がないまま引退。唯一の社会人出身だった**上田**（中山製鋼）は一軍登板すらなかった。**福地**（杵島商）も広島では控えにとどまっていたが、06 年に西武へ移籍してから出場機会が増え、ヤクルト時代の 08・09 年はともに 42 盗塁でタイトルを獲得。08 年は打率もリーグ 6 位の.320 でＰＶ 19.3、通算 251 盗塁を決めた。

10. ヤクルト（O）

順位	選手		在籍時のＰＶ	通算ＰＶ	通算成績
1	山部太	投手	-38.7	-38.7	269 試合、45 勝 45 敗 2 S、4.40
2	斎藤充弘	投手	-10.6	-10.6	12 試合、0 勝 0 敗 0 S、8.57

3	度会博文	内野手	-31.0	-31.0	527 試合、.245、9 本、61 打点
4	川畑勇一	捕手	出場なし		
6	宇佐美康広	捕手	-2.3	-2.3	15 試合、.105、0 本、0 打点

逆指名で入団した**山部**（ＮＴＴ四国）は、95 年に 16 勝を挙げるもＰＶは 1.7。その後は 2 ケタ勝利に届かなかったが、03 年はリリーフで 34 試合に投げ防御率1.05／ＰＶ 14.8 の好成績だった。同じく逆指名入団の**斎藤**（日立製作所）は一軍勝利なし。**度会**（中央学院大）は 98 年に 85 試合で打率.263 とレギュラーの座をつかみかけたものの、以後 100 打席以上立った年はなかった。

1994年 〈合計ＰＶ 1091.0 = 13位〉

1	城島健司	373.9	ダイエー1位	1323試合、打率.296、244本塁打、808打点
2	稲葉篤紀	202.9	ヤクルト3位	2213試合、打率.286、261本塁打、1050打点
3	多村仁	113.9	横浜4位	1342試合、打率.281、195本塁打、643打点
4	黒木知宏	74.7	ロッテ2位	199試合、76勝68敗1S、防御率3.43
5	嶋重宣	49.1	広島2位	1034試合、打率.279、126本塁打、421打点
6	相川亮二	44.5	横浜5位	1508試合、打率.260、69本塁打、475打点
7	川尻哲郎	42.8	阪神4位	227試合、60勝72敗3S、防御率3.65
8	橋本将	40.0	ロッテ3位	727試合、打率.234、44本塁打、229打点
9	西口文也	40.0	西武3位	436試合、182勝118敗6S、防御率3.73
10	横山竜士	35.7	広島5位	507試合、46勝44敗17S、防御率3.42
11	金村秀雄	32.1	日本ハム1位	271試合、89勝81敗2S、防御率3.89
12	福盛和男	24.8	横浜3位	414試合、41勝45敗82S、防御率3.65
13	大村三郎	15.5	ロッテ1位	1782試合、打率.265、127本塁打、655打点

　超高校級捕手との評判を取りながらも、駒澤大進学を表明していた**城島**（別府大付高）をダイエーが1位で強行指名。入団にこぎ着け、2年続けてドラフトの勝ち組になった。前年は逆指名争いで煮え湯を飲まされた巨人は、プライドを懸け大学ナンバーワン投手の河原純一（駒澤大）の獲得に成功。この年は大学・社会人で評価の高い選手が少なく、河原以外には広島を逆指名した山内泰幸（日体大）くらいで、8球団が高校生を1位入札。新制度の旨みがあまり生かされなかった。通算ＰＶ10以上の選手も13人いたが、うち逆指名で入団したのはロッテ2位の**黒木**（新王子製紙春日井）だけだった。

　城島は前評判通りの逸材だった。97年にレギュラーとなり打率.308、ＰＶ26.9（7位）。2001年に31本塁打を放つと以後4年間で3回30本以上と、捕手としては破格の長打力を発揮し、03年はパ・リーグの捕手として新記録となる打率.330。34本塁打、119打点、ＰＶ71.2（2位）でＭＶＰを受賞した。続く04年も前年を上回る打率.338、36本で、ＰＶ77.3は1位。06～09年はメジャーでプレイし、10年に阪神で日本に復帰すると、打率.303、28本塁打、91打点。ＰＶ40.4（6位）は6度目の30以上となった。ベストナインに6回、ゴールデングラブには7回選ばれている。

城島には及ばないものの、この年は他にも好捕手がいた。**相川**（東京学館高）は 2004 年に正捕手に定着し、07 年は打率 .302。09 年にＦＡでヤクルトへ移り、翌 10 年は自己最多の 11 本塁打、65 打点でＰＶ 19.8。15 年には再度ＦＡで巨人へ移籍、4 度目の 2 ケタとなるＰＶ 13.5 を記録した。**橋本**（宇和島東高）は 100 試合以上出た年はなかったものの、04 年に 13 本塁打、05 年は 72 試合の出場ながら出塁率 .389 でＰＶ 17.3。08 年は 329 打席で打率 .311、11 本、55 打点、OPS.939。ＰＶは 39.9 に達し、規定打席不足でありながらリーグ 4 位に食い込んだ。

　外野の好選手も多く、**稲葉**（法政大）は 1 年目から打率 .307、01 年は .301、25 本塁打、90 打点でＰＶ 35.0（6 位）。ヤクルト時代も通算ＰＶ 72.6 だったが、ＦＡで 05 年に日本ハムへ移籍するとさらに成績が向上。07 年は .334 で首位打者、ＰＶ 35.7（2 位）。06 〜 09 年は 4 年連続で打率 3 割をクリア、この間は毎年ＰＶ 20 以上だった。通算 2167 安打で名球会入りし、ベストナインとゴールデングラブを 5 回ずつ受賞。21 年は日本代表の監督として東京五輪金メダルに導いた。

　横浜高では同じベイスターズに 1 位指名された紀田彰一の陰に隠れていた**多村**は、プロでは立場が逆転した。ケガの多さが玉に瑕だったが、04 年に打率 .305、40 本塁打、100 打点、ＰＶ 30.8（10 位）、続く 05 年も 31 本塁打でＰＶ 31.8（8 位）。ソフトバンク移籍後の 10 年も .324、27 本で自身最多のＰＶ 32.5（6 位）。3 回あった 2 ケタＰＶの年はすべて 30 以上だった。

　投手としてプロ入りした**嶋**（東北高）は、野手転向後の 04 年に打率 .337 で首位打者となり、本塁打も 32 本でＰＶ 36.1 はリーグ 7 位。翌 05 年も 27 本塁打を放ってＰＶ 15.5 と好調を持続した。**大村**（ＰＬ学園高）は登録名を**サブロー**と変更、05 年は打率 .313 でＰＶ 20.4。09 年は打率 .314、22 本塁打で自己ベストのＰＶ 24.2 だった。12 年には .239 の低打率ながらリーグ最多の 78 四球を選ぶなど、表面的な数字以上の攻撃力があり、40 歳まで現役を続けた。

　投手では**黒木**が通算ＰＶ 74.7 でトップ。97 年に 12 勝を挙げＰＶ 23.8（8 位）、以後 5 年連続 2 ケタ勝利。98 年は 13 勝で最多勝、翌 99 年は 14 勝、防御率 2.50 でＰＶ 33.2 は 5 位だった。闘志を前面に出す投球でファンの人気も高かったが、故障に祟られ続け、02 年以降は 16 試合しか投げられなかった。

　勝利数は**西口**（立正大）が 182 勝で、黒木（76 勝）のはるか上を行った。96 年に 16 勝、97 年（15 勝）と 98 年（13 勝）で 2 年連続最多勝＆最多奪三振。通算では 2 ケタ勝利 10 回。17 勝、防御率 2.77 だった 05 年の 24.6 を最多として、6 回ＰＶ 10 以上を記録した。だが 43 歳まで現役を続けた結果、最盛時に通算 98.9

まで達したＰＶは、最後の９年で58.9も減らしてしまった。

金村（仙台育英高）は98年に防御率2.73で１位（ＰＶ17.8）。その後も８年間でマイナスＰＶは一度だけと安定度が高く、02年から４年続けて２ケタ勝利を挙げた。日産自動車から阪神入りした川尻も、新人で規定投球回に達しＰＶ13.5、翌96年は13勝でＰＶ14.0。通算の勝敗は負け越しでも、投球内容自体は優れていたことは、投手では黒木に次ぐ通算ＰＶ42.8が証明している。

球団別

1. ダイエー（337.5）

順位	選手		在籍時のPV	通算PV	通算成績
1	城島健司	捕手	337.5	373.9	1323 試合、.296、244 本、808 打点
2	斉藤貢	投手	-29.4	-32.3	99 試合、3 勝 11 敗 4 S、5.44
3	本間満	内野手	-48.8	-48.8	767 試合、.248、12 本、135 打点
4	藤井将雄	投手	-4.8	-4.8	153 試合、13 勝 8 敗 3 S、3.90

逆指名で入団した斉藤（プリンスホテル）はあまり活躍できなかったけれども、他の３人が戦力になった。本間（駒澤大）はずっと控えの内野手で、33歳になった05年に初めて100試合以上に出場。翌06年は前半戦好調でオールスターに選ばれた。日産自動車九州から入団した藤井は99年に59試合に登板、26ホールドはリーグ最多。ルーキーイヤーから毎年良くなっていたＰＶは、この年8.1まで上がっていたが、肺がんを患い翌2000年に31歳で亡くなった。

2. ロッテ（130.5）

順位	選手		在籍時のPV	通算PV	通算成績
1	大村三郎	外野手	15.5	15.5	1782 試合、.265、127 本、655 打点
2	黒木知宏	投手	74.7	74.7	199 試合、76 勝 68 敗 1 S、3.43
3	橋本将	捕手	40.3	40.0	727 試合、.234、44 本、229 打点
4	信原拓人	内野手	-0.2	-0.2	11 試合、.250、1 本、4 打点
5	後藤利幸	投手	-18.7	-18.7	45 試合、11 勝 16 敗 0 S、4.78
6	岸川登俊	投手	-21.5	-37.6	87 試合、0 勝 4 敗 0 S、7.40

上位指名の３人が全員通算２ケタＰＶという大成功。さらには５位の後藤（三

菱重工神戸）も99年に6勝を挙げ、**岸川**（東京ガス）も数字的には芳しくなかったものの、最初の3年間で58試合に登板した。岸川はその後中日、オリックスを経て巨人の打撃投手になっている。

3. 広島 (90.0)

順位	選手		在籍時のPV	通算PV	通算成績
1	山内泰幸	投手	-37.6	-37.6	184試合、45勝44敗1S、4.40
2	嶋重宣	投手	-1.0/54.3	-1.0/49.1	2試合、0勝1敗0S、7.71/1034試合、.279、126本、421打点
3	朝山東洋	外野手	-7.4	-7.4	152試合、.219、8本、25打点
4	高橋建	投手	-53.7	-70.9	459試合、70勝92敗5S、4.33
5	横山竜士	投手	35.7	35.7	507試合、46勝44敗17S、3.42
6	田村恵	捕手	-4.3	-4.3	62試合、.200、0本、1打点

地元・広島出身の**山内**は首都大学リーグ記録の48.2回連続無失点を達成した好投手で、95年は14勝、防御率3.03で新人王。翌96年も11勝を挙げたが、その後は急速に成績を落とした。**高橋**（トヨタ自動車）は当初はリリーフ、2001年には先発に回って10勝。03年に自己最多のPV9.0、09年に40歳でメジャーデビューを果たし、最後の1年は広島に戻った。**横山**（福井商）はリリーフとして長く活躍し、11セーブ、防御率1.62だった10年に自己最多のPV13.9。通算35.7はこの年指名された投手で4位にランクされている。選手としては大成しなかった**田村**（樟南高）は、スカウトに転身し九州の好選手を多数獲得した。

4. 横浜 (87.4)

順位	選手		在籍時のPV	通算PV	通算成績
1	紀田彰一	内野手	-0.9	-0.9	6試合、.100、0本、0打点
2	米正秀	投手	-9.1	-9.1	87試合、4勝4敗0S、4.44
3	福盛和男	投手	14.8	24.8	414試合、41勝45敗82S、3.65
4	多村仁	外野手	68.5	113.9	1342試合、.281、195本、643打点
5	相川亮二	捕手	4.1	44.5	1508試合、.260、69本、475打点

中日との抽選に勝った**紀田**は一軍では1安打のみ。2位では4年前に5位指名

を拒否された米（神戸製鋼）を逆指名で獲得したが、大して活躍できなかった。それでも3〜5位の3人が通算2ケタPV。福盛（都城高）は主にリリーフで使われ、横浜時代は97年のPV 7.5が最高。楽天移籍後の06年に21セーブ／PV 9.3、08年にメジャーで投げたあと、楽天に再入団した09年も同じくPV 9.3だった。

5. ヤクルト（72.6）

順位	選手		在籍時のPV	通算PV	通算成績
1	北川哲也	投手	-15.7	-15.7	36試合、4勝5敗1S、5.18
2	宮本慎也	内野手	-23.9	-23.9	2162試合、.282、62本、578打点
3	稲葉篤紀	内野手	72.6	202.9	2213試合、.286、261本、1050打点
4	吉元伸二	外野手	出場なし		

　逆指名で日産自動車から入団した北川は、98年に挙げた4勝のみ。それでも同一球団の同期生2人が2000安打という快挙が生まれた。宮本はプリンスホテルから逆指名で入団。打率3割（規定打席以上）4回と確実性はあって、通算安打は2133本で稲葉より34本少ないだけである。01年には年間67犠打の新記録も作った。しかしながら長打力に乏しい上に四球も少なく、OPS.750を超えたのは04年（.786）のみ。PVは2000年の12.3が唯一の2ケタだった。とはいえゴールデングラブには遊撃手として6回、三塁にコンバートされてからも4回選出された史上屈指の守備の名手であり、PVが示す以上に価値のある選手だったのは疑いない。

6. 西武（40.0）

順位	選手		在籍時のPV	通算PV	通算成績
1	富岡久貴	投手	-0.9	-1.9	76試合、1勝4敗0S、4.20
2	小関竜也	投手	-50.4	-58.6	982試合、.276、18本、259打点
3	西口文也	投手	40.0	40.0	436試合、182勝118敗6S、3.73
4	高木浩之	内野手	-64.7	-64.7	1002試合、.256、10本、186打点
5	寺本比呂文	投手	-2.4	-2.4	16試合、1勝1敗1S、4.39

　小関（國學院栃木高）以外の5人は大学・社会人の即戦力ドラフト。富岡（東

京ガス）は 3 年間で 7 試合に投げただけで、98 年広島へ。1 年後に西武へ復帰、03 年に横浜へ移ったあと、05 年にまたしても西武へ戻ってきたが、通算 1 勝で終わっている。巧打者タイプの小関は 98 年に打率.283 で新人王、02 年は.314（6 位）でベストナインとゴールデングラブに選ばれ、ＰＶ 6.7 も自己最多だった。**高木**（駒澤大）は二塁手としての守備力を評価され、02 年には唯一規定打席に達し打率.272、110 安打。小関と同じ年にベストナインとゴールデングラブをダブル受賞した。

7. 阪神 (37.0)

順位	選手		在籍時のPV	通算PV	通算成績
1	山村宏樹	投手	-2.6	-73.9	225 試合、31 勝 44 敗 2 S、5.01
2	北川博敏	捕手	-12.4	-19.7	1264 試合、.276、102 本、536 打点
3	田中秀太	内野手	-32.3	-32.3	624 試合、.230、3 本、52 打点
4	川尻哲郎	投手	37.0	42.8	227 試合、60 勝 72 敗 3 S、3.65
5	矢野正之	投手	-4.4	-4.4	3 試合、0 勝 0 敗 0 S、14.73

　単独 1 位指名した**山村**（甲府工）は、阪神では 15 試合に登板しただけ。2000年に近鉄へ移籍、同年は規定投球回に達するも防御率 5 点台。07 年にリリーフで 6 勝、ＰＶも初めてプラス（2.3）になった。**北川**（日本大）も活躍し始めたのは近鉄移籍後で、01 年はＰＶ 6.1、優勝決定試合での代打逆転満塁サヨナラ本塁打で球史に名を残した。04 年は打率.303、20 本塁打ながらＰＶ 1.2 にとどまり、.307、12 本だった 10 年の 6.5 がベストだった。秀太の登録名だった**田中**（熊本工）は、2000 年に 355 打席に立つなどレギュラーをつかみかけたが、その後は成績を落とした。

8. 日本ハム (35.4)

順位	選手		在籍時のPV	通算PV	通算成績
1	金村秀雄	投手	35.1	32.1	271 試合、89 勝 81 敗 2 S、3.89
2	厚沢和幸	投手	-8.3	-8.3	42 試合、0 勝 4 敗 0 S、5.37
3	桜井幸博	投手	-26.0	-26.0	43 試合、0 勝 3 敗 2 S、7.43
4	島田一輝	内野手	-39.6	-39.6	387 試合、.250、26 本、152 打点
5	城石憲之	内野手	0.3	-52.9	817 試合、.234、25 本、133 打点

厚沢（国士舘大）は 42 試合に投げながら 1 勝もできず引退。その後は投手コーチを長く務めた。**桜井**は金村と同じ仙台出身（仙台工）で、県大会の決勝戦で投げ合った間柄だったが、プロでは大差がついた。**島田**（ＮＴＴ関東）はＰＶの数字は良くなかったものの、03 年は 88 試合で 11 本塁打、49 打点と勝負強い打撃が光った。**城石**は、青山学院大を中退してフリーターとなっていたところを入団テストに合格、5 位指名された変わり種。日本ハムでは 9 試合に出ただけで 98 年ヤクルトへ移籍、03 ～ 05 年に 100 試合以上出場するなど準レギュラーまで成長した。

9. オリックス (O)

順位	選手		在籍時のPV	通算PV	通算成績
1	嘉勢敏弘	投手	-8.2/ -10.6	-8.2/ -10.6	136 試合、3 勝 7 敗 0 S、4.84/ 272 試合、.135、0 本、9 打点
2	丸尾英司	投手	-6.6	-3.2	33 試合、1 勝 0 敗 0 S、4.46
3	五島裕二	投手	-21.0	-21.0	216 試合、.247、10 本、65 打点
4	豊田次郎	投手	-2.0	-2.0	62 試合、3 勝 3 敗 1 S、3.98

投打両方で評判だった北陽高の**嘉勢**を、近鉄との抽選に勝って獲得。外野手として 99 年には 80 試合に出場したが打率.147、この時点で通算ＰＶ－ 10.6 だと 2000 年に投手へ転向。同年 21 試合、翌 01 年はリーグ最多の 70 試合に登板し防御率 3.21/ ＰＶ 6.9 と好投した。逆指名の**丸尾**（佛教大）と、27 歳で指名された**豊田**（川崎製鉄神戸）はともに姫路出身。丸尾は 1 勝のみで引退したあと松下電器でアマ復帰を果たす。豊田も中継ぎとしてまずまずの成績だった。**五島**（山梨学院大付高）は野手に転向、02 年は 74 試合で 7 本塁打を放った。

9. 巨人 (O)

順位	選手		在籍時のPV	通算PV	通算成績
1	河原純一	投手	-8.2	-25.3	275 試合、31 勝 42 敗 40 S、4.26
2	織田淳哉	投手	-1.6	-1.6	16 試合、0 勝 0 敗 0 S、4.57
3	福井敬治	投手	-5.6	-9.7	268 試合、.231、8 本、25 打点
4	斉藤宜之	外野手	-17.1	-18.4	514 試合、.268、19 本、113 打点
5	高村良嘉	内野手	-0.3	-0.3	84 試合、.297、0 本、6 打点

河原は95年に3完封を含む8勝、ＰＶ7.2。その後は故障続きだったが2000年は6先発で3完封、ＰＶ12.3。02年は28セーブを稼いだ。07年限りで西武を解雇されると08年は所属球団がなく、中日に拾われた09年は44試合に登板、防御率1.85／ＰＶ6.4と復活している。早稲田大で通算33勝し逆指名で入団した**織田**は、95年に16試合に投げただけ。捕手への転向も実らなかった。**福井**（智弁学園高）は控え内野手として02年61試合、広島移籍後の05年に73試合に出場。**斉藤**（横浜高）は02年に109試合で打率.310、日本シリーズでは優秀選手賞。翌03年は.289、11本塁打、52打点とレギュラーの一歩手前まで行った。

9. 近鉄（O）

順位	選手		在籍時のPV	通算PV	通算成績
1	田中宏和	投手	出場なし		
2	中川隆治	投手	-4.2	-4.2	9試合、0勝1敗0S、6.06
3	南真一郎	投手	-5.1	-12.6	70試合、4勝3敗2S、5.53
4	川口憲史	内野手	-7.9	-25.4	976試合、.263、69本、314打点

　嘉勢の外れ1位で指名した**田中**（桜井商）は5年間で一軍登板がなく引退。青山学院大から逆指名入団した**中川**も9試合に投げただけで、スカウトに転身した。**南**（新日鉄堺）は近鉄では6試合の登板に終わり、98年に巨人へトレードされると2000年は26試合で2勝2セーブ、防御率2.08／ＰＶ5.3。一番活躍したのは**川口**（柳川高）で、01年に打率.316、21本塁打、72打点でＰＶ17.1。翌02年も.288、13本とまずまずだった。

9. 中日（O）

順位	選手		在籍時のPV	通算PV	通算成績
1	金森隆浩	投手	-5.6	-5.6	2試合、0勝1敗0S、21.00
2	山田洋	投手	-2.8	1.1	89試合、9勝16敗0S、3.89
3	山田広二	内野手	-2.9	-2.9	19試合、.154、1本、8打点
4	原田政彦	内野手	-1.4	-3.3	69試合、.253、2本、8打点
6	大西崇之	外野手	-7.2	-10.5	723試合、.273、18本、108打点

　紀田の抽選を外し、代わりに指名した立命館大の**金森**は3年で戦力外。98年

は台湾で過ごし、99年に中日に再入団するも同年限りで引退した。2～4位は愛知県の社会人選手。日通名古屋から逆指名入団した**山田洋**は、97年に3勝、ＰＶ3.5。横浜移籍後の04年は30試合に登板し、防御率3.08/ＰＶ5.5を記録した。トヨタ自動車の**山田広**、東海理化の**原田**はあまり活躍できなかった。**大西**も社会人（ヤオハンジャパン）の野手で、02年は打率.307/ＰＶ5.3、翌03年も.313、9本塁打でＰＶ4.0と2年続けて好成績を残した。

1995 年 〈合計ＰＶ 252.7 ＝ 49 位〉

1	斉藤和巳	86.8	ダイエー1位	150 試合、79 勝 23 敗 0 S、防御率 3.33
2	石井弘寿	61.5	ヤクルト4位	339 試合、27 勝 15 敗 55 S、防御率 2.66
3	仁志敏久	29.4	巨人2位	1587 試合、打率 .268、154 本塁打、541 打点
4	岡本晃	21.7	近鉄2位	271 試合、39 勝 42 敗 28 S、防御率 3.73
5	清水隆行	20.6	巨人3位	1485 試合、打率 .289、131 本塁打、488 打点
6	薮田安彦	11.8	ロッテ2位	520 試合、48 勝 72 敗 67 S、防御率 3.81

通算ＰＶ 30 以上が 2 人しか出なかった、史上 2 番目の不作年。当時から大学・社会人にこれといった選手がいないと言われていて、ＰＬ学園高の遊撃手・福留孝介に 7 球団が競合したのも、そうした状況を反映していた。引き当てたのは近鉄だったが、意中の球団でないとの理由で福留は入団を拒み、日本生命へ入社した。

一番の大当たりはダイエーが単独入札した**斉藤**（南京都高）。最初の 7 年間で 32 試合、5 勝とくすぶっていたが、03 年に 16 連勝を含む 20 勝、防御率 2.83 の 2 部門で 1 位、ＰＶ 39.0 は 7 位と開花。05 年は 16 勝で 1 敗のみ、続く 06 年は 18 勝、防御率 1.75、205 奪三振の投手三冠でＰＶ 41.8 は 2 位。03 年に続いて 2 度目の沢村賞も受賞したが、ケガのため全盛期は短かった。

1 位で逆指名を利用したのは 3 球団。大学球界最高の捕手・高木大成（慶応大）は西武、社会人の好投手・舩木聖士（ＮＫＫ）は阪神、同志社大の細見和史を横浜が指名した。高木は一塁手にコンバートされ 97 年は打率 .295、翌 98 年は 17 本塁打、84 打点と順調だったが、その後は頭打ちになり通算ＰＶも大幅なマイナス。舩木はＰＶがプラスだったのは 1 年だけ、細見も伸び悩んだ。

斉藤に次ぐＰＶ 61.5 を記録したのは**石井**（東京学館高）。150km を超す速球派で、左の中継ぎとして 02 年は 69 試合に投げ防御率 1.51/ ＰＶ 20.7。以後 4 年連続で 2 ケタＰＶ、05 年は抑えで 37 セーブを稼いだ。**岡本**（関西大）も 1 年目は先発で 10 勝しＰＶ 17.2 だったが、最も活躍したのはリリーフとして。01 年にＰＶ 18.7、続く 02 年も 18 セーブ、防御率 1.82 でＰＶ 14.4 と好投を続けた。**薮田**（新日鉄広畑）も先発では平凡な成績だったが、リリーフに回ると 04 年に 66 試合で防御率 2.79、ＰＶ 16.2。08 ～ 09 年にメジャーで投げたあと、ロッテに戻り 3 年間で 58 セーブを挙げた。

巨人は2位で仁志（日本生命）、3位で清水（東洋大）を獲得。仁志は96年に打率.270で新人王、2000年は.298、20本塁打でPV22.4。98〜01年は4年連続2ケタPV、04年は28本塁打を放った（PV13.9）。清水も打率3割5回（規定打席以上）の好打者。PVは02年（打率.314、191安打）の17.1が最多で、04年も178安打、39二塁打、16本塁打だったが四球が少なく、通算出塁率は.332とそれほど高くなかった。

球団別

1. ダイエー（86.8）

順位	選手		在籍時のPV	通算PV	通算成績
1	斉藤和巳	投手	86.8	86.8	150試合、79勝23敗0S、3.33
2	松本輝	投手	-8.4	-30.3	109試合、2勝7敗1S、5.78
3	土井雅弘	投手	-4.0	-21.1	49試合、7勝7敗0S、6.07
4	佐久本昌広	投手	-14.2	-26.9	183試合、19勝24敗4S、4.67
5	高橋和幸	投手	-11.5	-11.5	88試合、.263、1本、19打点

指名した6人全員が投手。**松本**（熊本工）は1勝もできないまま06年に楽天へ移籍、07年に12年目で初勝利を手にした。**佐久本**（大和銀行）は97年に49試合で8勝、防御率2.26でPV10.7。続く98年も6勝を挙げた。**高橋**（所沢商）は外野手に転向し、02年に7年目で一軍昇格を果たすと21試合で打率.339。04年は41試合/111打席まで出場機会を増やしたが、以後一軍出場はなかった。

2. 巨人（72.6）

順位	選手		在籍時のPV	通算PV	通算成績
1	原俊介	捕手	-3.0	-3.0	68試合、.224、3本、10打点
2	仁志敏久	内野手	42.9	29.4	1587試合、.268、154本、541打点
3	清水隆行	外野手	29.3	20.6	1485試合、.289、131本、488打点
4	大場豊千	投手	出場なし		
5	大野倫	外野手	-1.8	-2.5	24試合、.161、1本、2打点
6	小林聡	投手	0.4	0.4	1試合、0勝0敗0S、0.00

福留の外れ1位だった**原**（東海大相模）が大成しなかった分は、仁志と清水で

お釣りが来た。**大野**は沖縄水産高のエースで、91 年夏の甲子園で準優勝。大会を通じて 773 球を投じた酷使は後世の語り草になった。九州共立大で外野手に転向、プロでは一軍の戦力とはなれなかった。

3. ヤクルト（61.5）

順位	選手		在籍時のPV	通算PV	通算成績
1	三木肇	内野手	-14.8	-15.7	359 試合、.195、2 本、14 打点
2	宮出隆自	投手	-8.8/ -2.7	-8.8/ -3.2	49 試合、6 勝 5 敗 0 S、4.73/ 701 試合、.277、39 本、216 打点
3	野村克則	捕手	-2.2	-16.5	222 試合、.185、4 本、17 打点
4	石井弘寿	投手	61.5	61.5	339 試合、27 勝 15 敗 55 S、2.66

福留と沢井を外したあとに 1 位指名した**三木**（上宮高）は、選手としては控えどまり。引退後コーチとして評価を高め、20 年は楽天の監督を務めた。**宮出**（宇和島東高）は投手として 6 勝したのち、02 年に野手転向。05 年は打率 .320、PV 10.7、続く 06 年は規定打席に達し .275、9 本塁打、59 打点。09 〜 10 年は楽天に在籍した。3 位の**野村**（明治大）は野村克也監督の実子で、登録名はカツノリ。阪神、楽天でも父の下でプレイし、1 〜 3 位は全員楽天のユニフォームを着たことになる。

4. 近鉄（29.5）

順位	選手		在籍時のPV	通算PV	通算成績
1	福留孝介	内野手	拒否		
2	岡本晃	投手	21.7	21.7	271 試合、39 勝 42 敗 28 S、3.73
3	武藤孝司	内野手	7.8	7.8	497 試合、.278、2 本、123 打点
4	倉本慎也	捕手	出場なし		
5	平下晃司	外野手	-5.8	-20.7	319 試合、.244、12 本、64 打点

福留には入団拒否されたけれども、**岡本**のほかに**武藤**（創価大）も正遊撃手となったので、全体的には成功だった。97 年に打率 .282、26 盗塁だった武藤は、2000 年は打率 .311/ 出塁率 .394 で PV 18.3。だが同年に肩を負傷した後は 18 試合しか出場できなかった。**平下**（日南学園高）は 2000 年に一軍で 76 試合に出た

が、翌 01 年に阪神へトレード。その後ロッテ、オリックスと渡り歩いた。

5. 横浜 （12.0）

順位	選手		在籍時 の PV	通算 PV	通算成績
1	細見和史	投手	-8.7	-10.0	56 試合、5 勝 9 敗 0 S、4.42
2	関口伊織	投手	5.2	0.3	221 試合、14 勝 16 敗 1 S、3.93
3	横山道哉	投手	-5.5	4.4	370 試合、21 勝 26 敗 45 S、3.89
4	杉山俊介	捕手	-	0.4	1 試合、.500、0 本、0 打点
5	鶴岡一成	捕手	6.8	5.6	719 試合、.235、18 本、140 盗塁

　細見は 4 年目まで登板 1 試合。ようやく 01 年に 5 勝を挙げたが、以後は 1 勝もできなかった。**関口**（日本通運）も逆指名で 96 年は 43 試合に登板、112.2 回で 108 三振を奪い P V 4.8。翌 97 年も防御率 3.56 で P V 3.5 だった。地元・横浜高卒の**横山**は、98 年は 53 試合で防御率 3.09/ P V 4.5 と好投し優勝に貢献。日本ハムへ移籍した 04 年はリーグ最多の 28 セーブで P V 8.7 だった。**鶴岡**（神港学園高）は控えとして長くプレイし、巨人へ移籍したのち復帰した 12 年に、35 歳で初めて 100 試合以上（102 試合）に出場。翌 13 年の 108 試合、70 安打、40 打点はいずれも自己最多だった。

6. 広島 （0.8）

順位	選手		在籍時 の PV	通算 PV	通算成績
1	長谷川昌幸	投手	-56.8	-58.0	209 試合、42 勝 61 敗 0 S、4.44
2	吉年滝徳	投手	-4.9	-4.9	4 試合、0 勝 0 敗 0 S、23.14
3	玉木重雄	投手	0.3	1.7	373 試合、34 勝 23 敗 8 S、3.87
4	伊与田一範	外野手	0.5	-3.5	60 試合、.192、4 本、7 打点
5	高山健一	内野手	-5.4	-6.3	91 試合、.211、2 本、10 打点
6	鈴衛佑規	捕手	*		2 試合

　単独入札の**長谷川**（市銚子高）は 01 年にローテーション入りし 9 勝、P V 8.5。翌 02 年は 13 勝を挙げた。07 年は防御率 2.95/ P V 12.8 だったが、マイナス 20 以上の年も 2 度あり、通算では－ 58.0 まで下がった。関西高の大型左腕として甲子園で活躍した**吉年**は、99 年に 4 試合投げただけ。ブラジル出身の**玉木**（三

菱自動車川崎）は中継ぎとして 2000 年は防御率 2.61/ PV 7.0、9 勝を稼いだ翌 01 年も 2.76/8.5。**高山**（本田技研）は選手としては成績を残せず、スカウトに転身している。

7. ロッテ（0.4）

順位	選手		在籍時のPV	通算PV	通算成績
1	沢井良輔	内野手	-5.0	-5.0	90 試合、.225、6 本、19 打点
2	薮田安彦	投手	0.4	11.8	520 試合、48 勝 72 敗 67 S、3.81
3	飯田雅司	投手	出場なし		
4	早川健一郎	外野手	-6.5	-7.7	112 試合、.165、7 本、13 打点
5	松本尚樹	内野手	-5.1	-5.1	268 試合、.267、4 本、31 打点
7	天野勇剛	内野手	-5.3	-5.3	25 試合、.065、1 本、3 打点

　沢井（銚子商）は "東の沢井・西の福留" と称された強打者。福留の外れ 1 位でヤクルトとの抽選に勝って獲得したが、02 年に 41 試合に出たのが最多だった。**松本**（住友金属）は 98 年に 85 試合で打率 .279（PV 1.2）とまずまず。引退後はスカウトに転身し、球団本部長まで昇進した。**早川**（日産自動車）は阪神時代も含め通算 23 安打、うち 7 本が本塁打だった。

8. 西武（0.3）

順位	選手		在籍時のPV	通算PV	通算成績
1	高木大成	捕手	-31.1	-31.1	720 試合、.263、56 本、319 打点
2	大友進	外野手	-22.3	-24.6	662 試合、.263、18 本、155 打点
3	小石沢浄孝	投手	0.3	0.3	3 試合、0 勝 0 敗 0 S、3.38
4	岸川雄二	内野手	出場なし		
5	原井和也	内野手	-14.8	-15.3	412 試合、.236、2 本、24 打点

　指名した 5 人中、**小石沢**（盛岡大付高）以外の 4 人が大学・社会人の即戦力志向。**大友**（東京ガス）は 97 年に打率 .278、31 盗塁、PV 3.0。99 年まで 3 年続けて規定打席に達し、98・99 年はゴールデングラブも手にした。**原井**（松下電器）は 97 年に 93 試合で出塁率 .369 の好成績だった。

8. 中日 (0.3)

順位	選手		在籍時のPV	通算PV	通算成績
1	荒木雅博	内野手	-74.5	-74.5	2220試合、.268、34本、468打点
2	門倉健	投手	-11.8	-43.0	302試合、76勝82敗10S、4.36
3	藤井優志	捕手	-0.4	-0.4	4試合、.000、0本、0打点
4	渡辺博幸	内野手	-40.5	-40.5	859試合、.269、11本、123打点
5	大塔正明	投手	-1.2	-1.2	71試合、3勝2敗0S、3.97
6	益田大介	外野手	-6.4	-13.9	555試合、.267、16本、101打点
7	日笠雅人	投手	0.3	-0.3	86試合、3勝2敗0S、3.89

　外れ外れ1位指名の**荒木**（熊本工）は、二塁手としての守備は超一流で、04年から6年連続ゴールデングラブ。打撃では06年に規定打席以上で唯一の打率3割となる.300、翌07年は31盗塁でタイトルに輝く。17年に22年目/39歳にして通算2000安打に到達した。しかしながら長打力と選球眼に欠け、通算OPSは.633、PVは10年の9.0が最多。通算−74.5は名球会メンバーで最も低い。

　ほかの6人は全員大学・社会人出身。逆指名入団の**門倉**（東北福祉大）は97・98年に2年連続10勝、横浜時代の05・06年にも2ケタ勝利。PVは7勝/防御率3.11だったルーキーイヤーの7.6が最高だった。**渡辺**（三菱自動車川崎）は打力は今一つながら一塁守備が上手く、04年にゴールデングラブを受賞。**益田**（龍谷大）は97年に規定打席に到達し、リーグ最多の8三塁打。**日笠**（新日鉄君津）は左のワンポイントで、98年は46試合で防御率1.87/PV8.7の好成績だった。

10. オリックス (0)

順位	選手		在籍時のPV	通算PV	通算成績
1	今村文昭	外野手	-9.9	-9.9	47試合、3勝4敗2S、5.61
2	川崎泰央	投手	出場なし		
3	日高剛	捕手	-20.4	-16.6	1517試合、.237、79本、434打点
4	太田敦士	投手	0.0	0.0	2試合、0勝0敗0S、3.86
5	田中雅興	外野手	-3.1	-3.1	39試合、.148、0本、0打点

　リーグ優勝を果たした直後とあってか、全員高校生を指名する余裕のドラフ

トを展開。**今村**（九州学院高）は野手として入団するも芽が出ず、01 年に投手へ転向。同年は 12 試合でＰＶ 1.5、翌 02 年は 24 試合で 2 勝 2 セーブを記録した。**日高**（九州国際大付高）は打撃の良い捕手で、2003 年は打率 .268、9 本塁打でＰＶ 7.2。08 年は 13 本塁打、47 打点で自己ベストのＰＶ 13.2 だった。

10. 日本ハム（O）

順位	選手		在籍時のPV	通算PV	通算成績
1	中村豊	外野手	-22.6	-23.4	536 試合、.248、8 本、63 打点
2	荒井修光	捕手	-2.6	-2.6	81 試合、.246、0 本、6 打点
3	沼田浩	投手	-7.1	-7.1	30 試合、8 勝 5 敗 0 S、4.50
4	黒木純司	投手	-8.7	-12.0	170 試合、14 勝 12 敗 22 S、4.41
5	平松省二	投手	-2.7	-2.7	28 試合、0 勝 2 敗 0 S、4.18

逆指名の 1・2 位はともに東京六大学出身。**中村**（明治大）は 2001 年に 120 試合で打率 .268、25 打点だったがレギュラーには届かず、早稲田大の**荒井**も 97 年に 27 試合に出たのが最多。引退後は新庄剛志の広報担当を務めた。3 〜 5 位は社会人投手を指名。**沼田**（デュプロ）は 97・98 年に 4 勝ずつ、**黒木**（三菱自動車水島）は 99 年に 50 試合で 8 セーブ、防御率 3.54 でＰＶ 2.9 を記録した。

10. 阪神（O）

順位	選手		在籍時のPV	通算PV	通算成績
1	舩木聖士	投手	-31.6	-37.7	101 試合、9 勝 24 敗 0 S、5.09
2	中ノ瀬幸泰	投手	-7.6	-7.6	14 試合、0 勝 2 敗 0 S、6.95
3	林純次	投手	-5.4	-5.4	17 試合、0 勝 1 敗 0 S、10.13
4	曽我部直樹	外野手	-2.3	-3.0	21 試合、.129、0 本、0 打点

上位 3 人が社会人投手だが、期待通りに働いた者はいなかった。**舩木**は 1 年目からローテーションで使われ 6 勝を挙げるもＰＶ − 4.9、翌 97 年は 1 勝 8 敗で、その後は登板機会を減らした。同じく逆指名の**中ノ瀬**（西濃運輸）と、3 位の**林**（東海理化）は 1 勝もできず退団。ともに西濃運輸でアマチュアに復帰した。

1996 年 〈合計ＰＶ 2243.3 ＝ 2 位〉

1	小笠原道大	432.7	日本ハム 3 位	1992 試合、打率 .310、378 本塁打、1169 打点
2	和田一浩	359.1	西武 4 位	1968 試合、打率 .303、319 本塁打、1081 打点
3	松中信彦	321.7	ダイエー 2 位	1780 試合、打率 .296、352 本塁打、1168 打点
4	井口忠仁	270.9	ダイエー 1 位	1915 試合、打率 .270、251 本塁打、1017 打点
5	岩村明憲	194.5	ヤクルト 2 位	1194 試合、打率 .290、193 本塁打、615 打点
6	森野将彦	111.6	中日 2 位	1801 試合、打率 .277、165 本塁打、782 打点
7	谷佳知	75.9	オリックス 2 位	1888 試合、打率 .297、133 本塁打、741 打点
8	黒田博樹	67.3	広島 2 位	321 試合、124 勝 105 敗 1 Ｓ、防御率 3.55
9	小林宏之	64.9	ロッテ 4 位	385 試合、75 勝 74 敗 29 Ｓ、防御率 3.57
10	大塚晶文	64.3	近鉄 2 位	305 試合、14 勝 23 敗 137 Ｓ、防御率 2.39
11	森慎二	52.9	西武 2 位	431 試合、44 勝 44 敗 50 Ｓ、防御率 3.39
12	岡本克道	37.9	ダイエー 5 位	291 試合、17 勝 16 敗 51 Ｓ、防御率 2.98
13	今岡誠	30.4	阪神 1 位	1309 試合、打率 .279、122 本塁打、594 打点
14	高橋信二	29.5	日本ハム 7 位	917 試合、打率 .266、82 本塁打、416 打点
15	川村丈夫	28.1	横浜 1 位	368 試合、71 勝 64 敗 4 Ｓ、防御率 3.72
16	関本健太郎	25.4	阪神 2 位	1272 試合、打率 .278、48 本塁打、312 打点
17	濱中治	22.2	阪神 3 位	744 試合、打率 .268、85 本塁打、311 打点
18	石井義人	20.7	横浜 4 位	939 試合、打率 .290、30 本塁打、212 打点
19	入来祐作	10.1	巨人 1 位	212 試合、35 勝 35 敗 3 Ｓ、防御率 3.73

　アトランタ五輪の直後で、代表メンバーを初めとする好選手が揃った史上屈指の豊作年となった。合計ＰＶ 2243.3 は 68 年に次いで 2 番目に多い。
　一番の目玉だったのは、青山学院大で東都リーグ新記録となる 24 本塁打を

放った大型遊撃手の**井口**。巨人、中日との争奪戦を制して逆指名を取り付けたのはダイエーだった。2001年に30本塁打、44盗塁（1位）、ＰＶ21.6と開花し、03年は打率.340、27本、109打点、42盗塁。ＰＶ72.4は二塁手としては歴史的レベルで、もちろんリーグ1位だった。続く04年も.333、24本塁打でＰＶ43.6（4位）。05年にアメリカへ渡り、ホワイトソックスの正二塁手として世界一に貢献。09年にロッテで日本球界へ復帰し、翌10年は.294、17本塁打、103打点。ＰＶ44.1（3位）で、日米3球団での優勝を経験した。

　他の五輪代表では**今岡**（東洋大）と**川村**（日本石油）が1位、**松中**（新日鉄君津）、**谷**（三菱自動車岡崎）、森中聖雄（東海大）、小野仁（日本石油）が2位で指名された。秋田経法大付高時代から豪球左腕と騒がれ、巨人を逆指名した小野は全然活躍できなかったが、今岡、川村、松中、谷は通算ＰＶ20以上の好選手に成長した。阪神を逆指名した**今岡**は、02年に打率.317、ＰＶ33.6（6位）、翌03年は.340で首位打者となりＰＶ31.8（9位）。04年は28本塁打と長打力も増し、05年は29本、プロ野球史上3位の147打点を叩き出したが、二塁から三塁にコンバートされたこともあって、ＰＶは11.9と意外なほど少なかった。地元の横浜に入団した**川村**は1年目から10勝、ＰＶ8.9、99年は17勝、防御率3.00（4位）でＰＶ22.8。その後成績を落とすもリリーフで再生し、05〜06年は合計52セーブを稼いでＰＶ25.9だった。

　松中の通算ＰＶ321.7は五輪組でトップ。04年に打率.358、44本塁打、120打点で、パ・リーグでは18年ぶりの三冠王となりＭＶＰも受賞。ＰＶ69.2はチームメイトの城島健司に次いで2位だった。05年も46本、121打点の二冠でリーグ1位のＰＶ45.2。さらに06年も.324、19本、76打点と数字を落としたように見えたが出塁率.453は1位。ＰＶ48.9も2年連続1位だった。

　松中以上の通算ＰＶだった2人も社会人出身の野手。ＮＴＴ関東から日本ハム入りした**小笠原**は、捕手から内野手へコンバートされて打撃開眼。強烈なフルスイングとミートの正確性を併せ持ち、2000年に185本、01年192本で2年連続最多安打、02年は.340、03年は.360の高打率で2年連続首位打者。巨人時代も含め打率3割、30本塁打10回ずつの名打者となった。ＰＶは2000〜10年の11年間で、08年（29.7）以外はすべて30以上／リーグ10位以内。02年は50.2（4位）、翌03年（.360、31本、100打点）に自己最多の63.4（3位）。ＭＶＰに輝いた06年（.313、32本、100打点）は37.2で3位だった。

　和田（神戸製鋼）も同じく捕手としてプロ入りし、こちらは外野手に転向。定位置を確保したのは02年、30歳になってからと相当遅咲きだったにもかかわら

ず、同年の打率.319、30本塁打を皮切りに3年連続3割30本をクリアし、05年は.322で首位打者。西武時代は03年（.346、30本）のＰＶ46.8（4位）が最高で、中日移籍後の10年に.339、37本塁打、ＰＶ61.8（2位）でＭＶＰに選ばれた。小笠原と和田は04年アテネ五輪、06年の第1回ＷＢＣでも共に戦い、14〜15年は中日でチームメイトと共通点が多かった。

　アテネ五輪には**谷**も選ばれて、アトランタ以来2度目の出場となった。01年に打率.325、日本記録の52二塁打を放ち、ＰＶ28.3（9位）。03年は.350の高打率だったが、小笠原に阻まれ首位打者を逃した。この年のＰＶ32.4がベストで、巨人時代と合わせて4回20以上。打率5位以内には5度入った。ゴールデングラブ4回受賞と守備力も高かったが、2000本安打には72本足りず、小笠原、和田に続く名球会入りとはいかなかった。

　高卒組では、5人いた1位指名は誰も大成できなかったが、2位指名では**岩村**と**森野**がスターに成長した。宇和島東高からヤクルト入りした岩村は、02年に打率.320、23本塁打でＰＶ38.9（5位）、04年から3年連続ＰＶ40以上／リーグ5位以内。44本塁打を放った04年（40.5/5位）より、32本だった06年の47.1（2位）が上だった。07〜10年にメジャーでプレイし、帰国したときは主力級ではなくなっていた。森野（東海大相模）は9年目の05年になってレギュラーに定着、08年は打率.321（5位）、19本塁打でＰＶ33.4（6位）。翌09年も23本、109打点でＰＶ34.3（5位）。さらに10年も.327（5位）、422本、84打点、この時点でセ・リーグ史上2位の45二塁打も放ち、自己最多のＰＶ37.1（8位）とトップクラスの数字を残し続けた。

　投手で最も成功を収めたのは、専修大から広島入りした**黒田**だった。3年目までは12勝21敗、防御率5.55でＰＶ−48.8と苦しんでいたが、01年以降の7年間は82勝62敗、防御率3.23/ＰＶ99.2の名投手に変身。05年は15勝で最多勝、06年は防御率1.85でＰＶ38.0（5位）。最多完投6度のタフさも特筆ものだった。08〜14年の7年間はドジャースとヤンキースで主力投手として投げ、通算79勝は日本人メジャーリーガーでは野茂英雄に次いで2位である。40歳となった15年にメジャーのオファーを蹴って広島に戻り、2年間でＰＶ23.3を追加。日米通算200勝にも到達した。

　日本通運から近鉄に入団した**大塚**も、97年は52試合に投げ防御率2.07、ＰＶ16.6。翌98年はリーグ最多の35セーブ、ＰＶ11.1で、日本での7年間は常にプラスＰＶだった。奪三振率12.17は、佐々木主浩の12.20に僅差の2位（300投球回以上）である。パドレスに移籍した04年も73試合で防御率1.75と、黒田と

同じくアメリカでも活躍した。

　森と入来はメジャーを目指してアメリカへ渡るも、マイナーにとどまった。新日鉄君津から逆指名で西武に入団した森は、2000 年は抑えを任され 23 セーブ、防御率 1.83/ Ｐ Ｖ 22.5。その後も 02 年はリーグ最多の 71 試合でＰＶ 14.1、続く03 年も 18.1 と好成績を残し続けた。06 年にはポスティングシステムを利用してデヴィルレイズと契約したが、故障のためマイナーですら 1 試合も投げることなく終わった。

　本田技研から巨人に逆指名で入団した入来は、97 年は 57 試合でＰＶ 7.5。01年に先発で 13 勝を挙げた。ＰＶは日本ハム移籍後の 05 年（6 勝、防御率 3.35）に記録した 12.0 が最多。翌 06 年にメッツと契約したもののメジャーでの登板はなく、07 年に在籍したブルージェイズでも同様で、08 年に横浜で日本に復帰した。

　小林もメジャー入りを希望しながら果たせなかった。春日部共栄高からロッテ入りし、リリーフで頭角を現したのち、先発に転向して 05 年 12 勝、07 年 13 勝。2 ケタＰＶは 6 回、07 年（防御率 2.69）の 16.7 が最高だった。10 年オフにＦＡとなった際にメジャー移籍を試みるもオファーがなく、阪神に移籍。通算ＰＶ64.9 は、この年指名された投手では黒田に次いで 2 番目だった。

球団別

1. ダイエー（504.4）

順位	選手		在籍時のPV	通算PV	通算成績
1	井口忠仁	内野手	144.8	270.9	1915 試合、.270、251 本、1017 打点
2	松中信彦	内野手	321.7	321.7	1780 試合、.296、352 本、1168 打点
3	柴原洋	外野手	-33.3	-33.3	1452 試合、.282、54 本、463 打点
4	倉野信次	投手	-12.4	-12.4	164 試合、19 勝 9 敗 1 Ｓ、4.59
5	岡本克道	投手	37.9	37.9	291 試合、17 勝 16 敗 51 Ｓ、2.98
7	新里紹也	内野手	-4.3	-5.5	98 試合、.221、0 本、9 打点

　井口、松中に加えて岡本（東芝）も主力投手として活躍。1 年目から 52 試合に登板し 19 セーブ、翌 98 年も 21 セーブ。01 年は 66 試合でＰＶ 10.9、02 年は防御率 1.51/ Ｐ Ｖ 13.0、通算ＰＶは 37.9 に達した。井口とは青山学院大で同期の倉野も主にリリーフで使われ、04 年は 9 勝 1 敗、防御率 2.55、ＰＶ 20.9 の見事な成績だった。

九州共立大から入団した**柴原**も打率3割以上が4回、ベストナインに2度、ゴールデングラブには3度選ばれた。ただ本塁打は最多でも7本とパワーの面で物足りず、PVは2000年（.310、161安打）の11.7がベスト。リーグ5位の打率.333だった03年でも5.1と、意外なほど少なかった。

2. 日本ハム（353.1）

順位	選手		在籍時のPV	通算PV	通算成績
1	矢野諭	投手	-10.6	-10.6	39試合、2勝3敗0S、5.46
2	今井圭吾	投手	-5.5	-5.5	23試合、1勝4敗0S、4.50
3	小笠原道大	捕手	300.6	432.7	1992試合、.310、378本、1169打点
4	生駒雅紀	投手	0.6	0.6	74試合、3勝9敗4S、3.98
5	高橋憲幸	投手	8.5	8.5	272試合、9勝10敗1S、3.94
7	高橋信二	捕手	43.4	29.5	917試合、.266、82本、416打点

　1・2位はいずれも愛媛県出身。**矢野**（帝京五高）は初登板初勝利を飾るなど、順調なスタートを切るも故障に泣き、逆指名入団の**今井**（近畿大）も新人年の開幕直後に挙げた完封勝利が唯一の白星だった。**小笠原**以外に活躍したのは**高橋**姓の2人。都市対抗で橋戸賞に輝いた**憲幸**（日本石油）は、中継ぎで2000年に4勝、PV5.9、自己最多の55試合に投げた03年にPV8.8。津山工から入団した**信二**は03年に正捕手となり12本塁打、翌04年は打率.285、26本、84打点でPV31.5（8位）。07〜08年もPV10以上だったが、09年は一塁にコンバートされたため、打率.309、75打点でありながら−5.2へ低下した。

3. 西武（259.4）

順位	選手		在籍時のPV	通算PV	通算成績
1	玉野宏昌	内野手	-14.6	-14.6	123試合、.208、4本、26打点
2	森慎二	投手	52.9	52.9	431試合、44勝44敗50S、3.39
3	谷中真二	投手	6.2	-33.2	243試合、21勝25敗0S、4.55
4	和田一浩	捕手	200.3	359.1	1968試合、.303、319本、1081打点
7	古屋剛	内野手	-6.2	-6.2	79試合、.187、1本、6打点

　1位の**玉野**（神戸弘陵高）が戦力にならなかった分は、**和田**で充分すぎるほど

取り返した。2位以降は全員大学・社会人を指名し、**谷中**（小西酒造）は2000年に32試合に登板してＰＶ7.1、翌01年は阪神へ移籍して7勝、ＰＶ6.9。その後オリックス、楽天を経て08年に西武へ復帰している。

4. ヤクルト（211.4）

順位	選手		在籍時のPV	通算PV	通算成績
1	伊藤彰	投手	出場なし		
2	岩村明憲	内野手	207.6	194.5	1194 試合、.290、193 本、615 打点
3	山崎貴弘	投手	-3.1	-12.1	17 試合、1 勝 0 敗 0 S、11.66
4	小野公誠	捕手	-14.3	-14.3	244 試合、.200、16 本、48 打点
5	副島孔太	内野手	3.8	-7.9	463 試合、.255、21 本、106 打点

伊藤（山梨学院大付高）は肩のケガで1試合も投げられず引退。その後山梨学院大の監督となった。**山崎**（小笠高）もヤクルトでは1勝もできず、ロッテ移籍後の01年に1球で挙げた1勝のみ。唯一の勝利が1球だったのは、山崎だけの珍記録である。**小野**（東北福祉大）もプロ初打席と最終打席で本塁打という、こちらも史上唯一の記録の持ち主（※1打席しか立っていない選手を除く）。控え捕手の域は出なかったが、05年は7本塁打、通算451打数で16本と長打力はあった。**副島**（法政大）は2年目の98年は107試合に出場し打率.266、8本塁打。2000年は.321、10本塁打でＰＶ16.0の好成績だった。

5. 中日（111.6）

順位	選手		在籍時のPV	通算PV	通算成績
1	小山伸一郎	投手	-25.4	-12.1	481 試合、28 勝 36 敗 36 S、3.87
2	森野将彦	内野手	111.6	111.6	1801 試合、.277、165 本、782 打点
3	幕田賢治	外野手	-3.4	-3.4	34 試合、.097、0 本、4 打点
4	中野栄一	捕手	-0.3	-0.3	65 試合、.218、3 本、8 打点
5	山田貴志	投手	-4.9	-4.9	6 試合、0 勝 0 敗 0 S、8.38
6	佐藤康幸	投手	-5.0	-4.2	37 試合、2 勝 3 敗 0 S、4.69
7	筒井壮	内野手	-9.6	-9.6	191 試合、.232、2 本、18 打点
8	宮越徹	投手	-17.7	-14.8	56 試合、6 勝 6 敗 0 S、4.86

指名した8人が全員一軍公式戦に姿を見せた。**小山**（明野高）は中日では一軍に定着できず、05年に新球団の楽天へ移籍。すると07年に16セーブ、防御率0.58/ＰＶ10.3と開花し、以後6年連続プラスＰＶ。10年（11セーブ、防御率2.41）に2度目の2ケタとなる10.1を記録した。3位以下では、星野仙一監督の甥にあたる**筒井**（明治大）が控えながらも一軍の戦力となり、**宮越**（郡山高）も西武移籍後の05年に4勝、防御率2.80と好投した。

6. 阪神（87.4）

順位	選手		在籍時のＰＶ	通算ＰＶ	通算成績
1	今岡誠	内野手	36.1	30.4	1309試合、.279、122本、594打点
2	関本健太郎	内野手	25.4	25.4	1272試合、.278、48本、312打点
3	濱中治	投手	25.9	22.2	744試合、.268、85本、311打点
4	星山忠弘	投手	出場なし		

　66年の第二次指名以来、30年ぶりに上位3位までを野手で占めたが、これが大成功。**関本**（天理高）は06年に打率.301/出塁率.382でＰＶ10.4、08年も打率.298、52打点でＰＶ12.7。現役最後の3年間（13〜15年）はほとんど代打起用ながら、毎年出塁率4割以上だった。早くから主砲候補と期待された**濱中**（南部高）は、02年に打率.301、18本塁打でＰＶ19.5。06年も.302、20本、75打点でＰＶ20.8と、主砲級の成績を収めた年もあったが、ＰＶ5以上はこの2年だけだった。

7. 近鉄（85.2）

順位	選手		在籍時のＰＶ	通算ＰＶ	通算成績
1	前川克彦	投手	-71.5	-75.8	149試合、31勝45敗0S、5.26
2	大塚晶文	投手	54.5	64.3	305試合、14勝23敗137S、2.39
3	礒部公一	捕手	30.4	4.9	1311試合、.281、97本、517打点
4	中浜裕之	外野手	0.3	-0.2	8試合、.250、0本、1打点
6	大久保秀昭	捕手	-2.9	-2.9	83試合、.232、2本、11打点

　前川（ＰＬ学園高）は2000年に8勝、翌01年は12勝を挙げたが防御率5.89/ＰＶ−23.7と投球内容は芳しくなく、通算ＰＶは−75.8。3位で**礒部**（三菱重工

広島）、6位で**大久保**（日本石油）と社会人捕手2人を指名。アトランタ五輪メンバーの大久保は、プロは4年で引退。その後日本石油から名前が変わったJX－ENEOSや、母校の慶応大の監督を務めるなど指導者として成功した。

　礒部は打力を生かすため外野を兼任し、2000年から外野に専念。同年は打率.311でPV 21.7、翌01年は.320、17本塁打、95打点でPV 18.2。04年は選手会長として近鉄の合併阻止に奔走しながらも.309、26本塁打でPV 16.8の好成績を残した。5位指名の斎藤義典（前橋工）はこの年唯一の入団拒否。7位は岩村明憲の兄・敬士（日体大中退）で、一軍出場なしに終わった。

8. ロッテ（70.1）

順位	選手		在籍時のPV	通算PV	通算成績
1	清水将海	捕手	-70.4	-75.7	683試合、.212、9本、119打点
2	竹清剛治	投手	-20.1	-20.1	90試合、6勝17敗0S、4.95
3	川俣浩明	投手	-9.8	-9.8	29試合、0勝0敗0S、5.68
4	小林宏之	投手	70.1	64.9	385試合、75勝74敗29S、3.57
5	小坂誠	内野手	-20.4	-42.7	1371試合、.251、19本、303打点

　正捕手候補として逆指名で入団した**清水**（青山学院大）は、強肩を生かした守備は良かったものの、打力が低すぎた。01年は123試合で打率.188、1本塁打、PV－19.8。通算では4回2ケタのマイナスを計上した。**竹清**（三菱自動車京都）も逆指名だったが1年目は3勝10敗、防御率5.78でPV－20.0。その後3年間はリーグ平均程度の数字ながら、新人年のマイナスが大きすぎた。

　身長167cmの小柄な遊撃手だった**小坂**（JR東日本東北）は、97年に56盗塁を決めて新人王に選ばれると、翌98年は43個、2000年は33個で2度の盗塁王。通算279盗塁、最多三塁打も4回記録した。守備では99年から3年連続、通算4回ゴールデングラブを受賞。PVは99年（打率.280、10三塁打、31盗塁）の11.9が最多で、通算でも－42.7だったが総合的な貢献度は高かった。

9. オリックス（59.4）

順位	選手		在籍時のPV	通算PV	通算成績
1	杉本友	投手	-23.5	-32.1	126試合、12勝23敗1S、4.93
2	谷佳知	外野手	59.4	75.9	1888試合、.297、133本、741打点

順位	選手		在籍時のPV	通算PV	通算成績
3	塩崎真	内野手	-37.0	-37.0	1232試合、.258、35本、261打点
4	佐竹学	内野手	-43.6	-48.9	538試合、.242、5本、78打点
5	栗山聡	投手	-15.2	-17.2	56試合、1勝4敗0S、6.25

　指名した5人は全員大学・社会人。筑波大の**杉本**は国立大から初の1位指名と話題になったけれども、主力投手とはなれず2000年に挙げた4勝が最多だった。**塩崎**（新日鉄広畑）は2000年に正遊撃手となり、02年は打率.203/出塁率.228の大不振でPV−20.4だったが、04年は.341/.401でPV20.4と盛り返し、以後3年連続でプラスPV。**佐竹**（東海大）は内外野どこでも守れるユーティリティーとして重宝された。

10. 広島（44.0）

順位	選手		在籍時のPV	通算PV	通算成績
1	沢崎俊和	投手	-29.3	-29.3	180試合、24勝17敗15S、4.70
2	黒田博樹	投手	44.0	67.3	321試合、124勝105敗1S、3.55
3	河野昌人	投手	-34.0	-38.6	110試合、7勝16敗10S、5.82
4	福良徹	外野手	出場なし		

　指名は4人だけ。逆指名で入団した**沢崎**（青山学院大）は97年に12勝、防御率3.74、PV1.9で新人王を受賞するも、2年目以降は振るわなかった。「広島以外は社会人」を表明していた**河野**（佐賀龍谷高）は、2000年に46試合に登板し4勝9セーブ。同年はシドニー五輪代表にも選ばれた。

11. 横浜（36.6）

順位	選手		在籍時のPV	通算PV	通算成績
1	川村丈夫	投手	28.1	28.1	368試合、71勝64敗4S、3.72
2	森中聖雄	投手	-3.2	-3.2	189試合、17勝15敗4S、3.97
3	大野貴洋	内野手	出場なし		
4	石井義人	内野手	-0.1	20.7	939試合、.290、30本、212打点
5	神田大介	投手	8.5	8.5	20試合、4勝0敗0S、1.99

　森中は99年に6勝2敗2セーブ、PV10.9、翌2000年もまったく同じ6勝2

敗2セーブ、ＰＶ10.9という珍記録を残した。3～5位では埼玉県の高校生選手を指名。浦和学院高の**石井**は、03年に地元の西武へトレードされてから打撃センスに磨きがかかり、05年は規定打席に達し打率.312（4位）、ＰＶ20.9。09年も2度目の3割（.300）で、西武時代は通算打率.292。**神田**（花咲徳栄高）は2000年に13試合のみながら防御率1.01、ＰＶ8.6と順調に成長していたが呼吸器系の疾患と肩痛に見舞われ、24歳で引退した。

12. 巨人（16.2）

順位	選手		在籍時 のPV	通算 PV	通算成績
1	入来祐作	投手	14.1	10.1	212試合、35勝35敗3Ｓ、3.73
2	小野仁	投手	-20.9	-20.9	36試合、3勝8敗0Ｓ、5.77
3	三沢興一	投手	2.1	0.4	296試合、28勝18敗6Ｓ、3.98
4	鈴木尚広	内野手	-17.1	-17.1	1130試合、.265、10本、75打点
5	宇野雅美	投手	-	0.3	6試合、0勝0敗0Ｓ、3.60
6	堀田一郎	外野手	-10.0	-10.0	243試合、.200、4本、18打点

　小野は98年に15試合の登板で2勝7敗、防御率5.19／ＰＶ－9.9。その後は1勝もできなかった。アトランタ五輪代表の**三沢**（早稲田大）は主としてリリーフで起用され、2000年は41試合で防御率2.33／ＰＶ11.5。俊足の**鈴木**（相馬高）は通算228盗塁。08年は打率.304、30盗塁でＰＶ7.7と準レギュラーだった時期もあったが、キャリアの後半は代走としての起用が大半となり、代走での132盗塁は日本記録である。

1997 年 〈合計ＰＶ 766.4 ＝ 26 位〉

1	高橋由伸	304.1	巨人 1 位	1819 試合、打率 .291、321 本塁打、986 打点
2	川上憲伸	121.5	中日 1 位	275 試合、117 勝 76 敗 1 Ｓ、防御率 3.24
3	井川慶	102.7	阪神 2 位	219 試合、93 勝 72 敗 1 Ｓ、防御率 3.21
4	井端弘和	92.9	中日 5 位	1896 試合、打率.281、56本塁打、510打点
5	五十嵐亮太	87.5	ヤクルト 2 位	823 試合、65 勝 39 敗 70 Ｓ、防御率 2.93
6	篠原貴行	33.2	ダイエー 2 位	496 試合、33 勝 19 敗 17 Ｓ、防御率 3.28
7	正津英志	12.3	中日 3 位	328 試合、25 勝 10 敗 0 Ｓ、防御率 3.54

　東京六大学の強打者・**高橋**（慶応大）と、そのライバルで明治大のエース・**川上**、平安高の左腕・川口友哉の 3 人に注目が集まった。川上は大学の先輩・星野仙一が監督を務める中日を逆指名。高橋の希望はヤクルトと言われていたが、家族など周囲を固めた巨人がひっくり返す。高橋を取り逃がしたヤクルトと、オリックス・近鉄・横浜の 4 球団で抽選になった川口は、第一希望のオリックスが引き当てた。

　通算ＰＶも順当に高橋と川上が 1・2 位。**高橋**は 99 年に打率 .315、34 本塁打、98 打点でＰＶ 37.8（6 位）、03 年は .323 でＰＶ 33.2（7 位）。07 年は .308、35 本、88 打点でリーグ 2 位のＰＶ 49.3 と、打撃タイトルこそ無縁でも、ベストナイン選出が 2 回だけなのが不思議なほどの成績を残し続けた。**川上**は 98 年に 14 勝、防御率 2.57、ＰＶ 19.8 で新人王。04 年は 17 勝で最多勝、ＰＶ 22.8 で中日の優勝に貢献しＭＶＰに選ばれると、06 年も再び 17 勝で最多勝、自己最多のＰＶ 27.4 だった。09 ～ 10 年はメジャーで投げ、11 年に中日に戻ったが全盛期の面影はなくなっていた。

　川上の他にも 2 人の投手がメジャーリーガーになっている。水戸商から阪神へ入団した**井川**は、01 年から 3 年連続防御率 2 点台 / ＰＶ 20 以上。03 年は 20 勝、防御率 2.80 がいずれも 1 位でＰＶ 31.0（10 位）、ＭＶＰに輝いた。07 年にポスティングでヤンキースと 5 年契約を結んだが、最初の 2 年で 16 試合に投げたあとはマイナー暮らし。12 年にオリックスで日本球界に復帰した。

　五十嵐（敬愛学園高）は 150 ｋｍ台後半の速球でリリーフとして芽を出し、03・04 年は 2 年続けてリーグ最多の 66 試合に登板。04 年は 37 セーブ（1 位）、

ＰＶ14.3は自己記録だった。こちらも10 ～ 12年はメジャーで投げ、13年にソフトバンクで日本に復帰。14・15年は防御率1点台/2ケタＰＶと、以前と変わらぬ好成績を残した。

　下位指名では中日5位の**井端**（亜細亜大）が、ベストナイン5回、ゴールデングラブは7回受賞。打率.323、181安打、出塁率.405だった05年にＰＶ32.1、その後も07年と09年にＰＶ20以上。通算1912安打、149盗塁と、打走守すべてに秀でた名遊撃手となった。

球団別

1. 巨人 （304.1）

順位	選手		在籍時のＰＶ	通算ＰＶ	通算成績
1	高橋由伸	外野手	304.1	304.1	1819試合、.291、321本、986打点
2	川中基嗣	内野手	-13.5	-13.5	419試合、.244、10本、43打点
3	山田真介	内野手	-3.7	-5.1	75試合、.226、1本、5打点
4	小田幸平	捕手	-6.8	-24.1	371試合、.197、2本、45打点
8	平松一宏	投手	-5.6	-7.4	80試合、11勝9敗0Ｓ、4.42

「最高標準額」とされていた1億5000万円を大幅に超える6億5000万円の契約金で入団したことが、後に判明した**高橋**は、現役最終年の15年もＰＶ6.1。まだ余力はあったはずだが、巨人の監督就任を要請され半強制的に引退した。日本通運から逆指名で入団した**川中**、明るいキャラクターで人気だった**小田**（三菱重工神戸）はいずれも控えで貢献。**平松**（ＪＲ西日本）は2000年に4勝、中日時代の03年も5勝を挙げるなど、8位指名としては上出来だった。小田と平松は、ともにＦＡの人的補償として中日に移籍している。

2. 中日 （238.1）

順位	選手		在籍時のＰＶ	通算ＰＶ	通算成績
1	川上憲伸	投手	121.5	121.5	275試合、117勝76敗1Ｓ、3.24
2	森章剛	外野手	-5.5	-5.5	62試合、.207、5本、17打点
3	正津英志	投手	17.4	12.3	328試合、25勝10敗0Ｓ、3.54
4	鈴木郁洋	捕手	-2.9	-40.4	501試合、.185、3本、56打点
5	井端弘和	内野手	99.2	92.9	1896試合、.281、56本、510打点

| 6 | 高橋光信 | 内野手 | -5.7 | -8.2 | 398 試合、.253、21 本、76 打点 |
| 8 | 清水清人 | 捕手 | -0.8 | -0.8 | 8 試合、.182、0 本、0 打点 |

　川上、井端に加え正津（ＮＴＴ北陸）もサイドハンドの中継ぎとして活躍。1年目から45試合に投げ防御率2.45/ＰＶ10.4、01年まで4年続けて40試合以上に登板した。鈴木（東北福祉大）は控え捕手ながら、2000年のシドニー五輪代表に選出。オリックス移籍後に出場機会が増え、10・11年は80試合以上に出場した。高橋（国際武道大）は代打での起用が多く、通算21本塁打中11本が代打弾だった。

3. 阪神（112.7）

順位	選手		在籍時のPV	通算PV	通算成績
1	中谷仁	捕手	-2.6	-10.8	111 試合、.162、4 本、17 打点
2	井川慶	投手	109.4	102.7	219 試合、93 勝 72 敗 1 S、3.21
3	橋本大祐	投手	出場なし		
4	坪井智哉	外野手	3.3	-9.6	1036 試合、.292、32 本、265 打点
5	山岡洋之	投手	-2.9	-2.9	41 試合、0 勝 3 敗 0 S、4.28

　中谷は目を負傷したことなどもあって、阪神では17試合に出ただけ。楽天移籍後の09年に55試合に出場したのが最多だった。引退後に母校・智弁和歌山高の監督に就任し、21年夏の甲子園で優勝した。東芝から入団した坪井は98年にリーグ3位の打率.327、ＰＶ15.3。日本ハム移籍後の03年も.330の高打率でＰＶ8.7と、アベレージヒッターとして活躍した。

4. ヤクルト（42.9）

順位	選手		在籍時のPV	通算PV	通算成績
1	三上真司	投手	0.1	0.1	1 試合、0 勝 0 敗 0 S、0.00
2	五十嵐亮太	投手	42.8	87.5	823 試合、65 勝 39 敗 70 S、2.93
3	大脇浩二	内野手	出場なし		
4	大山貴広	内野手	出場なし		

　4位まで全員高校生を指名。プロとして成功したのは五十嵐だけだった。川口

の外れ1位で指名した**三上**（敦賀気比高）は、一軍では打者1人と対戦したのみ。3位の**大脇**（北照高）、4位の**大山**（大洲高）ともども4年で引退した。2位では新沼（仙台育英）の3球団による抽選に参加。本来のくじ引き順は1番目だったのが手違いで3番目に回されてしまったが、外れで五十嵐を獲得でき、災い転じて福となった。

5. ダイエー（40.7）

順位	選手		在籍時のPV	通算PV	通算成績
1	永井智浩	投手	-26.3	-26.3	96試合、28勝21敗0S、4.67
2	篠原貴行	投手	40.7	33.2	496試合、33勝19敗17S、3.28
3	木村茂	投手	-12.0	-12.0	13試合、0勝0敗0S、11.30
4	星野順治	投手	-7.5	-7.5	156試合、50勝48敗0S、4.26
5	辻武史	外野手	-17.0	-17.0	267試合、.222、1本、31打点
6	笹川隆	内野手	-1.2	-1.2	23試合、.235、0本、0打点

　4位まで全員大学・社会人投手と、即戦力志向が明確。**永井**（JR東海）は99年に10勝、PV13.1、日本シリーズでも優秀選手賞。翌2000年も9勝を挙げたがPVは－12.8にダウン、以後3年連続で2ケタのマイナスだった。三菱重工長崎から逆指名で入団した**篠原**は、ルーキーイヤーから3年続けて50試合以上に登板。99年は開幕から14連勝し、60試合で防御率1.25/PV23.4。翌2000年も9勝を挙げPV10.3、通算33.2はこの年のドラフトで6番目の好成績だった。**星野**（NKK）もローテーション投手になり99年10勝、01年は13勝。野手では辻（星稜高）が08年に87試合で打率.274と一定の出場機会を得た。

6. 西武（22.4）

順位	選手		在籍時のPV	通算PV	通算成績
1	安藤正則	投手	出場なし		
2	佐藤友紀	投手	-5.8	-5.8	7試合、0勝0敗0S、11.25
3	鳥谷部健一	投手	1.7	1.7	13試合、2勝1敗0S、3.96
4	土肥義弘	投手	19.5	-18.8	335試合、31勝45敗1S、4.30
6	芝崎和広	投手	-1.7	-1.7	48試合、3勝1敗1S、4.46
7	平良幸一	投手	1.2	1.2	2試合、0勝0敗0S、0.00

逆指名入団の**安藤**（専修大）が、1試合も登板できない大誤算。指名した7人全員が投手で、地元・埼玉生まれの**土肥**（プリンスホテル）は中継ぎ左腕として99年から7年連続プラスPV。55試合で防御率2.90だった2000年の8.3がベストで、04年に横浜へトレードされてからは先発に回り、05年は10勝を挙げPV5.0だった。

7. ロッテ（10.0）

順位	選手		在籍時のPV	通算PV	通算成績
1	渡辺正人	内野手	-30.9	-30.9	492試合、.207、11本、71打点
2	寺村友和	投手	0.7	-3.8	50試合、2勝1敗0S、4.24
3	藤田宗一	投手	9.3	6.8	600試合、19勝21敗8S、3.89
4	礒恒之	投手	-14.4	-14.4	35試合、7勝9敗0S、5.19
5	於保浩己	外野手	-3.0	-3.0	36試合、.216、0本、1打点

　上宮高の大型遊撃手・**渡辺**を単独1位指名。03年は104試合で7本塁打、26打点だったが、その後は伸び悩んだ。2〜4位は即戦力候補の投手。本田技研から逆指名で入団した**寺村**は期待に応えられなかったが、**藤田**（西濃運輸）は新人ながら56試合に投げ6勝7セーブ、防御率2.17/PV12.9。99・2000年はリーグ最多登板、00年は最優秀中継ぎ賞。06年のWBCにも出場した。**礒**（城西大）は最初の2年で7勝した後は勝ち星なし。日本では一軍登板のなかった6位の小林亮寛（PL学園高）は、その後台湾や韓国、メキシコなど世界中で30代半ばまで現役を続けた。

8. 日本ハム（0.2）

順位	選手		在籍時のPV	通算PV	通算成績
1	清水章夫	投手	-12.3	-18.4	279試合、17勝29敗2S、4.61
2	小田智之	内野手	-13.2	-13.2	359試合、.274、16本、88打点
3	原田健二	投手	0.2	0.8	92試合、0勝0敗1S、4.02
4	飯山裕志	内野手	-43.6	-43.6	911試合、.202、1本、45打点
5	古城茂幸	内野手	-19.4	-34.4	767試合、.225、9本、88打点

　1・3位で即戦力左腕、その他は遊撃手が3人という極端な指名。逆指名で

入団した近畿大の**清水**は、2000年に6勝したが先発としては頭打ちでリリーフへ。オリックス移籍後の09年は58試合に登板した。**原田**（三菱自動車水島）は99年に24試合で防御率1.83、翌2000年は58試合に登板するも制球に苦しんだ。**小田**（興誠高）は04年に打率.322、8本塁打、ＰＶ5.1と開花しかけたがレギュラー定着には至らず、**飯山**（れいめい高）は打撃の弱さを守備力でカバーし、控えながら20年現役を続けた。**古城**（国士舘大）は巨人移籍後の09年に自己最多の45安打、18打点を記録している。

9. オリックス (O)

順位	選手		在籍時のPV	通算PV	通算成績
1	川口知哉	投手	0.0	0.0	9試合、0勝1敗0S、3.75
2	前田和之	投手	-0.9	-15.7	52試合、3勝5敗2S、6.06
3	前田浩継	投手	-1.7	-7.7	73試合、12勝14敗0S、4.10
4	杉本潔彦	投手	-1.4	-1.4	6試合、0勝0敗0S、6.00
5	高橋信夫	捕手	-0.9	-0.9	28試合、.219、0本、1打点

　オリックス以外なら社会人へ進むと公言していた**川口**は、フォームを崩して1勝もできずに終わった。2位以下で指名した4人の大学・社会人投手も、みな短期間で退団。日通名古屋から逆指名で獲得した**前田和**は1年目に20試合で3勝したが、01年に横浜へトレード。**前田浩**（九州共立大）は99年に1試合投げただけで解雇、ヤクルトに拾われ01年に先発ローテーションの一角で7勝を挙げた。

9. 近鉄 (O)

順位	選手		在籍時のPV	通算PV	通算成績
1	真木将樹	投手	-16.6	-16.6	58試合、11勝14敗0S、4.71
2	高須洋介	内野手	-26.4	-23.6	1134試合、.268、19本、331打点
3	森谷昭仁	外野手	-5.3	-7.4	133試合、.183、2本、3打点
4	吉川元浩	投手	-0.7	-0.3	45試合、.242、2本、5打点
5	田中祐貴	投手	-9.4	1.7	119試合、28勝22敗1S、3.72
6	代田建紀	外野手	-0.1	-6.8	191試合、.165、0本、6打点

川口の外れ１位だった**真木**（法政大）は新人で６勝を挙げるも、制球難に陥り２年目以降は登板機会が減っていった。逆指名で確保した青山学院大の**高須**は、２年目に116試合に出場した後は控え生活が続く。それでも05年に新球団の楽天に加わると、06年は打率.300、出塁率.373でＰＶ8.1。11年まで正二塁手の座を守り続けた。「**ユウキ**」の登録名だった**田中**（杜若高）は、02年にＦＡの人的補償としてオリックスへ移り７勝、防御率1.93でＰＶ16.4。７位では智弁和歌山高の好投手だった高塚信幸を、肩の故障を承知で獲得したが完治しなかった。

9.広島（O）

順位	選手		在籍時のPV	通算PV	通算成績
1	遠藤竜志	投手	-5.3	-5.3	30 試合、2 勝 2 敗 0 S、5.04
2	兵動秀治	内野手	-4.1	-4.1	46 試合、.108、0 本、2 打点
3	林昌樹	投手	-8.4	-8.4	276 試合、7 勝 10 敗 1 S、4.14
4	小林幹英	投手	-2.7	-2.7	238 試合、19 勝 22 敗 29 S、3.90
5	倉義和	捕手	-33.9	-33.9	719 試合、.217、23 本、126 打点

　逆指名で入団した**遠藤**（ＮＴＴ関東）は99年の２勝だけ。その代わり４位の**小林**（プリンスホテル）が98年に９勝18セーブ、ＰＶ7.3。その後はこれほどの成績ではなかったが、01・02年も50試合以上投げ防御率３点台とリリーフで貢献した。**林**（興誠高）も中継ぎとして06〜07年は２年続けて50試合以上に登板、合計で５勝、28ホールド。**倉**（京都産業大）は二番手捕手としてチームを支え、05年は109試合に出場。07年は打率.274、7本塁打でＰＶ8.7だった。

9.横浜（O）

順位	選手		在籍時のPV	通算PV	通算成績
1	谷口邦幸	投手	-6.0	-6.0	42 試合、4 勝 10 敗 0 S、4.19
2	新沼慎二	捕手	-6.4	-6.4	143 試合、.195、4 本、14 打点
3	関屋智義	投手	出場なし		
4	田中充	外野手	-3.1	-3.1	27 試合、.071、0 本、0 打点
5	宮内洋	内野手	-1.7	-1.7	16 試合、.067、0 本、0 打点

　指名した５人がほぼ全員戦力とはなれず、失敗ドラフトと言わざるを得ない。

石川県の町野高出身の**谷口**は01年に3勝を挙げ、ＰＶ3.6だった後は頭打ち。2位ながら日本ハム、ヤクルトと3球団の指名が重複した**新沼**（仙台育英高）も、11年に45試合に出場したのが最多だった。

1998 年 〈合計ＰＶ 1680.0 ＝ 3 位〉

1	福留孝介	404.1	中日 1 位	1909 試合、打率.289、281 本塁打、1057 打点
2	松坂大輔	188.5	西武 1 位	218 試合、114 勝 65 敗 1 S、防御率 3.04
3	藤川球児	174.8	阪神 1 位	782 試合、60 勝 38 敗 243 S、防御率 2.08
4	岩瀬仁紀	164.1	中日 2 位	1002 試合、59 勝 51 敗 407 S、防御率 2.31
5	上原浩治	163.2	巨人 1 位	312 試合、112 勝 67 敗 33 S、防御率 3.02
6	里崎智也	140.8	ロッテ 2 位	1089 試合、打率 .256、108 本塁打、458 打点
7	新井貴浩	119.2	広島 6 位	2383 試合、打率.278、319 本塁打、1303 打点
8	二岡智宏	113.1	巨人 2 位	1457 試合、打率.282、173 本塁打、622 打点
9	小林雅英	78.5	ロッテ 1 位	463 試合、36 勝 34 敗 228 S、防御率 2.93
10	福原忍	51.4	阪神 3 位	595 試合、83 勝 104 敗 29 S、防御率 3.49
11	建山義紀	45.2	日本ハム 2 位	446 試合、35 勝 43 敗 27 S、防御率 3.43
12	河端龍	16.2	ヤクルト 5 位	231 試合、13 勝 14 敗 0 S、防御率 3.45

　横浜高のエースとして甲子園大会で春夏連覇、夏は準々決勝で 17 回完投、決勝戦ではノーヒットノーランという、空前絶後の偉業を達成した怪物・**松坂**。国際大会で強豪・キューバの連勝を 151 で止める、こちらも快挙を成し遂げた大阪体育大の**上原**。3 年前のドラフトで 7 球団が競合し、日本生命でさらなる成長を見せた**福留**。超目玉レベルが 3 人もいた大豊作ドラフトは、まず福留が逆指名で中日入りを決め、メジャー・リーグからの誘いに揺れていた上原も巨人を選択した。松坂は在京セ・リーグ球団を志望していて、それ以外の指名であれば社会人へ進むと公言していたため、入札したのは本来の実力からすれば少なすぎる 3 球団（西武、日本ハム、横浜）。抽選では西武が引き当て、当初は難色を示した松坂だったが、結局はプロ入りを決意した。

　松坂は高卒新人ながら 16 勝で最多勝という 45 年ぶりの快挙を成し遂げ、防御率 2.60 も 3 位。ＰＶ 26.0（7 位）で新人王に選ばれると、続く 2000 年は 14 勝、01 年 15 勝で 3 年連続最多勝、03・04 年は 2 年連続防御率 1 位。規定投球回に達した 7 年の防御率はすべてリーグ 4 位以内だった。ＰＶは 03 年に 39.0（7 位）、05 年は自己最多の 42.0（4 位）で、最初の 8 年間の合計は 195.6 に達した。07 年にレッドソックスへ移籍し、翌 08 年はメジャーでの日本人投手最多記録となる 18 勝を挙げ、ワールド・ベースボール・クラシックでも第 1 回・第 2 回に連続

でMVPに選ばれたが、09年以降は急速に成績が下降。16年にソフトバンクで日本に復帰してからも、ほとんど活躍できなかった。

　上原も松坂にひけを取らなかった。99年は20勝、防御率2.09、179奪三振で、セ・リーグの新人投手では38年ぶりの三冠制覇。ＰＶ44.5（5位）で新人王に輝いた。02年は17勝で2度目の最多勝、04年は防御率2.60で1位、ＰＶ32.5（8位）と好投を続け、09年にＦＡとなってメジャー・リーグへ。当初は苦戦したものの、レッドソックスへ移籍した13年は、73試合で防御率1.09の驚異的な数字で世界一に大きく貢献。同年から3年間で72セーブと、アメリカでの成績は松坂以上だった。

　当初は守備面で苦戦した**福留**は、遊撃から外野への転向が功を奏し、02年は打率.343で首位打者、ＰＶ52.0（3位）。34本塁打を放った翌03年はリーグ1位のＰＶ53.1、05年（.328、28本、103打点）は58.7（2位）と、数字を伸ばし続ける。自己最高の.351で2度目の首位打者となった06年は出塁率と長打率も1位で、ＰＶはドラゴンズ史上最多の79.8（1位）に達した。08年から5年のメジャー生活を経て、13年に阪神で日本球界に復帰。同年と翌14年はマイナスのＰＶだったが、15・16年は20以上と復活を遂げ、42歳までレギュラーを張り続けた。

　藤川、小林、建山の3投手もメジャーリーガーになった。高知商から阪神入りした**藤川**は、150ｋｍ台後半の剛速球を武器にリリーバーとして活躍。05年にリーグ最多の80試合に投げ7勝46ホールド、防御率1.36/ＰＶ28.1の好成績を残すと、以後12年までの8年間は488試合で防御率1.26。05〜09年は4年連続ＰＶ20以上、06年には38試合連続無失点も記録し、抑えを任された07年に46セーブ、11年も41セーブで2度目のタイトルに輝いた。13〜15年はアメリカであまり活躍できなかったが、阪神に戻ってからは復調し、19年は防御率1.77。9度目の2ケタとなるＰＶ13.2だった。

　ロッテを逆指名した**小林**（東京ガス）は当初先発としても起用され、1年目から防御率2.68/ＰＶ16.9だったが、2年目以降はほぼリリーフに専念。2000年は11勝14セーブで自己最多のＰＶ27.6（6位）、02年は37セーブ、防御率0.83と完璧に近い数字でＰＶ13.8。通算227セーブをひっさげ08年に入団したインディアンズでは、2年間で6セーブのみだった。松下電器から日本ハムに入団した**建山**も、小林と同じく最初は先発で使われ、99年は防御率2.89/ＰＶ11.9。その後リリーフに回り、03年は15セーブ/ＰＶ10.2、通算では4回ＰＶ10以上。11〜12年にレンジャーズで投げたときは、高校の同級生だった上原と再びチーム

メイトになった。

リリーフで史上最高レベルの投手になったのが、ＮＴＴ東海から中日を逆指名した**岩瀬**。99年は新人でリーグ最多の65試合に投げて10勝、防御率1.57でＰＶ21.0。以後15年続けて50試合以上に登板し、8年目までは01年（3.3）を除いて毎年2ケタＰＶ。04年からは抑えに回って、05年に日本記録の46セーブ（ＰＶ14.1）。以後5度のセーブ王に輝き、入団以来16年連続でＰＶはプラスを維持した。43歳まで現役を続け、通算1002登板と407セーブはいずれも史上1位。ＰＶ164.1は、リリーフ専門の投手では藤川に次ぐ数字である。

福原（東洋大）は通算の勝敗は大幅な負け越しでも、投球内容は悪くなかった。2年連続でリーグ最多敗戦を喫した04・05年も、ＰＶは04年が10.5、05年が11.2といずれも2ケタ。06年は12勝、防御率2.09（2位）でＰＶ26.9。リリーフに回った後も12・13年は2年続けて防御率1点台だった。

12人の逆指名選手のうち、野手は福留を含め3人だけだったが、全員が名選手に成長した。広島出身で、福原とは広陵高の同級生だった**二岡**（近畿大）は、カープが有力との当初の予測を裏切って巨人を逆指名。前年の高橋由伸と同じように、秘密裏に5億円もの契約金が支払われていたとも言われ、逆指名がいかに出鱈目な制度であったかを証明していたが、グラウンド上の働きは素晴らしかった。強打の遊撃手として99年は打率.289、18本塁打でＰＶ17.5、翌2000年はリーグ優勝を決めるサヨナラ本塁打を放つ。02年（.281、24本）のＰＶ26.1（8位）が自己ベストで、同年からの6年間は04年（−0.1）を除いて毎年ＰＶ20以上だった。

ロッテに逆指名で入団した**里崎**（帝京大）は、一軍に定着するまで時間を要したものの、03年に78試合の出場ながら打率.319/出塁率.393、ＰＶ20.7、05年からは3年連続でＰＶ20以上。17本塁打を放った06年に自己最多のＰＶ30.5、同年はWBCでも世界一に貢献した。通算ＰＶ140.8は、ドラフトで入団したパ・リーグの捕手のうち、他のポジションにコンバートされなかった者としては城島健司に次ぐ数字である。

このように、総じて上位指名組が順当に結果を残した中にあって、6位指名から名球会メンバーまでのし上がったのが**新井**だった。駒澤大では通算2本塁打で、広島にも駒大ＯＢの伝手で指名してもらったようなもの。ところが早くも2年目には16本塁打を放ち、05年には打率.305、リーグ最多の43本塁打でＰＶ34.1は6位だった。08年にＦＡで阪神へ移籍し、10年はいずれもキャリアハイの打率.311、42二塁打、112打点でＰＶ21.7。15年にカープへ戻ってくると翌16年

は2000本安打達成に加え、打率.300、19本塁打、101打点。ＰＶ15.1はリーグ18位、広島のチーム内でも9番目に過ぎなかったにもかかわらず、リーダーシップなどの貢献度を加味されてＭＶＰに選ばれる。39歳での受賞はセ・リーグ史上最年長となった。

前評判の高かった高校生選手には新垣渚（沖縄水産高）もいた。ダイエー入団を熱望し、それ以外なら九州産業大へ進学するとしていたが、ダイエーとの抽選を制したオリックスが交渉権を獲得。新垣の意志は固く入団交渉は難航し、そのさなかにオリックスの三輪田勝利編成部長が自ら命を絶つという、ドラフト史上最悪の悲劇まで引き起こされた。

球団別

1. 中日 (500.6)

順位	選手		在籍時のPV	通算PV	通算成績
1	福留孝介	内野手	336.5	404.1	1909試合、.289、281本、1057打点
2	岩瀬仁紀	投手	164.1	164.1	1002試合、59勝51敗407S、2.31
3	小笠原孝	投手	-33.0	-33.0	191試合、31勝40敗0S、4.20
4	蔵本英智	外野手	-56.8	-56.8	884試合、.236、11本、115打点
6	矢口哲朗	投手	-3.9	-3.9	4試合、0勝0敗0S、7.45

福留、岩瀬だけでなく、**小笠原**（明治大）も9年目の07年にローテーション入りすると、防御率2.99/ PV 11.3。翌08年に自己最多の8勝を挙げた。**蔵本**（名城大）は**英智**の登録名を使用。打力が弱くPVは一度もプラスにならなかったが、守備力が高く04年にゴールデングラブを受賞した。

2. 巨人 (297.2)

順位	選手		在籍時のPV	通算PV	通算成績
1	上原浩治	投手	161.4	163.2	312試合、112勝67敗33S、3.02
2	二岡智宏	内野手	135.8	113.1	1457試合、.282、173本、622打点
3	加藤健	捕手	-7.2	-7.2	185試合、.216、3本、24打点
4	安原政俊	投手	-0.6	-0.6	1試合、0勝0敗0S、9.00
5	酒井純也	投手	-17.8	-17.8	38試合、1勝4敗0S、6.71
8	高野忍	外野手	-0.9	-0.9	17試合、.167、1本、1打点

前述の二岡だけでなく、**上原**も５億円を超える契約金を受け取っていたが、少なくとも期待通りに働いたのは間違いない。３位以降の選手はほぼ戦力になることはなく、控え捕手として18年在籍した**加藤**（新発田農）も、出場数は15年の35試合が最多だった。

3. ロッテ（226.3）

順位	選手		在籍時 の PV	通算 PV	通算成績
1	小林雅英	投手	85.5	78.5	463 試合、36 勝 34 敗 228 S、2.93
2	里崎智也	捕手	140.8	140.8	1089 試合、.256、108 本、458 打点
3	川井貴志	投手	-15.9	-40.0	307 試合、28 勝 36 敗 0 S、4.51
4	寺本四郎	投手	-0.7	-0.7	20 試合、0 勝 0 敗 0 S、4.70

城西大から入団した**川井**は、先発でも使われたが主な仕事場はブルペン。01年はＰＶ4.7、翌02年は51試合に投げ防御率2.76でＰＶ8.1。06年からは楽天に移り、40歳になる16年まで現役を続けた。明徳義塾高のエースとして甲子園で活躍した**寺本**は、投手としては１勝もできず、02年に打者へ転向したが５試合で10打数１安打に終わった。

4. 阪神（207.7）

順位	選手		在籍時 の PV	通算 PV	通算成績
1	藤川球児	投手	151.4	174.8	782 試合、60 勝 38 敗 243 S、2.08
2	金澤健人	投手	-0.7	-1.9	332 試合、15 勝 11 敗 4 S、3.73
3	福原忍	投手	51.4	51.4	595 試合、83 勝 104 敗 29 S、3.49
4	部坂俊之	投手	4.9	4.9	34 試合、0 勝 2 敗 0 S、2.88

藤川の後、２～４位は即戦力の投手を指名。ＮＴＴ関東から逆指名で入団した**金澤**は02年に50試合に登板して５勝、翌03年は36試合で０勝ながら防御率2.75、ＰＶ8.7。その後日本ハム、オリックスを経て10年にソフトバンクへ移り、翌11年は16ホールド、防御率1.66。ホークス時代は４年間でＰＶ15.6だった。東芝府中から入団した**部坂**はサイドハンドの変則タイプとして期待されたが、ルーキーシーズンに16試合投げたのが最多だった。

5. 西武 （202.4）

順位	選手		在籍時 の PV	通算 PV	通算成績
1	松坂大輔	投手	195.6	188.5	218 試合、114 勝 65 敗 1 S、3.04
2	赤田将吾	内野手	-43.5	-56.3	913 試合、.255、30 本、211 打点
3	星野智樹	投手	6.8	1.1	456 試合、14 勝 15 敗 3 S、3.91
4	柴田博之	外野手	-14.0	-14.0	337 試合、.264、5 本、49 打点

　4 位までに指名した全員が一軍の戦力となった。**赤田**（日南学園高）は 04 年にレギュラーとなり、以後 3 年連続で規定打席に到達。06 年は打率 .293、リーグ最多の 7 三塁打を放った。**星野**（プリンスホテル）は左サイドスローの中継ぎとして、04 年に防御率 2.15／PV 12.9。同年から 6 年間で 5 回 50 試合以上に登板し、通算 105 ホールドを稼いだ。**柴田**（東北福祉大）は俊足を武器に、01 年は 8 三塁打（1 位）、20 盗塁。04 年は 22 盗塁、通算の成功率は 80.2% の高率だった。5 位の後藤光貴は、事前の了承なく大和銀行から 2 人目の指名となったため、規約違反により指名無効とされている。

6. 広島 （74.6）

順位	選手		在籍時 の PV	通算 PV	通算成績
1	東出輝裕	内野手	-60.9	-60.9	1492 試合、.268、12 本、262 打点
2	井出崇光	内野手	-3.4	-3.4	159 試合、.266、1 本、19 打点
3	矢野修平	投手	-1.7	-1.7	4 試合、0 勝 0 敗 0 S、5.63
4	森笠繁	外野手	-23.6	-29.0	840 試合、.264、21 本、125 打点
5	小山田保裕	投手	3.2	-1.2	251 試合、19 勝 26 敗 37 S、4.04
6	新井貴浩	内野手	71.4	119.2	2383 試合、.278、319 本、1303 打点
7	酒井大輔	投手	-29.7	-29.7	66 試合、1 勝 1 敗 0 S、7.10
8	広池浩司	投手	-46.9	-46.9	248 試合、9 勝 12 敗 1 S、5.47

　上位 3 人は高校生。**東出**（敦賀気比高）は 1 年目から一軍に定着し、01 年は正遊撃手として打率 .262、5 三塁打（1 位）、26 盗塁。その後一時期定位置を失ったものの、06 年に二塁手としてレギュラーに返り咲き、08 年は打率 .310、PV は初めてのプラスとなる 4.2。翌 09 年は打率 .294、8 三塁打（1 位）で自己最多の PV 9.6 だった。**森笠**（関東学院大）も 03 〜 07 年は 05 年を除いて 100 試合

以上に出場。06 年は 6 本塁打、31 打点を記録した。

　投手では小山田（城西大）が 02 年に抑えとして 30 セーブ。シーズン途中から先発に回った 04 年（防御率 3.15）のＰＶ 12.6 がベストだった。広池は立教大卒業後、一般社員として全日空に就職しながらも、プロを諦めきれず広島入り。左の中継ぎとして 3 度 40 試合以上登板し、指名順位が全選手中ブービーだった選手としては上出来だった。

7. 日本ハム（51.5）

順位	選手		在籍時のPV	通算PV	通算成績
1	實松一成	捕手	-38.6	-38.1	516 試合、.166、20 本、58 打点
2	建山義紀	投手	45.0	45.2	446 試合、35 勝 43 敗 27 S、3.43
3	立石尚行	投手	6.5	6.5	181 試合、25 勝 19 敗 1 S、4.15
4	森本稀哲	内野手	-53.1	-67.4	1272 試合、259、33 本、267 打点
5	阿久根鋼吉	内野手	-13.9	-13.9	161 試合、.231、3 本、18 打点
6	伊藤剛	投手	-9.7	-9.7	73 試合、4 勝 7 敗 7 S、4.72

　球団史上初となる捕手の 1 位指名だった實松（佐賀学園高）は、打力の弱さがネックで正捕手にはなれなかった。それでも守備が良く、バックアップ要員として 21 年も現役を続けた。3・5・6 位は、ＮＴＴ東京との統合が決まっていたＮＴＴ関東の選手を指名。ＯＢの田中幸雄がスカウトという縁もあってのものだった。28 歳でプロ入りした立石は 2000 年 9 勝、04 年はＰＶ 9.5。続く 05 年に自己ベストの防御率 2.23、ＰＶ 14.8 を記録した。阿久根は 03 年に 82 試合に出たのがピーク。伊藤は 1 年目から防御率 2.38／ＰＶ 7.6 と好スタートを切ったが、2 年目以降は故障に泣かされた。

　森本（帝京高）は 05 年に外野手として定位置を摑み、07 年は打率 .300、175 安打、31 盗塁でＰＶ 9.8。08 年以降は走者を進める打撃にこだわりすぎ、長打が極端に少なくなってＰＶが激減したが、08 年まで 3 年連続ゴールデングラブに選ばれた守備力で貢献した。

8. ヤクルト（18.9）

順位	選手		在籍時のPV	通算PV	通算成績
1	石堂和利	投手	-26.1	-26.1	26 試合、11 勝 10 敗 0 S、6.19

2	牧谷宇佐美	投手	-0.2	-0.2	2 試合、.000、0 本、0 打点
3	樋渕聡	外野手	出場なし		
4	本郷宏樹	内野手	-3.7	-3.7	40 試合、.179、0 本、3 打点
5	河端龍	投手	16.2	16.2	231 試合、13 勝 14 敗 0 S、3.45
6	高橋一正	投手	2.7	2.7	43 試合、0 勝 1 敗 0 S、3.43

　単独指名の**石堂**（愛工大名電高）は 03 年に 5 先発で 4 勝、翌 04 年はローテーション入りを果たして 6 勝を挙げるも防御率 6.93/ PV − 21.3。05 年に 5 試合投げたのが最後になった。2000 年には 31 試合に登板したアンダーハンドの**高橋**（明徳義塾高）もそれっきりだったが、**河端**（龍谷大）は中継ぎとして安定した成績を残す。PVは最多でも 4.6（02、04 年）だった代わり、2 年目以降はマイナスの年はなかった。

9. 近鉄 (5.7)

順位	選手		在籍時 の PV	通算 PV	通算成績
1	宇高伸次	投手	3.6	3.6	31 試合、2 勝 2 敗 0 S、3.51
2	藤井彰人	捕手	-20.5	-53.3	1073 試合、.236、10 本、173 打点
3	山崎浩司	内野手	-0.6	-32.2	518 試合、.222、8 本、79 打点
4	面出哲志	投手	-12.2	-13.3	39 試合、0 勝 1 敗 1 S、6.85
5	藤崎紘範	投手	-7.8	-21.3	49 試合、1 勝 7 敗 0 S、5.94
6	松本拓也	投手	2.1	2.1	11 試合、0 勝 0 敗 0 S、2.70
8	吉田好太	内野手	*		1 試合

　1・2 位で**宇高・藤井**の近畿大バッテリーを指名。通算 20 勝し、即戦力と期待されたサイドハンドの宇高は 2 勝どまりだったのに対し、藤井は楽天・阪神時代に正捕手を任された年もあるなど息の長い選手になり、39 歳まで現役を続けた。**山崎**（大産大付高）も広島やオリックスで控え内野手を務め、09 年は 97 試合で打率 .297、73 安打でPV 6.4 だった。

10. 横浜 (0.1)

順位	選手		在籍時 の PV	通算 PV	通算成績
1	古木克明	内野手	0.1	-2.8	537 試合、.247、58 本、150 打点

2	矢野英司	投手	-8.4	-24.4	58 試合、4 勝 7 敗 1 S、6.24
3	金川直樹	内野手	出場なし		
4	福本誠	内野手	-2.9	-2.9	55 試合、.250、0 本、8 打点
5	金城龍彦	投手	-18.8	-21.2	1892 試合、.278、104 本、592 打点
6	小池正晃	外野手	-15.4	-30.7	810 試合、.243、55 本、189 打点

　スラッガー候補の**古木**（豊田大谷高）は 02 年に 34 試合で打率 .320、9 本塁打でＰＶ 9.4。翌 03 年は 22 本塁打を放ちながらも .203 の低打率で、打点は 37 しかなく、ＰＶも － 6.6 へ転落した。04 年は .290 まで打率を戻したが本塁打は 11 本に半減。法政大のエースで、逆指名で入団した**矢野**も横浜では 3 勝のみに終わった。

　一方で、**金城**は下位指名から予想以上の好選手に成長した。住友金属までは投手で、入団後すぐ野手に転向。2000 年は .346 の高打率で首位打者となり、ＰＶ 14.8。その後も 03 ～ 05 年に 3 年連続 3 割以上と、アベレージヒッターとして活躍した。ただし選球眼は優れているとは言い難く、通算出塁率は .332 で通算ＰＶもマイナスだった。横浜高春夏連覇のメンバーだった**小池**は、05 年に 20 本塁打。同年と翌 06 年は 2 年続けて最多犠打だった。

11. オリックス（O）

順位	選手		在籍時のPV	通算PV	通算成績
1	新垣渚	投手	拒否		
2	川越英隆	投手	-7.2	-14.9	298 試合、54 勝 76 敗 0 S、4.10
3	相川良太	内野手	-14.5	-14.5	314 試合、.246、28 本、95 打点
4	木村昌広	投手	-4.5	-5.3	18 試合、0 勝 2 敗 0 S、5.96
5	徳元敬	投手	-25.4	-23.6	148 試合、6 勝 15 敗 2 S、4.93

　新垣には拒否されたものの、2 位では日産自動車の**川越**を逆指名で確保した。99 年は 11 勝、防御率 2.85（4 位）、ＰＶ 20.7 と期待通り。04 ～ 06 年もＰＶはプラスだったが、07 年（－ 23.7）などマイナス 10 以上の年も 4 度あった。徳元（東農大生産学部）は主に中継ぎで起用。唯一の野手だった**相川**（東海大）は、06 年に 65 試合で 11 本塁打を放つなど、力強い打撃に魅力があった。

11. ダイエー (O)

順位	選手		在籍時のPV	通算PV	通算成績
1	吉本亮	内野手	-12.7	-14.7	149試合、.227、1本、34打点
2	松修康	投手	-4.8	-4.8	59試合、1勝5敗0S、4.99
3	小椋真介	投手	-30.6	-30.6	69試合、7勝9敗1S、5.60
4	福山龍太郎	投手	出場なし		
5	水田章雄	投手	-3.9	-3.9	190試合、16勝13敗3S、4.13

　新垣の抽選を外し、強打者と評判の**吉本**（九州学院高）を1位指名。だがホークス時代は通算95試合で1本も本塁打を打てずに終わった。東北福祉大から逆指名で入団した**松**も冴えず、**小椋**（福岡工大付高）も将来のエースとの期待には応えられなかった。戦力になったのは、指名順位は一番下の**水田**（大和銀行）。07年は45試合に登板し5勝19ホールド、防御率2.25、ＰＶ10.6だった。

1999 年 〈合計ＰＶ 508.6 ＝ 42 位〉

1	岩隈久志	129.1	近鉄 5 位	226 試合、107 勝 69 敗 0 Ｓ、防御率 3.25
2	田中賢介	123.1	日本ハム 2 位	1619 試合、打率 .282、48 本塁打、486 打点
3	川﨑宗則	90.2	ダイエー 4 位	1187 試合、打率 .292、27 本塁打、373 打点
4	栗原健太	69.0	広島 3 位	1026 試合、打率 .293、153 本塁打、586 打点
5	木塚敦志	27.3	横浜 2 位	490 試合、35 勝 25 敗 24 Ｓ、防御率 3.35
6	後藤光貴	22.1	西武 7 位	87 試合、23 勝 16 敗 0 Ｓ、防御率 3.79
7	山口和男	17.9	オリックス 1 位	173 試合、14 勝 15 敗 29 Ｓ、防御率 3.41

　前年とはうって変わって、大学・社会人にめぼしい候補がおらず、7 球団が高校生を 1 位入札。國學院久我山高の左腕・河内貴哉が一番人気で、近鉄・中日・広島の 3 球団が競合し広島に入団した。だが河内を含め、1 位指名 12 選手のうち通算ＰＶが 2 ケタに達したのは、オリックスの山口だけ。全体でも通算 30 以上は 4 人しかいなかった。

　出世頭は、河内と同じ東京の高校生で近鉄 5 位指名の**岩隈**（堀越高）。03 年に 15 勝を挙げＰＶ 25.9、翌 04 年も 15 勝（1 位）、ＰＶ 29.5。同年オフには、近鉄を吸収合併したオリックスへの加入を拒否して楽天へ移籍。08 年はいずれも 1 位の 21 勝、防御率 1.87 でＰＶ 45.4 も 2 位、チームが 5 位だったにもかかわらずＭＶＰを受賞した。12 年にマリナーズへ移籍し 6 年間で 63 勝、日本人投手で 2 人目のノーヒットノーランを達成するなど、アメリカでも実績を残した。

　2 位では西武・中日・日本ハムの 3 球団が、福岡東高の**田中**で競合し日本ハムが引き当てる。レギュラー定着まで時間はかかったけれども、正二塁手となった 06 年に打率 .301、ＰＶ 16.3。自己最多の 11 本塁打、63 打点だった 08 年はＰＶ 33.0（5 位）、10 年はリーグ 2 位の打率 .335、34 盗塁でＰＶ 37.4 は再び 5 位。13 年にプレイしたメジャーでは大した数字を残せず、15 年日本ハムに復帰しＰＶ 10.7 を追加した。ベストナイン 6 回、守備では 5 回ゴールデングラブに選ばれている。

　田中と同じ九州出身の遊撃手である**川﨑**（鹿児島工）も、04 年は 171 安打、8 三塁打、42 盗塁がいずれも 1 位。同年のＰＶは 7.0 と意外に低かったが、06 年

（打率.312）はＰＶ 23.1、続く07年（.329）の 26.9 はリーグ７位だった。川﨑も岩隈・田中と同様にメジャーを経験。12 〜 17 年の６年間をアメリカで過ごし、成績以上にムードメーカーとして人気を集めた。

野手で唯一 50 本塁打以上打ったのは**栗原**（日大山形高）。広島の主砲として 06 〜 09 年に４年連続 20 本以上、打率.332（３位）、23 本塁打、103 打点だった 08 年にＰＶ 23.8（９位）。通算では４回２ケタＰＶを記録した。

球団別

1. 日本ハム（112.6）

順位	選手		在籍時のPV	通算PV	通算成績
1	正田樹	投手	-31.7	-30.1	123 試合、25 勝 38 敗 0 S、4.70
2	田中賢介	内野手	112.4	123.1	1619 試合、.282、48 本、486 打点
3	吉崎勝	投手	-1.7	-7.5	102 試合、9 勝 10 敗 0 S、4.77
4	佐々木貴賀	投手	-26.1	-26.1	113 試合、4 勝 10 敗 1 S、5.79
6	神島崇	投手	0.2	0.2	1 試合、0 勝 0 敗 0 S、0.00
7	遠藤良平	投手	0.0	0.0	1 試合、0 勝 0 敗 0 S、*

ドラフト導入 33 年目にして、初めて日本ハムが球団別の合計ＰＶで１位になった。99 年夏の甲子園の優勝投手・**正田**（桐生第一高）をはじめ、指名した５人の投手は全員左腕。正田は 02 年９勝、防御率 3.45、ＰＶ 4.2 で新人王を受賞したが、翌 03 年はリーグワーストの 15 敗、ＰＶ − 16.9 と大幅に降下し、07 年に阪神へトレード。その後台湾球界で活躍したのち、ヤクルト→再び台湾→独立リーグと流浪を続け、39 歳になった 21 年時点でもまだ現役である。

吉崎（ミキハウス）は 03 年に８勝しＰＶ 3.4、オールスターにも選ばれた。**佐々木**（高松西高）は 01 年から４年連続で 20 試合以上に投げたが、制球力が身につかなかった。東大出身の**遠藤**は打者１人と対戦しただけで、２年で引退。フロント入りしてＧＭ補佐まで昇進している。

2. ダイエー（91.9）

順位	選手		在籍時のPV	通算PV	通算成績
1	田中総司	投手	-0.4	-0.4	5 試合、0 勝 0 敗 0 S、5.40
2	広田庄司	投手	-5.5	-5.5	1 試合、0 勝 0 敗 0 S、54.00

3	的場直樹	捕手	-22.4	-41.1	313 試合、.161、5 本、42 打点
4	川﨑宗則	内野手	91.9	90.2	1187 試合、.292、27 本、373 打点
5	田中瑞季	内野手	-6.3	-6.3	76 試合、.246、0 本、11 打点

　逆指名の**田中総**（立命館大）と**広田**（日本通運）が揃って 0 勝という大誤算を、**川﨑**が救った。**的場**（明治大）は実働 9 年で打率が一度も 2 割に達しない貧打でも、守備力は評価され、第二捕手として 06 年 82 試合、ロッテ移籍後の 10 年に 74 試合に出場している。

3. 近鉄（78.6）

順位	選手		在籍時のPV	通算PV	通算成績
1	宮本大輔	投手	-4.2	-3.9	43 試合、2 勝 3 敗 1 S、4.26
2	高木康成	投手	-0.3	5.2	258 試合、18 勝 26 敗 0 S、3.64
3	前田忠節	内野手	-36.2	-38.1	426 試合、.194、2 本、27 打点
4	山下勝己	内野手	-16.7	-19.8	196 試合、.222、2 本、29 打点
5	岩隈久志	投手	54.5	129.1	226 試合、107 勝 69 敗 0 S、3.25
6	鷹野史寿	外野手	16.3	2.1	477 試合、.270、36 本、144 打点
8	奈良将史	投手	1.1	1.1	35 試合、1 勝 1 敗 0 S、4.15
9	吉川勝成	投手	6.7	-0.1	108 試合、4 勝 8 敗 1 S、4.32

　高校生投手を 3 人指名したが、1 位の**宮本**（延岡学園高）・2 位の**高木**（静岡高）ではなく指名順位の一番低い**岩隈**が大成。とはいえ高木も 02 年に防御率 2.56/ Ｐ Ｖ 8.0、オリックスを経て巨人へ移籍した 10 年も防御率 1.09/ Ｐ Ｖ 8.3 と、左の中継ぎとして活躍した。**吉川**（龍谷大）の 4 勝は 50 試合に登板した 04 年に挙げたもので、同年はＰＶも 10.5 だった。

　野手では**鷹野**（日産自動車）が、打数はさほど多くなかったが 01・02 年に 2 年連続打率 3 割。打率 .296/ 出塁率 .418 だったルーキーイヤーに自己最多のＰＶ 8.0、近鉄時代は通算 16.3 だった。**前田**（東洋大）は 2000・01 年に 100 試合以上起用されたが、両年とも打率 2 割未満。**山下**（近畿大）も 1 年目の 67 試合が最多だった。

4. 広島 （71.7）

順位	選手		在籍時のPV	通算PV	通算成績
1	河内貴哉	投手	-43.5	-43.5	166試合、16勝28敗0S、5.06
2	木村一喜	捕手	2.7	1.5	335試合、.261、6本、59打点
3	栗原健太	内野手	69.0	69.0	1026試合、.293、153本、586打点
4	末永真史	外野手	-1.9	-1.9	236試合、.268、7本、40打点
5	佐竹健太	投手	-15.1	-25.5	261試合、5勝8敗0S、4.91
6	苫米地鉄人	投手	-12.1	-12.1	44試合、7勝6敗0S、4.76
7	松本奉文	内野手	-2.6	-2.6	82試合、.165、2本、9打点

　河内は先発としては結果が出ず、8勝を挙げた04年も防御率5.72でＰＶ－17.6。06年以降はワンポイントリリーフに活路を見出し、以後6年間のＰＶは2.1と持ち直した。**佐竹**（ＮＫＫ）は同じく左のワンポイントで、河内に出番を奪われる格好で08年楽天に移籍、同年に自己ベストの防御率2.14。**苫米地**（山梨学院大付高）は02年に5勝を挙げたが、以後の登板はなかった。逆指名で入団した**木村**（日本通運）は02年に109試合に出場、打率.314、5本塁打、ＰＶ16.0の好成績を残すも、その後は年々出場試合数が減っていった。

5. 横浜 （31.5）

順位	選手		在籍時のPV	通算PV	通算成績
1	田中一徳	外野手	-19.2	-19.2	341試合、.229、1本、13打点
2	木塚敦志	投手	27.3	27.3	490試合、35勝25敗24S、3.35
3	村西哲幸	投手	-3.1	-3.1	6試合、0勝0敗0S、8.53
4	鈴木寛樹	投手	出場なし		
5	南竜介	投手	-1.6	-7.5	181試合、.207、6本、20打点
6	七野智秀	内野手	-3.2	-3.2	27試合、.083、1本、1打点
7	中野渡進	投手	4.2	4.2	78試合、6勝1敗0S、3.43

　田中（ＰＬ学園高）は02年に112試合で打率.256。しかし売り物の足が6盗塁で失敗6回では、レギュラーへの道は遠かった。田中とはＰＬの同級生で、中学時代から有名だった**七野**も通算3安打、1本塁打で終わった。

　サイドスローの**木塚**（明治大）は新人で7勝18セーブ、ＰＶ7.1、翌01年は

69 試合に登板し 9 勝、防御率 2.48、ＰＶ 13.1 で最優秀中継ぎ賞も受賞。8 年目までマイナスＰＶは 1 年のみだった。**中野渡**（三菱自動車川崎）は 01 年に 63 試合で防御率 2.62/ ＰＶ 11.3 と好投するも、以後は 12 試合に投げただけ。**南**（報徳学園高）は野手に転向、ロッテ移籍後の 10 年は 57 試合に出場した。

6. 西武（31.3）

順位	選手		在籍時のPV	通算PV	通算成績
1	高山久	内野手	-7.3	-4.4	377 試合、.250、25 本、108 打点
2	真山龍	投手	出場なし		
3	大島裕行	外野手	-25.8	-25.8	406 試合、.253、23 本、106 打点
4	猪爪義治	投手	出場なし		
5	貝塚政秀	捕手	-13.3	-13.3	333 試合、.268、17 本、117 打点
6	青木勇人	投手	-7.8	-3.1	210 試合、9 勝 6 敗 1 S、4.16
7	後藤光貴	投手	31.3	22.1	87 試合、23 勝 16 敗 0 S、3.79

高山（九州学院高）は 11 年目の 10 年になって一軍に定着し、打率 .291、11 本塁打、48 打点、ＰＶ 7.7。だが翌年には控えに逆戻りした。高校通算 86 本塁打の**大島**（埼玉栄高）は、03 年に打率 .307、7 本塁打、翌 04 年も 8 本。**貝塚**（三菱重工長崎）は 04 年に打率 .307、14 本塁打、75 打点で、一見かなりの好成績に映る。だが同年はリーグ全体が打撃上位だったため、ＰＶは 1.6 と平凡だった。

同志社大の準硬式出身だった**青木**は、最初の 2 年間でＰＶ 15.4。その後成績を落としたが、06 年に広島へ移籍してから 3 年連続プラスＰＶと復調した。前年に 5 位指名が無効とされた**後藤**（大和銀行）は、7 位で再指名され無事入団。01 年は主にリリーフで防御率 2.49/ ＰＶ 17.3、03 年は先発で 10 勝、防御率 3.81（8 位）、ＰＶ 13.0 と短期間ながら活躍。通算ＰＶ 22.1 はこの年指名された投手で 3 番目だった。

7. 巨人（20.5）

順位	選手		在籍時のPV	通算PV	通算成績
1	高橋尚成	投手	20.5	7.5	261 試合、79 勝 73 敗 15 S、3.79
2	谷浩弥	投手	-6.2	-6.2	2 試合、0 勝 0 敗 0 S、37.80
3	佐藤宏志	投手	-14.9	-15.2	57 試合、3 勝 2 敗 1 S、5.74

4	内薗直樹	投手	-3.3	-6.3	26 試合、0 勝 0 敗 0 S、5.50
5	條辺剛	投手	-11.0	-11.0	111 試合、9 勝 13 敗 6 S、4.58
6	十川孝富	内野手	-2.3	-2.3	48 試合、.152、1 本、1 打点
7	宮崎一彰	内野手	-2.0	-3.8	71 試合、.213、0 本、3 打点

　上位 4 人までが大学・社会人の投手。高校生は**條辺**（阿南工）のみという即戦力志向だった。**高橋**（東芝）は 2000 年に 9 勝しＰＶ 10.9、07 年は 14 勝、防御率 2.75（1 位）でＰＶ 22.6。ＦＡとなってメッツへ移籍した 10 年も 10 勝を挙げるなど、メジャー・リーグでも結果を残した。條辺は 01 年に 7 勝 6 セーブ、翌 02 年も 47 試合で防御率 3.16 だったが、投げすぎのせいかその後は故障続きだった。

8. オリックス（17.9）

順位	選手		在籍時 の PV	通算 PV	通算成績
1	山口和男	投手	17.9	17.9	173 試合、14 勝 15 敗 29 S、3.41
2	葛城育郎	外野手	-16.6	-37.6	750 試合、.248、35 本、171 打点
3	迎祐一郎	投手	-17.8	-28.3	299 試合、.196、10 本、40 打点
4	岩下修一	投手	-3.1	-1.8	98 試合、3 勝 0 敗 0 S、4.57

　山口（三菱自動車岡崎）は当時の最速記録となる 158 ｋｍの速球を投げたことで有名。ルーキーシーズンから 4 年連続プラスＰＶ、02 年に防御率 2.50、自己最多のＰＶ 7.1。03 年は肩を痛め登板がなかったが、04 年に復活して 17 セーブを稼いだ。**葛城**（立命館大）も山口と同じく逆指名で入団。規定打席に達した 01 年は打率.268、14 本塁打、53 打点だった。二軍で三冠王になった**迎**（伊万里商）は、一軍では 09 年のＰＶ 0.4 が唯一のプラス。山口の同僚だった**岩下**は 1 年目から 44 試合に登板し防御率 3.86、翌 01 年に白血病を患うも無事に復帰した。

9. ロッテ（10.2）

順位	選手		在籍時 の PV	通算 PV	通算成績
1	高橋薫	投手	出場なし		
2	清水直行	投手	10.2	-18.1	294 試合、105 勝 100 敗 0 S、4.16
3	戸部浩	投手	-5.1	-19.5	73 試合、2 勝 2 敗 1 S、6.39
4	堺内久雄	内野手	-23.8	-23.8	449 試合、.199、9 本、40 打点

高橋（日本通運）は逆指名で入団したものの、故障続きで一軍登板のないまま4年で引退。2・3位では東芝の投手である**清水**と**戸部**を続けて指名した。日本大でも一緒（戸部が1年上）だった2人は、プロでは大きな差がつく。戸部が03年に2勝しただけだったのに対し、清水は02年から5年連続、通算7度の2ケタ勝利。03年は15勝／ＰＶ34.3（10位）、続く04年も10勝11敗と負け越しながら防御率3.40は4位でＰＶ24.1と、エースとして活躍した。**塀内**（三瓶高）は控え内野手として長く在籍し、09年に打率.302、4本塁打（ＰＶ3.0）を記録した。

10. ヤクルト（2.1）

順位	選手		在籍時のPV	通算PV	通算成績
1	野口祥順	内野手	-2.0	-2.0	339試合、.237、8本、29打点
2	藤井秀悟	投手	-6.0	6.0	284試合、83勝81敗0S、3.77
3	米野智人	捕手	-12.1	-16.8	300試合、.206、13本、64打点
4	細見直樹	捕手	-0.1	-0.1	1試合、.000、0本、0打点
5	花田真人	投手	-9.4	-9.4	215試合、10勝7敗2S、4.18
6	本間忠	投手	2.1	2.1	62試合、5勝3敗0S、3.72

大型遊撃手と期待された**野口**（藤代高）は打撃面で成長せず、09年に74試合に出たのが最多。**藤井**（早稲田大）は01年に14勝で最多勝、ＰＶ11.8で優勝に貢献し、翌02年も10勝、171奪三振（3位）。2ケタ勝利を挙げた3年はＰＶも2ケタで、05年（10勝、防御率3.43）の13.2が最多だった。

米野（北照高）は06年に古田敦也に代わって正捕手となり、7本塁打、37打点を記録したが、100試合以上出たのはこの年だけだった。**花田**（中央大）は中継ぎで05～07年に3年連続40試合以上登板。テスト入団の**本間**（野田サンダーズ）も1年目は29試合で防御率3.46と良く投げた。

11. 中日（0）

順位	選手		在籍時のPV	通算PV	通算成績
1	朝倉健太	投手	-43.8	-43.8	236試合、65勝70敗1S、4.11
2	福沢卓宏	投手	-6.3	-6.3	5試合、0勝0敗0S、12.79
3	山北茂利	投手	-8.2	-25.6	208試合、5勝6敗0S、5.03

1位で河内、2位で田中の抽選を外し、3位までで指名打ち切り。とはいえ朝倉（東邦高）は02年に11勝、防御率2.61（5位）でＰＶ21.7、06年も13勝でＰＶ14.9と、先発投手として活躍した。山北（トヨタ自動車）も02・03年は2年続けて57試合に登板するなど、中継ぎとして多用された。

11. 阪神（O）

順位	選手		在籍時 のPV	通算 PV	通算成績
1	的場寛壱	内野手	-3.8	-3.8	24 試合、.143、0 本、1 打点
2	吉野誠	投手	-2.7	-4.8	340 試合、4 勝 11 敗 1 S、3.91
3	岡本浩二	投手	-0.6	-0.6	1 試合、0 勝 0 敗 0 S、9.00
4	新井亮司	捕手	出場なし		
5	上坂太一郎	外野手	-6.4	-6.4	243 試合、.248、7 本、37 打点
6	窪田淳	投手	*	-10.3	14 試合、1 勝 1 敗 0 S、8.57
7	松田匡司	外野手	-2.5	-11.5	119 試合、.159、0 本、4 打点

　逆指名入団の的場（九州共立大）は通算7安打と振るわず、06年にアマ復帰。上坂（王子製紙春日井）も01年に準レギュラーとして起用された後は出場機会が減少した。吉野（日本大）は左の中継ぎとして、02年は35試合で防御率1.33/ＰＶ6.7、続く03年は56試合でＰＶ4.1。オリックス移籍後の11年も50試合で防御率1.19/ＰＶ5.9だった。

2000 年 〈合計ＰＶ 1326.9 ＝ 8 位〉

1	阿部慎之助	664.3	巨人1位	2282 試合、打率 .284、406 本塁打、1285 打点
2	中島裕之	307.9	西武5位	1782 試合、打率 .294、202 本塁打、948 打点
3	内川聖一	125.5	横浜1位	1977 試合、打率 .303、196 本塁打、957 打点
4	渡辺俊介	43.7	ロッテ4位	255 試合、87 勝 82 敗 0 S、防御率 3.65
5	岡本真也	38.9	中日4位	357 試合、32 勝 19 敗 2 S、防御率 3.21
6	畠山和洋	37.0	ヤクルト5位	1106 試合、打率 .266、128 本塁打、567 打点
7	土谷鉄平	24.9	中日5位	1002 試合、打率 .278、42 本塁打、340 打点
8	大久保勝信	24.4	オリックス2位	254 試合、16 勝 20 敗 63 S、防御率 3.23
9	廣瀬純	19.8	広島2位	978 試合、打率 .273、51 本塁打、253 打点
10	伊達昌司	17.1	阪神2位	146 試合、12 勝 7 敗 9 S、防御率 3.33

　大学球界で一、二を争う好投手の山村路直（立命館大）と山田秋親（九州共立大）が、二人ともダイエーを逆指名。強打の捕手と評判の**阿部**（中央大）も巨人を逆指名し、現行の制度が資金力に富む球団に有利であることは明白だった。もっとも勝ち組のはずのダイエーは、山村・山田とも高評価に見合う成績を残せなかった。

　阿部の打撃タイトルはＭＶＰになった 12 年の首位打者と打点王だけでも、ＰＶは同年の 93.3（1 位）を最多として、02 〜 13 年の 12 年間は最低でも 26.6（06年）。09・10・12 年の 3 度 1 位となり、通算 664.3 は史上 6 位。ドラフトで指名された選手では落合博満の 680.3 に次ぐもので、打撃だけなら野村克也に次ぐ捕手と言っていい。通算ＰＶ 50 以上は 3 人だけと、実際には豊作とも言えなかった年が全年代を通じて 8 位なのは、ひとえに阿部のおかげだ。

　もう一人、1 位指名で通算ＰＶを 3 ケタに乗せたのは**内川**（大分工）。卓越した打撃技術で、08 年に .378 の高打率で首位打者になると、以後 9 年連続ベスト10 入り。ソフトバンクにＦＡ移籍した 11 年は .338 で両リーグでの首位打者とな

り、ＭＶＰを受賞。08年の35.6（4位）を最多としてＰＶ20以上が4回あった。

　1位が不作だった分4〜5位に好選手が多く、中でも阿部に次ぐ通算ＰＶ307.9だったのが西武5位の**中島**。伊丹北高時代は投手で、プロ入りしてすぐ遊撃手に転向したのは松井稼頭央と同じ。その松井が04年にメジャーへ移籍すると後釜に座り、06年から7年間で打率3割6回。08年（.331、21本塁打、81打点）にＰＶ53.1で1位、12年（.311、13本、74打点）も42.9で2度目の1位。同年まで5年続けてＰＶ40以上、7年連続5位以内に入った。

　投手では**渡辺**（新日鉄君津）が出世頭。文字通り地を這うようなアンダースローで、ロッテが優勝した05年は15勝、リーグ2位の防御率2.17でＰＶ39.4（5位）。07年も防御率2.44/ＰＶ22.2の好成績だった。

球団別

1. 巨人 （666.3）

順位	選手		在籍時のPV	通算PV	通算成績
1	阿部慎之助	捕手	664.3	664.3	2282 試合、.284、406 本、1285 打点
2	上野裕平	投手	0.4	0.4	1 試合、0 勝 0 敗 0 S、0.00
3	三浦貴	投手	1.6/-3.5	1.6/-6.5	52 試合、3 勝 2 敗 0 S、3.56/134 試合、.193、1 本、5 打点
4	根市寛貴	投手	出場なし		
7	小野剛	投手	*	-0.1	12 試合、0 勝 0 敗 0 S、4.57

　阿部の契約金は破格の10億円だったことが後年判明したが、それだけの価値はあった。1位の阿部と8位の李景一（敦賀気比高）を挟んで、間の6人は全員投手。逆指名入団の**上野**（立教大）が1試合の登板に終わり、新人で49試合に投げた**三浦**（東洋大）も、以後の登板は3試合だけ。野手に転向したが成功は収められなかった。

2. 西武 （328.6）

順位	選手		在籍時のPV	通算PV	通算成績
1	大沼幸二	投手	-36.2	-43.2	248 試合、18 勝 30 敗 6 S、4.98
2	三井浩二	投手	-22.0	-22.0	282 試合、36 勝 20 敗 1 S、4.45
3	帆足和幸	投手	14.8	-6.4	267 試合、90 勝 65 敗 1 S、3.90

4	佐藤友亮	外野手	-63.3	-63.3	732 試合、.255、9 本、123 打点
5	中島裕之	内野手	313.8	307.9	1782 試合、.294、202 本、948 打点
6	野田浩輔	捕手	-9.6	-9.6	194 試合、.221、5 本、28 打点
7	水田圭介	内野手	-6.5	-8.7	151 試合、.103、2 本、5 打点

　指名 8 選手のうち、高校生は**中島**だけ。この年限りで廃部になったグループ企業のプリンスホテルから、**大沼・水田**と 8 位で福井強の 3 人を指名した。大沼は 09 年に 54 試合で防御率 3.14/ＰＶ 6.6 だったのがベスト。2・3 位では**三井**（新日鉄広畑）、**帆足**（九州三菱自動車）の社会人左腕コンビを指名。三井は 02・03 年に 2 年連続 2 ケタ勝利、06 年はリリーフで防御率 1.73、ＰＶ 10.9。帆足はパームボールの使い手で、05 年の 13 勝を最多として 4 度 10 勝以上。08 年は防御率 2.63（4 位）、ＰＶ 24.0 だった。**佐藤**（慶応大）は 04 年に 105 試合で打率 .317、97 安打。しかしこの年は相当な打撃優位だったため、ＰＶは－ 6.0 にしかならなかった。

3. 横浜（69.1）

順位	選手		在籍時のＰＶ	通算ＰＶ	通算成績
1	内川聖一	内野手	69.1	125.5	1977 試合、.303、196 本、957 打点
2	吉見祐治	投手	-95.5	-119.6	267 試合、44 勝 62 敗 0 S、4.84
3	後藤伸也	投手	-15.7	-15.7	13 試合、2 勝 4 敗 0 S、7.01
4	東和政	投手	-31.5	-33.1	51 試合、2 勝 1 敗 0 S、7.90
6	西崎伸洋	捕手	0.0	0.0	12 試合、.250、0 本、0 打点
7	稲嶺茂夫	投手	-7.5	-7.5	26 試合、0 勝 2 敗 0 S、6.23
8	竹下慎太郎	投手	-0.1	-0.1	111 試合、3 勝 3 敗 0 S、3.75

　6 位までは**吉見**（東北福祉大）を除いて高校生と、将来性を重視。吉見は 02 年に 11 勝を挙げるも、ＰＶは－ 1.2。実働 14 年でプラスの年は皆無、03 年などは防御率 8.38/ＰＶ－ 38.3 と破滅的で、通算ＰＶ－ 119.6 は投手としてはプロ野球史上最悪の数字になった。29 歳でプロ入りし、1 年目から 53 試合に投げた**竹下**（大分硬式野球倶楽部）も現役生活を 4 年で終え、他に長く戦力になった者はいなかった。

4. ロッテ（43.7）

順位	選手		在籍時のPV	通算PV	通算成績
1	田中良平	投手	-3.8	-3.8	5 試合、0 勝 0 敗 0 S、8.10
2	加藤康介	投手	-31.8	-33.0	320 試合、29 勝 43 敗 1 S、4.42
3	長崎伸一	投手	-11.4	-11.4	14 試合、0 勝 4 敗 0 S、7.63
4	渡辺俊介	投手	43.7	43.7	255 試合、87 勝 82 敗 0 S、3.65
5	青野毅	投手	-0.5	-0.5	175 試合、.247、17 本、58 打点

　指名した 5 人全員が投手。**田中**（加賀高）は大成しなかったが、**渡辺**に加えて**加藤**（日本大）も 01 年 9 勝、02 年も 11 勝とプロ入り直後から活躍。その後は不振の時期を乗り越えリリーフとして再生、阪神時代の 12 年に 41 試合で防御率 0.83／ＰＶ 7.4。続く 13 年は 61 試合に投げ防御率 1.97、自己ベストのＰＶ 9.8 だった。**青野**（樟南高）は内野手に転向、06 年に打率 .275、6 本塁打でＰＶ 5.3。翌 07 年は 76 試合で 10 本塁打、35 打点だったが、出塁率が低くＰＶは－2.7 に下降した。

5. 中日（38.4）

順位	選手		在籍時のPV	通算PV	通算成績
1	中里篤史	投手	-3.3	-4.0	34 試合、2 勝 2 敗 0 S、4.65
2	洗平竜也	投手	出場なし		
3	井本直樹	投手	-4.4	-4.4	6 試合、0 勝 0 敗 1 S、8.31
4	岡本真也	投手	38.4	38.9	357 試合、32 勝 19 敗 2 S、3.21
5	土谷鉄平	内野手	-1.5	24.9	1002 試合、.278、42 本、340 打点
7	仲澤忠厚	内野手	-2.2	-12.5	151 試合、.202、2 本、22 打点

　中里（春日部共栄高）は 150 ｋｍを超す快速球の持ち主で、期待は高かったが故障で大成を阻まれた。**洗平**（東北福祉大）も制球難で登板無し。代わりに**岡本**（ヤマハ）がリリーフとして 04 年は 9 勝、防御率 2.03／ＰＶ 19.7、翌 05 年も 10 勝。実働 9 年でＰＶがマイナスだったのは 02 年（－6.8）だけだった。**土谷**（津久見高）は中日では 5 安打のみ。06 年に楽天へトレードされると登録名を「鉄平」と改め主力選手に成長、09 年は打率 .327 で首位打者、ＰＶ 31.1（7 位）。翌 10 年も .318 でＰＶ 23.1 と好成績を残し続けた。

6. ヤクルト（37.0）

順位	選手		在籍時のPV	通算PV	通算成績
1	平本学	投手	-5.3	-5.3	12 試合、0 勝 2 敗 0 S、9.31
2	鎌田祐哉	投手	-2.4	-2.4	125 試合、14 勝 17 敗 0 S、4.04
3	松谷秀幸	投手	出場なし		
4	坂元弥太郎	投手	-23.4	-23.4	238 試合、19 勝 20 敗 0 S、4.37
5	畠山和洋	内野手	37.0	37.0	1106 試合、.266、128 本、567 打点

　サイドハンドの**平本**（立命館大）は、球威はあったものの制球力に欠け1勝もできずじまい。それでも2位以下で3人が主力級になった。**鎌田**（早稲田大）は03年に6勝、防御率3.21でPV12.0。07年もリリーフで防御率1.16/ PV9.2と好投した。**坂元**（浦和学院高）は2年目に先発ローテーション入りするも3勝9敗で、以後は主にリリーフで起用。日本ハムに移籍した08年の6勝/ PV4.1がベストだった。

　パワフルな打撃が魅力の**畠山**（専大北上高）は、10年目の10年に打率.300、14本塁打でPV14.1。翌11年は23本塁打、85打点、78四球（1位）でPV23.7は8位に入った。15年にも105打点でタイトルに輝き、PV14.4を記録している。

7. オリックス（24.4）

順位	選手		在籍時のPV	通算PV	通算成績
1	内海哲也	投手	拒否		
2	大久保勝信	投手	24.4	24.4	254 試合、16 勝 20 敗 63 S、3.23
3	上村和裕	捕手	-1.0	0.1	26 試合、.174、0 本、1 打点
4	相木崇	投手	-33.7	-30.3	90 試合、5 勝 13 敗 1 S、5.65
6	高見沢考史	外野手	0.0	0.0	68 試合、.269、4 本、26 打点
7	北川智	投手	-8.8	-8.8	25 試合、1 勝 5 敗 0 S、5.55
9	庄司大介	外野手	-0.3	-0.3	2 試合、.000、0 本、0 打点

　9人の大量指名にもかかわらず、1位の**内海**（敦賀気比高）と5位の開田博勝（三菱重工長崎）に逃げられ、入団した中でも長く主力で活躍した者は皆無だった。逆指名で獲得した**大久保**（松下電器）は01年に7勝14セーブ、PV17.6

で新人王。05年も22セーブ / ＰＶ10.7の好成績だったが、故障の多さに悩まされた。契約金ゼロで入団した**高見沢**（東京ガス）は02年に62試合で打率.279、4本塁打とまずまずだったが翌03年限りで引退。**北川**（横浜国大）と**庄司**（元河合楽器）も契約金なしで入団している。

8. 広島 (19.8)

順位	選手		在籍時のPV	通算PV	通算成績
1	横松寿一	投手	-1.6	-1.6	1 試合、0 勝 0 敗 0 S、18.00
2	廣瀬純	外野手	19.8	19.8	978 試合、.273、51 本、253 打点
3	玉山健太	投手	-2.5	-2.5	7 試合、1 勝 0 敗 0 S、5.49
4	甲斐雅人	内野手	-2.4	-2.4	13 試合、.115、0 本、0 打点
7	岡上和典	外野手	-2.0	-2.0	174 試合、.196、1 本、2 打点

　横松（戸畑高）が1試合に投げただけで、4年で戦力外になったのをはじめ、5人の高卒選手はみな不発だった。シドニー五輪代表の**廣瀬**（法政大）は10年目の10年にレギュラーとなり、打率.309、12本塁打でＰＶ16.6。以後4年連続でプラスＰＶ、13年には15打席連続出塁の新記録も樹立した。**岡上**（東海大）も俊足で守備・代走要員として出場機会を得た。

9. 阪神 (15.4)

順位	選手		在籍時のPV	通算PV	通算成績
1	藤田太陽	投手	-8.6	-8.4	156 試合、13 勝 14 敗 4 S、4.07
2	伊達昌司	投手	1.9	17.1	146 試合、12 勝 7 敗 9 S、3.33
3	狩野恵輔	捕手	5.4	5.4	402 試合、.255、18 本、91 打点
4	赤星憲広	外野手	8.1	8.1	1127 試合、.295、3 本、215 打点
6	沖原佳典	内野手	-8.4	-19.7	366 試合、.256、8 本、76 打点
7	藤本敦士	内野手	-46.9	-54.9	1001 試合、.251、14 本、208 打点
8	梶原康司	内野手	-0.3	-0.3	4 試合、.000、0 本、0 打点

　赤星（ＪＲ東日本）は1年目から打率.292、39盗塁でタイトルを獲得。以後5年連続盗塁王となり、04年に自己最多の64個、通算381個。08年の.317を最高として打率3割5度、守備でもゴールデングラブに6回選ばれた。ＰＶは05年

（打率.316、60盗塁）の16.2が最多で、08年（.317、出塁率.398）も10.3を記録している。

伊達（プリンスホテル）は日本ハムに移った03年に5勝9セーブ、ＰＶ12.5、翌04年も防御率1.66/ＰＶ7.3。藤田（川崎製鉄千葉）が活躍したのも09年途中に西武へ移籍してからで、同年のＰＶ6.1（防御率2.00）がベスト。狩野（前橋工）は唯一100打席以上立った09年に打率.262、5本塁打、ＰＶ6.6だった。

6〜8位は大学・社会人の内野手を指名。沖原（ＮＴＴ東日本）は28歳でプロ入りし、03年は64試合で打率.341/ＰＶ3.2。藤本（デュプロ）は03〜07年に5年連続で100試合以上に出場。ＰＶは03年（打率.301）の2.9が最高だった。

10. 近鉄（12.7）

順位	選手		在籍時のＰＶ	通算ＰＶ	通算成績
1	山本省吾	投手	0.6	-46.2	287試合、40勝42敗2Ｓ、4.41
2	愛敬尚史	投手	11.1	1.1	119試合、9勝5敗1Ｓ、3.96
3	近澤昌史	捕手	1.0	1.0	4試合、.500、0本、2打点
4	阿部真宏	内野手	-20.3	-39.5	877試合、.248、26本、250打点
5	牧田明久	外野手	*	-29.1	691試合、.253、23本、150打点

慶応大の投手では33年ぶりの1位指名となった山本は、近鉄時代は主にリリーフ。オリックス移籍後は先発登板が増え08年に10勝、自己ベストのＰＶ9.0。この時点で通算ＰＶ8.0だったが、10・11年の2年で合計−43.3と大きく数字を落としてしまった。愛敬（松下電器）は01年に30試合で防御率1.67/ＰＶ9.7、近鉄での4年間はＰＶ11.1。引退後は山本ともどもスカウトに転身した。阿部（法政大）は03年に打率.291、28二塁打でＰＶ5.7。オリックスに移った05年も127試合で出塁率.356だった。牧田（鯖江高）は楽天移籍後に一軍定着、12年は9本塁打、53打点を記録した。

11. 日本ハム（6.0）

順位	選手		在籍時のＰＶ	通算ＰＶ	通算成績
1	井場友和	投手	1.7	1.7	149試合、8勝7敗15Ｓ、4.16
2	木元邦之	内野手	0.3	-5.4	586試合、.269、49本、249打点
3	加藤竜人	投手	4.0	4.0	91試合、3勝5敗0Ｓ、3.99

4	中村隼人	投手	-8.2	-7.8	88 試合、15 勝 18 敗 1 S、4.32
6	駒居鉄平	捕手	-0.1	-0.1	1 試合、.000、0 本、0 打点

　上位 4 人のうち 3 人は社会人投手。**井場**（富士重工）は 1 年目から 40 試合に投げ防御率 2.53 / Ｐ Ｖ 9.5、翌 02 年は 11 セーブ。**木元**（龍谷大）は 03 年に打率 .300、14 本塁打、05 年も 18 本塁打、73 打点、Ｐ Ｖ 16.3 と順調だったが、以後急速に成績が下降した。**中村**（本田技研）は 01 年に 3 完封を含む 6 勝、翌 02 年は 7 勝しオールスターにも選ばれた。

12. ダイエー (O)

順位	選手		在籍時 の PV	通算 PV	通算成績
1	山村路直	投手	0.0	0.0	25 試合、2 勝 2 敗 0 S、3.58
2	山田秋親	投手	-14.8	-18.0	98 試合、15 勝 11 敗 1 S、4.75
3	加藤暁彦	内野手	-0.3	-0.3	4 試合、.250、0 本、2 打点
4	山崎勝己	捕手	-42.9	-67.3	943 試合、.196、4 本、112 打点
5	荒金久雄	内野手	-16.7	-17.6	389 試合、.230、10 本、55 打点
6	中村浩一	内野手	-0.2	-0.2	4 試合、.167、0 本、0 打点

　勝ち組の筆頭と思われたのが、主力級すら皆無というまさかの事態。**山村**は故障続きで、最初の 6 年で登板 2 試合。07 年にようやく 2 勝を挙げたがそれきりだった。**山田**も 04 年にリリーフで 6 勝したのがピーク。**山崎**（報徳学園高）は控え捕手としては貴重な存在で、20 年以上現役を続けた。**荒金**（青山学院大）も控え外野手として一定の出場機会を得た。

2001 年 〈合計ＰＶ 700.1 ＝ 28 位〉

1	中村剛也	262.8	西武2位	1743 試合、打率 .254、424 本塁打、1197 打点
2	杉内俊哉	185.1	ダイエー3位	316 試合、142 勝 77 敗 0 Ｓ、防御率 2.95
3	栗山巧	92.7	西武4位	1958 試合、打率 .282、113 本塁打、811 打点
4	高橋聡文	27.4	中日8位	532 試合、26 勝 15 敗 2 Ｓ、防御率 3.25
5	林昌範	26.1	巨人7位	421 試合、22 勝 26 敗 22 Ｓ、防御率 3.49
6	安藤優也	22.8	阪神自由枠	486 試合、77 勝 66 敗 11 Ｓ、防御率 3.56
7	桜井広大	20.7	阪神4位	308 試合、打率 .273、30 本塁打、116 打点
8	平野恵一	19.8	オリックス自由枠	1260 試合、打率 .279、18 本塁打、263 打点
9	久本祐一	18.9	中日4位	248 試合、12 勝 8 敗 3 Ｓ、防御率 3.38
10	後藤光尊	17.2	オリックス10位	1361 試合、打率 .269、95 本塁打、476 打点

　この年から自由枠なる制度がスタートした。大学・社会人の選手を事前に2名まで獲得できる点は、これまでの逆指名制度と同じ。だが「自由枠を2つ使った球団は1〜3位指名権なし」「1つ使った球団は1・3位指名権なし」「使わない球団は2位指名権なし」という、複雑な仕組みになった。その結果、これまでのように「2位で目玉級の大・社選手を確保し、さらに1位で高校生を獲得」という手段は使うのが難しくなり、戦力均衡の目的では多少改善はされたものの、難解だったのは否めない。

　この新制度で入団したのは5球団の7選手。うち最も活躍したのは阪神入りした**安藤**（トヨタ自動車）で、2年目の03年に51試合で防御率 1.62／ＰＶ 17.1。先発に回った05年も11勝、防御率 3.39（5位）でＰＶ 11.5、08年に自己最多の13勝を挙げている。

　東海大からオリックスに入団した**平野**も成功した一人。オリックスには07年まで在籍したがレギュラーにはなりきれず、この時点で通算ＰＶ − 10.5 だった。だが08年に阪神へ移籍すると、10年はリーグ2位の打率 .350 でＰＶ 23.4。11年も打率 .295（5位）／ＰＶ 14.4 と2年続けて好成績を残した。13年にはＦＡと

なってオリックスに復帰している。

　新制度でもなお、ダイエーは高校生と大学・社会人の有力選手両取りを実現させた。三菱重工長崎の**杉内**は高校時代に甲子園で活躍、2000 年のシドニー五輪にも出場していた社会人屈指の左腕投手。本来なら自由枠でなければ取れないレベルのはずが、ホークスが囲い込みに成功した。「ダイエー以外ならプロ拒否」を明言していたために他球団は手出しができず、まんまと 3 位で指名している。さらに 1 位では甲子園で注目された日南学園の速球派・寺原隼人を、巨人・中日・横浜との 4 球団による抽選で引き当てた。

　杉内は期待通りに名投手へ成長した。05 年はリーグ最多の 18 勝、防御率 2.11 も 1 位で P V 42.7（3 位）、M V P を受賞。09 年も 15 勝を挙げ P V 35.5（6 位）、通算では勝率 1 位と最多奪三振が 3 回ずつ、P V 20 以上が 5 度。巨人時代も含めて 2 ケタ勝利を 9 回記録した。

　寺原も 02 年は高卒新人ながら 6 勝を挙げたが、その後伸び悩む。横浜へ移籍した 07 年とオリックスでの最初の年だった 11 年に 12 勝を挙げ、08 年は抑えで 22 セーブを稼ぐも、P V は 07 年の 9.8 が最高。実働 18 年で 5.0 を超えたのはこの年だけ、通算 − 34.3 と指名時の期待を下回った。

　西武に 2 位で入団した**中村**（大阪桐蔭高）は、プロ野球史に残るホームランバッターとなった。08 年に 46 本塁打で初タイトル、以後 8 年間で 6 回本塁打王。とりわけ 11 年は、いわゆる統一球の導入によってリーグ全体の本塁打数が激減したにもかかわらず、自己最多タイの 48 本。2 位の松田宣浩（ソフトバンク）の 25 本の 2 倍近く、ロッテの球団全体の 46 本をも上回る、正真正銘の歴史的な本数だった。同年の P V 54.0 は 1 位で、他にも 09 年（48 本、122 打点）は 46.3 で 2 位、15 年（37 本、124 打点）も 38.8 で 4 位。満塁本塁打 20 本は史上 1 位、通算 424 本塁打もドラフトで入団した打者では 7 位である。

　西武は 4 位でも**栗山**（育英高）を獲得できた。07 年にレギュラーとなり翌 08 年に打率 .317（4 位）で P V 14.0。タイトルは同年の最多安打（167 本）のみ、オールスター出場も 1 度だけだったが、11 年に打率 .307（4 位）で P V 20.3 を記録するなど 2 ケタ P V 5 回。13 年に 99 四球を選んだように選球眼が優れていて、出塁率 .390 以上 6 回とコンスタントに好成績を残した。21 年にはライオンズの生え抜きで初の 2000 本安打を達成した。

　下位指名で成功した選手も多かった。中日では一番下位の 8 位指名だった**高橋**（高岡第一高）が左の中継ぎとして頭角を現し、10 年には 63 試合に登板し防御率 1.61／ P V 17.1。阪神移籍後の 17 年も、61 試合で防御率 1.70／ P V 10.4 と好投

した。**林**（市立船橋高）も同じように、7人を指名した巨人で一番下の順位。当初は先発でも使われたが、05年以降はリリーフに専念して同年は18セーブ、防御率1.61でＰＶ18.5。2ケタＰＶはこの年だけでも、大きくマイナスになる年がそれほどなく、日本ハムやＤｅＮＡでも左の中継ぎとして重宝された。

後藤（川崎製鉄千葉）はオリックスに10位指名で入団し、05年に打率.295、27二塁打でＰＶ11.0。以後2ケタＰＶ4回、10年はいずれも自身最多の174安打、16本塁打、73打点でＰＶ14.5。翌11年はリーグ3位の打率.312で、ＰＶ23.5は10位に入った。通算ＰＶ17.2は、10位以降で指名された選手としては70年の杉浦亨（ヤクルト10位、193.2）以来の高水準となっている。

球団別

1. 西武（355.5）

順位	選手		在籍時のPV	通算PV	通算成績
自	細川亨	捕手	-39.9	-88.5	1428試合、.203、84本、367打点
2	中村剛也	内野手	262.8	262.8	1743試合、.254、424本、1197打点
4	栗山巧	外野手	92.7	92.7	1958試合、.282、113本、811打点
5	竹内和也	投手	出場なし		

4人しか指名しなかったが、3人が主力に成長した。自由枠で確保した**細川**（青森大）は、伊東勤の後継者として03年に正捕手となり、08年は16本塁打、58打点。しかしながら打率は同年の.238が最高で、通算出塁率は.254に過ぎず、通算ＰＶは－88.5と史上有数の低さだった。その代わり守備では06年から3年連続で盗塁阻止率1位、リード面の評価も高くゴールデングラブに2度選ばれている。

2. ダイエー（158.7）

順位	選手		在籍時のPV	通算PV	通算成績
1	寺原隼人	投手	-18.0	-34.3	303試合、73勝81敗23S、3.88
3	杉内俊哉	投手	158.7	185.1	316試合、142勝77敗0S、2.95
4	神内靖	投手	-13.8	-18.6	155試合、12勝12敗0S、4.39
5	北野良栄	捕手	出場なし		
6	飯島一彦	投手	-1.6	-1.6	25試合、3勝3敗1S、4.11

| 8 | 井手正太郎 | 外野手 | -14.1 | -24.6 | 338 試合、.236、15 本、89 打点 |

　神内（延岡学園高）は寺原のライバル的存在。05 年は 46 試合に投げＰＶ 4.4、翌 06 年は先発とリリーフ兼務で 6 勝、ＰＶ 3.9 とまずまずだった。**井手**は寺原の同級生で、のちに横浜でもチームメイトになる。7 位では 28 歳の養父鉄（元日産自動車）を指名。01 年に台湾プロ野球で奪三振王になった逆輸入選手は、1 年限りで退団しその後は米マイナーリーグで投げた。

3. 阪神 （45.7）

順位	選手		在籍時のPV	通算PV	通算成績
自	安藤優也	投手	22.8	22.8	486 試合、77 勝 66 敗 11 S、3.56
自	浅井良	捕手	-12.8	-12.8	486 試合、.249、12 本、66 打点
4	桜井広大	外野手	20.7	20.7	308 試合、.273、30 本、116 打点
5	中林祐介	投手	出場なし		
6	藤原通	内野手	-3.4	-3.4	60 試合、.111、0 本、2 打点
7	喜田剛	外野手	2.2	-2.9	239 試合、.249、9 本、46 打点

　安藤に加え、法政大でバッテリーを組んでいた**浅井**も自由枠で獲得。09 年には打率.313、4 本塁打でＰＶ 3.4、翌 10 年は自己最多の 85 試合に出て打率.297 を記録した。**桜井**（ＰＬ学園高）は初めて一軍に昇格した 07 年に 9 本塁打、43 打点でＰＶ 8.3、09 年は打率.302、12 本塁打でＰＶ 17.4 の好成績を残したが、故障もあって活躍した期間は短かった。阪神では 8 試合の出場にとどまった**喜田**（福岡大）は 07 年に広島へ移籍し、以後 3 年間は 100 打席以上立っている。

4. オリックス （37.2）

順位	選手		在籍時のPV	通算PV	通算成績
自	小川裕介	投手	-5.6	-5.6	5 試合、0 勝 0 敗 0 S、18.90
自	平野恵一	内野手	-10.5	19.8	1260 試合、.279、18 本、263 打点
4	島脇信也	投手	出場なし		
5	早川大輔	外野手	-11.9	-32.9	632 試合、.258、18 本、138 打点
6	肥田高志	外野手	-1.0	-1.0	12 試合、.143、0 本、1 打点
7	山本拓司	投手	-4.3	-4.3	54 試合、2 勝 3 敗 0 S、5.70

8	辻竜太郎	外野手	-7.6	-13.3	209 試合、.261、9 本、44 打点
9	本柳和也	投手	-23.9	-23.9	223 試合、19 勝 28 敗 2 S、4.63
10	後藤光尊	内野手	37.2	17.2	1361 試合、.269、95 本、476 打点
11	牧田勝吾	内野手	-10.7	-10.7	91 試合、.232、2 本、15 打点
13	深谷亮司	捕手	-0.1	-0.1	1 試合、.000、0 本、0 打点

　70 年のヤクルト（16 人）以来となる 14 人の大量指名で、高校生は**島脇**（近江高）のみ。12 ～ 15 位の 4 名は契約金ゼロだった。自由枠の**小川**（立命館大）は計算外れだったが、**平野**と**後藤**以外にも戦力になった選手は少なくなかった。**早川**（本田技研）は 04 年に 68 試合で打率.307、ロッテに移籍した 07 年はリーグ最多の 8 三塁打、ＰＶ 5.5。同年と翌 08 年はレギュラーとして 133 試合に出場した。**辻**（ヤマハ）は「竜太郎」の登録名で、03 年は 7 本塁打、翌 04 年は 52 試合で打率.325。投手では**本柳**（日本通運）が主にリリーフで使われ、12 試合のみの登板ながら防御率 1.60 だった 05 年はＰＶ 7.6 だった。

5. 中日 （29.8）

順位	選手		在籍時のPV	通算PV	通算成績
1	前田章宏	捕手	-3.8	-3.8	54 試合、.070、0 本、1 打点
3	田上秀則	捕手	-1.8	1.2	470 試合、.247、50 本、184 打点
4	久本祐一	投手	13.0	18.9	248 試合、12 勝 8 敗 3 S、3.38
5	前田新悟	内野手	-2.0	-2.0	19 試合、.000、0 本、0 打点
6	山井大介	投手	-7.4	-7.4	335 試合、62 勝 70 敗 20 S、3.75
8	高橋聡文	投手	16.8	27.4	532 試合、26 勝 15 敗 2 S、3.25

　上位 2 人で捕手を指名したが、寺原の外れ 1 位だった**前田章**（中京大中京高）はほとんど出場機会がなく、通算 43 打数 3 安打。**田上**（九州共立大）も中日での出場は 13 試合だった。しかしダイエー移籍後に成長し、09 年は 26 本塁打、80 打点でＰＶ 12.3 の好成績を収めた。

　久本と**山井**は休部になった強豪・河合楽器から入団。左のリリーフだった久本は 03 年に 51 試合でＰＶ 6.9、その後も安定してプラスのＰＶを残した。山井は 12 年に 4 勝 15 セーブ、防御率 1.43 でＰＶ 16.1。14 年は先発でリーグ最多の 13 勝、勝率.722 も 1 位でＰＶ 13.1 だった。07 年の日本シリーズ第 5 戦で、8 回までパーフェクトに封じながら降板したことでも有名で、43 歳になった 21 年も現役続行

中である。

6. 巨人 （23.3）

順位	選手		在籍時のPV	通算PV	通算成績
1	真田裕貴	投手	-16.3	-26.1	312 試合、24 勝 28 敗 3 S、4.42
3	鴨志田貴司	投手	-11.6	-14.1	89 試合、1 勝 4 敗 1 S、5.14
4	石川雅実	投手	-1.2	-1.2	2 試合、0 勝 0 敗 0 S、9.00
5	十川雄二	投手	-0.1	-0.1	6 試合、0 勝 0 敗 0 S、4.26
6	大須賀允	内野手	-0.3	-0.3	34 試合、.185、1 本、3 打点
7	林昌範	投手	23.3	26.1	421 試合、22 勝 26 敗 22 S、3.49

　　寺原の抽選を外して 1 位指名した**真田**（姫路工）は、高卒新人ながら 02 年は 11 先発で 6 勝。その後は今一つだったが、横浜移籍後の 09 ～ 11 年には 3 年連続で 50 試合以上登板した。**鴨志田**（水戸短大付高）もセーブは挙げたがなかなか勝ち星はつかず、現役最後の 13 年、12 年目でようやく初勝利を手にした。

7. 近鉄 （9.6）

順位	選手		在籍時のPV	通算PV	通算成績
1	朝井秀樹	投手	0.0	-14.0	113 試合、25 勝 33 敗 0 S、4.09
3	有銘兼久	投手	-9.3	-32.9	303 試合、9 勝 34 敗 6 S、4.53
4	谷口悦司	投手	出場なし		
5	三木仁	内野手	0.4	0.4	2 試合、.375、0 本、1 打点
6	佐藤和宏	投手	1.0	1.0	1 試合、0 勝 0 敗 0 S、0.00
7	近藤一樹	投手	8.2	-61.6	347 試合、43 勝 57 敗 4 S、4.50
8	長坂健治	捕手	-3.0	-5.7	71 試合、.169、1 本、2 打点

　　朝井（ＰＬ学園高）は、近鉄では 5 試合に投げただけで、楽天になってから一軍に定着。07 年に 8 勝で自己ベストのＰＶ 7.3、続く 08 年は 9 勝を挙げた。3 人指名した社会人左腕では、**有銘**（九州三菱自動車）が楽天時代の 08 年にリーグ最多の 66 試合に登板。防御率 2.05/ ＰＶ 9.1 の好成績を残した。日大三高で 01 年夏の甲子園の優勝投手になった**近藤**は、オリックス移籍後の 08 年に 10 勝、ＰＶ 7.6 だったが、11 年は − 24.1 に落ち込むなどその後は不調。16 年途中にヤク

ルトへ移ってから中継ぎで復活し、18 年はリーグ最多の 74 試合に登板、35 ホールドも 1 位だった。

8. 横浜（0.5）

順位	選手		在籍時のPV	通算PV	通算成績
1	秦裕二	投手	-14.8	-14.8	89 試合、9 勝 9 敗 0 S、4.54
3	小田嶋正邦	捕手	-3.8	-6.3	149 試合、.201、6 本、17 打点
4	岡本直也	投手	-10.3	-10.3	13 試合、0 勝 0 敗 0 S、12.66
5	田崎昌弘	投手	0.3	-11.2	62 試合、5 勝 5 敗 0 S、5.32
6	千葉英貴	投手	0.2	0.2	9 試合、0 勝 0 敗 0 S、3.38

　寺原の外れ 1 位で指名した**秦**（智弁学園高）は 06 年に 5 勝、防御率 2.93/ ＰＶ 6.2 だったが、その他の年は平凡。**田崎**（ＪＲ九州）は 03 年に主にリリーフで 4 勝を挙げるも、翌 04 年は 1 試合投げただけでシーズン途中に西武へトレード。唯一の野手だった**小田嶋**（東海大）もレギュラーにはなれなかった。

9. 日本ハム（0）

順位	選手		在籍時のPV	通算PV	通算成績
自	江尻慎太郎	投手	-25.1	-25.3	277 試合、28 勝 20 敗 1 S、4.38
2	山口弘佑	投手	-5.7	-5.7	16 試合、0 勝 1 敗 0 S、8.53
4	佐藤吉宏	外野手	-0.9	-0.9	17 試合、.148、3 本、4 打点
5	野中信吾	内野手	-0.1	-12.1	312 試合、.215、2 本、17 打点

　自由枠で獲得した**江尻**（早稲田大）は 07 年に 7 勝、09 年は防御率 3.20/ ＰＶ 4.2 で両年の優勝に貢献。横浜移籍後の 11 年は 22 ホールドで、自己最多のＰＶ 6.3 だった。**佐藤**（鳥栖高）は通算 4 安打のうち 3 本が本塁打。同じ佐賀県出身の**野中**（神埼高）は、日本ハムには 2 年いただけで横浜へトレードされ、07 年は 15 盗塁を決めた。

9. 広島（0）

順位	選手		在籍時のPV	通算PV	通算成績
1	大竹寛	投手	-8.0	-13.8	372 試合、102 勝 101 敗 17 S、3.77

3	大島崇行	投手	-48.3	-48.3	97 試合、3 勝 14 敗 3 S、6.68
4	石原慶幸	捕手	-32.9	-32.9	1620 試合、.236、66 本、378 打点
5	山本翔	捕手	出場なし		
7	山本芳彦	内野手	-5.2	-5.2	79 試合、.252、0 本、4 打点
9	天谷宗一郎	外野手	-12.7	-12.7	844 試合、.255、27 本、159 打点
10	天野浩一	投手	-4.2	-4.2	121 試合、5 勝 6 敗 0 S、4.45

　大竹（浦和学院高）は 04 年に 17 セーブを挙げ PV 11.0。翌 05 年から先発に回ると、06 年との 2 年間で PV − 49.6 と大きく数字を落とした。その後は 09 年に防御率 2.81（5 位）、PV 15.2 を記録するなど持ち直している。**石原**（東北福祉大）は 03 年に正捕手となり、翌 04 年は打率 .288、22 二塁打で PV 7.5。打力は今一つながら確かな守備力で長く活躍し続けた。**天谷**（福井商）は唯一規定打席に達した 08 年に PV − 8.1、翌 09 年は打率 .300/ 出塁率 .361 で PV 8.8。14 年も出場 59 試合で打率 .315/ PV 7.0 と、9 位指名ながら長く働いた。

9. ヤクルト（O）

順位	選手		在籍時のPV	通算PV	通算成績
自	石川雅規	投手	-49.5	-49.5	487 試合、173 勝 171 敗 0 S、3.88
2	梶本勇介	内野手	-6.8	-12.9	147 試合、.199、0 本、12 打点
4	内田和也	内野手	出場なし		
5	福川将和	捕手	-1.4	-1.4	305 試合、.212、19 本、86 打点
6	萩原多賀彦	投手	-2.3	-2.3	8 試合、0 勝 2 敗 0 S、5.02
8	志田宗大	外野手	-19.7	-19.7	320 試合、.218、5 本、20 打点

　技巧派左腕の**石川**（青山学院大）は 2 ケタ勝利 11 回、通算 173 勝はこの年の指名選手で最多。08 年は防御率 2.68（1 位）で PV 23.0 だった。しかしながら 2 ケタのマイナス PV も 6 度あった結果、通算では大幅なマイナスになっている。石川とは大学で同級の**志田**は 8 位指名ながら、控え外野手として一軍に定着。04 年は 91 試合に出て 44 安打を放った。**福川**（三菱自動車岡崎）は 07 〜 08 年に合計 469 打数で 14 本塁打と、正捕手に近いところまで行った。

9. ロッテ（O）

順位	選手		在籍時のPV	通算PV	通算成績
1	喜多隆志	外野手	-6.2	-6.2	53試合、.227、0本、4打点
3	今江敏晃	内野手	-3.9	-27.7	1704試合、.283、108本、726打点
4	田中充	投手	-5.5	-18.3	79試合、2勝1敗0S、6.75
5	辻俊哉	捕手	-1.6	-9.1	178試合、.223、1本、32打点
7	丸山泰嗣	内野手	-0.3	-0.3	5試合、.000、0本、0打点

　喜多（慶応大）ら大学・社会人出身の4選手はほとんど活躍できなかった代わり、今江（PL学園高）が主力選手に成長した。05年に正三塁手となり打率.310、リーグ最多の35二塁打。日本シリーズでは8打席連続安打を放つなどしてMVPに選ばれた。その後も通算で4回打率3割以上、10年は.331（3位）、13年は.325で2位。08年（.309、37二塁打）の14.9を最多として2ケタPVも3回あったが、30四球以上が一度だけの選球眼が足を引っ張り、通算のPVはマイナスだった。

2002 年 〈合計ＰＶ 886.6 ＝ 19 位〉

1	村田修一	209.2	横浜自由枠	1953 試合、打率 .269、360 本塁打、1123 打点
2	西岡剛	165.3	ロッテ 1 位	1125 試合、打率 .288、61 本塁打、383 打点
3	和田毅	149.7	ダイエー自由枠	270 試合、138 勝 71 敗 0 S、防御率 3.12
4	武田久	66.9	日本ハム 4 位	534 試合、31 勝 30 敗 167 S、防御率 2.61
5	久保田智之	53.5	阪神 5 位	444 試合、41 勝 34 敗 47 S、防御率 3.16
6	高井雄平	48.4	ヤクルト 1 位	968 試合、打率 .291、66 本塁打、386 打点
7	館山昌平	42.8	ヤクルト 3 位	279 試合、85 勝 68 敗 10 S、防御率 3.32
8	久保裕也	39.8	巨人自由枠	506 試合、54 勝 37 敗 37 S、防御率 3.45
9	江草仁貴	29.2	阪神自由枠	349 試合、22 勝 17 敗 0 S、防御率 3.15
10	永川勝浩	23.3	広島自由枠	527 試合、38 勝 42 敗 165 S、防御率 3.46
11	加藤武治	20.9	横浜 4 位	294 試合、30 勝 28 敗 9 S、防御率 3.61
12	吉村裕基	12.2	横浜 5 位	968 試合、打率 .253、131 本塁打、419 打点
13	小林正人	11.8	中日 6 位	293 試合、11 勝 4 敗 1 S、防御率 2.90

　いわゆる "松坂世代" の大学生がドラフト候補になった年で、7 球団の 12 人が自由枠を行使してプロ入りした。そのほとんどが一軍の戦力となり、5 人が通算ＰＶで 2 ケタに乗せている。12 人中 10 人は投手だったが、通算ＰＶ 209.2 で 1 位だったのは、日本大から横浜に入団した内野手の**村田**だった。1 年目から 25 本塁打と長打力を発揮し、06 年は 34 本塁打、114 打点、ＰＶ 20.0。翌 07 年は 36 本塁打でタイトルを獲得しＰＶ 35.6（5 位）、さらに 08 年は打率 .323、46 本塁打、114 打点。ＰＶ 62.4 は 1 位だっただけでなく、セ・リーグの三塁手としては 64 年の長嶋茂雄（66.0）以来の高水準だった。巨人にＦＡで移籍してからも活躍を続け、13 年に打率 .302、25 本塁打でＰＶ 36.2 は 6 位に入った。

　投手では**和田**が一番の実績を残した。早稲田大で通算 476 奪三振の東京六大学新記録を樹立した左腕は、ダイエーでも巧みな投球術を存分に発揮。03 年に 14

勝、ＰＶ 26.4 で新人王を受賞すると、以後５年連続２ケタ勝利。10 年はリーグ最多の 17 勝でＭＶＰ、翌 11 年も 16 勝、防御率 1.51 で自己ベストのＰＶ 29.5（8 位）。9 年間で防御率 10 位以内に 6 回ランクされた。12 年からはメジャー・リーグへ移籍し、16 年にホークスへ復帰。日本での実働 12 年で、ＰＶがマイナスだったのは 09 年（− 0.2）の一度だけである。

　久保（東海大→巨人）、江草（専修大→阪神）、永川（亜細亜大→広島）の３人はみなリリーフとして活躍した。久保はプロ入り当初は先発でも使われたが、10 年にはリーグ最多の 79 試合に登板し 8 勝 32 ホールド、ＰＶ 13.8。続く 11 年は抑えで 20 セーブ、防御率 1.17、ＰＶ 14.5。15 〜 17 年には３年続けて戦力外になりながらも、18 年は楽天で防御率 1.71/ ＰＶ 6.4 を記録するなど、息の長い投手になった。

　江草は 05 年からの５年間で４回 50 試合以上に登板するなど、左の中継ぎとして着実に実績を残し、07 年（50 試合、防御率 1.95）にＰＶ 12.6。12 年からは地元の広島で投げた。同じく広島出身の永川は新人で 25 セーブ、07 年からは３年連続で 30 セーブ以上を挙げ、08 年に自身最多の 38 セーブ。リーグ最多の 65 試合に登板し 27 セーブ、防御率 1.66 だった 06 年のＰＶ 15.7 がベストだった。通算 165 セーブは広島の球団記録になっている。

　非自由枠の１位指名では、大阪桐蔭高からロッテ入りした**西岡**が名選手に成長した。レギュラーとなった 05 年に 41 盗塁、翌 06 年は 33 盗塁で２年連続タイトル。07 年からは４年続けてＰＶ 20 以上、10 年は打率 .346 で首位打者となっただけでなく、206 安打と 121 得点も１位。パ・リーグで 200 安打を超えたのはイチローに次いで２人目の快挙だった。ＰＶ 59.7 も１位とＭＶＰ級の好成績を置き土産とし、翌 11 年にアメリカへ渡ったが、いいところがないまま 13 年に阪神で日本球界に復帰した。

　150 ｋｍ左腕の東北高・**高井**は、近鉄との抽選の末にヤクルト入り。投手としても１年目から一軍で 5 勝、07 年には 52 試合に登板したが、ＰＶは１イニング投げただけの 09 年以外、すべてマイナスで通算− 29.1 だった。10 年になって野手へ転向、登録名も雄平に変更すると、14 年にはレギュラーポジションを手にしただけでなくリーグ 6 位の打率 .316、23 本塁打、90 打点でＰＶ 31.2（5 位）。18 年も打率 .318（7 位）、13 年以降７年続けてＰＶはプラスとなった。

　自由枠に入らなかった大学生投手にも逸材がいた。**久保田**は常磐大から阪神に５位指名で入団し、力強い速球で 05 年は 27 セーブ、ＰＶ 17.7。07 年は日本新の 90 試合に投げ 9 勝 46 ホールド、防御率 1.75 でＰＶ 25.1（10 位）。多彩な変化球

の**館山**（日本大→ヤクルト）は、09年にリーグ最多の16勝。ただし同年のPVは3.3と平凡で、12勝だった翌10年が自己最多のPV19.8。続く11年も11勝、防御率2.04でPV19.4だった。数多くの故障に見舞われ、手術を繰り返しながらも2ケタPV4回、同期生の先発投手では和田に次ぐ成功を収めた。

リリーフの好投手が多く指名されたこの年、最も成功したリリーバーは**武田**だった。日本通運から日本ハムに4位指名で入団し、05年（防御率0.79/PV12.5）から中継ぎで一軍定着。翌06年は75登板、40ホールドの2部門で1位となりPV13.8。81.2回を投げて8四球のみと、抜群のコントロールが光った。抑えに回った09年は34セーブ（1位）、防御率1.20/PV18.9。11年は53試合で被本塁打0本、防御率1.03、続く12年も3度目の最多セーブ。通算167セーブは日本ハムの球団記録である。

球団別

1. 横浜 （193.6）

順位	選手		在籍時のPV	通算PV	通算成績
自	村田修一	内野手	151.2	209.2	1953試合、.269、360本、1123打点
自	土居龍太郎	投手	0.1	0.1	32試合、1勝5敗0S、4.22
4	加藤武治	投手	21.2	20.9	294試合、30勝28敗9S、3.61
5	吉村裕基	内野手	20.6	12.2	968試合、.253、131本、419打点
6	北川利之	内野手	-3.9	-3.9	53試合、.207、1本、4打点
7	飯田龍一郎	投手	0.5	0.5	1試合、0勝0敗0S、0.00
8	河野友軌	外野手	-2.4	-2.4	51試合、.214、0本、1打点
9	堤内健	投手	-2.1	-2.1	4試合、1勝1敗0S、5.40
10	武山真吾	捕手	-25.4	-36.0	412試合、.179、5本、61打点
11	木村昇吾	内野手	-4.2	-14.2	733試合、.261、3本、71打点

自由枠の一つは、立教大の好投手・多田野数人に使う予定だった。ところがドラフト直前にスキャンダルが発生して指名を回避（表向きの理由は故障とされた）、法政大の**土居**に回した。土居は1勝で終わったが、**加藤**（三菱ふそう川崎）が中継ぎで活躍。ルーキーイヤーは44試合に投げPV9.4、06年はリーグ最多の65試合で8勝27ホールド、PV10.0で最優秀中継ぎ賞を受賞した。東福岡高で**村田**の後輩に当たる**吉村**は、06年に打率.311、26本塁打でPV24.5、08年は34本、91打点でPV16.9と主力打者に成長したが、09年以降は不調だった。

10 位の**武山**（享栄高）は 10 年に 95 試合出場、11 位の**木村**（愛知学院大）も広島移籍後の 10 年は打率 .324/ ＰＶ 7.4 を記録するなど、下位指名ながら長い選手生活を送った。

2. ロッテ（152.5）

順位	選手		在籍時のPV	通算PV	通算成績
1	西岡剛	内野手	152.5	165.3	1125 試合、.288、61 本、383 打点
3	浅間敬太	投手	-2.5	-2.5	2 試合、0 勝 0 敗 0 Ｓ、27.00
4	神田義英	投手	-11.6	-11.6	79 試合、3 勝 4 敗 1 Ｓ、5.07
5	鈴木貴志	投手	出場なし		
6	金澤岳	捕手	-0.4	-0.4	177 試合、.230、1 本、27 打点
8	早坂圭介	内野手	-22.4	-22.4	286 試合、.196、3 本、26 打点

上位 2 人で高校生を指名したのは 87 年以来。地元・千葉出身の**浅間**（敬愛学園高）は 2 試合に登板したのみだった。**神田**（川崎製鉄水島）は 06 年に 11 ホールド。**金澤**（矢板中央高）は控え捕手として長く在籍し、打率 .299/ ＰＶ 4.0 だった 14 年に唯一の本塁打を放った。**早坂**（横浜商工）は 09 年に 103 試合に出場、12 盗塁を決めた。

3. ダイエー（143.3）

順位	選手		在籍時のPV	通算PV	通算成績
自	和田毅	投手	123.6	149.7	270 試合、138 勝 71 敗 0 Ｓ、3.12
自	新垣渚	投手	19.5	-6.9	172 試合、64 勝 64 敗 0 Ｓ、3.99
4	溝口大樹	投手	出場なし		
5	大野隆治	捕手	0.2	0.2	7 試合、.000、0 本、0 打点
6	森本学	内野手	-27.4	-27.4	375 試合、.234、1 本、52 打点
8	稲嶺誉	内野手	-7.9	-7.9	92 試合、.183、0 本、9 打点

7 人中福岡出身が 3 人、沖縄が 2 人と地元重視の指名になった。和田に加え、4 年前のドラフトでオリックスの 1 位指名を拒否した**新垣**（九州共立大）を自由枠で確保。03 年は 8 勝、ＰＶ 17.6、翌 04 年は 11 勝、防御率 3.28（3 位）でＰＶ 30.0（9 位）。06 年も 13 勝、ＰＶ 10.5 と順調だったが、07 年以降は制球に乱れが

生じるようになり、その後ＰＶはずっとマイナスだった。**森本（シダックス）**は控えの外野手として、09年は95試合に出場し62安打、20打点を記録している。

4. ヤクルト（91.2）

順位	選手		在籍時のPV	通算PV	通算成績
1	高井雄平	投手	-29.1/48.4	-29.1/48.4	144試合、18勝19敗1 S、4.96/968試合、.291、66本、386打点
3	館山昌平	投手	42.8	42.8	279試合、85勝68敗10 S、3.32
4	泉正義	投手	出場なし		
5	大原秉秀	内野手	-0.8	-0.8	19試合、.231、0本、1打点
8	吉川昌宏	投手	-4.8	-4.8	176試合、7勝6敗0 S、4.18

10人の大量指名は71年（12人）以来だったが、一軍戦に出場したのは4人だけ。4位指名ながら大器と期待されていた**泉**（宇都宮学園）は3年で退団した。**吉川**（ローソン）は05年に61試合に登板し20ホールド、07年も43試合で10ホールドと中継ぎでまずまずの働き。11位指名の大塚淳（土浦三高）は元スワローズの大塚徹の息子で、父は通算502試合に出場したが、息子は一軍に上がれずブルペン捕手に転向した。

5. 阪神（90.9）

順位	選手		在籍時のPV	通算PV	通算成績
自	杉山直久	投手	-2.6	-2.6	94試合、21勝23敗0 S、4.01
自	江草仁貴	投手	37.4	29.2	349試合、22勝17敗0 S、3.15
4	中村泰広	投手	-1.8	-1.8	29試合、3勝2敗0 S、4.22
5	久保田智之	投手	53.5	53.5	444試合、41勝34敗47 S、3.16
6	三東洋	投手	-1.5	-1.5	27試合、5勝0敗0 S、4.62
7	林威助	外野手	-0.2	-0.2	454試合、.264、31本、125打点
10	伊代野貴照	投手	-2.6	-2.6	10試合、1勝1敗0 S、7.04

12位まで指名したのは球団史上初めて。うち7人が大学・社会人の投手と意図が明白で、**江草**と**久保田**以外にも、自由枠の**杉山**（龍谷大）は05年に9勝、防御率2.94、ＰＶ17.3で優勝に貢献。翌06年も4勝どまりながらＰＶ5.7だっ

た。三東（ヤマハ）は04年に5勝を挙げた後は登板なし。野手では台湾出身の**林**（近畿大）が07年に打率.292、15本塁打、58打点でＰＶ7.4。13年限りで阪神を退団し、母国のプロで活躍を続けた。9〜11位では廃部となったローソンの3選手を獲得。**伊代野**と11位の萱島大介は、ともに引退後競輪選手に転身している。

6. 日本ハム（68.2）

順位	選手		在籍時のＰＶ	通算ＰＶ	通算成績
1	尾崎匡哉	内野手	-3.3	-3.3	25試合、.176、0本、1打点
3	鎌倉健	投手	1.3	1.3	28試合、7勝7敗0Ｓ、3.92
4	武田久	投手	66.9	66.9	534試合、31勝30敗167Ｓ、2.61
5	小谷野栄一	内野手	-56.4	-80.3	1394試合、.264、71本、566打点
6	紺田敏正	外野手	-11.3	-11.6	338試合、.249、2本、22打点
8	鶴岡慎也	捕手	-40.3	-60.3	1207試合、.238、20本、267打点

尾崎（報徳学園高）は一軍で活躍できず、05年に7勝した**鎌倉**（川之江高）も故障で短命に終わった。だが4位以降で長くチームに貢献した選手が4人もいた。**小谷野**（創価大）は09年に打率.296、82打点、翌10年は.311、41二塁打、16本塁打でリーグ最多の109打点。ＰＶ10.3も自己記録だった。ただし四球が少なかったため通算出塁率は.309、11〜13年は3年続けて2ケタのマイナスＰＶだった。三塁守備では3回ゴールデングラブに選ばれている。

　俊足の**紺田**（国士舘大）は08年に14盗塁。11年に巨人へトレードされたが翌年には日本ハムに復帰した。**鶴岡**（三菱重工横浜クラブ）はダルビッシュ有の女房役として有名になり、09年ゴールデングラブ賞、12年はベストナインに選出。ＰＶは13年（打率.295、72安打）の5.5が最多だった。こちらも15年にＦＡでソフトバンクへ移ったが、18年に再度のＦＡで日本ハムに戻り、21年もコーチ兼任で現役を続けている。

7. 巨人（41.2）

順位	選手		在籍時のＰＶ	通算ＰＶ	通算成績
自	木佐貫洋	投手	6.5	0.1	215試合、62勝72敗10Ｓ、3.76
自	久保裕也	投手	34.7	39.8	506試合、54勝37敗37Ｓ、3.45

順位	選手		在籍時のPV	通算PV	通算成績
4	長田昌浩	内野手	-1.6	-2.2	17 試合、.000、0 本、0 打点
5	山本光将	外野手	出場なし		
6	矢野謙次	外野手	-0.3	-9.3	759 試合、.262、29 本、153 打点

　木佐貫（亜細亜大）は 03 年に 10 勝を挙げ、ＰＶ 15.7 で新人王を受賞。07 年も 12 勝／ＰＶ 12.4 の好成績で、オリックスへトレードされた 10 年にも 10 勝している。**長田**（東海大望洋高）は非常に期待の高かった選手だが、通算 18 打数で安打は 1 本も打てなかった。**矢野**（國學院大）は 07 年（打率 .291、7 本塁打）に自己最多のＰＶ 8.0。代打の切り札としての働きも光った。

8. 広島（23.1）

順位	選手		在籍時のPV	通算PV	通算成績
自	永川勝浩	投手	23.3	23.3	527 試合、38 勝 42 敗 165 S、3.46
2	吉田圭	投手	-2.5	-2.5	16 試合、.125、0 本、2 打点
4	鞘師智也	外野手	-0.8	-0.8	22 試合、.185、0 本、1 打点
5	松本高明	外野手	-12.1	-12.1	197 試合、.235、0 本、16 打点

　12 球団最少の 4 人で指名を打ち切り。**吉田**と**松本**は帝京高のチームメイトで、一軍での実績を残したのは指名順位が下の松本。06 年には 67 試合に出場しすべてシングルヒットで 35 安打。8 盗塁を決め失敗ゼロだった。2 年目に野手へ転向した吉田は、06 年に 16 試合に出たのがすべてだった。

9. オリックス（16.3）

順位	選手		在籍時のPV	通算PV	通算成績
自	加藤大輔	投手	15.3	7.5	400 試合、22 勝 28 敗 87 S、3.73
2	鈴木誠	投手	-50.0	-50.0	53 試合、5 勝 15 敗 1 S、7.53
4	前田大輔	捕手	-10.4	-10.4	229 試合、.224、7 本、45 打点
5	菊池俊夫	内野手	出場なし		
7	塩屋大輔	投手	1.0	1.0	3 試合、0 勝 0 敗 0 S、0.00
8	中島俊哉	外野手	-1.3	-6.3	296 試合、.264、9 本、50 打点

　自由枠で入団した**加藤**（神奈川大）は、珍しいナックルボールの使い手。03

年は43試合に投げ9セーブ、05年は60試合で6勝23ホールド、ＰＶ11.8。同年から4年連続60登板以上とフル回転し、08年にリーグ最多の33セーブを稼いだ。2位ではメジャー通算117試合で16勝した"マック"こと**鈴木**（前ロイヤルズ）を指名したものの、すでに力が落ちていて3年で退団した。**中島**（九州国際大）は楽天移籍後の08年に打率.315、5本塁打でＰＶ7.4を記録している。

10. 中日（11.8）

順位	選手		在籍時のPV	通算PV	通算成績
1	森岡良介	内野手	-3.6	-14.5	557試合、.241、7本、97打点
3	桜井好実	外野手	出場なし		
4	植大輔	投手	出場なし		
5	長峰昌司	投手	-20.8	-20.8	69試合、5勝5敗0Ｓ、5.66
6	小林正人	投手	11.8	11.8	293試合、11勝4敗1Ｓ、2.90

　森岡（明徳義塾高）は、中日では通算39試合で8安打のみ。自由契約となって09年にヤクルトへ移ると、12〜14年は控え内野手として毎年100試合以上に出場した。左腕の**長峰**（水戸商）は08年に33試合に登板するも、防御率5.65。同じ左腕の**小林**（東海大）はサイドスローへの転向が功を奏し、09年は32試合で防御率0.84/ＰＶ6.4、11年も58試合で0.87/7.5と結果を出した。

11. 近鉄（5.4）

順位	選手		在籍時のPV	通算PV	通算成績
1	坂口智隆	投手	-1.2	-16.1	1496試合、.279、38本、416打点
3	筧裕次郎	捕手	-0.1	-0.1	1試合、.000、0本、0打点
4	阿部健太	投手	1.7	-13.8	110試合、3勝3敗0Ｓ、4.51
5	宇都格	投手	出場なし		
6	横山徹也	捕手	-	-0.2	43試合、.265、0本、3打点
7	大西宏明	外野手	-5.5	-18.7	554試合、.254、27本、131打点
8	下山真二	外野手	3.7	3.1	556試合、.260、45本、166打点

　上位5選手は全員高校生。外野手に転向した**坂口**（神戸国際大付高）はオリックス移籍後の09年、リーグ2位の打率.317でＰＶ13.3、翌10年も.308、10三

塁打（1位）。11年は175安打、7三塁打の2部門で1位になりPV 12.0だった。ヤクルト移籍後の18年は8年ぶりの3割となる.317で、出塁率.406は自己最高だった。

　外野手では**大西**（近畿大）と**下山**（日本生命）も一軍の戦力となった。先に頭角を現したのは大西で、2年目の04年に103試合で10本塁打、43打点。05年ともにオリックスへ移ると、07年には下山のほうが出場機会が多くなり、大西は08年に横浜へ。翌09年に下山は99試合で13本塁打、47打点、PV 5.5を記録した。投手では**阿部**（松山商）が高卒新人で2勝、PV 6.9と快調に滑り出したが、3勝目を挙げたのは10年後、ヤクルト時代の13年だった。

12. 西武（O）

順位	選手		在籍時のPV	通算PV	通算成績
自	長田秀一郎	投手	-14.7	-12.1	389 試合、25 勝 25 敗 2 S、4.14
自	後藤武敏	内野手	-11.1	-4.5	618 試合、.254、52 本、184 打点
4	小野寺力	投手	-1.1	-6.8	310 試合、23 勝 24 敗 59 S、4.05
5	春日伸介	捕手	出場なし		
6	上本達之	捕手	-7.6	-7.6	466 試合、.226、13 本、78 打点

　長田（慶応大）は1年目の4先発を除き、ずっとリリーフで起用。06年以降の11年間、PVは最高でも5.2、最悪でも－4.1と安定した数字を残し続けた。横浜高の同級生・松坂大輔と再びチームメイトになった**後藤**（法政大）は、08年に49試合で打率.301、12本塁打でPV 12.6。出場数はルーキーイヤーの101試合が最多だった。12年にDeNAへトレード、翌年途中に移籍してきた長田とまた同僚になった。**小野寺**（常磐大）は06年に29セーブを挙げるなど、リリーフで貢献。PVも同年の5.4が最多だった。**上本**（協和発酵）は打力のある控え捕手で、10年は91試合で打率.264、25打点だった。

2003 年 〈合計ＰＶ 1265.4 ＝ 9 位〉

1	青木宣親	316.9	ヤクルト 4 位	1353 試合、打率 .325、128 本塁打、561 打点
2	鳥谷敬	316.1	阪神自由枠	2211 試合、打率 .279、138 本塁打、828 打点
3	糸井嘉男	305.4	日本ハム自由枠	1588 試合、打率 .300、165 本塁打、725 打点
4	内海哲也	92.4	巨人自由枠	328 試合、134 勝 103 敗 0 S、防御率 3.22
5	馬原孝浩	54.4	ダイエー自由枠	385 試合、23 勝 31 敗 182 S、防御率 2.83
6	佐藤隆彦	43.8	西武 7 位	587 試合、打率 .276、88 本塁打、270 打点
7	西村健太朗	39.9	巨人 2 位	470 試合、38 勝 34 敗 81 S、防御率 3.12
8	成瀬善久	20.4	ロッテ 6 位	255 試合、96 勝 78 敗 0 S、防御率 3.43
9	川島亮	19.7	ヤクルト自由枠	105 試合、38 勝 35 敗 0 S、防御率 3.66
10	竹岡和宏	12.8	ダイエー 8 位	77 試合、4 勝 3 敗 0 S、防御率 3.03
11	内竜也	10.3	ロッテ 1 位	308 試合、20 勝 12 敗 56 S、防御率 3.33
12	牛田成樹	10.3	横浜 4 位	159 試合、9 勝 7 敗 0 S、防御率 3.24

　早稲田大の同級生である**青木**と**鳥谷**が 1・2 位を占めた。ドラフト前から目玉と言われ、自由枠で阪神入りした鳥谷は、打率 3 割は 3 回だけ、本塁打も 09 年の 20 本が最多。しかしながら選球眼に優れ 11 〜 13 年は 3 年続けてリーグ最多四球。06 〜 15 年の 10 年間は、07 年（12.0）を除いて毎年ＰＶ 20 以上／リーグ 10 位以内に入った。09 年からは 6 年連続 30 以上、出塁率 .395 が 1 位だった 11 年のＰＶ 45.9 は 1 位。通算 316.1 は、ドラフト制度施行後の遊撃手では坂本勇人、松井稼頭央に次いで 3 位である。04 〜 18 年にかけては史上 2 位の 1939 試合連続出場も記録した。

　青木は 4 位指名と、ドラフト時の評価は鳥谷とは大きな差があった。だが 2 年目の 05 年にセ・リーグ新の 202 安打を放ち、打率 .344 で首位打者。同年はＰＶ 18.1 だったが、.346 で 2 度目の首位打者になった 07 年は 20 本塁打と長打力を増し、ＰＶ 51.6 は 1 位。10 年は .358 で 3 度目の首位打者、2 度目の 200 安打（209

本）も達成しＰＶ 51.3（3 位）。12 〜 17 年の 6 年間はメジャーで 774 安打、打率 .285、ヤクルトに復帰した 18 年も打率 .327/ ＰＶ 26.7。日本での通算打率 .325 は史上 1 位となっている。

　鳥谷以外で注目されていたのは、社会人三羽烏と呼ばれた**内海**（東京ガス）・森大輔（三菱ふそう川崎）・香月良太（東芝）の 3 投手。それぞれ巨人・横浜・近鉄に自由枠で入団したが、明暗が分かれた。"明"は内海で、06 年に 12 勝 / ＰＶ 18.9、以後 9 年間で 2 ケタＰＶが 7 回。11 年は 18 勝で最多勝、防御率 1.70 で自己最多のＰＶ 28.1（5 位）、12 年も 15 勝で 2 年連続タイトル。巨人で通算 133 勝は、左腕としては中尾輝三に次いで 2 番目の数字だった。

　一方、七尾工時代から好投手と注目されていた森は、社会人時代にイップスを発症してしまい、一軍登板もないまま 3 年で退団と完全な"暗"。香月はオリックスに移った 05 年は防御率 2.36/ ＰＶ 9.4 と、リリーフとしてまずまず働いたものの、ドラフト当時の期待ほどではなく"明""暗"の中間くらいか。

　その他の自由枠選手では**糸井**（近畿大）、**馬原**（九州共立大）、**川島**（八戸大）が成功。中でも日本ハム入りした糸井は、投手としては 2 年で見切りをつけられ外野手に転向すると、09 年は打率 .306、40 二塁打（1 位）でＰＶ 25.1。以後 10 年間では 15 年（12.5）を除き、すべてＰＶ 20 以上だった。11 年は打率 .319/ 出塁率 .411（1 位）でＰＶ 40.3（4 位）、オリックス移籍後の 14 年は打率 .331 で首位打者になるなど 4 部門で 1 位、ＰＶ 50.2 もリーグトップ。守備でも 7 回ゴールデングラブを受賞するなど攻守に活躍し続け、青木・鳥谷と並んで通算ＰＶ 300 に達した。

　地元のソフトバンクが確保した**馬原**は、抑えとして 07 年はリーグ最多の 38 セーブ、ＰＶ 15.7 も自己ベスト。10 年も 32 セーブを稼いでＰＶ 15.6、通算 182 セーブは史上 8 位にランクされている。**川島**はヤクルトで 04 年に 10 勝、防御率 3.17（3 位）、ＰＶ 19.0 で新人王。翌 05 年の同賞は青木で、同一年・同球団の指名選手による史上 3 組目の新人王ペアが誕生した。翌 05 年も 9 勝、ＰＶ 18.5 と順調だった川島だが、その後は故障続きで成績を落とした。

　高校生の 1 位では、**内**（川崎工）がリリーフで防御率 1 点台 4 回、通算ＰＶも 2 ケタに乗せているが、故障癖が難点だった。同じロッテでは 6 位の**成瀬**（横浜高）が数字以上に貢献。変則フォームの技巧派左腕で 07 年は 16 勝 1 敗、勝率 .941 と防御率 1.81 はリーグ 1 位、ＰＶ 33.8 も 3 位。以後 4 年連続 2 ケタＰＶ、5 度の 2 ケタ勝利を記録したが、最後の 5 年間はＰＶ − 56.3 と大幅に後退してしまった。

巨人２位の**西村**は、選抜大会で優勝した広陵高のエース。11 年に先発とリリーフの兼任で、防御率 1.82 ／ ＰＶ 16.9。翌 12 年からは抑えに固定され、13 年にかけて２年間で 74 セーブ、防御率 1.13、ＰＶ 34.3 の好成績。13 年の 42 セーブは巨人の球団新記録になった。

　この頃になると、海外でプレイしていた選手が逆輸入の形で日本プロ野球に入ってくるケースも増え始めた。**佐藤**は法政大を卒業後、フィリーズのマイナーを経て西武の入団テストに合格し７位指名。「Ｇ．Ｇ．佐藤」の登録名を用い、07 年に 25 本塁打、ＰＶ 20.7、翌 08 年は打率 .302、21 本塁打、ＰＶ 21.4 で北京五輪にも出場した。**竹岡**のアメリカでのキャリアは佐藤よりも本格的。01 年にブレーブスに入団し、02 〜 03 年はマイナー最上級のＡＡＡ級で 32 試合に投げ防御率 2.32 と、メジャー目前まで行っていた。ダイエーに指名された時点で 28 歳になっていたが、２年目以降毎年ＰＶはプラス。06 年（22 試合、防御率 1.88）の 5.5 が最多だった。

球団別

1. 阪神 （328.4）

順位	選手		在籍時 の PV	通算 PV	通算成績
自	鳥谷敬	内野手	319.1	316.1	2211 試合、.279、138 本、828 打点
自	筒井和也	投手	-8.9	-8.9	221 試合、8 勝 6 敗 3 S、3.87
4	桟原将司	投手	8.6	8.6	123 試合、5 勝 2 敗 2 S、3.56
5	小宮山慎二	捕手	-11.2	-11.2	149 試合、.164、1 本、8 打点
6	庄田隆弘	外野手	0.7	0.7	41 試合、.286、1 本、5 打点

　筒井（愛知学院大）は愛知大学リーグ記録の 24 連勝を達成し、自由枠で入団しながら、最初の５年間は登板９試合のみ。ようやく 09 年に左の中継ぎとして戦力になり、12 年は 58 試合で 18 ホールド。翌 13 年は 39 試合で防御率 2.58、自己ベストのＰＶ 5.7 だった。**桟原**（新日鉄広畑）は新人で 44 試合に登板しＰＶ 5.5、実働６年のうち４年はプラスのＰＶ。初登板から 116 試合連続無敗の新記録も作った。**小宮山**（横浜隼人高）は 16 年間で出場 149 試合、うち約半数の 72 試合が 12 年のもので、同年はリーグ１位の盗塁阻止率 .500 だった。

2. ヤクルト（257.2）

順位	選手		在籍時 の PV	通算 PV	通算成績
自	川島亮	投手	19.7	19.7	105 試合、38 勝 35 敗 0 S、3.66
2	山田裕司	投手	出場なし		
4	青木宣親	外野手	237.2	316.9	1353 試合、.325、128 本、561 打点
5	吉田幸央	投手	出場なし		
6	佐藤賢	投手	0.3	0.3	105 試合、1 勝 1 敗 0 S、3.94

　青木以外の 4 人は全員投手。山田（小松市立高）は二軍でもほとんど登板機会のないまま 4 年で退団、吉田（城郷高）に至っては病気で 1 年も経たずに引退となった。佐藤（明治大）は左のサイドスローで、05 年は 32 試合に投げ防御率 3.16。人気漫画『グラゼニ』の主人公のモデルとも言われた。

3. 巨人（133.1）

順位	選手		在籍時 の PV	通算 PV	通算成績
自	内海哲也	投手	93.2	92.4	328 試合、134 勝 103 敗 0 S、3.22
2	西村健太朗	投手	39.9	39.9	470 試合、38 勝 34 敗 81 S、3.12
4	平岡政樹	投手	-0.1	-0.1	7 試合、0 勝 1 敗 0 S、4.50
5	岩舘学	内野手	-3.3	-5.2	91 試合、.178、2 本、10 打点
8	南和彰	投手	-1.0	-1.0	2 試合、0 勝 0 敗 0 S、9.00

　平岡（徳島商）は高卒新人ながら 4 月に早くもデビューするなど、期待は大きかったが肩の故障により 3 年で退団。岩舘（東洋大）は日本ハム移籍後、9 年目の 12 年に初本塁打。同年の 24 試合が最多出場だった。ＮＰＢでは芽が出なかった南（福井工大）は、ＢＣリーグでは 3 度の最多勝になった。

4. 日本ハム（118.1）

順位	選手		在籍時 の PV	通算 PV	通算成績
自	糸井嘉男	投手	117.3	305.4	1588 試合、.300、165 本、725 打点
2	須永英輝	投手	-21.8	-25.6	30 試合、0 勝 3 敗 0 S、7.71
4	押本健彦	投手	-3.4	-0.9	434 試合、33 勝 33 敗 4 S、3.75
5	稲田直人	内野手	-23.5	-26.0	365 試合、.254、0 本、39 打点

| 6 | 金森敬之 | 投手 | -0.7 | -15.3 | 87 試合、6 勝 3 敗 0 S、4.92 |
| 7 | 渡部龍一 | 捕手 | 0.8 | 0.8 | 8 試合、.200、0 本、0 打点 |

　糸井は 13 年にオリックスへトレード、その後の阪神時代も含め移籍後の PV は 187.3 と、日本ハム時代を大きく上回る。指名当初は入団拒否の姿勢だった**須永**（浦和学院高）は、13 年間のプロ生活でついに 1 勝も挙げられなかった。**押本**（日産自動車）は 04 年に 7 勝、06 年も 5 勝 / PV 8.5 で優勝に貢献。08 年にヤクルトへ移籍してからは 5 年連続 50 試合以上に登板、10 年に PV 10.0 を記録した。**金森**（東海大菅生高）も 07 年は 4 勝、防御率 2.35 で優勝の一翼を担った。

5. ロッテ（72.6）

順位	選手		在籍時のPV	通算PV	通算成績
1	内竜也	投手	12.8	12.8	308 試合、20 勝 12 敗 56 S、3.33
3	杉原洋	投手	-	-1.9	1 試合、0 勝 0 敗 0 S、11.57
4	田中雅彦	捕手	-5.9	-6.4	220 試合、.219、1 本、24 打点
5	三島輝史	投手	出場なし		
6	成瀬善久	投手	59.8	20.4	255 試合、96 勝 78 敗 0 S、3.43

　4 位で近畿大の捕手・**田中**を指名した以外の 5 人は高校生投手。開星高で 2 度甲子園に出場した**杉原**は、一軍登板のないまま 3 年で退団。その後 3 年間 NOMO ベースボールクラブで投げたのち、09 年に横浜でプロ復帰を果たし、一軍公式戦でも登板した。内野で起用されることも多かった田中は、12 年に 50 試合に出場したのが最多だった。

6. ダイエー（69.4）

順位	選手		在籍時のPV	通算PV	通算成績
自	馬原孝浩	投手	56.6	54.4	385 試合、23 勝 31 敗 182 S、2.83
2	城所龍磨	外野手	-17.8	-17.8	716 試合、.196、8 本、42 打点
4	明石健志	内野手	-23.7	-23.7	929 試合、.255、17 本、203 打点
5	榎本敏孝	投手	出場なし		
6	金子圭輔	投手	-4.6	-7.9	253 試合、.197、0 本、17 打点
7	三瀬幸司	投手	-1.2	-3.3	317 試合、11 勝 13 敗 47 S、4.05
8	竹岡和宏	投手	12.8	12.8	77 試合、4 勝 3 敗 0 S、3.03

28歳でプロ入りした**三瀬**（ＮＴＴ西日本中国野球クラブ）は04年に55試合に登板、リーグ最多の28セーブを稼ぎ、ＰＶ12.2で新人王。パ・リーグで6位指名以降の選手が新人王になったのは、これが唯一である。その後はこれほどの好成績ではなかったものの、中継ぎとして38歳まで投げ続けた。

2〜6位で指名した4人の高校生は、プロでは全員野手。**城所**（中京高）はキャリアを通じて控えながら、16年の交流戦では通算8本塁打のうち5本をまとめて放ち、ＭＶＰに選ばれた。内外野どこでもこなす**明石**（山梨学院大付高）は、規定打席に達した12年に129安打、25盗塁。自己最多のＰＶは09年（打率.291）の3.2だった。**金子**（志学館高）は10〜11年にオリックスに在籍したあと、12年にホークスへ復帰。翌13年は49打席のみながら.325の高打率だった。

7. 西武 （45.4）

順位	選手		在籍時のPV	通算PV	通算成績
自	山崎敏	投手	-14.5	-14.5	67 試合、6 勝 4 敗 0 S、5.15
2	黒瀬春樹	内野手	-4.8	-5.2	79 試合、.211、1 本、7 打点
4	松川誉弘	投手	出場なし		
5	松坂健太	外野手	-1.1	-1.1	81 試合、.235、3 本、18 打点
6	岡本篤志	投手	-26.3	-26.3	265 試合、11 勝 11 敗 10 S、4.34
7	佐藤隆彦	捕手	45.4	43.8	587 試合、.276、88 本、270 打点

少年時代は西武ファンだった鳥谷の獲得に失敗。自由枠で指名した**山崎**（平成国際大）は、07年に中継ぎで45試合に投げたのが目立つ程度だった。**岡本**（明治大）は10年から一軍に定着、11年は5勝7セーブ、防御率2.11でＰＶ5.1。10年以降の7年間は230試合で合計ＰＶ4.5と、計算できる投手になった。

8. 中日 （10.7）

順位	選手		在籍時のPV	通算PV	通算成績
1	中川裕貴	内野手	-2.5	-2.5	28 試合、.152、1 本、2 打点
3	石川賢	投手	-4.9	-4.9	12 試合、0 勝 0 敗 0 S、7.20
4	佐藤充	投手	8.4	8.4	33 試合、11 勝 10 敗 0 S、3.34
5	中村公治	外野手	-9.9	-9.9	61 試合、.176、0 本、6 打点
6	堂上剛裕	内野手	1.8	-0.3	407 試合、.259、15 本、86 打点

| 7 | 川岸強 | 投手 | 0.5 | -9.0 | 187 試合、12 勝 14 敗 18 S、4.27 |
| 8 | 小川将俊 | 捕手 | -0.7 | -0.7 | 23 試合、.250、0 本、1 打点 |

　　中川（岐阜・中京高）、**堂上**（愛工大名電高）と地元の高校生 2 人以外は、全員大学・社会人を指名。中川は一軍ではほとんど活躍できず、堂上もレギュラーにはなれなかったが、11 ～ 12 年は合計 P V 6.3。中日時代の通算もプラスだった。**佐藤**（日本生命）は 06 年に 9 勝、P V 14.5 と好投したものの、この年以外は合計 14 試合に登板しただけ。**川岸**（トヨタ自動車）は自由契約となって 07 年に楽天へ移ると、翌 08 年は 54 試合で防御率 1.94/ P V 12.1。10 年には 13 セーブを稼いだが、防御率は 6 点台だった。

9. 横浜（10.3）

順位	選手		在籍時 の PV	通算 PV	通算成績
自	森大輔	投手	出場なし		
自	吉川輝昭	投手	-43.1	-59.1	160 試合、3 勝 9 敗 0 S、5.97
4	牛田成樹	投手	10.3	10.3	159 試合、9 勝 7 敗 0 S、3.24
5	呉本成徳	内野手	-1.5	-1.5	27 試合、.217、0 本、0 打点

　　指名自体が 4 人のみ。**森**が登板ゼロに終わっただけでなく、もう一人の自由枠である**吉川**（日本文理大）も 05 年は防御率 8.34/ P V － 19.3 と大苦戦。1 年目に 1 勝を挙げたきりずっと勝てなかったが、ソフトバンク移籍後、ＤｅＮＡに戻ってきた 13 年に 9 年ぶりの白星がついた。**牛田**（明治大）は 06 年に 28 試合で P V 6.4、10 年は 41 試合で 23 ホールド、防御率 1.21/ P V 16.9 の好成績を残した。

10. 広島（1.2）

順位	選手		在籍時 の PV	通算 PV	通算成績
1	白濱裕太	捕手	-7.7	-7.7	86 試合、.158、1 本、7 打点
3	比嘉寿光	内野手	-0.2	-0.2	8 試合、.188、1 本、2 打点
4	尾形佳紀	内野手	1.2	1.2	147 試合、.266、12 本、42 打点
5	仁部智	投手	-3.5	-3.5	8 試合、0 勝 0 敗 0 S、10.13

　　地元の広陵高から入団した**白濱**は初出場が 8 年目、最多出場は 12 年の 35 試

合という万年控え捕手。新人で53試合に出場した**尾形**（ホンダ）は05年に打率.303、6本塁打でＰＶ10.0の好成績だったが靱帯断裂の大けがを負い、選手生命は短かった。引退後はスカウトに転身し、他球団を出し抜き2位で鈴木誠也を指名する大仕事をやってのけた。

11. 近鉄 (0.5)

順位	選手		在籍時のPV	通算PV	通算成績
自	香月良太	投手	-3.0	-6.1	371試合、18勝10敗3Ｓ、3.88
2	吉良俊則	外野手	出場なし		
4	坂克彦	内野手	-	-16.2	376試合、.211、5本、45打点
5	新里賢	内野手	-0.2	-0.6	9試合、.167、0本、2打点
7	栗田雄介	投手	0.5	0.5	1試合、0勝0敗0Ｓ、0.00

　結果的に近鉄として最後のドラフトになった。**吉良**（柳ヶ浦高）は一軍出場すらなく引退。**坂**（常総学院高）は楽天を経て06年途中阪神へ移籍、13年には111試合に出て47安打、20打点。**新里**（法政大）と**栗田**（宮城建設）はともに近鉄での出場は1試合だけだった。

12. オリックス (0.3)

順位	選手		在籍時のPV	通算PV	通算成績
自	歌藤達夫	投手	0.3	-3.2	131試合、3勝4敗0Ｓ、4.52
2	柴田誠也	投手	出場なし		
4	嶋村一輝	内野手	-3.9	-10.0	250試合、.233、8本、57打点
5	野村宏之	投手	-3.9	-3.9	3試合、0勝0敗0Ｓ、13.50
6	松村豊司	投手	-3.0	-3.0	14試合、1勝1敗0Ｓ、5.87
8	由田慎太郎	外野手	-9.4	-9.4	122試合、.177、2本、10打点

　歌藤（ヤマハ）を自由枠で獲得。57試合に登板した04年は防御率5.60と打ち込まれたが、翌05年は36試合で防御率2.31まで改善された。関西学生リーグの好投手だった**野村**（近畿大）と**松村**（立命館大）は、ともにプロでは戦力にならなかった。**嶋村**（九州国際大）は一輝の登録名で、08年に打率.295、5本塁打、ＰＶ6.2。プラスのＰＶはこの年だけだった。

2004 年 〈合計ＰＶ 607.9 ＝ 32 位〉

1	ダルビッシュ有	237.1	日本ハム1位	167 試合、93 勝 38 敗 0 Ｓ、防御率 1.99
2	金子千尋	144.3	オリックス自由枠	376 試合、129勝88敗5Ｓ、防御率3.01
3	涌井秀章	46.2	西武 1 位	437 試合、144 勝 132 敗 37 Ｓ、防御率 3.51
4	能見篤史	40.8	阪神自由枠	443 試合、104 勝 93 敗 2 Ｓ、防御率 3.34
5	マイケル中村	39.1	日本ハム 4 位	288 試合、14 勝 9 敗 104 Ｓ、防御率 2.61
6	鈴木義広	29.9	中日 5 位	258 試合、10 勝 6 敗 1 Ｓ、防御率 2.73
7	片岡易之	19.8	西武 3 位	1208 試合、打率 .266、66 本塁打、389 打点
8	石井裕也	19.3	中日 6 位	330 試合、19勝19敗6Ｓ、防御率3.05

　近鉄がオリックスに吸収される格好で合併し、新球団として東北楽天ゴールデンイーグルスが参入して初のドラフト。さらには明治大の好投手・一場靖弘を巡っての裏金騒動が明るみに出た結果、巨人・阪神・横浜の３球団のオーナーが辞任に至る大スキャンダルに発展するなど、逆指名／自由枠ドラフトの問題点が浮き彫りになった。最終的に楽天で落ち着いた一場を含め、８球団が自由枠を使用し、残りの４球団は高校生を単独指名したため、前年に続いて抽選のない無風ドラフトになった。

　高校生で一番注目されていた東北高の**ダルビッシュ**は、素行面が敬遠されたこともあり、指名に踏み切ったのは日本ハムだけだった。入団直後には喫煙騒動で謹慎を命じられたこともあったが、真剣に野球に取り組むようになってから、恵まれた素質が開花する。06 年は 12 勝、ＰＶ 12.2 で優勝に貢献すると、翌 07 年からは史上唯一の５年連続防御率１点台と、向かうところ敵無し。09 年 1.73、10 年 1.78 で２年続けて１位、07 年と 09 年にＭＶＰを受賞。ＰＶは 07 年 40.4（1 位）、08 年 45.0（3 位）、09 年 46.5（1 位）、10 年 48.4（2 位）、11 年 39.0（5 位）と、歴史的レベルの快投を続けた。実働わずか７年でＰＶは通算 237.1 に達し、ドラフトで指名された投手では史上５位。130 イニング換算では 24.3 で、先発投手と

しては菅野智之の 20.6 を大きく上回り 1 位である。12 年にメジャーへ渡ってからも、13 年には最多奪三振、20 年は日本人投手で初の最多勝。この両年はサイ・ヤング賞投票でも次点と、アメリカでも一流レベルだった。

ダルビッシュのライバル的存在で、西武の単独指名を受けた**涌井**（横浜高）も好投手に成長した。1 年目は防御率 7.32 ／ P V － 20.0 とプロの洗礼を浴びてしまったが、翌 06 年は 12 勝／ P V 7.6 と盛り返し、続く 07 年は 17 勝で最多勝、P V 18.5。さらに 09 年は 16 勝（1 位）、防御率 2.30 で P V 40.8（4 位）、12 年は抑えに回って 30 セーブを稼いだ。ロッテへ F A 移籍した後も 15 年に 15 勝を挙げ 3 度目の最多勝、さらには楽天へ移った 20 年も 11 勝で、史上初となる 3 球団での最多勝を達成した。

自由枠では、鳥取城北高時代から評判の左腕だった**能見**（大阪ガス）が阪神入り。最初の 4 年間で P V － 23.1 と出遅れたものの、09 年に 13 勝を挙げてからは 5 年連続防御率 2 点台で、この間 2 ケタ P V 4 回。13 年に防御率 2.69、自己ベストの P V 20.7 だった。14 年からは 3 年連続で最多敗戦を喫してしまったが、18 年以降はリリーフに回り選手寿命を延ばしている。

金子（トヨタ自動車）はドラフト前の注目度はそれほど高くなかったが、オリックスに自由枠で入団すると、多彩な持ち球で主戦投手として活躍。09 年に防御率 2.57 ／ P V 27.9、翌 10 年は 17 勝で最多勝。13 年は 15 勝、防御率 2.01（2 位）、200 奪三振（1 位）で P V 38.6 は 3 位。続く 14 年も 16 勝と防御率 1.98 は 1 位で MVP に輝き、P V 34.4 は前年に続いて 3 位だった。通算 P V 144.3 は、ダルビッシュに次いでこの年のドラフトでは 2 番目の数字である。

28 歳での指名となった**マイケル中村**は、元メジャーリーガー。出生地は奈良県だが幼少時にオーストラリアへ移住し、03 ～ 04 年にツインズとブルージェイズで合計 31 試合に投げた。日本の学校には在学経験がないものの、日本国籍を所有しているためにドラフトの指名対象となった。事前にはロッテが指名するとの情報が流れていたが、実際に指名したのは日本ハム。4 年在籍して防御率はいずれも 2 点台前半、P V は 06 年が 10.4、残りの 3 年はすべて 9.1 と、極めて安定した成績だった。サイドハンドからの変化球に特徴があり、06 年にリーグ最多の 38 セーブを稼いでいる。

中日 5 位の**鈴木**（中部大）もマイケルと同じくサイドスローで、ルーキーイヤーから 47 試合に登板して 5 勝、翌 06 年は 46 試合に投げ防御率 1.70 ／ P V 11.6。11 年は 55 試合で 1.08 ／ 9.2、同年まで 7 年連続で P V はプラスだった。鈴木の直後の 6 位指名で中日入りした**石井**（三菱重工横浜クラブ）は、先天的な聴覚障害

を抱えていたことで有名。中日には3年在籍しただけで、地元の横浜へ移籍した08年に防御率2.38、ＰＶ6.8。左の中継ぎとしてコンスタントに働き、日本ハム時代の13年は51試合に投げ、4勝17ホールドだった。

07年のダルビッシュ、09年の涌井、14年の金子と沢村賞受賞者が3人生まれたように、投手の成功例が圧倒的多数を占めた年にあって、野手でただ一人通算ＰＶを2ケタに乗せたのは**片岡**（東京ガス）。俊足がセールスポイントで、07年に38盗塁でタイトルを獲得すると以後4年連続盗塁王、08〜10年は毎年50個以上で、通算では320盗塁。08年の日本シリーズでも5盗塁と走りまくり、第7戦に内野ゴロで同点ホームインを決めた好走塁は語り草となった。10年は打率.295、170安打、13本塁打、59盗塁がすべて自己ベストで、ＰＶ23.8を記録した。

球団別

1. 日本ハム（280.0）

順位	選手		在籍時のPV	通算PV	通算成績
1	ダルビッシュ有	投手	237.1	237.1	167試合、93勝38敗0S、1.99
3	橋本義隆	投手	3.0	0.1	98試合、5勝5敗0S、3.62
4	マイケル中村	投手	37.7	39.1	288試合、14勝9敗104S、2.61
5	市川卓	外野手	-0.5	-0.5	7試合、.000、0本、0打点
6	菊地和正	投手	2.2	2.0	177試合、9勝7敗1S、3.54
8	鵜久森淳志	外野手	-8.2	-13.8	256試合、.231、11本、47打点
9	工藤隆人	外野手	-8.6	-18.5	635試合、.254、1本、49打点

ダルビッシュ、**マイケル**だけでなく**橋本**（ホンダ）も06年は4勝、防御率3.33で優勝に貢献。09年の優勝時には**菊地**（上武大）が58試合に登板し、5勝21ホールドと奮闘した。ＤｅＮＡに移籍した12年も63試合に投げたが、ＰＶは18.2回を投げただけの10年（5.2）がベストだった。

甲子園では春夏合わせて5本塁打と強打を振るった**鵜久森**（済美高）は、8位と予想外の下位指名。二軍では20本塁打以上打った年もあったが、一軍では12・16年の4本が最多だった。**工藤**（ＪＲ東日本）は07年に打率.288、62安打で9盗塁、翌08年は104試合に出場。09年巨人へトレード、その後ロッテと中日にも在籍するなど、控えながら14年現役を続けた。

2. オリックス（139.8）

順位	選手		在籍時のPV	通算PV	通算成績
自	金子千尋	投手	139.8	144.3	376 試合、129 勝 88 敗 5 S、3.01
2	光原逸裕	投手	-39.7	-39.7	28 試合、8 勝 12 敗 0 S、6.88
4	町豪将	投手	出場なし		
5	田中彰	内野手	-1.8	-1.9	13 試合、.063、0 本、0 打点

　毎年多くの選手を指名していたチームが、この年は一転して、社会人投手 3 人と大学生野手 1 人の 4 人だけで指名を打ち切った。**光原**（JR東海）は新人でローテーション入りし、17 試合に登板して 7 勝と健闘。しかし 2 年目以降は合計 11 試合で 1 勝 8 敗、防御率 12.03 と滅多打ちに遭った。**田中**（法政大）は曾祖父が第 24 代横綱の鳳、祖父が元幕内の福ノ里という相撲一家の出身。自身も六大学のシーズン本塁打記録を作った長距離砲だったが、プロではシングルヒットを 1 本打っただけだった。

3. 西武（77.9）

順位	選手		在籍時のPV	通算PV	通算成績
1	涌井秀章	投手	45.0	46.2	437 試合、144 勝 132 敗 37 S、3.51
3	片岡易之	内野手	28.2	19.8	1208 試合、.266、66 本、389 打点
4	山岸穣	投手	4.7	-3.9	76 試合、6 勝 4 敗 1 S、4.06
5	星秀和	捕手	-9.1	-9.1	129 試合、.179、1 本、10 打点

　山岸は青山学院大で通算 32 勝した好投手。西武でも最初の 3 年間は主にリリーフで合計 63 試合に投げ、PV 9.4 と好成績を残した。捕手として入団した**星**（前橋工）は内野手（その後外野手）に転向、12 年に自己最多の 71 試合に出場。この年初めて一軍のマスクを被る機会があり、そのときの投手は**涌井**だった。

4. 阪神（49.6）

順位	選手		在籍時のPV	通算PV	通算成績
自	岡崎太一	捕手	-3.4	-3.4	119 試合、.185、2 本、11 打点
自	能見篤史	投手	40.8	40.8	443 試合、104 勝 93 敗 2 S、3.34

4	橋本健太郎	投手	3.4	-1.2	133 試合、6 勝 5 敗 1 S、3.94
5	大橋雅法	捕手	出場なし		
6	赤松真人	外野手	-4.8	-28.7	868 試合、.249、21 本、144 打点
9	玉置隆	投手	5.4	5.4	20 試合、0 勝 0 敗 0 S、1.95

　自由枠で入団した**岡崎**（松下電器）はずっと控え捕手のままで、16 年に 38 試合に出たのが最多。翌 17 年に 13 年目で初本塁打を打ち話題になった。**橋本**（日本新薬）は 05 年に新人ながら 51 試合に登板。2 勝 9 ホールド、防御率 2.30／ＰＶ 15.5 と好投したが、2 年目以降のＰＶはマイナスだった。**赤松**（立命館大）は 08 年にＦＡの人的補償として広島へ移籍し、10 年は打率 .285、20 盗塁。通算では 136 盗塁と足を生かした。8 位ではドラフト史上最年少、15 歳の辻本賢人を指名。アメリカのマター・デイ高校に通っていた異色の投手は、一軍での登板機会はなく 20 歳で球界を去った。

5. 中日（46.8）

順位	選手		在籍時のPV	通算PV	通算成績
自	樋口龍美	投手	出場なし		
2	中田賢一	投手	10.3	-14.9	297 試合、100 勝 79 敗 1 S、3.75
4	川井進	投手	5.0	5.0	100 試合、28 勝 31 敗 0 S、3.44
5	鈴木義広	投手	29.9	29.9	258 試合、10 勝 6 敗 1 S、2.73
6	石井裕也	投手	-7.2	19.3	330 試合、19 勝 19 敗 6 S、3.05
7	中村一生	外野手	1.6	-6.1	258 試合、.234、2 本、21 打点
8	小山良男	捕手	-0.7	-0.7	9 試合、.187、0 本、1 打点
9	金剛弘樹	投手	-13.5	-13.5	27 試合、0 勝 1 敗 0 S、8.16
10	鎌田圭司	内野手	-0.4	-0.4	15 試合、.000、0 本、0 打点
11	澤井道久	内野手	-5.3	-5.3	81 試合、.127、0 本、1 打点
12	普久原淳一	外野手	*	*	5 試合

　12 球団最多の 11 人を指名。自由枠で獲得した 29 歳の**樋口**（ＪＲ九州）は、一軍登板のないまま 3 年で退団する大誤算。それでも 2 〜 6 位で指名した 4 投手がしっかり戦力となったので救われた。**中田**（北九州市立大）は 07 年に 14 勝、10 年は 7 勝、防御率 2.90／ＰＶ 16.1。この年指名された投手で 4 人目の通算 100勝に到達した。のちに登録名を**雄太**と変えた**川井**（日本通運）は、09 年に 11 勝、

14年に6勝で自己最多のPV 7.7。横浜高で松坂大輔とバッテリーを組んでいた**小山**（JR東日本）は、プロでは出場9試合だったが、09年のWBCにブルペン捕手として参加し、松坂ともども世界一を味わった。

6. 巨人 (27.4)

順位	選手		在籍時のPV	通算PV	通算成績
自	野間口貴彦	投手	-20.7	-20.7	111試合、13勝12敗1S、4.57
自	三木均	投手	-4.5	-4.5	8試合、0勝1敗0S、11.12
4	亀井義行	外野手	7.2	7.2	1321試合、.259、98本、445打点
5	木村正太	投手	0.6	0.6	25試合、0勝0敗0S、3.38
6	星孝典	捕手	-0.6	-6.1	138試合、.191、0本、3打点
7	東野峻	投手	19.6	9.5	124試合、32勝30敗2S、3.43

　一場を取れずとも、社会人の目玉である**野間口**（シダックス）を確保したあたりは人気球団の面目躍如。ところがその野間口が期待ほどではなく、もう一人の自由枠だった**三木**（八戸大）もさっぱり。高卒で7位指名の**東野**（鉾田一高）が一番実績を残した。09～11年に3年続けて規定投球回に達し、10年は13勝を挙げPV 15.0だった。**亀井**（中央大）は09年に打率.290、25本塁打、PV 25.8の大活躍。その後は一進一退が続き、19年（.284、13本）にPV 12.5で10年ぶりの2ケタに乗せた。

7. ヤクルト (11.1)

順位	選手		在籍時のPV	通算PV	通算成績
自	田中浩康	内野手	8.4	-2.6	1292試合、.266、31本、351打点
自	松岡健一	投手	-5.6	-5.6	491試合、32勝25敗4S、3.78
4	川本良平	捕手	2.7	-5.4	345試合、.207、19本、79打点
5	上原厚治郎	投手	-1.6	-1.6	8試合、0勝0敗0S、5.23
6	丸山貴史	投手	-9.3	-9.3	29試合、1勝2敗0S、5.65

　田中（早稲田大）は07年に正二塁手となり打率.295、リーグ最多の8三塁打でPV 8.5。10年に自身唯一の3割台（.300）に乗せたが、PVは打率.274だった12年の9.4が最多だった。早大の1年先輩だった青木宣親の後ろの2番を打

つことが多く、最多犠打 4 回。07 年と 12 年はベストナインに選出されている。もう一人の自由枠、**松岡**（九州東海大）はリリーフで長く投げ続け、08 年は 65 試合で 29 ホールド、防御率 1.39／ＰＶ 18.6。10 年も 73 試合とフル回転し 34 ホールド、ＰＶ 11.9 だった。**川本**（亜細亜大）も控えながら出場機会は多く、打率 .208 でも 7 本塁打を放った 05 年に自己最多のＰＶ 3.9 を記録した。

8. 広島（3.0）

順位	選手		在籍時のPV	通算PV	通算成績
1	佐藤剛士	投手	-8.1	-8.1	1 試合、0 勝 1 敗 0 Ｓ、34.71
3	森跳二	投手	-7.0	-7.0	27 試合、1 勝 3 敗 0 Ｓ、6.03
4	丸木唯	投手	出場なし		
5	小島紳二郎	投手	-8.6	-8.6	11 試合、0 勝 2 敗 0 Ｓ、6.25
6	梅津智弘	投手	3.0	0.4	291 試合、8 勝 11 敗 2 Ｓ、3.76
8	田中敬人	投手	-11.3	-11.3	15 試合、1 勝 1 敗 0 Ｓ、10.80

　投手ばかり 7 人指名する、方針の明確なドラフトではあったが結果には結びつかなかった。秋田商の豪腕・**佐藤**は唯一の登板で 2.1 回 9 失点。92 年に 1 位指名した佐藤剛と似た名前で、同じように戦力となれなかった。ただ一人一軍で活躍したのは大型サイドハンドの**梅津**（國學院大）。リリーフで 1 年目から 7 年連続 20 試合以上に登板、最初の 5 年間で合計ＰＶ 16.3。64 試合で 21 ホールド、防御率 2.62 だった 08 年のＰＶ 7.2 が最多だった。

9. 横浜（1.2）

順位	選手		在籍時のPV	通算PV	通算成績
自	那須野巧	投手	-44.6	-44.6	121 試合、13 勝 27 敗 1 Ｓ、5.27
自	染田賢作	投手	-1.4	-1.4	2 試合、0 勝 0 敗 0 Ｓ、13.50
4	藤田一也	内野手	-9.8	-37.4	1407 試合、.268、24 本、322 打点
5	岸本秀樹	投手	-3.3	-37.8	181 試合、6 勝 9 敗 0 Ｓ、5.30
6	石川雄洋	内野手	-34.3	-34.3	1169 試合、.256、23 本、224 打点
7	橋本太郎	投手	-0.4	-0.4	1 試合、0 勝 0 敗 0 Ｓ、4.50
8	桑原義行	外野手	1.2	1.2	35 試合、.311、1 本、3 打点
9	松家卓弘	投手	-1.8	-2.0	14 試合、0 勝 1 敗 0 Ｓ、4.50

10　斎藤俊雄　捕手　　　-3.8　　-12.6　175 試合、.201、0 本、12 打点

　那須野（日本大）に支払った契約金は、上限をはるかに超える 5 億 3000 万円だったことがのちに発覚。だが成績的にはまったくその価値はなく、同じく自由枠の**染田**（同志社大）に至っては登板自体がほとんどなかった。**岸本**（近畿大）は横浜での登板は 24 試合のみ。08 年に広島へ移り、4 年間で 27 ホールドを稼いだが、東大出身の**松家**も含め、4 人の大学生投手はベイスターズでは誰も戦力にならなかった。

　野手では岸本と同級生の**藤田**が、規定打席不足ながら 10・11 年に 2 年連続で打率 3 割。もっとも本領は守備力で、楽天移籍後に 3 回二塁手としてゴールデングラブに選ばれた。**石川**（横浜高）も 6 位指名からレギュラーに成長し、10 年は打率 .294、36 盗塁。PV は 13 年（打率 .275/ 出塁率 .357）の 10.5 が最多だった。

10. 楽天（0.1）

順位	選手		在籍時のPV	通算PV	通算成績
自	一場靖弘	投手	-65.2	-84.6	91 試合、16 勝 33 敗 1 S、5.50
2	渡辺恒樹	投手	0.1	-6.4	159 試合、5 勝 9 敗 0 S、4.13
4	西谷尚徳	内野手	-1.6	-1.6	16 試合、.240、0 本、7 打点
5	塩川達也	内野手	-23.4	-23.4	263 試合、.199、1 本、13 打点
6	大広翔治	内野手	-5.1	-5.1	37 試合、.125、0 本、1 打点
7	平石洋介	外野手	-8.4	-8.4	122 試合、.215、1 本、10 打点

　大騒動の原因になった**一場**は新球団の主力として期待されるも、PV は 1 年目から 5 年連続でマイナス 2 ケタ。通算 - 84.6 と、プロ野球史上でも指折りの悪さだった。**渡辺**（NTT 東日本）は 05 年に PV 6.6、07 年はリーグ最多の 65 試合に登板するなど、左の中継ぎとしてまずまず。戦力不足を補うため、4 位以降は即戦力候補の野手を獲得したが、戦力となった者は皆無。その中で**平石**（トヨタ自動車）は、コーチを経て 18 年途中からイーグルスの生え抜きで初めて監督を務めた。

11. ダイエー (O)

順位	選手		在籍時のPV	通算PV	通算成績
1	江川智晃	投手	-2.0	-2.0	345 試合、.235、26 本、99 打点
3	高橋徹	投手	0.0	0.0	2 試合、0 勝 0 敗 0 S、3.86
4	中西健太	捕手	-6.8	-6.8	105 試合、.210、4 本、17 打点
5	高橋秀聡	投手	-17.6	-19.3	51 試合、7 勝 12 敗 1 S、5.08
6	加藤領健	捕手	-0.1	-0.1	7 試合、.000、0 本、0 打点
7	定岡卓摩	外野手	-	-1.7	16 試合、.156、0 本、2 打点

　ドラフト直後にソフトバンクへ球団を売却したので、ダイエーとしては最後の年になった。江川（宇治山田商）は打者へ転向、大砲候補と期待されながら足踏みが続く。9 年目の 13 年に 77 試合で 12 本塁打、ＰＶ 6.2 を記録したが、レギュラー定着には至らなかった。外野に転向した中西（北大津高）も、08 年に 59 試合に使われた後は不振。ホークスＯＢである定岡智秋（71 年 3 位）の息子・卓摩（福岡工大城東高）は、楽天移籍後の 12 年に初めて一軍公式戦に出場した。

11. ロッテ (O)

順位	選手		在籍時のPV	通算PV	通算成績
自	久保康友	投手	-22.3	-9.3	304 試合、97 勝 86 敗 6 S、3.70
自	手嶌智	投手	-2.6	-2.6	1 試合、0 勝 1 敗 0 S、12.00
4	竹原直隆	外野手	-19.1	-27.0	441 試合、.212、27 本、124 打点
5	大松尚逸	外野手	-24.7	-33.8	905 試合、.245、84 本、367 打点
7	青松敬鎔	捕手	-2.0	-2.0	26 試合、.214、1 本、5 打点

　関大一高時代に 98 年春の甲子園で準優勝した久保（松下電器）は、05 年に 10 勝、ＰＶ 8.9 で新人王を受賞。続く 3 年間は－ 31.3 と苦戦し、09 年に阪神へ移籍すると、翌 10 年は 14 勝、勝率 .737 は 1 位。ＰＶ 19.8 も自身最多だった。地元・千葉出身の手嶌（新日本石油）は登板 1 試合のみ。竹原（三菱自動車岡崎）は 07 年に 122 打数で 8 本塁打を放つなど、パンチ力を発揮した。大松（東海大）も短期間ながら主力打者として活躍し、08 年は 24 本塁打、91 打点でＰＶ 8.1。翌 09 年も 19 本、79 打点だった。

2005 年 〈合計ＰＶ 1055.0 = 15 位〉

1	松田宣浩	131.5	ソフトバンク希望枠	1752 試合、打率 .268、287 本塁打、937 打点
2	吉見一起	90.4	中日希望枠	223 試合、90 勝 56 敗 0 Ｓ、防御率 2.94
3	平田良介	88.3	中日高 1 位	1155 試合、打率 .271、104 本塁打、470 打点
4	山口鉄也	86.5	巨人育成 1 位	642 試合、52 勝 27 敗 29 Ｓ、防御率 2.34
5	梵英心	83.5	広島大社 3 位	1096 試合、打率 .264、74 本塁打、357 打点
6	武田勝	73.1	日本ハム大社 4 位	244 試合、82 勝 61 敗 1 Ｓ、防御率 3.02
7	川端慎吾	66.9	ヤクルト高 3 位	1042 試合、打率 .293、37 本塁打、362 打点
8	岡田貴弘	62.2	オリックス高 1 位	1188 試合、打率 .261、186 本塁打、638 打点
9	岸田護	58.1	オリックス大社 3 位	549 試合、48 勝 69 敗 156 Ｓ、防御率 3.10
10	平野佳寿	51.6	オリックス希望枠	433 試合、44 勝 30 敗 63 Ｓ、防御率 2.99
11	陽仲壽	47.8	日本ハム高 1 位	1315 試合、打率 .270、105 本塁打、482 打点
12	山口俊	41.8	横浜高 1 位	427 試合、64 勝 58 敗 112 Ｓ、防御率 3.35
13	渡辺亮	40.6	阪神大社 4 位	362 試合、15 勝 6 敗 0 Ｓ、防御率 2.64
14	本多雄一	38.2	ソフトバンク大社 5 位	1313 試合、打率 .276、15 本塁打、347 打点
15	川島慶三	26.3	日本ハム大社 3 位	818 試合、打率 .253、35 本塁打、168 打点
16	越智大祐	15.7	巨人大社 4 位	240 試合、18 勝 13 敗 15 Ｓ、防御率 3.05
17	片山博視	12.6	楽天高 1 位	206 試合、8 勝 16 敗 0 Ｓ、防御率 3.13

　またまた指名方式に手が加えられ、高校生と大学・社会人を分け、66 年以来 39 年ぶりに年 2 度の開催となった。前年までの自由枠は希望枠と名前を変えて存続、ただし獲得できるのは 1 人だけとなった。高校生ドラフトの 1 位は全球団

に指名権があり、2位指名できるのは大学・社会人で希望枠を使う予定のない球団のみとなった。つまり高校生と大学・社会人の有望選手の両取りが可能になったわけで、改悪以外の何物でもなく、巨人は評価の高かった辻内崇伸（大阪桐蔭高）と福田聡志（東北福祉大）の両取りに成功している。また育成選手制度の創設に伴い、初めての育成ドラフトも実施された。

先行して開かれた高校生ドラフトでは、辻内、陽（福岡第一高）、片山（報徳学園高）の3人に2球団が重複。辻内と陽のクジ引きにおいては、クジの当たり/外れの表示方法がまぎらわしかったせいで、外れていた球団が当たりと勘違い。しかも進行役が確認を怠り、そのまま発表してしまう不手際もあった。

辻内は大成しなかったけれども、5人の1位指名が通算PV2ケタと成功率は高かった。出世頭は、中日が単独指名した大阪桐蔭高の強打者・平田。一軍に定着するまで時間はかかったものの、13年（打率.289、15本塁打）のPV16.0以降は7年続けてプラス。15年（.283、13本）は21.4（10位）、リーグ3位の打率.329で出塁率.410だった18年に自己ベストの25.6だった。平田のライバル的な存在だった履正社高の岡田は、辻内を外したオリックスへ。T－岡田の登録名に変更し、10年は33本塁打でタイトルを奪取、96打点でPV25.6（10位）。17年も31本塁打を放ってPV24.4（8位）だったが、13年は.222、4本塁打で－7.9だったように浮き沈みも激しい。

台湾出身の陽は、希望していたソフトバンクに当たったのが糠喜びとわかって涙を流したが、日本ハムで好選手に成長した。当初の遊撃から身体能力の高さを生かして外野に回り、13年は打率.282、18本塁打、リーグ最多の47盗塁でPV21.7（9位）。翌14年は.293、25本、85打点でPV24.2（5位）、守備ではゴールデングラブに4回選ばれた。

陽がFAとなって巨人へ移った17年、同じくFAでDeNAから巨人へ移籍したのが山口だった。元幕内力士・谷嵐の息子とあって恵まれた体格で、柳ヶ浦高から横浜入りすると、まずリリーフで頭角を現し10年は30セーブ、11年は34セーブ。14年に先発へ回りPV13.6、16年は11勝でPV12.9。巨人では19年にリーグ最多の15勝、PVも自己記録の18.5。楽天が当たりを引いた片山は、10年に53試合に登板して防御率1.88/PV14.3。翌11年も59試合で23ホールドを稼いだが、故障もあって活躍できた期間は短く、打者転向も実らなかった。

1位以外では、ヤクルト3位の川端（市和歌山商）が好打者に成長した。12年にリーグ7位の打率.298、PV21.6（8位）。14年の10本塁打が最多と長打力には欠けるものの、14～16年は3年続けて規定打席以上で打率3割。.336で首位

打者となった15年は195安打も1位で、ＰＶ27.9だった。

　広島、ロッテを除く10球団が利用した希望枠では4人が2ケタＰＶと、こちらも上々の成果だった。ソフトバンクに入団した**松田**（亜細亜大）は11年にリーグ2位の25本塁打、27盗塁でＰＶ31.0（6位）。35本塁打、94打点だった15年も26.3で6位。2ケタＰＶ6回、通算では同期でただ一人3ケタ台の131.5。三塁守備でも8回ゴールデングラブに選ばれている。

　投手では関西出身者が目立った。金光大阪高からトヨタ自動車を経て中日入りした**吉見**は、09年にリーグ最多の16勝、防御率2.00は2位でＰＶ32.7（7位）。11年も18勝で2度目の最多勝、防御率1.65も1位でＰＶ29.8（4位）。同年は190.2回を投げて与四球はわずか23個、通算与四球率も1.6個と抜群の制球力で、規定投球回に達した年は3度しかなくとも、2ケタＰＶは5回あった。

　京都産業大で関西六大学最多の36勝を挙げ、オリックスに入った**平野**は、最初の3年間は先発で合計ＰＶ－15.4と今一つ。しかし10年にリリーフに回ると、得意のフォークボールが冴え32ホールド、防御率1.67でＰＶ20.3と飛躍を遂げ、クローザーを任された13年は31セーブ、ＰＶ11.9。翌14年にリーグ最多の40セーブを挙げた。18年から3年間はアメリカで過ごし、21年にオリックスへ戻ってきた。

　オリックスで平野の前任のクローザーだったのが、同期入団で履正社高出身の**岸田**。ＮＴＴ西日本から3位指名で入団し、09年は先発で10勝、ＰＶ14.4。10年途中からリリーフで起用されるようになり、11年に33セーブを挙げた。実働14年間でＰＶがマイナスだったのは16年（－6.5）のみで、通算ＰＶ58.1も平野を上回っている。

　阪神4位指名の**渡辺**（日本生命）もリリーフで、最初の6年間で5度50試合以上に登板しＰＶはいずれもプラス。06年は53試合でＰＶ8.9、10年（61試合、防御率2.65）のＰＶ12.3がベストだった。

　吉見や岸田、渡辺以外にも社会人出身の好選手は多かった。日産自動車から広島に入団した**梵**は、ルーキーながら正遊撃手に定着して打率.289、リーグ1位の8三塁打、ＰＶ14.8で新人王を受賞。続く07年は18本塁打を放ってＰＶ15.8、10年は打率.306、34二塁打に加えてリーグトップの43盗塁を決め、ＰＶ31.8も自身最多だった。

　本多は梵と同じ10年にパ・リーグで盗塁王になった。三菱重工名古屋から5位指名でソフトバンクに入り、07年に正二塁手となって34盗塁。10年は59盗塁、10三塁打の両部門で1位となるも、ＰＶは3.2と平凡だった。しかし翌11

年は 60 盗塁、7 三塁打が 2 年連続 1 位だっただけでなく、打率 .305（5 位）も自身唯一の 3 割台で P V 26.1（9 位）。通算 342 盗塁は、ドラフトで入団したパ・リーグの選手では 5 位にランクされている。

シダックスから日本ハムに入団した**武田**は、27 歳でのプロ入り。球威不足を正確なコントロールと投球術で補い、1 年目から防御率 2.04/ P V 14.8 の好成績。翌 07 年も 9 勝、P V 17.1 でファイターズの 2 連覇に貢献すると、09 年からは 4 年連続 2 ケタ勝利。10 年は 14 勝、防御率 2.41 はチームメイトのダルビッシュ有に次ぐリーグ 2 位で、P V 28.7（9 位）だった。

4 球団が参加し、6 人が指名された育成ドラフトからも早速名選手が誕生した。**山口**は横浜商を卒業後渡米し、アリゾナ・ダイアモンドバックスのマイナーに在籍していたが芽が出ずに帰国。巨人の入団テストを経て、育成 1 位で指名された。左の中継ぎとして、08 年は 67 試合に投げ 11 勝、23 ホールドで P V 10.4。新人王に選ばれると、同年から 9 年連続で 60 試合以上に登板し、09 年は 9 勝 35 ホールド、防御率 1.27 で自己ベストの P V 19.8。12 年はリーグ最多の 72 試合に登板し、44 ホールドで防御率 0.84。13 年まで 6 年間で 2 ケタ P V 5 回、09・12・13 年の 3 回最優秀中継ぎ賞を受賞した。

球団別

1. 中日 （181.1）

順位	選手		在籍時のPV	通算PV	通算成績
高1	平田良介	外野手	88.3	88.3	1155 試合、.271、104 本、470 打点
高3	春田剛	外野手	出場なし		
大社希	吉見一起	投手	90.4	90.4	223 試合、90 勝 56 敗 0 S、2.94
大社3	藤井淳志	外野手	-13.1	-13.1	1093 試合、.262、45 本、273 打点
大社4	新井良太	内野手	-8.8	2.9	630 試合、.238、40 本、151 打点
大社5	柳田殖生	内野手	-4.3	-9.4	191 試合、.213、5 本、18 打点
大社6	斉藤信介	投手	2.4	2.4	36 試合、3 勝 2 敗 0 S、2.89
大社7	佐藤亮太	投手	-0.2	-0.2	6 試合、0 勝 2 敗 0 S、3.86

吉見以外の上位指名は野手と、補強の意図は明確。**藤井**（ＮＴＴ西日本）は 09 年に打率 .299、10 本塁打、49 打点で P V 12.9。守備の良さで 4 回 100 試合以上に出場した。中日では通算 25 安打、1 本塁打の**新井**（駒澤大）は、阪神移籍後の 12 年に打率 .280、11 本塁打で P V 16.5。翌 13 年は自己最多の 14 本塁打、

51 打点だったが、ＰＶは－0.7 に下がった。11 ～ 14 年は兄の貴裕ともチームメイトだった。投手では、藤井とＮＴＴ西日本で同僚の**斉藤**が 08・09 年に 2 年続けて防御率 3.00 とまずまずの数字を収めた。

2. ソフトバンク（190.8）

順位	選手		在籍時のＰＶ	通算ＰＶ	通算成績
高 1	荒川雄太	捕手	出場なし		
高 3	大西正樹	投手	出場なし		
大社希	松田宣浩	内野手	131.5	131.5	1752 試合、.268、287 本、937 打点
大社 3	藤岡好明	投手	-0.2	-3.1	337 試合、22 勝 16 敗 1 S、3.78
大社 4	甲藤啓介	投手	7.9	7.9	87 試合、2 勝 2 敗 0 S、3.23
大社 5	本多雄一	内野手	38.2	38.2	1313 試合、.276、15 本、347 打点
大社 6	柳瀬明宏	投手	13.2	5.9	218 試合、11 勝 6 敗 8 S、3.32
育 1	小斉祐輔	外野手	-6.7	-14.2	165 試合、.209、7 本、32 打点
育 2	西山道隆	投手	-9.4	-9.4	7 試合、0 勝 2 敗 0 S、7.59

高校ドラフトで指名した 4 人は誰も戦力になれずじまい。陽の外れ 1 位だった**荒川**（日大高）も、西武時代と合わせて 7 年で公式戦出場はなかった。大学・社会人では**松田**、**本多**以外に 3 人の投手がリリーフで活躍。**藤岡**（ＪＲ九州）は新人で 62 試合に登板、5 勝 26 ホールドでＰＶ 7.4。12 年も 39 試合で防御率 1.19、ＰＶ 9.3 などよく働いた。**甲藤**（近畿大）は 10 年に 65 試合登板とフル回転。**柳瀬**（龍谷大）は 13 年に 44 試合で防御率 1.52、ＰＶ 9.4 だった。育成指名の 2 人も一軍に出場し、**小斉**（東農大生産学部）は育成選手で初の本塁打を放った。

3. オリックス（172.1）

順位	選手		在籍時のＰＶ	通算ＰＶ	通算成績
高 1	岡田貴弘	外野手	62.2	62.2	1188 試合、.261、186 本、638 打点
高 3	柴田亮輔	内野手	出場なし		
大社希	平野佳寿	投手	51.6	51.6	549 試合、48 勝 69 敗 156 S、3.10
大社 3	岸田護	投手	58.3	58.3	433 試合、44 勝 30 敗 63 S、2.99
大社 4	森山周	内野手	-14.6	-21.2	476 試合、.241、0 本、28 打点
大社 5	中山慎也	投手	-26.0	-26.0	178 試合、18 勝 32 敗 1 S、3.82

３人が通算ＰＶ 50 以上という大成功。**森山**（ヤマハ）は俊足が売り物で通算 48 盗塁。06 年は 45 打数のみながら打率 .356 ／ＰＶ 2.3、10 年も .331 の高打率だったが、43 安打で長打は二塁打が２本しかなく、ＰＶは－ 1.2 だった。左腕の**中山**（ＪＲ東海）は 08 〜 09 年に 15 試合で合計ＰＶ－ 23.0 の後は、５年間で４回プラス。11 年は規定投球回に達して８勝を挙げた。

4. 日本ハム （129.4）

順位	選手		在籍時のPV	通算PV	通算成績
高1	陽仲壽	内野手	46.6	47.8	1315 試合、.270、105 本、482 打点
高3	木下達生	投手	0.3	0.6	8 試合、2 勝 2 敗 0 S、3.43
高4	今成亮太	捕手	2.2	-13.1	470 試合、.265、6 本、68 打点
大社希	八木智哉	投手	7.2	-5.6	112 試合、39 勝 34 敗 0 S、3.69
大社3	川島慶三	内野手	-1.7	26.3	818 試合、.253、35 本、168 打点
大社4	武田勝	投手	73.1	73.1	244 試合、82 勝 61 敗 1 S、3.02
大社5	小山桂司	捕手	-3.4	-6.6	207 試合、.204、2 本、30 打点
大社6	高口隆行	内野手	-17.6	-21.2	214 試合、.177、2 本、19 打点
大社7	星野八千穂	投手	-2.7	-2.7	23 試合、2 勝 1 敗 0 S、4.94

　指名した９人が全員一軍公式戦に出場し、うち５人は日本ハム在籍時の通算ＰＶがプラスだった。希望枠で入団した**八木**（創価大）は１年目から 12 勝、防御率 2.48（３位）でＰＶ 21.6、10 回までノーヒットに抑えた試合もあり新人王に選ばれた。その後は規定投球回に達することはなかったけれども、09 年も９勝、防御率 2.88 でＰＶ 15.6 だった。

　川島（九州国際大）は２年いただけで、ヤクルトへトレードされ正二塁手となる。08 年は 20 盗塁、唯一規定打席に到達した 09 年は 109 安打、12 本塁打。ＰＶはソフトバンク移籍後、出場 47 試合で打率 .364 だった 19 年の 10.2 が最高。**今成**（浦和学院高）は父の泰章が日本ハムスカウトだったが縁故入団ではなく、阪神移籍後の 14 年は三塁のレギュラーとして 115 試合に出場した。

5. 巨人 （106.5）

順位	選手		在籍時のPV	通算PV	通算成績
高1	辻内崇伸	投手	出場なし		

高3	加登脇卓真	投手	出場なし		
大社希	福田聡志	投手	-18.9	-18.9	151 試合、22 勝 15 敗 0 S、4.15
大社3	栂野雅史	投手	-6.4	-9.9	27 試合、0 勝 1 敗 0 S、6.14
大社4	越智大祐	投手	15.7	15.7	240 試合、18 勝 13 敗 15 S、3.05
大社5	脇谷亮太	内野手	-3.5	-16.0	850 試合、.255、18 本、159 打点
大社6	深田拓也	投手	-5.9	-5.9	15 試合、0 勝 0 敗 0 S、8.03
大社7	会田有志	投手	4.3	4.3	37 試合、3 勝 2 敗 0 S、2.88
育1	山口鉄也	投手	86.5	86.5	642 試合、52 勝 27 敗 29 S、2.34

　辻内と**福田**が取れ、指名時は一番の勝ち組と目されていた。ところが辻内は故障もあって公式戦登板すらなく、福田も期待外れのシーズンが続く。ようやく 12 年になって 50 試合に投げ 8 勝、防御率 1.61/ PV 8.6 の好成績を収めたが、野球賭博への関与が明るみに出て 15 年に無期失格処分を下された。また高校 4 位の福井優也（済美高）は、入団を拒否して早稲田大へ進学。巨人では 25 年ぶりの入団拒否者となった。

　それでも**越智**と**脇谷**に加えて育成の**山口**が成長したおかげで、結果的には大成功になった。越智（早稲田大）は 08 年に 68 試合で防御率 2.40/ PV 10.2。翌 09 年も 8 勝 10 セーブ、11 年まで 4 年連続で 40 試合以上に登板した。脇谷（ＮＴＴ西日本）は唯一規定打席に達した 10 年に打率 .273、8 三塁打（1 位）、28 盗塁で PV 9.2。14 年にＦＡの人的補償で西武へ移籍したのち、16 年には自らがＦＡになって巨人へ戻った。

6. 広島 (83.5)

順位	選手		在籍時のPV	通算PV	通算成績
高1	鈴木将光	外野手	-0.8	-0.8	6 試合、.182、0 本、0 打点
高2	今井啓介	投手	-6.8	-6.8	114 試合、8 勝 20 敗 1 S、3.59
高3	斉藤悠葵	投手	-25.5	-25.5	66 試合、19 勝 23 敗 0 S、4.46
高4	相澤寿聡	投手	-4.1	-4.1	5 試合、0 勝 1 敗 0 S、12.46
大社3	梵英心	内野手	83.5	83.5	1096 試合、.264、74 本、357 打点
大社4	梅原伸亮	投手	-0.5	-0.5	3 試合、0 勝 0 敗 0 S、6.75
育1	中谷翼	内野手	-0.5	-0.5	4 試合、.143、0 本、1 打点

　片山の外れ 1 位で指名した**鈴木**（遊学館高）は期待に沿えなかったが、高校ド

ラフトの2・3位で指名した投手は一軍の戦力になった。**今井**（中越高）は11年から3年続けてプラスPV、33試合に登板した13年は防御率3.23/PV 3.4。福井商出身の**斉藤**も、09年は25試合に先発して9勝を挙げた。

7. ヤクルト（72.3）

順位	選手		在籍時のPV	通算PV	通算成績
高1	村中恭兵	投手	-64.0	-64.0	199試合、46勝55敗0S、4.30
高3	川端慎吾	内野手	66.9	66.9	1042試合、.293、37本、362打点
大社希	武内晋一	内野手	-37.5	-37.5	786試合、.222、22本、110打点
大社3	松井光介	投手	-23.9	-23.9	172試合、9勝11敗0S、4.46
大社4	高木啓充	投手	5.4	5.4	30試合、4勝1敗0S、2.94
大社5	飯原誉士	外野手	-12.2	-12.2	901試合、.258、49本、246打点

　村中（東海大甲府高）は08年からローテーション入りし、10年は11勝、163奪三振（2位）、PV 13.7の好成績。しかし2ケタのマイナスPVも4度もあった。**松井**（JR東日本）は新人で40試合に投げ、自己最多のPVは09年（27試合、防御率3.27）の2.2。**高木**（大体大）は09年に4勝、防御率1.64だった以外は平凡。希望枠で入団した**武内**（早稲田大）は08～10年に3年続けて100試合以上に出場するも、打席数は08年の182が最多だった。逆に下位指名ながら定位置を確保したのは**飯原**（白鷗大）。08年は打率.291、62打点、28盗塁でPV 8.0、10年も15本塁打を放ちPV 3.4だった。

8. 阪神（50.2）

順位	選手		在籍時のPV	通算PV	通算成績
高1	鶴直人	投手	-5.4	-5.4	117試合、9勝8敗0S、3.80
高3	若竹竜士	投手	-6.2	-6.4	10試合、0勝1敗0S、6.75
高4	前田大和	内野手	-47.6	-60.8	1197試合、.252、9本、217打点
大社希	岩田稔	投手	9.2	9.2	197試合、60勝82敗0S、3.39
大社3	金村大裕	投手	0.4	0.4	1試合、0勝0敗0S、0.00
大社4	渡辺亮	投手	40.6	40.6	362試合、15勝6敗0S、2.64

　鹿児島生まれの**前田**（樟南高）を除く全員が関西出身者。希望枠の**岩田**（関西

大）は、2ケタ勝利は08年の10勝だけでも、10年は9勝、防御率2.29（5位）でPV 14.5。持病の糖尿病と戦いながら14年も9勝を挙げ、防御率2.54は2位。PV 22.3は自己最多だった。**鶴**（近大付高）は12年に43試合で防御率1.89、PV 6.1。登録名を**大和**とした前田は、内野・外野の両方で好守を披露。14年に外野でゴールデングラブを受賞したが、打撃ではDeNA移籍後の20年（2.9）が唯一のプラスPVだった。

9. 横浜 （22.6）

順位	選手		在籍時のPV	通算PV	通算成績
高1	山口俊	投手	22.6	41.8	427試合、64勝58敗112S、3.35
高3	黒羽根利規	捕手	-20.1	-20.4	361試合、.214、6本、50打点
大社希	高宮和也	投手	-34.3	-41.0	194試合、6勝8敗0S、5.50
大社3	内藤雄太	外野手	-5.7	-5.7	210試合、.220、6本、39打点
大社4	三橋直樹	投手	-11.8	-11.8	36試合、4勝5敗0S、4.90

　希望枠で入団した**高宮**（ホンダ鈴鹿）は、横浜時代はほとんど活躍できずじまい。オリックスを経て移籍した阪神で、15年に52試合に登板し防御率3.03だった。**黒羽根**（日大藤沢高）は14年には109試合に出場し、リーグ1位の盗塁阻止率.395を記録したが、正捕手として起用されたのはこの年だけだった。

10. 楽天 （13.0）

順位	選手		在籍時のPV	通算PV	通算成績
高1	片山博視	投手	12.6	12.6	206試合、8勝16敗0S、3.13
高3	宇部銀次	捕手	-21.3	-21.3	1116試合、.292、28本、441打点
高4	枡田慎太郎	外野手	0.0	0.0	412試合、.246、25本、147打点
大社1	松崎伸吾	投手	-28.6	-28.6	43試合、2勝16敗0S、6.04
大社3	青山浩二	投手	-4.6	-4.6	625試合、42勝58敗45S、3.67
大社4	河田寿司	捕手	0.4	0.4	39試合、.235、0本、5打点
大社5	西村弥	内野手	-11.4	-11.4	296試合、.188、0本、14打点
大社6	木谷寿巳	投手	-0.1	-0.1	40試合、2勝3敗1S、3.96
大社7	井野卓	捕手	-6.7	-16.4	148試合、.142、0本、13打点
大社8	草野大輔	内野手	0.0	0.0	629試合、.278、26本、204打点

大社9　山崎隆広　外野手　-3.3　　　-3.3　　22 試合、.207、1 本、3 打点

　全部合わせて 11 人が一軍公式戦に出場。当初は希望枠を使う予定で、高校生ドラフトは 1 位を指名しなかったが、選手の確保に失敗。12 球団で唯一大学・社会人ドラフトで 1 位指名権を使った。その**松崎**（東北福祉大）が不発だった代わり、3 位の**青山**（八戸大）がリリーフで長い間活躍した。最初の 2 年間で P V － 27.0 だったが、10 年は防御率 1.72/ P V 12.9、12 〜 13 年は合計 33 セーブを挙げた。

　野手では**草野**（ホンダ熊本）と**山崎**（ＮＴＴ西日本）が、ともに 29 歳でプロ入り。草野は 07 年に打率 .320/ P V 16.8、09 年もリーグ 8 位の .305 と巧打者ぶりを発揮した。高校 3 位の**宇部**（盛岡中央高）は**銀次**の登録名を使用。こちらも 14 年の .327（2 位）を最高として、打率 5 位以内に 4 度も入ったアベレージヒッターだった。しかしながら本塁打は最多でも 5 本と、一塁手としては極めて少なかったこともあり、P V は 14 年の 12.7 がベストだった。**枡田**（智弁学園高）は一軍に定着した 12 年に打率 .295/OPS.783 で P V 10.8。翌 13 年は 86 試合で 8 本塁打、47 打点、P V 6.1 だった。

11. ロッテ（8.1）

順位	選手		在籍時のPV	通算PV	通算成績
高 1	柳田将利	投手	出場なし		
高 2	林啓介	投手	出場なし		
高 4	細谷圭	内野手	-31.9	-31.9	420 試合、.228、10 本、80 打点
大社 3	根元俊一	内野手	-2.3	-2.3	838 試合、.250、31 本、204 打点
大社 4	川崎雄介	投手	8.1	-0.5	199 試合、7 勝 9 敗 1 S、3.84
大社 5	古谷拓哉	投手	-24.7	-24.7	148 試合、23 勝 15 敗 0 S、4.23
大社 6	相原勝幸	投手	-4.0	-4.0	7 試合、0 勝 0 敗 0 S、7.71

　高校ドラフトは 1 位の**柳田**（青森山田高）が 3 年で退団、3 位まで公式戦出場者なし。4 位の**細谷**（太田市立商）は長く現役を続け、16 年には 116 試合で打率 .275、102 安打、40 打点を記録した。大学・社会人では**根元**（東北福祉大）が 08 年（打率 .296/ 出塁率 .369）に P V 14.4、12 年も打率 .279、9 本塁打で P V 14.0 と 2 ケタ 2 回。左腕の**川崎**（ホンダ熊本）は 07 年に 48 試合で防御率 1.65、P V 11.7、08 年もリーグ最多の 29 ホールドで P V 6.0。**古谷**（日本通運）も同じ

く左投手で、10年は58試合に投げ11ホールド、ＰＶ6.4。13年は15試合で9勝1敗、ＰＶは自己最多の8.3だった。

12. 西武 （0.5）

順位	選手		在籍時のＰＶ	通算ＰＶ	通算成績
高1	炭谷銀仁朗	捕手	-111.4	-112.5	1283試合、.213、38本、304打点
高3	田沢由哉	投手	出場なし		
高4	田中靖洋	投手	-0.2	8.8	156試合、9勝6敗2Ｓ、3.25
大社希	松永浩典	投手	-5.1	-5.1	124試合、9勝8敗1Ｓ、3.39
大社3	吉見太一	捕手	-0.6	-0.6	6試合、.000、0本、0打点
大社5	山本歩	投手	0.5	0.5	5試合、0勝0敗0Ｓ、2.84

　炭谷（平安高）は高卒新人ながら、06年の開幕戦で先発マスクを被る。強肩で盗塁阻止率が高く、ゴールデングラブを2度受賞した一方、打撃はレギュラー級では史上最悪レベル。通算ＰＶ－112.5は、全野手を通じて平野謙（－140.5）に次いで下から2番目。ドラフトで指名された選手ではワーストとなっている。**田中**（加賀高）は2000年ロッテ1位の田中良平の弟。15年限りで自由契約になるとそのロッテに拾われ、移籍後はＰＶ9.0と成績を向上させている。希望枠で入団した**松永**（三菱重工長崎）は、12年に56試合登板した後は故障で1試合も投げられなかった。

2006 年 〈合計ＰＶ 1577.1 ＝ 5 位〉

1	坂本勇人	502.7	巨人高1位	1785 試合、打率 .292、242 本塁打、865 打点
2	前田健太	186.4	広島高 1 位	218 試合、97 勝 67 敗 0 S、防御率 2.39
3	田中将大	182.0	楽天高 1 位	175 試合、99 勝 35 敗 3 S、防御率 2.30
4	岸孝之	136.1	西武希望枠	301 試合、132 勝 84 敗 1 S、防御率 3.03
5	梶谷隆幸	132.4	横浜高 3 位	895 試合、打率 .269、119 本塁打、397 打点
6	會澤翼	111.2	広島高 3 位	783 試合、打率 .265、65 本塁打、277 打点
7	長谷川勇也	87.0	ソフトバンク大社 5 位	1162 試合、打率 .289、73 本塁打、415 打点
8	角中勝也	71.5	ロッテ大社 7 位	1147 試合、打率 .284、56 本塁打、460 打点
9	浅尾拓也	65.0	中日大社 3 位	416 試合、38 勝 21 敗 23 S、防御率 2.42
10	森福允彦	35.2	ソフトバンク大社 4 位	423 試合、7 勝 17 敗 18 S、防御率 2.59
11	大隣憲司	23.4	ソフトバンク希望枠	141 試合、52 勝 50 敗 0 S、防御率 3.36
12	荻野忠寛	17.7	ロッテ大社 4 位	178 試合、9 勝 11 敗 40 S、防御率 2.87
13	福田永将	11.6	中日高 3 位	672 試合、打率 .261、74 本塁打、267 打点

　史上最高級の遊撃手に加え、メジャーでも活躍した投手が 2 人という大豊作。高校ドラフトの目玉は、夏の甲子園で準優勝した駒大苫小牧高の**田中**で、4 球団の競合で引き当てた楽天に入団。すぐにローテーション入りし、ＰＶ － 5.1 ながら 11 勝で新人王、09 年は 15 勝、ＰＶ 35.9（5 位）。11 年は 19 勝で最多勝、防御率 1.27 はパ・リーグ史上 2 位。ＰＶ 42.2 も 2 位で沢村賞を受賞した。さらに 13 年は 24 勝 0 敗、前年からの連勝を 28 まで伸ばし、防御率 1.27 でＰＶ 54.1 は 1 位。楽天の初優勝／日本一の原動力としてＭＶＰに輝いた。これを置き土産に 14 年ヤンキースへ移籍、19 年まで 6 年間 2 ケタ勝利を続けたのち、21 年に楽天へ復帰した。

堂上直倫（愛工大名電高）には３球団が重複し、父・照が寮長を務める中日が引き当てた。だが本当の「当たり」は、巨人が外れ１位で指名した**坂本**（光星学院高）だった。08 年に正遊撃手になり、翌 09 年は打率 .306、18 本塁打でＰＶ 40.2（２位）。遊撃手としては史上有数の強打者で、以後 19 年までの 11 年間、ＰＶ 25 未満／リーグ 10 位以内に入らなかった年は 13 年（19.1／13 位）のみ。16 年は打率 .344 で首位打者、出塁率 .433 も１位でＰＶ 79.3（２位）。40 本塁打を放ち、長打率 .575 で１位となった 19 年は、初のリーグ１位となるＰＶ 73.3。通算ＰＶ 502.7 は史上 11 位の大選手となった。

　増渕竜義（鷲宮高）と大嶺祐太（八重山商工）も２球団が重複し、唯一の単独指名は広島１位の**前田**（ＰＬ学園高）。10 年に 15 勝、防御率 2.21、174 奪三振の３部門で１位となりＰＶ 46.0（４位）。防御率は 12 年が 1.53、13 年も 2.10 で都合３度１位になり、15 年は 15 勝で 10 年に次ぎ２度目の最多勝と沢村賞。12 年以降は４年続けてＰＶ 26 以上／リーグ 10 位以内、日本での８年間は常にプラスだった。16 年にはドジャースへ移って 16 勝、ツインズに移籍した 20 年にはア・リーグのサイ・ヤング賞投票で２位に入った。

　広島では、３位の**會澤**（水戸短大付高）も好捕手に成長した。13 年までは通算 125 試合で打率 .188、４本塁打だったが、８年目の 14 年に 65 試合で .307、10 本、ＰＶ 18.0 と打撃開眼。17 年から正捕手に定着し、18 年（.305、13 本）はＰＶ 36.8（８位）、翌 19 年（.277、12 本）は 33.7（４位）と好成績を残し続けている。その他の高校生では**梶谷**（開星高）も、13 年に 77 試合の出場ながら打率 .346、16 本塁打、OPS1.047 でＰＶ 42.1（４位）。翌 14 年は９三塁打、39 盗塁の２部門で１位となるなど、17 年まで５年続けてＰＶを２ケタに乗せた。

　大学・社会人では横浜３位の木村雄太（東京ガス）、日本ハム４位の長野久義（日本大）が入団拒否。複数の拒否者が出たのは６年ぶりだった。希望枠入団で一番の成功を収めたのは、東北学院大から西武入りした**岸**。ルーキーで 11 勝を挙げ、翌 08 年は 12 勝、日本シリーズＭＶＰも受賞した。勝ち星は最多でも 13、ＰＶも故郷の楽天移籍後の 18 年（防御率 2.72 ＝１位）に記録した 20.9（10 位）がベストと、抜群の好成績と言える年はない。それでも２ケタＰＶは６回、逆にマイナスＰＶは 11 年（− 12.8）のみと高レベルで安定していた。

　前評判の高かった近畿大の左腕・**大隣**は、ソフトバンクが争奪戦に勝利。08 年に 11 勝／ＰＶ 13.5、12 年は 12 勝、防御率 2.03（４位）、ＰＶ 19.7（６位）と活躍していたが、難病の黄色靭帯骨化症を患い、13 年以降は 31 試合に投げただけだった。

浅尾（日本福祉大）は地元の中日に入団し、150ｋｍを超える快速球で中継ぎとして開花。10年は12勝に加え日本新の47ホールド、防御率1.68/ＰＶ21.9。続く11年は7勝10セーブ45ホールド、87.1回を投げ自責点4、防御率0.41でＰＶ25.9（7位）。中継ぎ投手としては異例のＭＶＰに選出された。浅尾と同じ愛知県出身の**森福**（シダックス）も、左のリリーフとして11年に34ホールド、防御率1.13/ＰＶ11.2。続く12年も17セーブ、24ホールド、防御率1.39/ＰＶ10.6と2年続けて好結果を残した。

独立リーグの高知ファイティングドッグスからロッテ入りした**角中**は、11年まで5年連続マイナスＰＶだったが、12年は打率.312で首位打者となりＰＶ17.3。16年は.339、178安打の両部門でリーグトップ、ＰＶ32.8は4位だった。角中の翌年、13年に打率.341で首位打者になったのが、同じ左の中距離タイプの**長谷川**（専修大）。同年は198安打も1位、19本塁打を放ってＰＶ45.8は2位。11年（打率.293/出塁率.379）と14年（.300/.375）も2ケタＰＶに乗せた。

球団別

1.巨人（503.7）

順位	選手		在籍時のPV	通算PV	通算成績
高1	坂本勇人	内野手	502.7	502.7	1785試合、.292、242本、865打点
高3	田中大二郎	外野手	-3.2	-3.2	31試合、.135、0本、1打点
大社希	金刃憲人	投手	-14.8	-11.9	216試合、17勝17敗0S、3.97
大社3	上野貴久	投手	0.3	0.3	1試合、0勝0敗0S、0.00
大社4	円谷英俊	内野手	0.7	0.7	21試合、.143、1本、5打点
大社6	寺内崇幸	内野手	-28.8	-28.8	670試合、.218、5本、39打点
大社7	深町亮介	投手	-1.9	-1.9	1試合、0勝0敗0S、54.00
育3	松本哲也	外野手	-30.9	-30.9	591試合、.263、0本、57打点
育4	隠善智也	外野手	-2.9	-2.9	79試合、.265、0本、7打点

希望枠で入団した**金刃**（立命館大）は、1年目に7勝/ＰＶ3.9とまずまずのスタートを切るもその後は今一つで、13年に楽天へトレード。39試合で防御率1.85/ＰＶ6.5、16年も54試合に登板しＰＶ5.9と、リリーフとして戦力になった。**寺内**（ＪＲ東日本）も内野の控えとして、12〜13年は100試合以上に出場した。育成では7人を指名し、**松本**（専修大）は09年に打率.293、16盗塁で新人王を受賞。ただしＰＶは−6.4、通算1280打数で本塁打ゼロと非力だったため、プラ

スＰＶの年は一度もなかった。

2. 広島 (297.6)

順位	選手		在籍時のPV	通算PV	通算成績
高1	前田健太	投手	186.4	186.4	218 試合、97 勝 67 敗 0 S、2.39
高3	會澤翼	捕手	111.2	111.2	783 試合、.265、65 本、277 打点
大社希	宮崎充登	投手	-24.5	-24.5	43 試合、4 勝 11 敗 0 S、5.64
大社3	上野弘文	投手	-29.1	-29.1	154 試合、8 勝 7 敗 2 S、5.35
大社4	青木高広	投手	-49.4	-41.2	249 試合、17 勝 30 敗 0 S、4.56
大社5	中東直己	外野手	-4.4	-4.4	315 試合、.233、2 本、16 打点

　前田と會澤を手に入れた高校ドラフトは大収穫だった反面、全員自動車会社の選手を指名した大・社は全滅状態。希望枠の宮崎（ホンダ鈴鹿）は 3 年目以降一軍登板なし、中継ぎで使われた上野（トヨタ自動車）も防御率 4.50 より良い年はなかった。左腕の青木（日産自動車）は新人でローテーション入りするも、広島時代はずっとマイナスＰＶ。だが 13 年に巨人へ移籍すると、翌 14 年まで 2 年間で 72 試合に投げＰＶ 8.3 と好投した。

3. 楽天 (191.0)

順位	選手		在籍時のPV	通算PV	通算成績
高1	田中将大	投手	182.0	182.0	175 試合、99 勝 35 敗 3 S、2.30
高3	山本大明	捕手	出場なし		
大社1	永井玲	投手	4.8	4.8	155 試合、43 勝 43 敗 0 S、3.65
大社3	嶋基宏	捕手	-9.6	-9.6	1422 試合、.240、26 本、315 打点
大社4	横川史学	外野手	-12.5	-11.8	185 試合、.216、9 本、40 打点
大社5	渡辺直人	内野手	4.2	-11.4	1135 試合、.259、7 本、229 打点
育2	中村真人	外野手	-14.1	-14.1	292 試合、.269、6 本、69 打点

　田中以外にも、イーグルスの基礎を築いた選手たちが入団しており、数字以上に収穫の多いドラフトだった。大・社 1 位の永井（東洋大）は 09 年に 13 勝／ＰＶ 11.6、翌 10 年も 10 勝 /4.0 とローテーション投手として貢献。嶋（國學院大）は新人ながら正捕手として起用され、10 年は打率 .315/ 出塁率 .380 の好成績でＰ

V 15.5、12 年も P V 12.2。.370 以上の高出塁率を 4 度記録し、10 年と 13 年にベストナインとゴールデングラブをダブル受賞。選手会長としてもチームを引っ張った。

　渡辺（三菱ふそう川崎）も嶋と同じくルーキーで正遊撃手となり、打率.268、25 盗塁で P V 5.2、翌 08 年は 34 盗塁。人格者としても名高く、11 年に横浜へトレードされた際にはファンから抗議が殺到した。その後西武を経て 18 年に楽天へ復帰している。育成指名の中村（シダックス）も 09 年は 101 試合で打率.270、86 安打を放った。

4. ソフトバンク（155.9）

順位	選手		在籍時のPV	通算PV	通算成績
高 1	福田秀平	内野手	-18.7	-25.5	758 試合、.232、29 本、139 打点
高 3	伊奈龍哉	外野手	出場なし		
高 4	李杜軒	内野手	2.3	1.1	75 試合、.241、4 本、16 打点
大社希	大隣憲司	投手	29.7	23.4	141 試合、52 勝 50 敗 0 S、3.36
大社 3	高谷裕亮	捕手	-39.1	-39.1	623 試合、.193、10 本、101 打点
大社 4	森福允彦	投手	36.9	35.2	423 試合、17 勝 17 敗 18 S、2.59
大社 5	長谷川勇也	外野手	87.0	87.0	1162 試合、.289、73 本、415 打点
育 1	山田大樹	投手	-7.5	-19.2	88 試合、29 勝 33 敗 0 S、3.73

　大・社ドラフトは大隣・森福・長谷川の 3 人だけでなく、高谷（白鴎大）も長く控え捕手としてチームを支えた。高校ドラフト 1 位の福田（多摩大付聖ヶ丘高）は 11 年目の 17 年に初めて 100 試合以上に出場。19 年は 166 打数で 9 本塁打、P V 2.4 は初めてのプラスとなり、評価を上げてロッテへ F A 移籍した。育成で指名した山田（つくば秀英高）も 11 年に 7 勝、12 年は 8 勝を挙げた。

5. 横浜（132.4）

順位	選手		在籍時のPV	通算PV	通算成績
高 1	北篤	投手	-1.8	-0.8	56 試合、.247、2 本、4 打点
高 3	梶谷隆幸	内野手	132.4	132.4	895 試合、.269、119 本、397 打点
高 4	高森勇気	捕手	-0.3	-0.3	2 試合、.250、0 本、0 打点
大社希	高崎健太郎	投手	-62.9	-62.9	178 試合、25 勝 40 敗 1 S、4.22

大社3	木村雄大	投手	拒否		
大社4	下園辰哉	外野手	-6.3	-6.3	656 試合、.263、16 本、110 打点
大社5	下窪陽介	外野手	-5.7	-5.7	96 試合、.238、0 本、10 打点
大社6	吉原道臣	投手	-9.1	-9.1	28 試合、0 勝 2 敗 0 S、6.39

　希望枠で入団した**高崎**（日産自動車）は、11 〜 12 年は先発として規定投球回に到達するも、ＰＶは一度もプラスの年がなかった。**下園**（九州国際大）は 10年に 131 試合に出場、打率.286、115 安打、出塁率.365。しかしＰＶは− 0.1 で、打率.265 ながら同じ出塁率.365 だった翌 11 年の 5.3 が最多だった。高校ドラフト１位の**北**（小松工）は一軍登板のないまま打者に転向。**高森**（中京高）は引退後スポーツライターに転身している。

6. ロッテ（90.9）

順位	選手		在籍時のＰＶ	通算ＰＶ	通算成績
高1	大嶺祐太	投手	-55.4	-55.4	121 試合、28 勝 34 敗 0 S、4.73
高2	佐藤賢治	外野手	*	-10.7	115 試合、.207、5 本、30 打点
大社3	神戸拓光	外野手	-9.0	-9.0	92 試合、.198、4 本、17 打点
大社4	荻野忠寛	投手	17.7	17.7	178 試合、9 勝 11 敗 40 S、2.87
大社6	中郷大樹	投手	1.7	-5.3	141 試合、6 勝 4 敗 0 S、3.59
大社7	角中勝也	外野手	71.5	71.5	1147 試合、.284、56 本、460 打点
大社8	松本幸大	投手	-21.1	-28.0	49 試合、1 勝 3 敗 0 S、10.04

　ダイエーを熱望していた**大嶺**を、そのダイエーとの抽選に勝って獲得。期待されながらもなかなか実績を残せず、ようやく 15 年に 8 勝、ＰＶ 6.2 を記録したが、翌 16 年はＰＶ− 10.9 へ下降している。大・社ドラフトでは**荻野**（日立製作所）が 07 年に新人で 58 試合に登板し、防御率 2.21 / ＰＶ 8.0。翌 08 年は抑えを任され 30 セーブ、ＰＶ 9.4 と順調だった。しかし最初の 3 年で 169 登板の酷使が祟ったか、以後 3 年で 9 試合しか投げられず退団した。**中郷**（ＪＲ四国）は 12 年に44 試合で防御率 2.51、続く 13 年は 15 ホールド。翌 14 年にＦＡの人的補償で西武へ移った。

7. 西武 (88.9)

順位	選手		在籍時のPV	通算PV	通算成績
高1	木村文和	投手	-17.5/ -40.4	-17.5/ -40.4	41試合、1勝4敗0S、5.60/ 629試合、.219、39本、138打点
高3	朱大衛	投手	出場なし		
大社希	岸孝之	投手	88.9	136.1	301試合、132勝84敗1S、3.03
大社3	山本淳	投手	-9.3	-9.3	37試合、0勝3敗0S、5.52
大社4	原拓也	内野手	-23.7	-43.3	673試合、.223、6本、76打点
大社5	岩崎哲也	投手	-2.2	-2.2	105試合、7勝5敗2S、3.93
大社6	大崎雄太朗	外野手	-18.3	-18.3	444試合、.257、5本、77打点

　地元・埼玉の増渕を外し、同じく埼玉の高校生・**木村**（埼玉栄高）を1位指名。投手として一軍でも投げたが、7年目から打者へ転向。14年と19年はまったく同じ10本塁打、16盗塁だった。**原**（関東学院大）は守備力を評価され10〜11年は100試合以上に起用。オリックス移籍後の14年も120試合に出た。**岩崎**（三菱重工横浜クラブ）は1年目に55試合で3勝13ホールド、ＰＶ4.6と好投。青山学院大で通算100安打を放った**大崎**は、12年に107試合に出て打率.269、自己最多の70安打、15二塁打だった。

8. 中日 (77.2)

順位	選手		在籍時のPV	通算PV	通算成績
高1	堂上直倫	内野手	-62.5	-62.5	909試合、.225、29本、184打点
高3	福田永将	捕手	11.6	11.6	672試合、.261、74本、267打点
大社希	田中大輔	捕手	-2.2	-2.4	58試合、.177、1本、3打点
大社3	浅尾拓也	投手	65.0	65.0	416試合、38勝21敗23S、2.42
大社4	菊地正法	投手	-0.4	-0.4	13試合、0勝0敗0S、3.95
大社5	岩崎達郎	内野手	-9.8	-19.5	379試合、.197、1本、33打点
大社6	清水昭信	投手	0.6	0.6	71試合、3勝4敗0S、3.90
大社7	西川明	内野手	-1.1	-1.1	20試合、.136、1本、2打点

　堂上は期待されたほど打撃が伸びず、ＰＶがプラスの年は皆無。唯一規定打席に達した16年（打率.254、6本塁打）も－2.1だった。**福田**（横浜高）は遅咲きで、9年目の15年に一軍定着。17年は18本塁打を放ちＰＶ8.6、19年も打率.287、

18本、66打点の自己最高成績でPV 14.3だった。大学・社会人は希望枠入団の**田中**（東洋大）が期待外れ。**岩崎**（新日本石油ENEOS）は二遊間の控えで、78試合に出た10年に唯一の本塁打を打っている。

9. 阪神（11.5）

順位	選手		在籍時のPV	通算PV	通算成績
高1	野原将志	内野手	-2.0	-2.0	15 試合、.120、0 本、0 打点
高3	橋本良平	捕手	出場なし		
高4	横山龍之介	投手	-1.5	-1.5	2 試合、0 勝 0 敗 0 S、18.00
大社希	小嶋達也	投手	-25.2	-25.2	64 試合、4 勝 9 敗 0 S、5.33
大社3	上園啓史	投手	11.5	-1.3	67 試合、15 勝 14 敗 0 S、3.88
大社4	清水誉	捕手	-8.0	-8.0	103 試合、.185、0 本、5 打点

遊学館高時代から好左腕と評判だった**小嶋**（大阪ガス）を、希望枠で獲得。ところが11年の36試合を除き、10試合以上登板した年はなかった。07年に8勝、PV 13.6で新人王を受賞した**上園**（武蔵大）も2年目以降は振るわず、大型三塁手と期待された高校1位の**野原**（長崎日大高）は一軍で3安打に終わっている。

10. オリックス（4.0）

順位	選手		在籍時のPV	通算PV	通算成績
高1	延江大輔	投手	出場なし		
高3	梅村学人	投手	出場なし		
高4	仁藤拓馬	投手	-1.6	-1.6	1 試合、0 勝 0 敗 0 S、18.00
大社希	小松聖	投手	-33.0	-33.0	159 試合、25 勝 26 敗 1 S、4.38
大社3	大引啓次	内野手	4.0	7.0	1288 試合、.251、48 本、356 打点

大学・社会人は2人指名しただけ。希望枠の**小松**（JR九州）は08年に15勝、防御率2.51（3位）、PV 26.7（10位）で新人王に選ばれた。だが翌09年は1勝9敗、防御率7.09、PV－31.1の大不振に陥り、その後も復調できなかった。**大引**（法政大）のPVは最高でも6.8（18年）だった代わり、最悪でも－6.2（19年）という波の少なさ。オリックスに6年、日本ハムに2年、ヤクルトに5年在籍して、どの球団でも在籍時のPVはプラスだった。高校生は4位の**仁藤**（島田

商）が1試合登板したのみだった。

11. 日本ハム (0.4)

順位	選手		在籍時のPV	通算PV	通算成績
高1	吉川光夫	投手	-21.9	-40.5	214試合55勝70敗3S、3.91
高3	植村祐介	投手	-4.3	-4.3	12試合、1勝0敗0S、5.50
高4	ダースローマシュ匡	投手	0.2	0.2	2試合、0勝1敗0S、3.68
大社希	宮本賢	投手	0.2	0.2	22試合、0勝0敗0S、3.91
大社3	糸数敬作	投手	-19.7	-19.7	27試合、8勝8敗0S、5.12
大社5	山本一徳	投手	-10.1	-10.0	35試合、1勝1敗0S、5.29
大社6	金子洋平	外野手	-6.2	-6.2	39試合、.113、3本、10打点
大社7	今浪隆博	内野手	-10.1	-1.4	405試合、.261、3本、69打点

　田中将大の外れ1位で指名した**吉川**（広陵高）は12年に14勝、防御率1.71、PV25.5（3位）で優勝に貢献しMVPを受賞。翌13年もPV4.6だったが、プラスの年はこの2年だけ。大学・社会人では希望枠の**宮本**（早稲田大）が振るわず、09年の日本シリーズで先発した**糸数**（亜細亜大）も同年の4勝が最多。13年に91試合に出た**今浪**（明治大）は、翌14年ヤクルトへ移籍。15年は68試合で打率.317/出塁率.375、PV9.6の好成績を収めるも、持病が悪化し17年限りで引退した。

12. ヤクルト (0)

順位	選手		在籍時のPV	通算PV	通算成績
高1	増渕竜義	投手	-39.5	-39.5	157試合、15勝26敗0S、4.36
高3	上田剛史	外野手	-43.7	-43.7	797試合、.236、9本、109打点
大社希	高市俊	投手	-16.4	-16.4	15試合、0勝2敗0S、8.35
大社3	西崎聡	投手	-4.4	-4.4	8試合、0勝0敗0S、8.31
大社4	衣川篤史	捕手	-0.2	-0.2	35試合、.250、2本、14打点
育1	伊藤秀範	投手	-7.0	-7.0	5試合、0勝1敗0S、12.86

　サイドハンドから剛速球を投げた**増渕**は、10年は57試合で防御率2.69、PV9.7。翌11年は先発に回って7勝したもののPV-17.3、続く12年は-20.6と

さらに悪化した。足と守り、それにキャラクターが売りだった**上田**（関西高）は、13年に112試合で87安打、18盗塁。希望枠入団の**高市**（青山学院大）が1勝もできずに終わるなど、大学・社会人は収穫なしだった。

2007 年 〈合計ＰＶ 522.9 ＝ 40 位〉

1	丸佳浩	299.7	広島高３位	1352 試合、打率 .282、201 本塁打、706 打点
2	宮西尚生	91.0	日本ハム大社３位	734 試合、35 勝 32 敗 11Ｓ、防御率 2.32
3	松山竜平	38.6	広島大社４位	986 試合、打率 .286、78 本塁打、446 打点
4	中村晃	33.6	ソフトバンク高３位	1025 試合、打率 .287、46 本塁打、359 打点
5	中田翔	21.6	日本ハム高１位	1422 試合、打率 .252、257 本塁打、937 打点
6	村田透	14.6	巨人大社１位	67 試合、８勝８敗０Ｓ、防御率 3.18

　93 年以来続いていた逆指名／自由枠／希望枠制度が撤廃され、大学・社会人の候補も入札抽選制になった。また西武はアマチュア選手へ金銭を授受していたことが発覚し、ペナルティとして高校生ドラフトで３巡目までの指名権を剥奪された。

　高校、大学・社会人ともに“ビッグ３”と称される目玉選手に指名が集中した。高校は佐藤由規（仙台育英高）に５球団、**中田**（大阪桐蔭高）に４球団、唐川侑己（成田高）に２球団。大・社は大場翔太（東洋大）に６球団、長谷部康平（愛知工大）に５球団、ヤクルトは加藤幹典（慶応大）を単独指名した。

　しかしながら、この“ビッグ６”で通算ＰＶ 10 以上は日本ハムが引き当てた中田だけ。高校通算 87 本塁打の中田は 12 年に 24 本塁打を放って以降、17 年（16本）を除き毎年 20 本以上、15 年の 30 本が最多。100 打点以上が５回、14・16・20 年は打点王となった。ただしＰＶは 13 年の 27.2 が最多で、16 〜 19 年は毎年マイナス。これは打率と出塁率が一塁手としては低めなのが原因だ。

　中田を大きく上回る通算ＰＶ 299.7 となっているのは、千葉経済大付高から広島に入団した**丸**。11 年にレギュラーとなって以降、年々成績を向上させ 14 年は打率 .310、リーグ最多の 100 四球でＰＶ 39.5（３位）。16 年から４年連続ＰＶ 30以上、17 年は打率 .308、23 本塁打、92 打点、ＰＶ 46.2（１位）でＭＶＰ。続く18 年は .306、39 本塁打、97 打点に加え 130 四球を選び出塁率 .468、ＰＶ 66.1（２位）で２年連続ＭＶＰに輝いた。守備でも 13 年から７年連続ゴールデングラブ

と、打走守すべてに優れた名選手となっている。

　中村（帝京高）も選球眼が良く、13年から3年連続打率3割、10位以内が5回。14年はリーグ1位の176安打、16年は.287に下降した代わり99四球を選びPV12.7。28二塁打、14本塁打がいずれも自己最多の18年はPV13.4だった。

　投手では**宮西**（関西学院大）がほぼ唯一の成功例。左のリリーフとして1年目から12年連続50試合以上に登板し、通算337ホールドは史上1位。2年目以降は防御率が3点を超えた年すら17年（3.32）だけで、この間PVは常にプラス。防御率1.70だった10年の11.9を最多として4回2ケタPVを記録した。

球団別

1. 広島（273.5）

順位	選手		在籍時のPV	通算PV	通算成績
高1	安部友裕	内野手	-0.6	-0.6	615試合、.265、24本、148打点
高3	丸佳浩	外野手	234.9	299.7	1352試合、.282、201本、706打点
大社1	篠田純平	投手	-26.6	-26.6	99試合、20勝26敗0S、4.24
大社3	小窪哲也	内野手	-3.0	-3.0	705試合、.259、18本、153打点
大社4	松山竜平	外野手	38.6	38.6	986試合、.286、78本、446打点

　高校ドラフトでは唐川のクジに外れ、**安部**（福岡工大城東高）を指名。一軍に定着したのは9年目の16年と時間はかかったが、同年は打率.282、6本塁打でPV5.8、翌17年は.310（4位）、128安打、49打点でPV10.8だった。大・社ドラフトは長谷部の外れ1位で日本大の**篠田**を指名。09年に13試合で防御率1.82/PV7.6、翌10年は6勝を挙げた。

　小窪（青山学院大）は100試合以上出た年こそないものの、内野の控え及び代打要員として貢献。09年（打率.295/出塁率.371）にPV8.5、14年（.317、30打点）も5.2。**松山**（九州国際大）は13年から6年連続でプラスPV、17年は打率.326、14本塁打、77打点、OPS.909でPV24.0の好成績。初めて規定打席に達した翌18年は打率.302、74打点だった。

2. 日本ハム（114.0）

順位	選手		在籍時のPV	通算PV	通算成績
高1	中田翔	内野手	21.6	21.6	1422試合、.252、257本、937打点

			在籍時のPV	通算PV	通算成績
高3	津田大樹	投手	出場なし		
高5	松山傑	投手	-	-2.2	5試合、0勝0敗0S、9.00
高6	豊島明好	投手	0.9	0.9	2試合、0勝0敗0S、0.00
高7	浅沼寿紀	投手	0.5	0.5	6試合、.500、0本、0打点
大社1	多田野数人	投手	-31.7	-31.7	80試合、18勝20敗0S、4.43
大社3	宮西尚生	投手	91.0	91.0	734試合、35勝32敗11S、2.32
大社4	村田和哉	外野手	-10.8	-10.8	211試合、.251、0本、10打点

　6人を指名した高校ドラフトで、戦力となったのは**中田**だけ。大・社では大場、服部と2度クジを外し、メジャーのインディアンズで15試合投げた経験のある**多田野**を指名。最初の2年で12勝を挙げるもPVは－23.9で、10年に一旦戦力外となる。日本ハムと再契約を結び12年は6勝、時折投げる超スローボールが名物だった。俊足を買われていた**村田**（中央大）は、通算4本の長打のうち3本が三塁打だった。

3. ソフトバンク（35.0）

順位	選手		在籍時のPV	通算PV	通算成績
高1	岩嵜翔	投手	0.0	0.0	251試合、28勝28敗5S、3.42
高3	中村晃	内野手	33.6	33.6	1025試合、.287、46本、359打点
大社1	大場翔太	投手	-31.1	-31.1	85試合、15勝21敗0S、4.39
大社3	久米勇紀	投手	1.4	1.4	62試合、5勝1敗3S、3.72

　6球団の抽選を制して獲得した**大場**は、東都リーグ新記録となる通算410三振を奪った超目玉だったが、最初の3年間で合計PV－28.0と大苦戦。11年は7勝、12年にかけてPV6.5を記録したものの、入団時の期待には応えられなかった。**久米**（明治大）は08年の開幕戦で初登板初勝利、同年は40試合で4勝15ホールドと活躍するも短命に終わった。高校ドラフトでは、中田の外れで**岩嵜**（市立船橋高）を指名。16年は防御率1.95/PV16.6、翌17年もリーグ最多の72試合に投げ6勝、40ホールド（1位）でPV13.4と、優秀なセットアップマンになった。

4. 中日 (8.2)

順位	選手		在籍時のPV	通算PV	通算成績
高1	赤坂和幸	投手	0.4/0.5	0.4/0.5	1試合、0勝0敗0S、0.00/43試合、.264、0本、8打点
高3	樋口賢	投手	出場なし		
大社1	山内壮馬	投手	7.3	7.4	57試合、17勝15敗0S、3.01
大社3	谷哲也	内野手	-10.6	-10.6	198試合、.210、2本、27打点

　全部で4人しか指名しなかったのは、99年（3名）以来の少なさ。高校ドラフトでは佐藤、岩嵜を立て続けに外し浦和学院高の**赤坂**に落ち着く。08年に1試合だけ投げたのち打者に転向、15年に7年ぶりの一軍出場を果たし、35試合で打率.326だった。大・社では愛知工大の長谷部のクジに外れ、代わりに指名したのは長谷部とは杜若高の同窓だった**山内**（名城大）。10年は8試合のみの登板ながらPV8.1、翌11年も11試合で9.2。12年は先発ローテーション入りし10勝、PV7.0と3年続けて結果を残した。内野の控えだった**谷**（日立製作所）は、10年目の17年に初本塁打を放っている。

5. ヤクルト (2.5)

順位	選手		在籍時のPV	通算PV	通算成績
高1	佐藤由規	投手	2.5	3.0	91試合、32勝36敗0S、3.66
高3	山本斉	投手	-9.0	-9.0	14試合、1勝7敗0S、4.71
大社1	加藤幹典	投手	-27.9	-27.9	23試合、1勝3敗0S、9.13
大社3	鬼崎裕司	内野手	-1.0	-10.6	425試合、.238、6本、65打点
大社4	岡本秀寛	投手	-2.6	-2.6	2試合、0勝0敗0S、27.00
大社5	中尾敏浩	外野手	-0.2	-0.2	2試合、.000、0本、0打点
大社6	三輪正義	内野手	-9.0	-9.0	418試合、.236、0本、16打点

　5球団競合の末に入団した**佐藤**は、160kmを超える快速球で10年に12勝、PV9.9。だが肩を痛めて12〜15年は一軍登板なし、育成落ちも味わう。16年に復活を遂げ、18年まで3年間・22試合で6勝を稼いだが、若手の頃の球威は戻らなかった。**加藤**は慶応大で2人目の通算300三振も奪った好投手だったが、プロでは通用しなかった。**鬼崎**（富士重工）は西武移籍後に出番が増え、13年

は105試合で打率.266、72安打。**三輪**（ＩＬ香川）は代走・守備要員で通算23盗塁を決めている。

6. 阪神 (1.0)

順位	選手		在籍時のPV	通算PV	通算成績
高1	高濱卓也	内野手	-	-16.9	195 試合、.222、3 本、28 打点
高3	森田一成	内野手	-0.7	-0.7	44 試合、.227、1 本、11 打点
高4	清原大貴	投手	0.4	0.4	4 試合、0 勝 1 敗 0 S、3.00
大社1	白仁田寛和	投手	0.6	-2.2	56 試合、3 勝 2 敗 0 S、3.86
大社3	石川俊介	投手	-0.5	-0.5	14 試合、2 勝 1 敗 0 S、3.86

　中田の外れ1位で指名した**高濱**（横浜高）は、阪神には3年在籍したが一軍出場のないまま、11年にＦＡの人的補償でロッテへ移籍。通算3本塁打はすべて16年に放った。大・社ドラフトも大場の抽選が外れて**白仁田**（福岡大）を指名、こちらも阪神での登板は6試合のみ。オリックスへ移った15年は43試合に投げた。

7. オリックス (0.4)

順位	選手		在籍時のPV	通算PV	通算成績
高1	丹羽将弥	外野手	出場なし		
高3	伊藤光	捕手	-6.6	-0.8	864 試合、.238、26 本、219 打点
高4	山崎正貴	投手	-2.4	-2.4	1 試合、0 勝 0 敗 0 S、20.25
大社1	小林賢司	投手	0.4	0.4	2 試合、0 勝 0 敗 0 S、0.00
大社3	小瀬浩之	外野手	-3.3	-3.3	136 試合、.287、1 本、30 打点
育1	梶本達哉	投手	-2.6	-2.6	1 試合、0 勝 0 敗 0 S、20.25

　中田を外し、同じ右の強打者タイプの**丹羽**（岐阜城北高）を指名したが、二軍でもほとんど打てずに退団。**伊藤**（明徳義塾高）は13年に正捕手となり打率.285、ＰＶ8.9。以後3年連続でＰＶはプラスと打力はあったものの、リードや守備に難があって18年途中ＤｅＮＡへトレードされた。大・社では大場、篠田と2度クジを外して**小林**（青山学院大）に落ち着いたが、登板は2試合のみ。09年に78試合で打率.303を記録した**小瀬**（近畿大）は、翌10年のキャンプ中に謎の転

落死を遂げた。

8. 巨人 (O)

順位	選手		在籍時のPV	通算PV	通算成績
高1	藤村大介	内野手	-15.4	-15.4	294試合、.226、0本、27打点
高3	中井大介	外野手	-5.3	-9.4	493試合、.245、16本、65打点
大社1	村田透	投手	-	14.6	67試合、8勝8敗0S、3.18
大社3	古川祐樹	投手	-0.4	-0.4	6試合、0勝0敗0S、4.50
大社4	加治前竜一	外野手	-4.0	-4.0	109試合、.210、2本、10打点

　佐藤の外れ1位で**藤村**（熊本工）を指名。11年にリーグ最多の28盗塁を決めたが打率.222、OPS.507と打撃が弱すぎ、PVは-8.2。翌12年以降は徐々に出場機会を減らしていった。**中井**（宇治山田商）は13年に48試合で打率.324、4本塁打でPV7.5。17年も90試合に出たが、レギュラー定着には至らなかった。

　大・社ドラフトはオリックスと同じく大場、篠田のクジを続けて外し、指名した**村田**（大体大）も3年間で公式戦登板のないまま退団。アメリカに渡り、15年には1試合だけメジャー（インディアンズ）でも投げた。17年に帰国して日本ハムに加わると、18年は6勝。20年まで4年続けてプラスPVと、地味ながらも戦力になった。インディアンズでメジャーデビューし、日本ハムで一軍公式戦初登板というキャリアは、ドラフト同期の多田野と同じ。一旦解雇になりながら日本ハムと再契約した点まで共通している。

8. 西武 (O)

順位	選手		在籍時のPV	通算PV	通算成績
高4	武隈祥太	投手	-14.3	-14.3	319試合、21勝13敗1S、4.00
高5	梅田尚通	内野手	-0.5	-0.5	4試合、.182、1本、4打点
高6	中田祥多	捕手	-2.2	-2.2	12試合、.050、0本、0打点
高7	斉藤彰吾	外野手	-10.1	-10.1	392試合、.223、5本、24打点
大社1	平野将光	投手	-34.6	-34.6	60試合、6勝13敗1S、5.13
大社3	藤原良平	投手	-14.2	-14.2	53試合、4勝7敗0S、4.85

　3位までの指名権を失った高校ドラフトでは、**武隈**（旭川工）が左の中継ぎ

として台頭。15 年は 67 試合で 6 勝、ＰＶ 4.9、翌 16 年も 64 試合に投げた。**中田**（鳴門工）は現役最後の 19 年に、13 年目にして初安打。地元の春日部共栄高から入団した**斉藤**は 14 年に 89 試合で 14 盗塁、翌 15 年は 103 試合に出場。実働 10 年でプラスＰＶの年はなかった代わり、一番悪い年でも－2.2 にとどめた。大・社では長谷部と服部の抽選に外れ、埼玉出身の**平野**（ＪＲ東日本東北）を指名したが、10 年の 4 勝が最多だった。

8. 横浜（0）

順位	選手		在籍時 のPV	通算 PV	通算成績
高 1	田中健二朗	投手	-7.4	-7.4	208 試合、11 勝 13 敗 1 S、3.86
高 3	大田阿斗里	投手	-19.0	-20.8	69 試合、2 勝 14 敗 0 S、5.46
高 4	佐藤祥万	投手	-1.9	-6.9	63 試合、0 勝 1 敗 0 S、4.57
大社 1	小林太志	投手	-43.6	-43.6	128 試合、13 勝 23 敗 1 S、4.47
大社 3	桑原謙太郎	投手	-7.8	8.9	235 試合、15 勝 13 敗 0 S、3.48
育 1	関口雄大	外野手	0.0	-0.6	7 試合、.100、0 本、0 打点

　高校ドラフトは佐藤に続き、横浜高の高濱の抽選にも外れる。外れ外れ 1 位の**田中**（常葉菊川高）は 15 年から一軍に定着してＰＶ 3.8、翌 16 年は 61 試合に投げ 5 勝 23 ホールド、ＰＶ 6.0。**大田**（帝京高）は 13 年に挙げた 2 勝きりだった。
　大・社ドラフトも大場を外して指名した**小林**（ＪＲ東日本）は、新人年の 6 勝がピーク。**桑原**（奈良産業大）は横浜と、その後移籍したオリックスでは冴えない成績だった。しかし阪神移籍後の 16 年に防御率 1.51、リーグ最多の 39 ホールドでＰＶ 15.8 と躍進。翌 17 年も 32 ホールド、ＰＶ 9.0 と好成績を維持した。

8. 楽天（0）

順位	選手		在籍時 のPV	通算 PV	通算成績
高 1	寺田龍平	投手	出場なし		
高 3	石田隆司	投手	出場なし		
高 4	菊池保則	投手	-20.0	-15.8	171 試合、14 勝 18 敗 1 S、4.03
大社 1	長谷部康平	投手	-53.6	-53.6	110 試合、11 勝 19 敗 3 S、5.37
大社 3	伊志嶺忠	捕手	-8.3	-8.3	186 試合、.198、4 本、29 打点
大社 4	聖澤諒	外野手	-8.4	-8.4	1034 試合、.274、19 本、249 打点

育1　　内村賢介　　内野手　-10.2　-24.7　596 試合、.246、1 本、97 打点

　高校ドラフトで地元の佐藤を外し、代わりに 1 位指名した札幌南高の寺田は、2 位の石田（東海大仰星高）ともども一軍登板なし。14・15 年に 4 勝ずつ挙げたのが最多だった菊池（常磐大高）は、広島へ移った 19 年に 58 試合で防御率 2.80、PV 7.4 と移籍が吉と出た。

　長谷部は最初の 3 年で合計 PV − 56.6 と大苦戦。それでも楽天が優勝した 13 年は中継ぎで 24 試合に投げ、PV 6.6 と貢献した。聖澤（國學院大）は 11 年に打率 .288（9 位）、52 盗塁で PV 5.8、続く 12 年はリーグ最多の 54 盗塁で PV 7.6。通算 197 盗塁、守備でも外野手の連続守備機会無失策記録を作った。育成の内村（ＢＣ石川）も同じく足が魅力。10 年は 230 打数ながら打率 .304、11 年は 31 盗塁で、こちらも通算 100 盗塁に達した。

8. ロッテ（O）

順位	選手	在籍時のPV	通算PV	通算成績
高1	唐川侑己 投手	-17.4	-17.4	278 試合、72 勝 70 敗 0 S、3.72
高3	植松優友 投手	-3.8	-3.8	2 試合、0 勝 2 敗 0 S、7.88
高4	阿部和成 投手	-19.1	-19.1	52 試合、3 勝 6 敗 0 S、4.92
大社1	服部泰卓 投手	-11.8	-11.8	73 試合、2 勝 1 敗 0 S、5.81
大社3	根本朋久 投手	-2.6	-0.3	54 試合、1 勝 3 敗 0 S、3.71
大社4	伊藤義弘 投手	-4.3	-4.3	257 試合、6 勝 13 敗 1 S、3.83

　本指名の 7 人は全員投手で、千葉県出身の唐川を抽選で当てた。10 年は 6 勝、PV 10.0、翌 11 年は 12 勝で PV 10.2。先発投手として順調に成長していたかに思えたが、その後は 2 ケタのマイナス PV が 4 回あるなど成績が下降し、リリーフに回っている。

　大・社でも千葉県の高校（八千代松陰）に通った大場に入札したが外れてしまい、3 球団競合の服部（トヨタ自動車）を引き当てる。だが活躍したのは 51 試合で 20 ホールドを稼いだ 13 年だけだった。伊藤（ＪＲ東海）は力強い速球で、新人ながら 51 試合に投げ PV 5.6、以後 4 年続けて 50 試合以上に登板。試合中のアクシデントが原因で、12 年以降は登板機会が激減した。育成ドラフトでは四国ＩＬの選手を中心に 5 人を指名したものの、誰も公式戦には出られなかった。

2008 年 〈合計ＰＶ 520.0 ＝ 41 位〉

1	浅村栄斗	270.7	西武 3 位	1376 試合、打率 .284、212 本塁打、841 打点
2	西勇輝	75.6	オリックス 3 位	256 試合、95 勝 78 敗 1 S、防御率 3.16
3	上本博紀	62.3	阪神 3 位	698 試合、打率 .265、30 本塁打、161 打点
4	攝津正	56.0	ソフトバンク 5 位	282 試合、79 勝 49 敗 1 S、防御率 2.98
5	西野勇士	19.8	ロッテ育成 5 位	233 試合、18 勝 21 敗 88 S、防御率 3.23
6	榊原諒	14.8	日本ハム 2 位	146 試合、11 勝 6 敗 0 S、防御率 2.87

　3 年間続いた複雑な分離ドラフトが終了。1 巡目のみ入札→競合の場合に抽選というシンプルな方式に改善され、また空白の順位がなくなり、指名選手の評価がわかりやすくなった。目玉となるはずだった田澤純一（新日本石油 ENEOS）がメジャー志望でプロ入りを拒んだこともあり、1 位指名で通算ＰＶ 2 ケタは皆無。これは 70 年以来 38 年ぶりの珍事だった。

　上位の 3 人は全員 3 位指名で、トップは西武入りした浅村（大阪桐蔭高）。13 年に 38 二塁打、110 打点、長打率 .554、OPS.943 の 4 部門で 1 位になりＰＶ 32.7（4 位）。14 年に一塁から二塁へ回り、127 打点で 2 度目のタイトルを手にした 18 年はＰＶ 49.2（3 位）。19 年にＦＡで楽天へ移り、翌 20 年はリーグ最多の 32 本塁打、自己ベストのＰＶ 52.5（2 位）。ＰＶの順位は 16 年以降、3 → 6 → 3 → 3 → 2 位。最も安定して好成績を残し続ける選手の一人になっている。

　オリックス 3 位の西（菰野高）はコントロールの良さで 2 ケタ勝利 7 回、防御率 5 位以内が 5 度。15 年は防御率 2.38（2 位）でＰＶ 21.9（7 位）、ＦＡで阪神へ移籍した 19 年はＰＶ 18.5。翌 20 年は防御率 2.26、ＰＶ 25.8 で自己記録を塗り替えた。阪神 3 位の上本（早稲田大）は 70 試合以上出たのは 3 年だけ、打率 3 割や 2 ケタ本塁打もなかった。それでも 9 年目までずっとプラスＰＶだったのは、選球眼に秀で出塁率が高かったため。14 年は .368 でＰＶ 17.7、.366 だった 17 年に 20.3 を記録している。

　日本ハム 2 位の榊原は高校卒業後、社会人を経て関西国際大に進学。2 年目の 10 年に 10 勝、防御率 2.63、ＰＶ 10.5 で新人王、翌 11 年も 60 試合で防御率 1.66/ＰＶ 8.6 と好投した。その日本ハムが指名するとの情報もあった攝津（ＪＲ東日

本東北）はソフトバンクの5位。26歳でプロ入りしリーグ最多の34ホールド、ＰＶ22.7で新人王。11年から先発に回り5年連続2ケタ勝利、シンカーを駆使し12年はリーグ最多の17勝、ＰＶ24.1（4位）で沢村賞に輝いた。

育成ではロッテ5位の**西野**（新湊高）が13年に9勝、翌14年からは抑えで2年連続30セーブ／防御率1点台／ＰＶ10以上と主力投手に成長した。

球団別

1. 西武（175.9）

順位	選手		在籍時のPV	通算PV	通算成績
1	中﨑雄太	投手	-7.7	-7.7	15試合、0勝0敗0S、8.04
2	野上亮磨	投手	-44.2	-49.0	245試合、58勝62敗3S、4.07
3	浅村栄斗	内野手	175.9	270.7	1376試合、.284、212本、841打点
4	坂田遼	外野手	-6.2	-6.2	255試合、.244、21本、99打点
5	岳野竜也	捕手	-0.4	-0.4	4試合、.000、0本、0打点
6	宮田和希	投手	-3.2	-3.2	35試合、1勝0敗0S、4.31

中﨑（日南学園高）は一軍で勝ち星のないまま引退。**野上**（日産自動車）は12年から先発ローテーションに加わり、13年と17年に11勝を挙げたが、ＰＶは12年と、巨人移籍後の19年の0.8が最多だった。函館大から入団した**坂田**は「北のおかわり君」と呼ばれた力感溢れる打撃が魅力で、10年は39試合で8本塁打。13年は53試合で打率.289、6本塁打、34打点だった。変則左腕の**宮田**（甲賀健康医療専門学校）は、7年目の15年に唯一の白星を挙げた。

2. 阪神（64.5）

順位	選手		在籍時のPV	通算PV	通算成績
1	蕭一傑	投手	0.8	0.8	2試合、0勝1敗0S、2.16
2	柴田講平	外野手	-11.0	-13.7	294試合、.230、2本、22打点
3	上本博紀	内野手	62.3	62.3	698試合、.265、30本、161打点
4	西村憲	投手	1.4	1.4	95試合、8勝4敗0S、3.70
育1	野原祐也	外野手	-1.0	-1.0	22試合、.192、0本、0打点

抽選で早稲田大・松本、ＮＴＴ西日本・藤原を続けて外し、奈良産業大の台湾

人投手・蕭を１位指名したが、11 年に２試合投げただけで終わった。俊足の外野手・柴田（国際武道大）も、11 年に 104 試合で打率.271、51 安打の後は出場機会が減っていった。**上本**以外で一番活躍したのは、福岡工大城東高で柴田と同級生だった**西村**（九州産業大）。10 年に 65 試合に登板し７勝、14 ホールドでＰＶ 1.9、翌 11 年も登板数は 21 試合に減ったが、防御率 1.71 でＰＶ 4.0 を記録した。

3. ソフトバンク（63.3）

順位	選手		在籍時のPV	通算PV	通算成績
1	巽真悟	投手	-23.9	-23.9	24 試合、１勝４敗０Ｓ、7.50
2	立岡宗一郎	外野手	*	-16.5	349 試合、.252、３本、50 打点
3	近田怜王	投手	出場なし		
4	有馬翔	投手	-2.6	-2.6	3 試合、０勝０敗０Ｓ、7.50
5	攝津正	投手	56.0	56.0	282 試合、79 勝 49 敗１Ｓ、2.98
6	金無英	投手	6.0	5.8	89 試合、２勝２敗０Ｓ、2.88
育2	二保旭	投手	-11.3	-11.3	107 試合、12 勝 10 敗１Ｓ、4.29
育3	柳川洋平	投手	1.3	1.3	8 試合、０勝０敗０Ｓ、1.29
育4	猪本健太郎	捕手	-0.5	-1.9	16 試合、.120、０本、２打点
育5	堂上隼人	捕手	-0.7	-0.7	8 試合、.250、０本、０打点

　１位では大田の抽選に外れ、近畿大の巽を指名するも 15 年の１勝のみ。**立岡**（鎮西高）はホークスでは１試合出ただけで打席には立たず、巨人移籍後に成長。15 年は打率.304、103 安打、16 盗塁、ＰＶ 4.0 だった。独立リーグ（福岡）から入団した韓国出身の**金**は 12 〜 14 年に 20 試合以上登板、12 年は防御率 1.72。育成選手は５人指名し、１位以外の４人が公式戦に出場。**二保**（九州国際大付高）は 15 年に６勝、同期で唯一 21 年時点でチームに残り続けている。

4. オリックス（31.3）

順位	選手		在籍時のPV	通算PV	通算成績
1	甲斐拓哉	投手	出場なし		
2	伊原正樹	投手	-13.1	-13.1	12 試合、０勝６敗０Ｓ、6.65
3	西勇輝	投手	31.3	75.6	256 試合、95 勝 78 敗１Ｓ、3.16
4	高島毅	内野手	出場なし		
5	西川雅人	投手	-5.8	-5.8	14 試合、０勝１敗０Ｓ、6.75

西のおかげで全体的には成功扱いでも、その他の指名選手は散々な成績だった。単独1位の**甲斐**（東海大三高）は故障に見舞われ、一軍での登板がないまま4年で引退。関西国際大で20勝した**伊原**も1勝もできず、唯一の野手だった**高島**（青山学院大）も3年間在籍して一軍出場ゼロで終わった。

5. 日本ハム（29.1）

順位	選手		在籍時のPV	通算PV	通算成績
1	大野奨太	捕手	-16.6	-22.9	891 試合、.214、31 本、168 打点
2	榊原諒	投手	14.8	14.8	146 試合、11 勝 6 敗 0 S、2.87
3	矢貫俊之	投手	-4.6	-4.9	121 試合、6 勝 8 敗 1 S、3.76
4	土屋健二	投手	-12.7	-16.8	18 試合、2 勝 3 敗 0 S、10.80
5	中島卓也	内野手	-55.0	-55.0	1083 試合、.240、2 本、167 打点
6	杉谷拳士	内野手	-36.5	-36.5	672 試合、.222、14 本、92 打点
7	谷元圭介	投手	14.3	-5.5	451 試合、27 勝 24 敗 6 S、3.64

大野（東洋大）は13年に打率.259/出塁率.349でPV 7.3。16年は109試合に出て69安打、35打点、PV 4.7でゴールデングラブを受賞した。この年は下位指名が充実していて、**中島**（福岡工）は遊撃守備を買われてレギュラーになると、15年は34盗塁でタイトルを獲得しベストナインも受賞。打撃は長打力がからきしだった（通算長打率.270）代わり、ファウルで徹底して粘るスタイルを取り入れ、14〜16年は.333以上の出塁率だった。テスト合格の**杉谷**（帝京高）は内外野を守れる器用さと、陽気なベンチの盛り上げ役として人気を得た。

谷元（バイタルネット）もテスト合格組。低身長ながら14年に52試合で防御率1.59、PV 15.2、16年も61試合に登板してPV 7.4。17年はオールスターに出場しながらその年にトレードされるという、史上初の珍事の当事者となった。**矢貫**（三菱ふそう川崎）も13年は57試合に投げ防御率3.43、13ホールドでオールスターに選ばれた。

6. ロッテ（19.8）

順位	選手		在籍時のPV	通算PV	通算成績
1	木村雄太	投手	-17.5	-17.5	47 試合、1 勝 6 敗 0 S、5.24
2	長野久義	外野手	拒否		

順位	選手		在籍時のPV	通算PV	通算成績
3	上野大樹	投手	-7.0	-7.0	117 試合、11 勝 10 敗 0 S、3.64
4	坪井俊樹	投手	出場なし		
5	山本徹矢	投手	-4.8	-4.8	11 試合、0 勝 0 敗 0 S、5.63
6	香月良仁	投手	-10.4	-10.4	65 試合、4 勝 3 敗 1 S、4.58
育5	西野勇士	投手	19.8	19.8	233 試合、18 勝 21 敗 88 S、3.23
育6	岡田幸文	外野手	-62.4	-62.4	910 試合、.255、0 本、119 打点

　2 年前にプロ入りを見送った 2 人を 1・2 位で指名。だが**長野**（ホンダ）は巨人入りに固執して再度の入団拒否となった。高校時代から有名だった**木村**（東京ガス）も 1 勝のみで、本指名は**上野**（東洋大）がそこそこ活躍したくらい。しかし 8 人を大量指名した育成では、**西野**に加え 6 位の**岡田**が拾い物となる。クラブチーム（全足利クラブ）出身ながら、卓越した守備力で 11 年に正中堅手となり 154 安打、41 盗塁。通算 2501 打席でホームラン 0 本という打撃の弱さが響き、通算ＰＶは大幅なマイナスとなってはいても、11・12 年に 2 年続けてゴールデングラブ賞に輝いた守備で埋め合わせた。

7. ヤクルト（10.0）

順位	選手		在籍時のPV	通算PV	通算成績
1	赤川克紀	投手	-36.6	-36.6	76 試合、14 勝 20 敗 0 S、4.17
2	八木亮祐	投手	-16.8	-17.1	56 試合、11 勝 22 敗 0 S、4.25
3	中村悠平	捕手	7.6	7.6	942 試合、.239、29 本、250 打点
4	日高亮	投手	-9.6	-9.2	86 試合、5 勝 3 敗 0 S、4.19
5	新田玄気	捕手	2.4	2.4	28 試合、.313、1 本、9 打点
育1	ラファエル・フェルナンデス	投手	-7.9	-7.9	10 試合、1 勝 0 敗 0 S、8.31

　上位 4 位まで高校生を指名し、うち 3 人が左腕投手。**赤川**（宮崎商）は 11 年に先発ローテーションに加わり 6 勝、防御率 2.03／ＰＶ 10.1。翌 12 年は規定投球回に達して 8 勝を挙げたが、同年から 3 年連続マイナスＰＶと急速に成績を落とした。**八木**（享栄高）は 13・14 年に先発で 5 勝ずつ。**日高**（日本文理大付高）は中継ぎとして 12 年に 66 試合で 3 勝 15 セーブ、防御率 2.98 だったが、その後は 4 試合に投げただけと、みな活躍期間が短かった。**中村**（福井商）は 12 年から正捕手格となって、14 年は打率 .298、41 打点でＰＶ 12.9。15 年からは 5 年続

けて 100 試合以上に出場、19 年は打率 .269/ 出塁率 .373 で、自己最多の P V 17.0 だった。

8. 巨人 (0)

順位	選手		在籍時のPV	通算PV	通算成績
1	大田泰示	内野手	-7.6	1.5	694 試合、.266、72 本、290 打点
2	宮本武文	投手	出場なし		
3	斎藤圭祐	投手	出場なし		
4	橋本到	外野手	-20.3	-21.4	404 試合、.241、9 本、79 打点
5	笠原将生	投手	-9.6	-9.6	80 試合、7 勝 1 敗 1 S、4.34
6	仲澤広基	内野手	-	-0.4	14 試合、.250、0 本、1 打点
育3	山本和作	内野手	-	-5.5	115 試合、.207、4 本、17 打点
育4	福元淳史	内野手	-	-2.3	16 試合、.222、0 本、4 打点

　ソフトバンクとの抽選に勝って獲得した**大田**（東海大相模高）は、巨人では実力を発揮できないまま 17 年に日本ハムへトレード。19 年は 20 本塁打、77 打点、同年と 20 年は打率 10 位以内の主力選手に成長し、移籍後は P V 9.1。**橋本**（仙台育英高）は 14 年に 103 試合で 90 安打、35 打点とレギュラーの座をつかみかけたが、この年がピークだった。

　父・栄一が 84 年ドラフト 1 位（ロッテ）の二世選手・**笠原**（福岡工大城東高）は、13 年から中継ぎで一軍に定着。だが野球賭博への関与により、15 年オフに無期失格処分を下された。**仲澤**（国際武道大）・**山本**（大阪経済大）・**福元**（NOMOベースボールクラブ）は巨人では一軍出場がなく、それぞれ楽天・オリックス・ソフトバンク移籍後に公式戦デビューを果たしている。

8. 中日 (0)

順位	選手		在籍時のPV	通算PV	通算成績
1	野本圭	外野手	-28.9	-28.9	449 試合、.224、9 本、83 打点
2	伊藤準規	投手	-15.3	-15.3	83 試合、7 勝 11 敗 0 S、4.26
3	岩崎恭平	内野手	-5.0	-4.4	144 試合、.231、5 本、10 打点
4	高島祥平	投手	-4.5	-4.5	1 試合、0 勝 0 敗 0 S、45.00
5	岩田慎司	投手	-11.7	-11.7	49 試合、9 勝 15 敗 0 S、3.72

| 6 | 小熊凌祐 | 投手 | -32.2 | -32.2 | 90 試合、12 勝 13 敗 0 S、5.03 |
| 7 | 井藤真吾 | 外野手 | -0.4 | -0.4 | 4 試合、.000、0 本、0 打点 |

　即戦力との触れ込みだった**野本**（日本通運）は、2 年目には 118 試合に出場するも打率.218 にとどまり、その後は出場機会が減っていった。**伊藤**（岐阜城北高）も期待されながら故障の多さで成長が阻害され、17 年の 39 試合 /9 ホールドが目立つくらい。**岩田**（明治大）も良かったのは 12 年（5 勝、防御率 2.74/ＰＶ 1.4）だけだった。**小熊**（近江高）は 13 年に中継ぎとして 28 試合で防御率 2.30/ＰＶ 5.4。16 年は先発で完封勝利を含む 5 勝を挙げた。

8. 広島（O）

順位	選手		在籍時のPV	通算PV	通算成績
1	岩本貴裕	外野手	-14.5	-14.5	405 試合、.253、31 本、131 打点
2	中田廉	投手	-21.6	-21.6	244 試合、15 勝 16 敗 0 S、4.41
3	小松剛	投手	-20.9	-20.9	30 試合、6 勝 6 敗 0 S、5.99
4	申成鉉	内野手	出場なし		

　指名は 4 人だけ。亜細亜大の強打者・**岩本**は 10 年に 61 試合で 14 本塁打とその片鱗を覗かせたが、2 ケタ本塁打はこの年のみ。ルーキーで 5 勝を挙げた**小松**（法政大）も、2 年目に 5 試合投げたのが最後だった。元広島の野林大樹を父に持つ**中田**（広陵高）は、14 年に 66 試合で 9 勝 18 ホールド、17 年も 53 試合で防御率 2.70/ＰＶ 5.0。韓国出身の**申**（京都国際高）は一軍に上がれず、母国のＫＢＯ入りした。

8. 横浜（O）

順位	選手		在籍時のPV	通算PV	通算成績
1	松本啓二朗	外野手	-15.6	-15.6	302 試合、.235、7 本、45 打点
2	藤江均	投手	-16.0	-17.8	166 試合、12 勝 14 敗 1 S、4.17
3	山崎憲晴	内野手	-29.1	-29.1	446 試合、.218、6 本、58 打点
4	細山田武史	捕手	-16.5	-16.4	203 試合、.171、1 本、25 打点
5	小杉陽太	投手	-28.4	-28.4	86 試合、6 勝 9 敗 0 S、5.04

阪神との抽選で引き当てた**松本**（早稲田大）は、13年に72試合に出たのが最多。**藤江**（東邦ガス）は11年に47試合で防御率1.58、ＰＶ7.5。翌12年は52試合で21ホールド、13年も防御率1.27/ＰＶ7.7と中継ぎで貢献した。守備の良さが光った**山崎**（横浜商科大）は、13・14年に続けて115試合に出場。14年は74安打、リーグ3位の38犠打を決めた。早稲田大ではベストナインにも選ばれた**細山田**は、新人で88試合に起用されたが打率.158と打力のなさがネックとなり、ソフトバンクを経て16年にトヨタ自動車でアマチュアに復帰した。

8. 楽天（O）

順位	選手		在籍時のPV	通算PV	通算成績
1	藤原紘通	投手	-13.9	-13.9	22試合、6勝8敗0S、5.22
2	中川大志	内野手	-16.9	-19.5	168試合、.204、9本、52打点
3	井坂亮平	投手	-24.5	-24.5	37試合、7勝12敗0S、4.96
4	井上雄介	投手	-6.7	-6.7	9試合、1勝1敗0S、9.28
5	楠城祐介	外野手	-1.0	-1.0	4試合、.111、0本、0打点
6	辛島航	投手	-33.2	-33.2	181試合、49勝63敗2S、3.99
育1	森田丈武	内野手	-0.6	-0.6	13試合、.222、0本、4打点

　野本の抽選を外し、ＮＴＴ西日本の**藤原**も阪神と重複したが引き当てた。1年目は完封を含む5勝を挙げた藤原は、以後は5試合に投げただけ。大型打者の**中川**（桜丘高）も15年の5本塁打が最多だった。長く戦力として貢献したのは左腕の**辛島**（飯塚高）。14年に規定投球回に達して8勝、19年にも9勝した。

2009 年 〈合計ＰＶ 760.7 ＝ 27 位〉

1	筒香嘉智	254.9	横浜1位	968 試合、打率 .285、205 本塁打、613 打点
2	長野久義	137.0	巨人1位	1376 試合、打率 .285、152 本塁打、562 打点
3	菊池雄星	91.2	西武1位	158 試合、73 勝 46 敗 1 S、防御率 2.77
4	増井浩俊	52.7	日本ハム5位	534 試合、38 勝 39 敗 163 S、防御率 2.86
5	大島洋平	44.7	中日5位	1431 試合、打率 .289、32 本塁打、318 打点
6	原口文仁	34.8	阪神6位	353 試合、打率 .279、23 本塁打、120 打点
7	荻野貴司	34.0	ロッテ1位	784 試合、打率 .280、32 本塁打、214 打点
8	比嘉幹貴	25.9	オリックス2位	320 試合、18 勝 11 敗 2 S、防御率 2.79
9	小川龍也	18.5	中日2位	182 試合、8 勝 5 敗 1 S、防御率 2.60
10	岡田俊哉	15.1	中日1位	329 試合、19 勝 20 敗 19 S、防御率 3.37
11	清田育宏	11.6	ロッテ4位	919 試合、打率 .258、58 本塁打、333 打点
12	山本哲哉	10.5	ヤクルト2位	228 試合、6 勝 11 敗 14 S、防御率 3.07

　目玉中の目玉だったのは、甲子園で左腕投手史上最速の 154 ｋｍを叩き出した花巻東高の**菊池**。メジャー・リーグ入りを熱烈に志望し、実際に複数の球団が獲得に乗り出していたが、最終的には日本プロ野球でのスタートを決意。西武・中日・日本ハム・阪神・ヤクルト・楽天の 6 球団が 1 位で入札、西武が引き当てた。

　入団当初は指導者と相性が合わずに苦しんだ菊池だったが、徐々にその素質を花開かせていく。13 年は防御率 1.92/ ＰＶ 19.8、初の 2 ケタ勝利を挙げた 16 年（12 勝）は 17.0。続く 17 年は 16 勝と防御率 1.97 が 1 位、216 奪三振は 2 位でＰＶ 35.3（4 位）。19 年にポスティングシステムを利用し、メジャー移籍を実現させ、21 年にはオールスターに選ばれた。

　菊池の抽選を外した 5 球団は、みな外れ 1 位で投手を指名したけれども成果は今一つだった。その中でただ一人好成績だったのは、同じ高校生左腕の**岡田**（智弁和歌山高）。13 年に 66 試合で 7 勝、防御率 2.79/ ＰＶ 9.0、15 年は勝ち星こそなかったものの、50 試合に投げて防御率 1.57、ＰＶ 10.6 とリリーフで結果を出した。

　単独指名の 6 球団は、オリックスを除いて主力級選手を獲得でき、中でも**筒香**と**長野**は通算ＰＶで菊池を上回っている。横浜高のスラッガー筒香は地元のベイ

スターズが指名。14年に打率.300、22本塁打でＰＶ24.4を記録すると、以後6年連続でＰＶ20以上。15年は.317、24本でＰＶ43.7（2位）、続く16年は.322（3位）、いずれもリーグトップの44本塁打、110打点と三冠王に迫り長打率.680も1位。ＰＶ73.2は3位、ホエールズ／ベイスターズの日本人選手では08年の村田修一（62.4）を上回り新記録となった。18年も38本塁打でＰＶ43.4（6位）と好成績を残し続けた。

過去に日本ハムとロッテの指名を拒否した**長野**（ホンダ）は、ついに念願の巨人からの1位指名を受けてプロ入り。10年は打率.288、19本塁打、ＰＶ9.5で新人王に選ばれると、翌11年は.316で首位打者、OPS.847も1位でＰＶ36.0（3位）。さらに12年もリーグ最多の173安打を放って、ＰＶ36.4は2年連続の3位だった。ただし13年以降は打率3割に届かず、ＰＶも15を超えることはなくなっている。

ロッテが1位指名した**荻野**（トヨタ自動車）は並外れた俊足の持ち主で、10年は46試合で25盗塁、打率も.326でＰＶ5.8。しかしながら故障が多く、最初の9年間で100試合以上出たのは2年だけだった。ようやく19年になって自己最多の125試合に出場すると打率.315（3位）、28盗塁。35二塁打と7三塁打はリーグ最多、ＰＶ24.8だった。

下位指名では**増井**と**大島**が掘り出し物となった。東芝から5位で日本ハム入りした増井は、中継ぎとして頭角を現したのち14年から抑えに回る。15年は39セーブ、防御率1.50でＰＶ13.9、翌16年は途中から先発で起用されたのが奏功して10勝、ＰＶ10.9。その後はまたリリーフに戻り、ＦＡでオリックスに移籍した18年も35セーブ、合計3回ＰＶを2ケタに乗せた。

大島（日本生命）も増井と同じ5位指名。1年目から守備力を評価されて正中堅手に抜擢され、ＰＶ－10.7と打撃は弱かったが12年には打率.310（3位）、32盗塁（1位）、ＰＶ17.9と躍進。年によって波はあるものの、抜群のコンタクト技術により通算で打率3割4回、リーグ5位以内にも4度入る巧打者に成長した。19年はリーグ最多の174安打でＰＶ13.5、守備ではゴールデングラブを8度受賞し、名手の評価を不動のものとしている。

帝京高から6位指名で阪神入りした**原口**は、故障もあって13～16年途中までは育成選手扱いになっていた。だが7年目の16年に支配下へ復帰すると、一軍に初昇格しただけでなくオールスターにまで出場。打率.299、11本塁打、46打点、出塁率は.376の高率に達してＰＶ27.3を記録した。18年も82試合で打率.305／ＰＶ7.1。翌19年に大腸がんを発症して心配されたが、無事復帰を果た

している。

通算ＰＶ 10以上の 12 人中、原口を除く 11 人は投手か外野手。内野手として指名された筒香も外野でレギュラーに定着した。筒香以外の内野手は事前の評価が低く、結果もその通りになった。また投手で成功したのは、菊池以外は全員リリーフタイプだったのも特徴である。

球団別

1. 横浜 （254.9）

順位	選手		在籍時のPV	通算PV	通算成績
1	筒香嘉智	内野手	254.9	254.9	968 試合、.285、205 本、613 打点
2	加賀繁	投手	-15.8	-15.8	279 試合、12 勝 22 敗 1 S、4.03
3	安斉雄虎	投手	出場なし		
4	真下貴之	投手	-1.5	-1.5	7 試合、1 勝 1 敗 0 S、4.01
5	福田岳洋	投手	-6.1	-6.1	25 試合、0 勝 0 敗 0 S、5.35
育1	国吉佑樹	投手	-15.2	-15.2	220 試合、20 勝 29 敗 3 S、3.78

筒香一人で稼いだＰＶ 254.9 で、球団史上最高のドラフトになった。サイドハンドの**加賀**（住友金属鹿島）は、1 年目は先発で 3 勝 12 敗と大きく負け越しながらも、規定投球回に達し防御率 3.66/ ＰＶ 7.5 と合格点。2 年目以降はリリーフで起用され、12 年は 61 試合で 26 ホールド。だが同年もＰＶ 0.0 で、プラスになった年はなかった。京都大大学院中退という異色の経歴を持つ**福田**（ＩＬ香川）は、10 年に 18 試合登板しＰＶ 2.0 だった後は尻すぼみ。育成指名では**国吉**（秀岳館高）が、196 ｃｍの長身からの速球でプラスＰＶ 4 回、11 年（防御率 2.30）の 4.0 が最多だった。

2. 巨人 （133.9）

順位	選手		在籍時のPV	通算PV	通算成績
1	長野久義	外野手	133.9	137.0	1376 試合、.285、152 本、562 打点
2	鬼屋敷正人	捕手	-0.1	-0.1	2 試合、.000、0 本、0 打点
3	土本恭平	投手	-1.3	-1.3	4 試合、0 勝 1 敗 0 S、7.36
4	市川友也	捕手	-0.9	-17.8	276 試合、.199、8 本、47 打点
5	小野淳平	投手	-7.2	-13.1	70 試合、4 勝 5 敗 0 S、4.33

| 育1 | 星野真澄 | 投手 | -3.1 | -3.1 | 43試合、1勝0敗0S、4.37 |
| 育2 | 河野元貴 | 捕手 | -1.7 | -1.7 | 15試合、.059、1本、3打点 |

　育成を含めて捕手を3人指名。だが**鬼屋敷**（近畿大工業高専）は、高等専門学校から初のドラフト指名として注目されるも一軍出場2試合のみ。**市川**（鷺宮製作所）も巨人では9試合だけで、14年に日本ハムへ移ってから出場機会が増えた。**河野**（九州国際大付高）は通算17打数1安打、その1本が本塁打だった。1年目に2勝した**小野**（日本文理大）はその後頭打ちになり、13年に広島へ移籍。**星野**（ＢＣ信濃）は育成指名ながらすぐ支配下登録され、10年は34試合に登板した。育成3位を拒否した陽川尚将（金光大阪高）は、13年の3位指名で阪神入りしている。

3. 西武（91.3）

順位	選手		在籍時のPV	通算PV	通算成績
1	菊池雄星	投手	91.2	91.2	158試合、73勝46敗1S、2.77
2	美沢将	内野手	-1.2	-1.2	6試合、.083、0本、1打点
3	岩尾利弘	投手	-18.4	-18.4	48試合、3勝0敗0S、6.11
4	石川貢	内野手	-3.4	-3.4	26試合、.119、0本、1打点
5	松下建太	投手	0.1	0.1	9試合、0勝1敗1S、3.48
6	岡本洋介	投手	-41.2	-42.5	162試合、14勝16敗1S、4.73

　美沢（第一工業大）、**岩尾**（別府大）と地方大学の選手を上位指名する独自路線は失敗。菊池以外で一軍に定着したのは**岡本**（ヤマハ）で、通算162試合で先発40試合、救援122試合。17年は自身最多の6勝だったが、ＰＶは逆に自己ワーストの－12.0。翌18年の1.3がキャリア唯一のプラスだった。

4. 中日（64.7）

順位	選手		在籍時のPV	通算PV	通算成績
1	岡田俊哉	投手	15.1	15.1	329試合、19勝20敗19S、3.37
2	小川龍也	投手	4.9	18.5	182試合、8勝5敗1S、2.60
3	中田亮二	内野手	-5.6	-5.6	80試合、.202、0本、3打点
4	松井佑介	外野手	-17.1	-19.7	345試合、.233、9本、49打点

順位	選手		在籍時のPV	通算PV	通算成績
5	大島洋平	外野手	44.7	44.7	1431 試合、.289、32 本、318 打点
7	松井雅人	捕手	-27.8	-30.0	440 試合、.194、6 本、61 打点
育1	矢地健人	投手	-0.7	-1.9	27 試合、0 勝 0 敗 0 S、3.93
育2	赤田龍一郎	捕手	-0.9	-0.9	5 試合、.000、0 本、1 打点

　岡田に続き、2位でも高校生左腕の小川（千葉英和高）を指名。15年までの登板は 12 試合だったが、16 年は 44 試合で防御率 2.27/ PV 5.0。18 年からは西武へ移籍し、20 年まで 5 年連続プラスPVとなっている。**松井佑**（東農大）と**松井雅**（上武大）は同姓で同期入団だっただけでなく、19 年途中には揃ってオリックスへトレードされた。

5. ロッテ（46.5）

順位	選手		在籍時のPV	通算PV	通算成績
1	荻野貴司	外野手	34.0	34.0	784 試合、.280、32 本、214 打点
2	大谷智久	投手	-15.4	-15.4	340 試合、20 勝 34 敗 0 S、3.67
3	大嶺翔太	内野手	-13.7	-13.7	196 試合、.210、7 本、35 打点
4	清田育宏	外野手	11.6	11.6	919 試合、.258、58 本、333 打点
育1	山室公志郎	投手	0.9	0.9	1 試合、0 勝 0 敗 0 S、0.00

　13 年に防御率 6.99/ PV − 18.1 の大不振だった**大谷**（トヨタ自動車）は、翌14 年は 49 試合で防御率 1.94、自己ベストのPV 11.1。続く 15 年も 56 試合でPV 8.5 と、リリーフで貢献し続けた。兄が 06 年 1 位でマリーンズに入団した**大嶺**（八重山商工）は、17 年は 91 試合で 5 本塁打、23 打点だったが、翌 18 年途中に不祥事を起こし解雇。**清田**（ＮＴＴ東日本）は 15 年に打率 .317（4 位）、15 本塁打、67 打点。38 二塁打は 1 位、PV 32.3 は 5 位でベストナインとゴールデングラブに選ばれたが、こちらもグラウンド外の行動が原因で 21 年途中に契約を解除された。

6. 日本ハム（44.4）

順位	選手		在籍時のPV	通算PV	通算成績
1	中村勝	投手	-18.3	-18.3	60 試合、15 勝 17 敗 0 S、4.07
2	大塚豊	投手	-8.6	-8.6	27 試合、1 勝 1 敗 0 S、5.40

3	加藤政義	内野手	-3.7	-3.7	52 試合、.193、1 本、5 打点
4	運天ジョンク レイトン	投手	-0.7	-0.7	1 試合、0 勝 0 敗 0 S、9.00
5	増井浩俊	投手	44.4	52.7	534 試合、38 勝 39 敗 163 S、2.86

　菊池の抽選に外れ、**中村**（春日部共栄高）を 1 位指名。体格と風貌から埼玉のダルビッシュと称され、12 年は 8 試合で 2 勝のみながら防御率 1.79、ＰＶ 6.3。14 年は 8 勝を挙げた。沖縄のダルビッシュと言われた**運天**（浦添工）、東北高でダルビッシュの 1 年後輩だった**加藤**（九州国際大）はともに大成せず、創価大で通算 41 勝 1 敗の**大塚**もプロでは 1 勝のみだった。

7. 阪神 （42.3）

順位	選手		在籍時 の PV	通算 PV	通算成績
1	二神一人	投手	-8.8	-8.8	27 試合、0 勝 3 敗 0 S、5.31
2	藤原正典	投手	2.9	2.9	58 試合、1 勝 0 敗 0 S、3.12
3	甲斐雄平	外野手	出場なし		
4	秋山拓巳	投手	4.6	4.6	103 試合、38 勝 33 敗 0 S、3.74
5	藤川俊介	外野手	-29.3	-29.3	849 試合、.249、9 本、86 打点
6	原口文仁	捕手	34.8	34.8	353 試合、.279、23 本、120 打点
育 2	田上健一	外野手	-1.0	-1.0	123 試合、.247、0 本、3 打点

　法政大の**二神**、立命館大の**藤原**と即戦力候補を上位で指名したが、合わせて 1 勝。それでも 4 位以下で戦力になる選手を 3 人取れた。**秋山**（西条高）は 17 年に 12 勝、防御率 2.99（6 位）でＰＶ 12.0。20 年も 11 勝を挙げＰＶ 11.7 と 2 ケタに乗せた。「俊介」の登録名を選択した**藤川**（近畿大）は 17 年（打率 .309、4 本塁打、23 打点）のＰＶ 7.7 が唯一のプラスだった。

8. オリックス （33.3）

順位	選手		在籍時 の PV	通算 PV	通算成績
1	古川秀一	投手	-7.2	-7.2	63 試合、0 勝 2 敗 0 S、4.48
2	比嘉幹貴	投手	25.9	25.9	320 試合、18 勝 11 敗 2 S、2.79
3	山田修義	投手	-24.3	-24.3	149 試合、7 勝 20 敗 0 S、4.75
4	前田祐二	投手	7.4	7.4	61 試合、7 勝 7 敗 0 S、2.98

| 5 | 阿南徹 | 投手 | -11.6 | -11.6 | 28 試合、1 勝 0 敗 0 S、6.56 |

　5 人全員が投手で、**比嘉**（日立製作所）以外の 4 人は左腕。単独指名の**古川**（日本文理大）は、岡田彰布監督の強い希望で獲得するも未勝利のまま引退。**山田**（敦賀気比高）は一軍に定着するまで時間を要したものの、18 年からは左の中継ぎとして 30 試合以上に登板した。ＢＣリーグでは初の支配下指名を受けた**前田**（ＢＣ福井）は 12・13 年に 3 勝ずつ挙げ、13 年は防御率 2.68 でＰＶ 7.4 だった。

　比嘉はサイドハンドで一貫してリリーフとして起用される。13 年は 59 試合で防御率 2.12／ＰＶ 9.5、続く 14 年は 62 試合で 7 勝 20 ホールド、リーグタイ記録となる 34 試合連続無失点も達成し、防御率 0.79／ＰＶ 17.7 の素晴らしい成績だった。

9. ヤクルト（12.1）

順位	選手		在籍時 の PV	通算 PV	通算成績
1	中澤雅人	投手	-33.0	-33.0	202 試合、13 勝 15 敗 0 S、5.16
2	山本哲哉	投手	10.5	10.5	228 試合、6 勝 11 敗 14 S、3.07
3	荒木貴裕	内野手	-28.0	-28.0	537 試合、.232、18 本、111 打点
4	平井諒	投手	-12.9	-12.9	86 試合、5 勝 5 敗 1 S、5.01
5	松井淳	外野手	1.6	1.6	78 試合、.265、5 本、16 打点

　中澤（トヨタ自動車）は 1 年目に先発で 7 勝を挙げるも防御率 5.68／ＰＶ-18.6。それでも 14 年は 24 試合で防御率 1.57／ＰＶ 5.9、同年から 3 年連続プラスと中継ぎで健闘した。**山本**（三菱重工神戸）は 12 年に 50 試合で防御率 1.21、ＰＶ 8.2、翌 13 年は 64 試合で 11 セーブ、ＰＶ 5.7 と、こちらもセットアップマンとして活躍。**荒木**（近畿大）はバッテリー以外どこでも守れる便利屋として長く在籍している。12 年に 46 試合で打率 .287、5 本塁打、15 打点だった**松井**（日大国際関係学部）は、他は 13 年に 11 試合に出たのが最多だった。

10. ソフトバンク（6.2）

順位	選手		在籍時 の PV	通算 PV	通算成績
1	今宮健太	内野手	-2.5	-2.5	1099 試合、.249、72 本、372 打点

2	川原弘之	投手	6.2	6.2	44 試合、0 勝 0 敗 0 S、2.64
3	下沖勇樹	投手	出場なし		
4	中原恵司	外野手	出場なし		

　単独指名で獲得した**今宮**（明豊高）は、12 年に正遊撃手となり 13 年から 5 年連続 100 安打以上。13・14 年は 2 年連続でリーグ記録の 62 犠打、長打力も次第に増して 17・19 年は 14 本塁打。高校時代は投手だっただけあって肩も非常に強く、ゴールデングラブを 13 年から 5 年連続で受賞した。**川原**（福岡大大濠高）は速球左腕として早くから注目されるも、制球難に悩んで一時は育成選手に降格した。しかしながら 19 年に支配下へ復帰、20 年と併せて 41 試合に登板し防御率 2.38/ P V 7.0 を記録した。

11. 広島（6.1）

順位	選手		在籍時 の PV	通算 PV	通算成績
1	今村猛	投手	6.1	6.1	431 試合、21 勝 30 敗 36 S、3.46
2	堂林翔太	内野手	-4.3	-4.3	668 試合、.245、45 本、195 打点
3	武内久士	投手	-5.0	-5.0	11 試合、0 勝 1 敗 0 S、5.47
4	庄司隼人	内野手	-0.1	-0.1	22 試合、.050、0 本、0 打点
5	伊東昂大	投手	-1.9	-1.9	5 試合、0 勝 0 敗 0 S、7.71

　09 年春の選抜大会優勝投手・**今村**（清峰高）と、夏の選手権大会優勝投手・**堂林**（中京大中京高）を 1・2 位で指名。エース候補と期待された今村はリリーフに適性を見出し、11 年から 3 年連続 50 試合以上に登板。17 年は 68 試合に投げ 23 セーブを稼いだ。内野手に転向した堂林は、12 年は 144 試合にフル出場し 14 本塁打、P V 9.8。その後は伸び悩み、15 年以降は年間 100 打席も立てていなかったが、20 年は打率 .279、14 本塁打、58 打点の自己最高成績で P V 9.0 と復活した。

12. 楽天（0）

順位	選手		在籍時 の PV	通算 PV	通算成績
1	戸村健次	投手	-35.7	-35.7	107 試合、17 勝 25 敗 0 S、4.35
2	西田哲朗	内野手	-17.9	-22.2	388 試合、.219、13 本、71 打点

3	小関翔太	捕手	-14.4	-14.4	100 試合、.149、1 本、10 打点
4	高堀和也	投手	-0.7	-0.7	27 試合、4 勝 0 敗 0 S、3.49
5	土屋朋弘	投手	-1.3	-1.3	22 試合、1 勝 0 敗 0 S、3.60

　地元・東北の逸材である菊池のクジを外し、代わりに立教大の**戸村**を指名。15年に 7 勝した以外の年は、最多でも 13 試合に投げたのみだった。**西田**（関大一高）は 14 年に 131 試合に出場（打率 .250、7 本塁打）したがレギュラーには定着できず、ソフトバンク移籍後も含めて P V はずっとマイナスだった。

2010 年 〈合計 PV 1608.7 ＝ 4 位〉

1	山田哲人	451.6	ヤクルト 1 位	1058 試合、打率 .293、214 本塁打、635 打点
2	柳田悠岐	397.5	ソフトバンク 2 位	997 試合、打率 .322、186 本塁打、611 打点
3	秋山翔吾	225.3	西武 3 位	1207 試合、打率 .301、116 本塁打、513 打点
4	西川遥輝	145.0	日本ハム 2 位	1097 試合、打率 .286、51 本塁打、346 打点
5	千賀滉大	102.9	ソフトバンク育成 4 位	189 試合、66 勝 35 敗 1 S、防御率 2.69
6	大野雄大	71.9	中日 1 位	182 試合、69 勝 67 敗 0 S、防御率 3.12
7	牧田和久	67.6	西武 2 位	328 試合、55 勝 51 敗 27 S、防御率 2.80
8	澤村拓一	62.2	巨人 1 位	352 試合、48 勝 52 敗 75 S、防御率 2.77
9	中﨑翔太	31.0	広島 6 位	360 試合、19 勝 27 敗 115 S、防御率 3.02
10	福山博之	24.9	横浜 6 位	349 試合、17 勝 13 敗 9 S、防御率 2.98
11	小山雄輝	11.3	巨人 4 位	60 試合、8 勝 8 敗 1 S、防御率 3.08

　山田と**柳田**、史上屈指の大選手が 2 人指名された球史に残るドラフトだった。もっとも事前に注目を浴びていたのは、斎藤佑樹・大石達也・福井優也の早稲田大投手トリオ。早実高時代に 06 年夏の甲子園を制し、爆発的な人気を得た斎藤は早大でも通算 31 勝。4 球団が入札して日本ハムが交渉権を獲得した。大石は斎藤を上回る 6 球団の抽選で西武へ、福井は広島に指名され、3 人揃って 1 位でプロ入りした。単独 1 位指名は 2 球団で、**澤村**（中央大）は希望通り巨人。佛教大の好左腕だった**大野**は、故障中を承知で中日が指名した。

　斎藤に入札したヤクルトは、外れ 1 位も塩見貴洋（八戸大）が楽天と重複し外してしまう。だが外れ外れ 1 位の**山田**（履正社高）が大当たりになった。正二塁手に定着した 14 年に打率 .324、29 本塁打でリーグ最多の PV 68.7、翌 15 年

は .329、38 本、100 打点、34 盗塁の "トリプルスリー"。ＰＶ 98.5 は、73 年に王貞治が記録した史上最多の 98.6 に限りなく近づき、優勝にも大きく貢献してＭＶＰに輝いた。さらに 16 年（.304、38 本、30 盗塁）はＰＶ 81.7 で 3 度目、18 年（.315、34 本、33 盗塁）も 84.3 で 4 度目の 1 位と歴史的な数字を残し続けており、通算ＰＶ 451.6 は 15 位にランクされている。

柳田（広島経済大）は地方リーグにいたこともあり、前評判はさほど高くなかったが、14 年に打率 .317/ 出塁率 .413 でＰＶ 36.2（2 位）、続く 15 年は打率 .363 で首位打者。34 本塁打、32 盗塁と合わせ、山田と同じく "トリプルスリー" でＭＶＰを受賞した。ＰＶ 87.2 はもちろん 1 位、ホークスでは 66 年の野村克也（88.2）以来の高水準だった。驚異的なパワーと確かな選球眼により、同年から 4 年続けて出塁率と長打率は 1 位、ＰＶは 16 年が 49.3 で 2 位、17 年（55.8）と 18 年（71.0）は連続 1 位。20 年も打率 .342、29 本塁打、86 打点、4 度目の 1 位となるＰＶ 67.9 で 2 度目のＭＶＰに選ばれた。柳田の通算ＰＶ 397.5 も 22 位まで上昇している。

地方大学リーグから名選手となったのは、西武 3 位の秋山（八戸大）も同様。1 年目からレギュラーを獲得し、15 年に打率 .359、プロ野球タイの 216 安打と大きく飛躍してＰＶ 52.1 は 2 位。17 年は打率 .322、25 本塁打、89 打点で、ＰＶは 15 年をも上回る 53.2（2 位）。続く 18 年（.323、195 安打、24 本塁打）も 50.7 で 3 度目の 2 位。いずれの年も 1 位を阻んだのは柳田だった。

智弁和歌山高から日本ハムに 2 位で入団した西川は、14 年に 13 三塁打、43 盗塁の 2 部門で 1 位。以後 3 回盗塁王になり通算 287 盗塁、成功率 .864 は史上 1 位。16 年は打率 .314（2 位）、41 盗塁でＰＶ 22.8（8 位）、以後 5 年間で 4 回ＰＶ 20 以上 / リーグ 10 位以内に入り、20 年に自己最多の 26.5（5 位）。足だけでなく選球眼が抜群で、通算出塁率は .394 の高率に上る。

通算ＰＶが 2 ケタの 11 人中、上位 4 人は全員野手だが残り 7 人は投手。澤村は 11 年に 11 勝、防御率 2.03（3 位）、ＰＶ 23.0（9 位）で新人王。抑えに転向した 15 年も 36 セーブ、防御率 1.32 でＰＶ 14.6 を記録した。大野も 13 年から 3 年連続 10 勝以上、14 年はＰＶ 18.3。19 年はリーグ 1 位の防御率 2.58/ ＰＶ 25.8（8 位）、20 年は 6 完封を含む 11 勝、2 年連続 1 位の 1.82/ ＰＶ 33.3（6 位）で沢村賞と、活躍を続けている。アンダースローの牧田（日本通運）は 11 年に 22 セーブを稼ぎ新人王を受賞。翌 12 年は先発で 13 勝、13 年は 8 勝 / ＰＶ 17.8。16 年には再びリリーフに回って防御率 1.60、ＰＶ 17.9 は自己ベストだった。18 〜 19 年はアメリカで投げ、20 年に楽天で日本球界に戻った。

これらの上位指名組を抑え、投手の出世頭となったのは**千賀**（蒲郡高）である。高校では必ずしも巷間伝えられているほど無名の存在ではなく、素質を評価する声もあったものの、ドラフトでは育成指名に甘んじた。最初はリリーフで使われ、先発転向後の16年に12勝／ＰＶ19.5。以後4年連続2ケタ勝利、19年は防御率2.79、227奪三振でＰＶ22.3。続く20年は11勝、防御率2.16、149奪三振の三冠でＰＶ22.9（8位）は自己新だった。

　下位指名から好投手に成長したのは**中﨑**（日南学園高）と**福山**（大商大）。中﨑は15年に29セーブ、翌16年は34セーブ、防御率1.32でＰＶ16.1。18年も32セーブ、同年まで3年連続2ケタＰＶで広島のリーグ3連覇に貢献した。横浜では11〜12年に21試合投げただけで戦力外となった福山は、楽天に拾われると14年から4年連続65登板以上とフル回転。14年に防御率1.87/ＰＶ12.9、17年は6勝0敗7セーブ、防御率1.06/ＰＶ17.3の好成績を残した。

球団別

1. ソフトバンク（502.4）

順位	選手		在籍時のPV	通算PV	通算成績
1	山下斐紹	捕手	-1.5	-7.8	119試合、.199、5本、15打点
2	柳田悠岐	外野手	397.5	397.5	997試合、.322、186本、611打点
3	南貴樹	投手	出場なし		
4	星野大地	投手	-1.7	-1.7	11試合、0勝1敗0S、4.73
育4	千賀滉大	投手	102.9	102.9	189試合、66勝35敗1S、2.69
育5	牧原大成	内野手	-18.7	-18.7	366試合、.254、7本、71打点
育6	甲斐拓也	捕手	2.0	2.0	492試合、.231、34本、132打点

　斎藤の抽選を外して1位指名した**山下**（習志野高）は、ソフトバンクでの出場は通算37試合。代わりに育成6位の**甲斐**（楊志館高）が正捕手に成長した。"甲斐キャノン"の異名で知られるようになった強肩が売り物で、17年から4年続けてゴールデングラブを受賞しただけでなく、打撃も水準以上。19年は打率.260、11本塁打でＰＶ13.7だった。さらには**牧原**（城北高）も18年に打率.317/ＰＶ10.4、翌19年は114試合に出場するなど、**千賀**も含め育成ドラフトは大当たりだった。

2. ヤクルト（456.3）

順位	選手		在籍時 のPV	通算 PV	通算成績
1	山田哲人	内野手	451.6	451.6	1058 試合、.293、214 本、635 打点
2	七條祐樹	投手	-18.2	-18.2	56 試合、8 勝 5 敗 1 S、4.52
3	西田明央	捕手	4.7	4.7	257 試合、.215、17 本、62 打点
4	又野知弥	外野手	出場なし		
5	久古健太郎	投手	-12.8	-12.8	228 試合、8 勝 6 敗 2 S、4.20
6	川崎成晃	外野手	-1.4	-1.4	38 試合、.194、0 本、1 打点

　即戦力と見込んで社会人投手を 2 人獲得。11 年は**七條**（伯和ビクトリーズ）が防御率 5.24 ながら 4 勝 0 敗、**久古**（日本製紙石巻）も 52 試合に登板し 5 勝 20 ホールドで、ヤクルトの 2 位進出に貢献した。久古はその後も左の中継ぎとして働いた。3・4 位では北照高の選手を続けて指名し、**又野**は一軍に上がれなかったが、**西田**は 16 年に 74 試合で 7 本塁打、25 打点で P V 7.6。20 年も 69 試合で 7 本塁打と準レギュラー級になった。

3. 西武（283.5）

順位	選手		在籍時 のPV	通算 PV	通算成績
1	大石達也	投手	-2.4	-2.4	132 試合、5 勝 6 敗 8 S、3.64
2	牧田和久	投手	58.2	67.6	328 試合、55 勝 51 敗 27 S、2.80
3	秋山翔吾	外野手	225.3	225.3	1207 試合、.301、116 本、513 打点
4	前川恭兵	投手	出場なし		
5	林崎遼	内野手	-3.8	-3.8	55 試合、.203、0 本、2 打点
6	熊代聖人	外野手	-19.4	-19.4	502 試合、.225、0 本、29 打点

　大石は大学時代の抑えから先発への転向を試みるも上手く行かず、1 年目は一軍登板なし。リリーフに戻った 12 年は 24 試合で防御率 2.75/ P V 1.1 だったが、続く 13 年は 8 セーブを挙げるも防御率 6.38/ P V － 11.1。16 ～ 17 年には合計 P V 12.7 だったけれども、指名当時の期待には届かなかった。今治西高時代に甲子園で活躍した**熊代**（王子製紙）は、主に守備・代走で 12・13 年は 100 試合以上出たが、P V がプラスの年はない。

4. 日本ハム （145.0）

順位	選手		在籍時のPV	通算PV	通算成績
1	斎藤佑樹	投手	-43.2	-43.2	88 試合、15 勝 26 敗 0 S、4.34
2	西川遥輝	外野手	145.0	145.0	1097 試合、.286、51 本、346 打点
3	乾真大	投手	-22.4	-22.3	74 試合、1 勝 2 敗 0 S、5.65
4	榎下陽大	投手	-0.8	-0.8	35 試合、2 勝 1 敗 0 S、3.76
5	谷口雄也	外野手	-14.6	-14.6	264 試合、.243、7 本、42 打点
6	齊藤勝	投手	-2.1	-2.1	9 試合、0 勝 0 敗 0 S、6.14

　斎藤はルーキーシーズンに 6 勝、防御率 2.69、ＰＶ 3.1。開幕投手に抜擢された翌 12 年も 5 勝を挙げたが、その後は 8 年間で 4 勝を追加したのみ。**乾**（東洋大）は 12 年に 36 試合に登板したが防御率 5.51 と振るわず、**榎下**（九州産業大）も含め大卒投手は期待通りとはいかなかった。**谷口**（愛工大名電高）は控え外野手で、16 年には 83 試合で 49 安打を放った。

5. 巨人 （73.2）

順位	選手		在籍時のPV	通算PV	通算成績
1	澤村拓一	投手	57.2	62.2	352 試合、48 勝 52 敗 75 S、2.77
2	宮国椋丞	投手	-3.6	-3.6	205 試合、21 勝 21 敗 1 S、3.59
3	田中太一	投手	出場なし		
4	小山雄輝	投手	16.0	11.3	60 試合、8 勝 8 敗 1 S、3.08
育8	丸毛謙一	外野手	-	*	1 試合、-、0 本、0 打点

　宮国（糸満高）は 12 年に 6 勝、防御率 1.86/ ＰＶ 10.8 の好成績でエース候補と騒がれたが、その後伸び悩みリリーフに転向。18 年は 29 試合でＰＶ 7.6 だったが、20 年限りで戦力外になりＤｅＮＡへ移った。14 年に 6 勝、防御率 2.41 でＰＶ 15.3 だった**小山**（天理大）も 15 年以降は 0 勝。本指名は 4 人で切り上げ、育成で 8 人を指名したものの、巨人で一軍の試合に出た者は皆無だった。

6. 中日 （71.9）

順位	選手		在籍時のPV	通算PV	通算成績
1	大野雄大	投手	71.9	71.9	182 試合、69 勝 67 敗 0 S、3.12

2	吉川大幾	内野手	-2.2	-9.5	268 試合、.180、0 本、6 打点
3	武藤祐太	投手	-3.0	-19.5	197 試合、10 勝 9 敗 0 S、4.25
4	森越祐人	内野手	-1.1	-7.2	94 試合、.115、0 本、2 打点

　吉川（ＰＬ学園高）は中日では 34 試合に出ただけ。15 年に巨人へ移り、守備固め要員として 18 年は 97 試合に起用された。武藤（ホンダ）は中継ぎとして 13 年は 58 試合に登板。ＤｅＮＡ移籍後の 19 年（31 試合、防御率 3.32）に記録したＰＶ 2.4 が自己ベストだった。

7. 広島（31.9）

順位	選手		在籍時のPV	通算PV	通算成績
1	福井優也	投手	-68.7	-78.7	124 試合、32 勝 41 敗 0 S、4.59
2	中村恭平	投手	-11.5	-11.5	97 試合、2 勝 11 敗 0 S、4.23
3	岩見優輝	投手	-1.4	-1.4	11 試合、1 勝 0 敗 0 S、4.02
4	金丸将也	投手	出場なし		
5	磯村嘉孝	捕手	-0.8	-0.8	184 試合、.233、8 本、31 打点
6	中﨑翔太	投手	31.0	31.0	360 試合、19 勝 27 敗 115 S、3.02
7	弦本悠希	投手	-0.6	-0.6	4 試合、0 勝 0 敗 0 S、4.50
育2	池ノ内亮介	投手	0.9	0.9	2 試合、0 勝 0 敗 0 S、0.00

　大石を抽選で外し、同じ早稲田大の福井を獲得。育成も含めて指名した 9 人中 8 人が投手で、福井と中﨑以外では中村（富士大）が 19 年に防御率 2.64/ ＰＶ 6.2。翌 20 年も 14 試合のみだがＰＶ 3.0 だった。ただ一人の野手である磯村は、中京大中京高では堂林翔太の 1 年後輩でバッテリーを組んだ仲。少しずつ出場機会を増やし、19 年は打率 .278、4 本塁打、21 打点、ＰＶ 4.5 だった。

8. 阪神（5.9）

順位	選手		在籍時のPV	通算PV	通算成績
1	榎田大樹	投手	-14.6	-29.8	237 試合、29 勝 25 敗 3 S、4.16
2	一二三慎太	投手	出場なし		
3	中谷将大	捕手	-9.4	-9.4	423 試合、.230、37 本、136 打点
4	岩本輝	投手	3.6	-5.9	47 試合、5 勝 6 敗 0 S、4.05

5	荒木郁也	内野手	-7.6	-7.6	186 試合、.182、0 本、2 打点
育 2	島本浩也	投手	2.3	2.3	105 試合、5 勝 0 敗 1 S、3.54

　大石の外れ 1 位で**榎田**（東京ガス）を指名。新人で 62 試合に登板し防御率 2.27/ ＰＶ 5.5、3 年目までＰＶは毎年プラス。西武に移った 18 年に先発で 11 勝、ＰＶ 8.5 だったが翌 19 年は − 20.0 へ急落した。**一二三**（東海大相模高）は投打両方で素質を評価されながら、故障もあって一軍に上がれないまま退団。**岩本**（南陽工）は 12 年に 3 試合 /18.2 回を無失点に抑えＰＶ 5.9。**中谷**（福岡工大城東高）は 17 年に 20 本塁打、61 打点、ＰＶ 6.5 だったが、その後は頭打ち状態で 21 年途中ソフトバンクへ。**島本**（福知山成美高）は左の中継ぎとして、19 年は 63 試合に投げ 4 勝、防御率 1.67/ ＰＶ 14.6 を記録した。通算 105 試合で無敗は、20 年時点で継続中の記録としては最長である。

9. 横浜（4.1）

順位	選手		在籍時のPV	通算PV	通算成績
1	須田幸太	投手	-46.9	-46.9	166 試合、16 勝 19 敗 1 S、4.81
2	加賀美希昇	投手	-13.3	-13.3	24 試合、5 勝 10 敗 0 S、4.32
3	荒波翔	外野手	-8.3	-8.3	522 試合、.261、10 本、96 打点
4	小林寛	投手	1.3	1.3	45 試合、2 勝 3 敗 0 S、3.39
5	大原慎司	投手	2.8	2.8	243 試合、10 勝 3 敗 2 S、3.26
6	福山博之	投手	-10.9	24.9	349 試合、17 勝 13 敗 9 S、2.98
7	大原淳也	内野手	*	*	1 試合
8	靏岡賢二郎	捕手	-0.7	-0.7	24 試合、.267、0 本、2 打点

　2 年連続 90 敗以上のチーム状況を反映し、育成まで含め 9 人中高校生は皆無という即戦力に偏った指名になった。大石の外れ 1 位は、早稲田大の先輩でＪＦＥ東日本に入社していた**須田**。1 年目に防御率 5.29/ ＰＶ − 21.1 とつまずき、プラスＰＶは 16 年（62 試合、5 勝 23 ホールド、ＰＶ 6.0）のみだった。好投手と評判だった**加賀美**（法政大）、関西六大学史上 2 位の 35 勝を挙げた**小林**（大阪学院大）も期待外れ。**大原慎**（ＴＤＫ）は左の中継ぎとして、10 年は新人ながら新人最多記録となる 71 試合に登板。最初の 3 年は合計 162 試合でＰＶ 8.0 だった。
　野手では**荒波**（トヨタ自動車）が 12 年に打率 .268、135 安打、24 盗塁。同年と翌 13 年に 2 年連続ゴールデングラブ賞と、守備で高評価を得たものの、この

2年間のＰＶはマイナス。15年は70試合の出場ながら打率.298/出塁率.354で
自己最多のＰＶ8.8だった。

10. オリックス（4.0）

順位	選手		在籍時のPV	通算PV	通算成績
1	後藤駿太	外野手	-62.5	-62.5	822試合、.222、14本、137打点
2	三ツ俣大樹	内野手	-0.6	-8.4	114試合、.144、1本、6打点
3	宮崎祐樹	外野手	-12.8	-12.8	234試合、.240、8本、48打点
4	塚原頌平	投手	4.0	4.0	115試合、5勝6敗1S、3.21
5	深江真登	外野手	-0.5	-0.5	81試合、.272、0本、3打点

　大石、伊志嶺、山田と3度もクジを外し、「外れ外れ外れ1位」で前橋商の後
藤を指名。「駿太」の登録名で積極的に起用されるも打力が伸びなかった。ただ
一人の投手だった塚原（つくば秀英高）は15〜16年に合計95試合に登板、26
ホールド、ＰＶ7.3。16年はオールスターにも選ばれたが、故障で17年に4試
合投げたのが最後だった。

11. ロッテ（0.4）

順位	選手		在籍時のPV	通算PV	通算成績
1	伊志嶺翔大	外野手	-19.7	-19.7	448試合、.242、6本、59打点
2	南昌輝	投手	0.4	0.4	189試合、11勝8敗0S、3.59
3	小林敦	投手	-11.3	-11.3	9試合、1勝5敗0S、5.80
4	小池翔大	捕手	-0.1	-0.1	1試合、.000、0本、0打点
5	江村直也	捕手	-22.9	-22.9	220試合、.151、1本、16打点
育1	黒沢翔太	投手	-2.4	-2.4	14試合、0勝1敗0S、4.44

　斎藤の抽選に外れ、東海大の伊志嶺をオリックスとの競合で獲得。11年は126
試合に出て打率.261、110安打、32盗塁、ＰＶ1.3だったが、2年目以降はレギュ
ラー級で起用されることはなかった。南（立正大）は12年に26試合で防御率
0.36/ＰＶ7.4。16年も57試合に投げ5勝、16ホールドでＰＶ6.3と、リリーフ
で貢献した。

12. 楽天 (0)

順位	選手		在籍時 のPV	通算 PV	通算成績
1	塩見貴洋	投手	-27.5	-27.5	148 試合、46 勝 56 敗 0 S、3.78
2	美馬学	投手	-26.6	-27.8	204 試合、61 勝 64 敗 0 S、3.83
3	阿部俊人	内野手	-16.2	-16.2	260 試合、.210、0 本、13 打点
4	榎本葵	外野手	-5.7	-6.3	77 試合、.118、0 本、2 打点

　大石の抽選に外れ、**塩見**もヤクルトとかち合ったが当たりくじを引く。11 年は 9 勝、防御率 2.85、14 年と 16 年も 8 勝と先発としてまずまず働いた。ＰＶは 9 試合のみながら防御率 3.16 だった 19 年の 4.3 が最多。**美馬**（東京ガス）もローテーション投手となり、13 年の日本シリーズでは最終第 7 戦を含む 2 勝。初の 2 ケタ勝利（11 勝）を挙げた 17 年は防御率 3.26（7 位）で、ＰＶ 7.7 は自己ベスト。ＦＡでロッテへ移籍した 20 年も 10 勝、防御率 3.95 は 6 位だった。

2011 年 〈合計ＰＶ 536.4 ＝ 39 位〉

1	近藤健介	143.7	日本ハム4位	782 試合、打率 .309、33 本塁打、336 打点
2	鈴木大地	79.5	ロッテ3位	1181 試合、打率 .276、58 本塁打、439 打点
3	菊池涼介	72.2	広島 2 位	1153 試合、打率 .271、95 本塁打、420 打点
4	益田直也	40.5	ロッテ 4 位	526 試合、26 勝 35 敗 119 S、防御率 2.91
5	上沢直之	31.7	日本ハム 6 位	102 試合、41 勝 38 敗 0 S、防御率 3.31
6	一岡竜司	29.0	巨人 3 位	279 試合、16 勝 14 敗 7 S、防御率 2.79
7	佐藤達也	26.9	オリックス3位	262 試合、11 勝 21 敗 14 S、防御率 2.71
8	武田翔太	24.4	ソフトバンク1位	166 試合、59 勝 40 敗 2 S、防御率 3.39
9	島内宏明	23.2	楽天 6 位	836 試合、打率 .277、62 本塁打、330 打点
10	野村祐輔	19.8	広島 1 位	185 試合、77 勝 55 敗 0 S、防御率 3.45
11	嘉弥真新也	18.6	ソフトバンク5位	326 試合、12 勝 7 敗 1 S、防御率 3.02
12	田原誠次	11.4	巨人 7 位	222 試合、12 勝 7 敗 0 S、防御率 3.13

　菅野智之（東海大）、藤岡貴裕（東洋大）、**野村**（明治大）の大学生投手ビッグ3に注目が集まった。中でも一番の実力と見られていた菅野は、伯父である原辰徳が監督を務める巨人以外に行くつもりがなく、そのため回避する球団が多かった中、日本ハムが敢然と菅野に入札。巨人との抽選にも勝って交渉権を獲得したが、交渉すらほとんどできぬまま入団拒否に遭った。

　ところが、ドラフトの勝ち組になったのはその日本ハムだった。4 位指名した**近藤**（横浜高）が球界屈指の好打者に成長。15 年に打率 .326/ 出塁率 .405、ＰＶ 50.8（3 位）を記録すると、その後も高打率に加えて並外れた選球眼で四球を量産する。17 年は故障のため 231 打席に立っただけでも、打率 .413/ 出塁率 .567 の驚異的な数字でＰＶ 34.3（5 位）。出塁率 .465 で 2 年連続 1 位となった 20 年も、ＰＶ 33.8 で 3 位に入った。

　日本ハムでは 6 位の**上沢**（専大松戸高）も好投手になった。14 年にローテーション入りして 8 勝、ＰＶ 6.1、18 年には 11 勝、リーグ 3 位の防御率 3.16 でＰ

Ｖ13.6。6年間でＰＶはプラスが5回と好成績を残し続けている。

大学ビッグ3のうち、藤岡は横浜・楽天・ロッテの3球団が入札しロッテに入団したが、期待には応えられなかった。**野村**は広島が単独指名し、12年は9勝11敗と負け越しながらも防御率1.98（2位）、ＰＶ16.9で新人王に選出。16年は16勝で最多勝、防御率2.71（3位）／ＰＶ16.6、続く17年も2.78（4位）/15.3。ただこの3年以外のＰＶは毎年マイナスで、通算だと19.8にとどまっている。

野村以外にもう一人、1位指名で通算ＰＶ10以上だったのはソフトバンクに指名された**武田**（宮崎日大高）。12年は高卒新人ながら8勝1敗、防御率1.07、ＰＶ14.6。以後5年続けてＰＶはプラス、16年は14勝、防御率2.95（6位）／ＰＶ14.2で、この時点で通算45.7にまで達していた。だがその後は4年連続でマイナスになっていて、このままだとＰＶが2ケタ、もしくはプラスを維持できるかどうか怪しくなりかけている。

鈴木（東洋大）はロッテに入団、2年目にはリーグ最多の11三塁打。19年の打率.288、15本塁打が最多と一見それほどの好成績には思えないが、二塁打や四球が多いことからコンスタントにＰＶを稼ぎ、マイナスの年はなし。14年（打率.287、153安打、29二塁打）の19.7を最高として2ケタ3回、様々なポジションをこなせるのも長所で、13年と16年は遊撃手として、楽天にＦＡ移籍した20年は三塁でベストナインに選ばれている。

菊池（中京学院大）の二塁守備は史上最高との声すらあり、13年から8年続けてゴールデングラブを受賞。20～21年にかけては569連続守備機会無失策の記録も打ち立てた。打撃も14年にリーグ2位の打率.325、同1位の39二塁打でＰＶ26.1（9位）、16年も.315（4位）、181安打（1位）でＰＶ31.9（7位）。守備も含めた総合的な価値は鈴木を上回っているだろう。

島内（明治大）は指名順位が示すように、当初は俊足を買われて守備・代走要員として使えれば……くらいに考えられていた。それが打撃でも毎年2割8～9分台を打てるようになり、18年から3年続けて打率10位以内。ＰＶは16年から5年連続プラス、18年（打率.292、11本塁打）に自己最多の8.2を記録している。

リリーフ投手では**益田**（関西国際大）が1年目から防御率1.67/ＰＶ11.4、翌13年はリーグ最多の33セーブ。その後は中継ぎでの起用が多くなったが、19年から再び抑えを任されている。ＰＶは16年の11.9が最多で、3回2ケタに乗せている。**一岡**（沖データコンピュータ教育学院）が指名されたのは巨人だったが、ＦＡの人的補償として14年に広島へ加わると、31回で自責点2、防御率0.58/

ＰＶ 11.4。16・17 年も防御率 1 点台と結果を残し続け、59 試合に投げた 17 年の
ＰＶ 11.8 がベストとなっている。

　オリックス入りした**佐藤**（ホンダ）は、13 年に 67 試合に登板し 40 ホールド、
防御率 1.73/ ＰＶ 15.9。翌 14 年も再び 67 試合で 42 ホールド、防御率 1.09、ＰＶ
20.7 は 7 位にランクされた。ただしこの 2 年間の投げすぎが響いたか、その後は
成績を落とし 17 年に 12 試合投げたのが最後になった。**嘉弥真**（JX－ENEOS）
は左の中継ぎとして、13 年は 40 試合で防御率 2.32/ ＰＶ 7.6。17 年からは 4 年連
続で 50 試合以上投げ防御率 2 点台と、計算できる投手になった。

球団別

1. 日本ハム（175.4）

順位	選手		在籍時のPV	通算PV	通算成績
1	菅野智之	投手	拒否		
2	松本剛	内野手	-23.4	-23.4	282 試合、.246、7 本、55 打点
3	石川慎吾	外野手	-9.8	-16.3	317 試合、.225、14 本、60 打点
4	近藤健介	捕手	143.7	143.7	782 試合、.309、33 本、336 打点
5	森内壽春	投手	-7.5	-7.5	68 試合、0 勝 1 敗 0 S、4.03
6	上沢直之	投手	31.7	31.7	102 試合、41 勝 38 敗 0 S、3.31
7	大嶋匠	捕手	-1.6	-1.6	15 試合、.167、0 本、1 打点

　1 位指名に逃げられる最悪のドラフトとなるはずが、見事に挽回。**近藤、上沢**
だけでなく**松本**（帝京高）も 17 年は打率.274 でリーグ 10 位。もっともレギュ
ラーで出たのはこの年だけだった。**石川**（東大阪大柏原高）は、巨人に移籍した
17 年に 99 試合で 5 本塁打、20 打点。11 年の都市対抗で史上 2 人目の完全試合
を達成、27 歳でプロ入りした**森内**（ＪＲ東日本東北）は、1 年目は 56 試合に投
げ 16 ホールド。だがその後 3 年間では 12 試合しか登板しなかった。**大嶋**は早稲
田大ソフトボール部所属という異色の経歴。ソフト界では知られた強打者で、プ
ロでも二軍ではよく打ったが一軍では通算 3 安打で終わった。

2. ロッテ（118.2）

順位	選手		在籍時のPV	通算PV	通算成績
1	藤岡貴裕	投手	-30.7	-36.5	178 試合、21 勝 32 敗 0 S、4.14

順位	選手		在籍時のPV	通算PV	通算成績
2	中後悠平	投手	-7.2	-6.7	49 試合、2 勝 2 敗 0 S、5.09
3	鈴木大地	内野手	77.7	79.5	1181 試合、.276、58 本、439 打点
4	益田直也	投手	40.5	40.5	526 試合、26 勝 35 敗 119 S、2.91

　4 人だけの指名でも**鈴木**と**益田**が大成功。横浜・楽天との 3 球団の抽選で引き当てた**藤岡**は、最初の 3 年に 6 勝ずつ挙げた後は 3 勝を追加したのみだった。**中後**（近畿大）もロッテには 4 年在籍しただけ。16 年にアメリカへ渡り、ＡＡＡ級まで昇格したがメジャーにはたどり着けず、18 年にＤｅＮＡで日本に復帰した。

3. 広島（92.0）

順位	選手		在籍時のPV	通算PV	通算成績
1	野村祐輔	投手	19.8	19.8	185 試合、77 勝 55 敗 0 S、3.45
2	菊池涼介	内野手	72.2	72.2	1153 試合、.271、95 本、420 打点
3	戸田隆矢	投手	-7.0	-7.0	95 試合、11 勝 7 敗 1 S、3.94
4	土生翔平	外野手	-0.9	-0.9	10 試合、.111、0 本、0 打点
育4	三家和真	内野手	-	0.7	29 試合、.231、1 本、5 打点

　上位 2 人が投打の主力となって 16 ～ 18 年の 3 連覇に貢献。**戸田**（樟南高）は 14 ～ 16 年に先発、リリーフ兼任で合計 11 勝。14 年はＰＶ 3.6、唯一の完封勝利を挙げた 16 年は防御率 2.80/ ＰＶ 5.4 を記録した。育成 4 位の**三家**（市立和歌山高）は広島を 2 年で退団した後、独立リーグで 3 年を過ごす。17 年にロッテでＮＰＢにカムバック、19 年に初本塁打を放った。

4. ソフトバンク（43.0）

順位	選手		在籍時のPV	通算PV	通算成績
1	武田翔太	投手	24.4	24.4	166 試合、59 勝 40 敗 2 S、3.39
2	吉本祥二	投手	出場なし		
3	塚田正義	内野手	0.0	0.0	74 試合、.206、7 本、13 打点
4	白根尚貴	投手	-	-0.6	15 試合、.176、1 本、2 打点
5	嘉弥真新也	投手	18.6	18.6	326 試合、12 勝 7 敗 1 S、3.02
育1	釜元豪	内野手	-8.4	-8.4	127 試合、.209、4 本、13 打点
育2	亀澤恭平	内野手	-	-16.3	421 試合、.265、2 本、40 打点

白根（開星高）は野手に転向し、ＤｅＮＡ移籍後に一軍初昇格。同じく**亀澤**（ＩＬ香川）も中日に移ってから一軍に上がり、15年は打率.269、89安打、18年も110試合で.286。7人を指名した育成ドラフトでは、亀澤のほか**釜元**（西陵高）も支配下登録され、19年は86試合に出て4本塁打、11盗塁を決めた。

5. オリックス（26.9）

順位	選手		在籍時のPV	通算PV	通算成績
1	安達了一	内野手	-25.8	-25.8	964試合、.244、35本、283打点
2	縞田拓弥	内野手	-10.0	-10.0	231試合、.189、4本、26打点
3	佐藤達也	投手	26.9	26.9	262試合、11勝21敗14S、2.71
4	海田智行	投手	-1.9	-1.9	260試合、6勝19敗0S、3.61
6	堤裕貴	内野手	-2.5	-2.5	14試合、.115、0本、2打点
7	小島脩平	内野手	-44.6	-44.6	393試合、.209、6本、56打点
8	川端崇義	外野手	-23.2	-23.2	366試合、.255、5本、73打点

1位入札が内野手の高橋で、外れ1位の**安達**（東芝）も遊撃手。育成を含めて10人中8人が野手と、補強の意図は明確だった。安達は2年目からレギュラーに定着し、14年は126安打、29盗塁でPV 7.8。守備面でも高く評価されている。

本指名8人のうち高校生は**堤**（龍谷高）だけで、安達以外にも社会人内野手を2人指名したが、**縞田**（ＪＲ東日本）と**小島**（住友金属鹿島）はいずれも打力が弱く、控えの域を出なかった。**川端**（ＪＲ東日本）は1年目に125試合で打率.266、114安打だったが、100試合以上出たのはこの年だけ。投手では**海田**（日本生命）が19年に55試合で防御率1.84と好投、ＰＶ 11.3だった。

6. 楽天（23.2）

順位	選手		在籍時のPV	通算PV	通算成績
1	武藤好貴	投手	-16.8	-16.8	85試合、4勝4敗1S、4.96
2	釜田佳直	投手	-50.6	-50.6	85試合、21勝16敗0S、4.76
3	三好匠	投手	-7.6	-14.4	304試合、.195、6本、28打点
4	岡島豪郎	捕手	-24.4	-24.4	686試合、.256、23本、181打点
5	北川倫太郎	外野手	-4.4	-4.4	31試合、.215、0本、4打点
6	島内宏明	外野手	23.2	23.2	836試合、.277、62本、330打点

本指名の6人は全員一軍に上がり、一番下位の島内が最も成功した。**釜田**（金沢高）は12年に高卒新人ながら7勝。16年も再び7勝を挙げたが、ＰＶは一度もプラスになっていない。捕手として指名された**岡島**（白鷗大）は、打力を生かして外野へ転向。13年は打率.323/ ＰＶ5.2、翌14年は規定打席に達して.283、154安打、27二塁打、53打点を記録した。藤岡の外れ1位で指名した**武藤**（ＪＲ北海道）は15年に60試合で4勝を挙げた後は、2試合投げただけだった。

7. 巨人 （13.9）

順位	選手		在籍時のPV	通算PV	通算成績
1	松本竜也	投手	出場なし		
2	今村信貴	投手	-18.9	-18.9	77試合、20勝14敗0S、4.35
3	一岡竜司	投手	-2.0	29.0	279試合、16勝14敗7S、2.79
4	高木京介	投手	2.5	2.5	214試合、9勝2敗2S、3.48
6	江柄子裕樹	投手	-3.4	-3.4	34試合、1勝5敗0S、4.10
7	田原誠次	投手	11.4	11.4	222試合、12勝7敗0S、3.13
育2	土田瑞起	投手	-12.0	-12.0	30試合、2勝0敗1S、6.89

育成を含めて13人を指名し、うち11人が投手。一軍公式戦に出た7人もみな投手だった。だが単独指名を確信していた菅野を日本ハムに奪われただけでなく、外れ1位の**松本**（英明高）はあらゆる意味で大失敗。**一岡**も成功したのは広島移籍後と残念な結果になった。

とはいえ収穫がなかったわけではなく、**今村**（太成学院大高）は18年に6勝、**高木**（國學院大）は1年目から34試合で防御率0.57/ ＰＶ8.0。29試合連続無失点も記録した。**田原**（三菱自動車倉敷オーシャンズ）もサイドハンドの中継ぎとして、14年から5年連続プラスＰＶ。16年は64試合に登板、18年に防御率2.56、自己ベストのＰＶ5.4。育成の**土田**（ＩＬ愛媛）も一軍で2勝を挙げた。

8. 中日 （7.0）

順位	選手		在籍時のPV	通算PV	通算成績
1	高橋周平	内野手	3.0	3.0	688試合、.262、48本、275打点
2	西川健太郎	投手	-12.1	-12.1	21試合、2勝6敗0S、5.37
3	田島慎二	投手	4.0	4.0	385試合、22勝38敗75S、3.46

4	辻孟彦	投手	-1.9	-1.9	13 試合、0 勝 0 敗 0 S、4.58
5	川崎貴弘	投手	-0.6	-0.6	1 試合、0 勝 0 敗 0 S、9.00

　オリックス、ヤクルトとの抽選に勝って**高橋**（東海大甲府高）を獲得。定位置を確保したのは 18 年と当初の見込みより遅かったものの、19 年は打率.293（8位）でＰＶ6.3、続く 20 年も.305（6位）でＰＶ9.2 と主力に成長した。**田島**（東海学園大）は 12 年に 56 試合で 5 勝 30 ホールド、防御率 1.15、ＰＶ13.5 と大活躍。17 年は抑えで 34 セーブを稼いだ。**西川**（星稜高）は 2 年目には一軍で 9 試合に先発するなど期待されていたが、通算 2 勝で終わった。

9. 横浜 （5.3）

順位	選手		在籍時のPV	通算PV	通算成績
1	北方悠誠	投手	出場なし		
2	高城俊人	捕手	-34.4	-35.3	340 試合、.172、4 本、38 打点
3	渡辺雄貴	内野手	出場なし		
4	桑原将志	内野手	4.7	4.7	630 試合、.258、38 本、154 打点
5	乙坂智	外野手	-18.3	-18.3	451 試合、.230、10 本、53 打点
7	松井飛雄馬	内野手	-7.5	-7.5	92 試合、.182、2 本、11 打点
9	伊藤拓郎	投手	0.6	0.6	2 試合、0 勝 0 敗 0 S、0.00
育 1	冨田康祐	投手	-1.7	-1.7	1 試合、0 勝 0 敗 0 S、27.00
育 2	西森将司	捕手	-4.7	-4.7	38 試合、.056、0 本、1 打点

　本指名 9 人のうち、**松井**（三菱重工広島）を除く 8 人が高校生という将来性重視の指名になった。1 位は 3 球団の抽選で藤岡を外し、松本も当たらず**北方**（唐津商）を獲得。速球に力はあったが制球難が解消されず、3 年で退団した。**高城**（九州国際大付高）と**乙坂**（横浜高）も、一軍に定着はしたものの控えどまり。ただ一人レギュラーに成長したのは**桑原**（福知山成美高）。16 年は打率.284/ 出塁率.356 でＰＶ10.6、翌 17 年は 161 安打、38 二塁打、13 本塁打、52 打点がすべて自己最多でＰＶ7.0 だった。

10. 西武 (O)

順位	選手		在籍時のPV	通算PV	通算成績
1	十亀剣	投手	-37.0	-37.0	206 試合、52 勝 49 敗 3 S、4.04
2	小石博孝	投手	-26.1	-26.1	117 試合、2 勝 5 敗 1 S、4.90
3	駒月仁人	捕手	-0.6	-0.6	7 試合、.143、0 本、0 打点
4	永江恭平	内野手	-23.2	-23.2	375 試合、.153、2 本、18 打点
5	田代将太郎	外野手	-6.0	-8.9	241 試合、.176、2 本、16 打点

　11 年の都市対抗決勝戦で優勝した J R 東日本の**十亀**を 1 位で単独指名。2 位はその試合で十亀に投げ負けた**小石**（N T T 東日本）だった。十亀は 13 年に 8 勝、防御率 3.45（8 位）、15 年は 11 勝。だが翌 16 年に防御率 6.31 の大不振で、P V − 21.1 と大きく数字を下げてしまった。小石は変則フォームの左腕として 16 年に 50 試合投げたが、制球難が解消されずじまい。好守の遊撃手だった**永江**（海星高）は打撃が弱く、**田代**（八戸大）も西武では通算 7 安打。ヤクルトへ移った 18 年は 73 試合に出場した。

10. 阪神 (O)

順位	選手		在籍時のPV	通算PV	通算成績
1	伊藤隼太	外野手	-12.9	-12.9	365 試合、.240、10 本、59 打点
2	歳内宏明	投手	-5.7	-7.4	64 試合、3 勝 6 敗 0 S、4.18
3	西田直斗	内野手	-0.2	-0.2	1 試合、.000、0 本、0 打点
4	伊藤和雄	投手	-6.9	-6.9	50 試合、1 勝 3 敗 0 S、4.71
5	松田遼馬	投手	-6.8	-6.9	164 試合、8 勝 10 敗 0 S、4.03

　単独で手に入れた慶応大の強打者・**伊藤**は、プロでは伸び悩む。**歳内**（聖光学院高）は 29 試合で防御率 2.62/ P V 2.4 だった 14 年以外は活躍できなかった。**松田**（波佐見高）は 16 年に 22 試合で防御率 1.00、P V 8.1。19 年はソフトバンクで 51 試合に投げたが、翌 20 年は一軍登板がなく引退してしまった。

10. ヤクルト (O)

順位	選手		在籍時のPV	通算PV	通算成績
1	川上竜平	外野手	出場なし		

2	木谷良平	投手	-19.6	-19.6	52 試合、7 勝 9 敗 0 S、5.61
3	比屋根渉	外野手	-21.3	-21.3	361 試合、.236、4 本、33 打点
4	太田裕哉	投手	出場なし		
6	古野正人	投手	-35.7	-35.7	62 試合、9 勝 12 敗 0 S、5.30
育1	徳山武陽	投手	-11.0	-11.0	54 試合、3 勝 4 敗 0 S、4.55
育2	金伏ウーゴ	投手	-4.4	-4.4	2 試合、0 勝 0 敗 0 S、27.00

　高橋の抽選に外れて指名した川上（光星学院高）は、二軍でも成績を残せないまま戦力外に。2位以下でも育成を含め6人の大学・社会人投手を指名したが、コンスタントに働いた者はいなかった。野手では**比屋根**（日本製紙石巻）が守備・代走要員として使われ、通算50盗塁を決めている。

2012 年 〈合計ＰＶ 970.8 ＝ 16 位〉

1	鈴木誠也	247.3	広島 2 位	770 試合、打率 .314、144 本塁打、474 打点
2	菅野智之	215.7	巨人 1 位	196 試合、101 勝 49 敗 0 S、防御率 2.32
3	大谷翔平	100.9	日本ハム 1 位	85 試合、42 勝 15 敗 0 S、防御率 2.52／403 試合、打率 .286、48 本塁打、166 打点
4	宮﨑敏郎	83.4	DeNA 6 位	694 試合、打率 .302、86 本塁打、286 打点
5	則本昂大	82.2	楽天 2 位	195 試合、85 勝 70 敗 0 S、防御率 3.12
6	増田達至	48.1	西武 1 位	422 試合、25 勝 26 敗 136 S、防御率 2.73
7	東浜巨	42.5	ソフトバンク 1 位	108 試合、49 勝 25 敗 0 S、防御率 3.14
8	藤浪晋太郎	33.0	阪神 1 位	152 試合、51 勝 46 敗 0 S、防御率 3.32
9	松永昂大	25.9	ロッテ 1 位	359 試合、16 勝 15 敗 1 S、防御率 2.91
10	石山泰稚	21.7	ヤクルト 1 位	344 試合、23 勝 28 敗 75 S、防御率 3.34
11	高橋朋己	14.3	西武 4 位	160 試合、6 勝 5 敗 52 S、防御率 2.74
12	福谷浩司	14.0	中日 1 位	233 試合、15 勝 15 敗 38 S、防御率 3.36
13	小川泰弘	12.1	ヤクルト 2 位	181 試合、75 勝 59 敗 0 S、防御率 3.63

　ドラフト前の一番の話題は、20 年に一人の大器と言われた**大谷**（花巻東高）の動向だった。投手としては高校野球史上最速の 160 ｋｍを投げ、打者としての素質も評価されていた大谷は、メジャー・リーグ行きを強烈に志望し、日本プロ野球入りに拒否の姿勢を示していた。他球団が意志強固と見て撤退する中、唯一日本ハムが指名して交渉権を獲得。当初は拒否の構えだった大谷は、投手・野手の両方でプレイする二刀流案を提示されて心が動き、入団を決めた。

　2 年目の 14 年は投手で 11 勝、防御率 2.61。打者としても 10 本塁打で、史上初となる同一シーズンでの 10 勝＆ 10 本塁打を達成。ＰＶは投手が 17.1、打者が 3.9 で合計 21.0（6 位）。二刀流がプロレベルでも可能だと証明した。15 年は打撃ではＰＶ－ 4.2 と不振ながら、投手では 15 勝、防御率 2.24、196 奪三振でＰＶ 24.1（9 位）。さらに 16 年は 10 勝、防御率 1.86、ＰＶ 27.8、打者としても打率 .322、22 本塁打、67 打点でＰＶ 25.6。投打合計でＰＶ 53.4 に達しリーグ 1 位、チームも日本一となりＭＶＰを受賞した。さらには投手とＤＨの両部門でベストナイン

に選ばれるという、今後二度とないであろう偉業も成し遂げた。ＰＶ14.3だった17年を最後に、当初の希望通りメジャーへ移籍。アメリカでも二刀流を継続し、18年はエンジェルズで4勝、22本塁打で新人王に輝いた。さらに21年はメジャー史上初の「打者で120安打、投手で120奪三振」を達成するなど、歴史的大活躍を演じた。

この年は珍しく、1・2位で指名された選手がそのまま通算ＰＶリストの上位を多数占めた。前年日本ハムの1位指名を蹴って浪人、念願の巨人に単独指名で入団した**菅野**（東海大卒）は、17年の17勝を最多として2ケタ勝利7回、最多勝3回、防御率1位4回。14年は12勝、防御率2.33、ＰＶ27.6（7位）でＭＶＰ、20年も14勝、ＰＶ28.4（9位）で2度目の受賞となった。ＰＶは－0.1だった19年を除き毎年2ケタ、14年から5年連続25以上／リーグ7位以内。17年は防御率1.59／ＰＶ43.4（2位）、18年も2.14/44.0（5位）。通算ＰＶは215.7に達している。

大谷のライバル的存在だった**藤浪**（大阪桐蔭高）は、オリックス、阪神、ヤクルト、ロッテの4球団の抽選で、地元の阪神に入団。投手としては大谷より先に成功を収め、13年は10勝、防御率2.75／ＰＶ14.9。高卒新人の2ケタ勝利は、セ・リーグでは69年の江夏豊以来46年ぶりだった。15年は14勝、防御率2.40、221奪三振は1位でＰＶ18.6。最初の4年間でＰＶ48.3とエース級の数字だったが、その後は制球を乱すなどして頭打ちになっている。

西武、ＤｅＮＡとの競合でソフトバンクが当たりくじを引いた**東浜**（亜細亜大）は17年に16勝で最多勝、ＰＶ18.1。規定投球回に達したのはこの年だけと耐久性に課題はあったものの、20年も9勝、防御率2.34／ＰＶ20.0。通算勝率.662の"負けない投手"である。

社会人からプロ入りし、リリーフで好結果を残した1位指名の投手も多く、出世頭は西武に入団した**増田**（ＮＴＴ西日本）。16年から抑えに定着、19年に防御率1.81で自己最多のＰＶ16.3。翌20年はリーグ最多の33セーブ／ＰＶ10.0で、通算136セーブは西武の球団史上1位になっている。

2位指名組では、**鈴木**が球史に残る強打者になりつつある。二松学舎大付高から広島入りし、16年に打率.335（2位）、29本塁打、95打点でＰＶ51.2（5位）。以後5年連続で3割・25本以上、ＰＶも毎年30を超えており、18年（打率.320、30本塁打、94打点）は57.2で4位、打率.335で首位打者になった19年は63.0（3位）。リーグ有数の強肩でゴールデングラブも4回受賞していて、遠くない将来のメジャー挑戦も噂されている。

13年の新人王となった**則本**と**小川**も2位指名。三重中京大から楽天に入った則本は1年目に15勝でPV 4.4、2年目から4年連続防御率4位以内/2ケタPV。17年に15勝、防御率2.57（2位）でPV 22.5（10位）、翌18年には鈴木啓示に次いでリーグ史上2人目の5年連続最多奪三振となった。小川（創価大）も13年はリーグ最多の16勝を挙げPV 15.6。PVは17～18年も2ケタ、防御率2.75だった18年の16.2が自己ベストで、通算75勝は菅野、則本に次ぐ。

　成功例の大半が投手だった中、打者では**宮﨑**（セガサミー）が17年に打率.323で首位打者となりPV 21.3、翌18年も.318、28本塁打で前年を上回るPV 28.6。6位指名からタイトルホルダーへ成長した。

球団別

1. 広島（247.3）

順位	選手		在籍時のPV	通算PV	通算成績
1	高橋大樹	外野手	-1.8	-1.8	49 試合、.253、1本、3打点
2	鈴木誠也	投手	247.3	247.3	770 試合、.314、144本、474打点
3	上本崇司	内野手	-9.3	-9.3	238 試合、.160、0本、6打点
4	下水流昂	外野手	-3.6	-6.0	203 試合、.241、12本、42打点
5	美間優槻	投手	-4.2	-6.3	46 試合、.115、1本、2打点

　日本ハムやソフトバンクも狙っていた**鈴木**を確保できたのは「2位でなければ取れない」と強く推薦した尾形佳紀スカウトの功績だった。本指名は5人全員が野手。1位は森、増田を続けて外し**高橋**（龍谷大平安高）を指名したが、一軍では今のところ19年の27試合が最多。**上本**（明治大）も阪神で活躍した兄・博紀には及んでいない。**下水流**（ホンダ）は16年に104打数で5本塁打を放つなど長打力を発揮したが、層の厚い外野陣に食い込めず、18年途中に楽天へ移籍した。

2. 巨人（216.7）

順位	選手		在籍時のPV	通算PV	通算成績
1	菅野智之	投手	215.7	215.7	196 試合、101勝49敗0S、2.32
2	大累進	内野手	*	-1.3	29 試合、.000、0本、0打点
3	辻東倫	内野手	-4.4	-4.4	43 試合、.190、0本、1打点
4	公文克彦	投手	1.0	4.4	203 試合、7勝2敗2S、3.62

5	坂口真規	内野手	0.0	0.0	8 試合、.308、0 本、1 打点

　菅野は大成功でも、その他の選手は巨人では戦力にならなかった。**公文**（大阪ガス）は日本ハムにトレードされたのち、左の中継ぎとして 18 年は 57 試合で防御率 2.17、ＰＶ 10.3。デビューから 182 試合連続負けなしのプロ野球記録も打ち立てた。俊足を買われていた**大累**（道都大）は巨人では 2 試合出ただけで打席には立たず、通算 8 打数で無安打。智弁和歌山高時代、甲子園大会史上初の 1 イニング 2 本塁打を放った**坂口**（東海大）も通算 4 安打で終わった。

3. 日本ハム（105.6）

順位	選手		在籍時のPV	通算PV	通算成績
1	大谷翔平	投手	65.8/35.1	65.8/35.1	85 試合、42 勝 15 敗 0 S、2.52/403 試合、.286、48 本、166 打点
2	森本龍弥	内野手	-1.0	-1.0	5 試合、.111、0 本、0 打点
3	鍵谷陽平	投手	1.1	7.7	326 試合、18 勝 15 敗 5 S、3.49
4	宇佐美塁大	内野手	出場なし		
5	新垣勇人	投手	-15.2	-15.2	12 試合、1 勝 3 敗 0 S、7.96
6	屋宜照悟	投手	-5.2	-12.3	24 試合、3 勝 0 敗 0 S、7.11
7	河野秀数	投手	3.6	3.6	56 試合、1 勝 2 敗 0 S、2.92

　前年は菅野に拒否され、2 年続けて 1 位指名権を無駄にしかねないリスクを覚悟で指名した**大谷**が無事に入団しただけでなく、日米の球史に残る選手に成長。**鍵谷**（中央大）も速球派のリリーフとして 17 年は 60 試合に登板、防御率 2.53／ＰＶ 7.2 だった。5 ～ 7 位では社会人投手を続けて指名。その中でサイドハンドの**河野**（新日鉄住金広畑）が最初の 2 年間で 56 試合に起用され、防御率 2 点台と上々だったが、3 年目に登板がないと戦力外になった。

4. 楽天（86.9）

順位	選手		在籍時のPV	通算PV	通算成績
1	森雄大	投手	-9.1	-9.1	28 試合、3 勝 6 敗 0 S、4.58
2	則本昂大	投手	82.2	82.2	195 試合、85 勝 70 敗 0 S、3.12
3	大塚尚仁	投手	-7.1	-7.1	9 試合、0 勝 0 敗 0 S、12.27

4	下妻貴寛	捕手	-6.9	-6.9	56 試合、.149、1 本、9 打点
5	島井寛仁	外野手	-2.6	-2.6	59 試合、.000、0 本、0 打点
育 1	宮川将	投手	4.7	4.7	43 試合、5 勝 1 敗 0 S、3.13

　広島との抽選に勝って獲得した**森**（東福岡高）は、故障もあって伸び悩みが続いている。俊足を買われた**島井**（熊本ゴールデンラークス）は通算 10 打数 0 安打、7 盗塁を決めるも失敗も 4 度と成功率は低く、走り屋とはなれなかった。**則本**に次ぐ実績を残したのは育成指名の**宮川**（大体大）で、1 年目から支配下登録され、17 試合に投げ防御率 2.45、ＰＶ 5.0 だった。

5. DeNA（83.4）

順位	選手		在籍時のPV	通算PV	通算成績
1	白崎浩之	内野手	-24.6	-28.5	413 試合、.220、16 本、52 打点
2	三嶋一輝	投手	-39.5	-39.5	261 試合、28 勝 25 敗 18 S、4.45
3	井納翔一	投手	-22.5	-22.5	168 試合、50 勝 60 敗 1 S、3.94
4	赤堀大智	外野手	-0.7	-0.7	6 試合、.125、0 本、1 打点
5	安部建輝	投手	-1.2	-1.2	10 試合、0 勝 1 敗 0 S、4.20
6	宮﨑敏郎	内野手	83.4	83.4	694 試合、.302、86 本、286 打点

　6 人全員が大学・社会人と即戦力志向。東浜の外れ 1 位で指名した**白崎**（駒澤大）は、15・16 年に 6 本塁打ずつ放つも確実性に難があった。2 位以下では**宮﨑**以外にも**三嶋**（法政大）と**井納**（ＮＴＴ東日本）が主力投手に成長。三嶋は新人ながら規定投球回に達して 6 勝、続く 2 年間は合計ＰＶ－33.9 と苦しんだが、リリーフに回ってから成績が向上。20 年は 18 セーブ、ＰＶ 7.3 だった。井納は14 年に 11 勝、16 年は防御率 3.50 でリーグ 10 位。ＰＶは主にリリーフで投げた18 年の 3.8 が最高だった。

6. 西武（62.4）

順位	選手		在籍時のPV	通算PV	通算成績
1	増田達至	投手	48.1	48.1	422 試合、25 勝 26 敗 136 S、2.73
2	相内誠	投手	-29.9	-29.9	21 試合、0 勝 7 敗 0 S、10.05
3	金子侑司	内野手	-56.1	-56.1	791 試合、.247、18 本、200 打点

			在籍時のPV	通算PV	通算成績
4	高橋朋己	投手	14.3	14.3	160 試合、6 勝 5 敗 52 S、2.74
5	佐藤勇	投手	-5.9	-5.9	7 試合、1 勝 3 敗 0 S、5.76
育1	水口大地	内野手	-2.1	-2.1	113 試合、.240、0 本、5 打点

　東浜の抽選を外すも**増田**を取れて結果オーライ。俊足の**金子**（立命館大）は 16 年 53 盗塁、19 年も 41 盗塁と 2 度のタイトルに輝いたが、力強さに欠ける打撃で通算出塁率は .311。長打率も .312 しかなく、ＰＶがプラスだったのは 17 年（1.6）だけ。**高橋**（西濃運輸）は左のリリーフで 14 年に 29 セーブ、防御率 2.01/ＰＶ 11.1。翌 15 年も 22 セーブを稼いだが、その後は故障が相次いで現役生活は短かった。**相内**（千葉国際高）は成績が良くなかった以上に、素行面での問題が絶えなかった。

7. ソフトバンク （48.3）

順位	選手		在籍時のPV	通算PV	通算成績
1	東浜巨	投手	42.5	42.5	108 試合、49 勝 25 敗 0 S、3.14
2	伊藤祐介	投手	出場なし		
3	高田知季	内野手	-24.6	-24.6	365 試合、.201、5 本、48 打点
4	真砂勇介	外野手	0.1	0.1	72 試合、.221、2 本、8 打点
6	山中浩史	投手	-7.2	-22.2	92 試合、17 勝 26 敗 0 S、4.33
育3	飯田優也	投手	5.7	-4.8	105 試合、5 勝 6 敗 0 S、3.89

　3 位の**高田**は、**東浜**とは亜細亜大のチームメイト。二遊間の控えとして主に守備固めで使われた。下手投げの**山中**（ホンダ熊本）はソフトバンクに居たのは 1 年半だけ。14 年途中ヤクルトへ移籍、15・16 年に 2 年続けて 6 勝を挙げた。育成指名の**飯田**（東農大北海道オホーツク）も左の中継ぎとして、15・16 年は 30 試合以上登板。最初の 4 年間は毎年プラスＰＶで合計 7.5 とよく働いた。

8. 阪神 （41.9）

順位	選手		在籍時のPV	通算PV	通算成績
1	藤浪晋太郎	投手	33.0	33.0	152 試合、51 勝 46 敗 0 S、3.32
2	北條史也	内野手	3.9	3.9	390 試合、.260、16 本、100 打点
3	田面巧二郎	投手	-1.2	-1.2	4 試合、0 勝 1 敗 0 S、6.23

4	小豆畑真也	捕手	出場なし		
5	金田和之	投手	-4.1	-14.2	112 試合、12 勝 2 敗 0 S、4.66
6	緒方凌介	外野手	-1.5	-1.5	51 試合、.220、2 本、5 打点

　藤浪に続いて、2位でも甲子園で活躍した**北條**（光星学院高）を指名。16年に三塁手としてレギュラーになり打率.273、25 二塁打、ＰＶ 2.6。その後は本来の遊撃手として、18年は62試合のみとはいえ.322の高打率を残し、ＰＶ 6.4を記録した。3位以下では大学・社会人の選手を4人指名。**金田**（大阪学院大）は14年に40試合で5勝、ＦＡの人的補償としてオリックスへ移った17年も4勝。通算防御率は4点台後半にもかかわらず、12勝2敗と勝ち運に恵まれている。

9. ヤクルト（34.4）

順位	選手		在籍時のPV	通算PV	通算成績
1	石山泰稚	投手	21.7	21.7	344 試合、23 勝 28 敗 75 S、3.34
2	小川泰弘	投手	12.1	12.1	181 試合、75 勝 59 敗 0 S、3.63
3	田川賢吾	投手	-5.9	-5.9	5 試合、1 勝 2 敗 0 S、7.16
4	江村将也	投手	-8.2	-8.2	50 試合、3 勝 1 敗 0 S、5.53
5	星野雄大	捕手	*	*	1 試合
6	谷内亮太	内野手	-10.2	-13.2	228 試合、.220、2 本、41 打点
7	大場達也	投手	0.6	0.6	5 試合、0 勝 0 敗 0 S、2.84

　藤浪の外れ1位で**石山**（ヤマハ）、2位も**小川**で満足のいくドラフトになった。先発としては今一つだった石山は、リリーフに回ってからは18年に35セーブ、防御率2.08でＰＶ 16.6。20年も20セーブを挙げた。**江村**（ワイテック）は1年目に31試合で3勝を挙げるも防御率は5点台で、3年で戦力外。**谷内**（國學院大）は16年に70打数のみながら打率.300、ＰＶ 3.5だった。

10. ロッテ（25.9）

順位	選手		在籍時のPV	通算PV	通算成績
1	松永昂大	投手	25.9	25.9	359 試合、16 勝 15 敗 1 S、2.91
2	川満寛弥	投手	出場なし		
3	田村龍弘	捕手	-28.5	-28.5	771 試合、.226、17 本、206 打点

| 4 | 加藤翔平 | 外野手 | -30.6 | -30.6 | 471 試合、.247、13 本、81 打点 |

指名は 4 人だけ。藤浪の外れ 1 位だった**松永**（大阪ガス）は、13 年に防御率 2.11/ ＰＶ 12.4 の好スタートを切り、2 年目以降も左の中継ぎとして安定した成績。19 年まで 7 年連続で 40 試合以上に登板、15 年の− 0.4 を除いてＰＶは毎年プラスだった。**田村**（光星学院高）も正捕手に定着、ＰＶは 16 年（打率 .256、95 安打、38 打点）の 3.3 が自己ベストとなっている。

11. 中日（17.3）

順位	選手		在籍時のＰＶ	通算ＰＶ	通算成績
1	福谷浩司	投手	14.0	14.0	233 試合、15 勝 15 敗 38 S、3.36
2	濱田達郎	投手	-16.0	-16.0	28 試合、5 勝 7 敗 0 S、5.16
3	古本武尊	外野手	-1.6	-1.6	16 試合、.167、0 本、0 打点
4	杉山翔大	内野手	-6.4	-6.4	207 試合、.213、6 本、45 打点
5	溝脇隼人	内野手	-3.6	-3.6	67 試合、.179、1 本、4 打点
6	井上公志	投手	-1.0	-1.0	11 試合、1 勝 1 敗 0 S、4.50
7	若松駿太	投手	3.3	3.3	56 試合、18 勝 17 敗 0 S、3.40

単独 1 位指名の**福谷**（慶応大）は、14 年はリーグ最多の 72 試合に投げ 11 セーブ、34 ホールドで防御率 1.81、ＰＶ 17.3。翌 15 年も 19 セーブを挙げた。20 年は先発に回り 8 勝、防御率 2.64 で、ＰＶ 12.2 は 6 年ぶりに 2 ケタへ乗せた。愛工大名電高時代に注目されていた**濱田**は、14 年に 5 勝を挙げた後は勝ち星なし。15 年に 10 勝、防御率 2.12/ ＰＶ 17.4 だった**若松**（祐誠高）は、翌 16 年も 7 勝と順調に思えたが、以後急速に成績を落として 18 年に戦力外とされた。

12. オリックス（0）

順位	選手		在籍時のＰＶ	通算ＰＶ	通算成績
1	松葉貴大	投手	-16.0	-19.7	136 試合、30 勝 46 敗 0 S、3.94
2	佐藤峻一	投手	-8.0	-8.0	5 試合、0 勝 0 敗 0 S、13.50
3	伏見寅威	捕手	-5.8	-5.8	251 試合、.250、9 本、52 打点
4	武田健吾	外野手	-11.3	-19.0	311 試合、.231、3 本、31 打点
5	森本将太	投手	-10.7	-10.7	27 試合、2 勝 1 敗 0 S、6.68

| 6 | 戸田亮 | 投手 | -1.9 | -1.9 | 5 試合、0 勝 0 敗 0 S、6.75 |
| 育2 | 西川拓喜 | 外野手 | -0.1 | -0.1 | 1 試合、.000、0 本、0 打点 |

　藤浪、松永と大阪の選手を立て続けに抽選で外し、これも大阪出身の**松葉**（大阪体育大）を獲得。14 年は 8 勝 1 敗、防御率 2.77/ ＰＶ 10.5。16 年も 7 勝、ＰＶ 5.8 だったが、その後 2 年半で − 21.2 だと 19 年途中に中日へトレードされた。**武田**（自由ヶ丘高）も 17 年に 97 試合で打率 .295、61 安打だった後は振るわず、松葉と一緒に中日へ移った。**伏見**（東海大）は 20 年に 6 本塁打、23 打点で自己最多のＰＶ 3.8 を記録した。

2013 年 〈合計ＰＶ 826.2 ＝ 22 位〉

1	森友哉	181.3	西武 1 位	699 試合、打率 .291、83 本塁打、370 打点
2	田中広輔	117.1	広島 3 位	889 試合、打率 .264、59 本塁打、304 打点
3	山川穂高	101.5	西武 2 位	530 試合、打率 .258、153 本塁打、414 打点
4	松井裕樹	58.3	楽天 1 位	346 試合、22 勝 38 敗 141 S、防御率 2.69
5	森唯斗	44.6	ソフトバンク2位	405 試合、20 勝 17 敗 106 S、防御率 2.77
6	大瀬良大地	32.7	広島 1 位	182 試合、57 勝 39 敗 2 S、防御率 3.46
7	祖父江大輔	32.7	中日 5 位	317 試合、9 勝 17 敗 6 S、防御率 2.88
8	岩崎優	32.5	阪神 6 位	264 試合、24 勝 25 敗 2 S、防御率 3.11
9	秋吉亮	30.0	ヤクルト 3 位	369 試合、20 勝 24 敗 71 S、防御率 3.01
10	又吉克樹	29.6	中日 2 位	334 試合、38 勝 24 敗 2 S、防御率 3.10
11	石川柊太	27.4	ソフトバンク育成1位	96 試合、32 勝 12 敗 0 S、防御率 3.09
12	三上朋也	23.3	ＤｅＮＡ 4 位	287 試合、8 勝 14 敗 23 S、防御率 3.02
13	石川歩	18.2	ロッテ 1 位	160 試合、63 勝 55 敗 0 S、防御率 3.56
14	田口麗斗	17.5	巨人 3 位	162 試合、36 勝 37 敗 2 S、防御率 3.49
15	渡邊諒	13.6	日本ハム 1 位	343 試合、打率 .262、25 本塁打、114 打点
16	梅野隆太郎	13.5	阪神 4 位	656 試合、打率 .237、37 本塁打、211 打点

一番注目されていたのは桐光学園高の**松井**。甲子園で1試合22奪三振の記録を樹立した左腕投手には5球団が入札し、楽天が引き当てた。当初は先発で使われたが、2年目からはリリーフが主な仕事になる。15年は33セーブ、防御率0.87でＰＶ21.9（7位）、リーグ最多の38セーブを稼いだ19年もＰＶ15.3と活躍を続け、通算58.3も同期生の中で4位にランクされている。

　大学ナンバーワン投手の**大瀬良**（九州共立大）には阪神・広島・ヤクルトのセ・リーグ3球団が競合して広島入り。10勝を挙げ新人王になった14年はＰＶ－2.7だったが、その後は5年続けてプラス。18年は15勝で最多勝、防御率2.62（3位）のベストシーズンで、ＰＶ29.9は10位だった。

　社会人の好投手、東京ガス・**石川**には巨人とロッテが入札してロッテが抽選勝ち。14年は大瀬良と同じく10勝を挙げ新人王、16年は14勝、リーグ1位の防御率2.16でＰＶ26.8（6位）。ただしその後は規定投球回に達しない年が続いている。

　西武が単独指名した**森**（大阪桐蔭高）はこの年最高の選手となった。強打の捕手として1年目から6本塁打、ＰＶ11.5。打撃の良い捕手にありがちな外野手転向案も出たが、捕手を続け18年は打率.275、16本塁打でＰＶ42.5（4位）。続く19年は.329で、パ・リーグの捕手では54年ぶりの首位打者となったのに加え、23本塁打、105打点。リーグトップのＰＶ77.0でＭＶＰを受賞した。

　西武では2位指名の**山川**（富士大）も長距離砲として花開いた。17年に78試合で23本塁打を放ちＰＶ26.5（7位）、続く18年は47本塁打でタイトルを獲得、124打点も2位。ＰＶ41.4（6位）でＭＶＰに選ばれた。続く19年も43本で2年連続本塁打王となっている。

　広島に入団した**田中**（ＪＲ東日本）は、打率3割に達したことも、リーグ10位以内に入ったこともない。それでも15年は9本、18年は10本で最多三塁打だったように本塁打以外の長打が多く、また16～18年に3年続けて75四球以上を選んだ結果、通算出塁率は.352。遊撃手であることも併せ、通算ＰＶ117.1は同期では森に次ぐ数字になっている。17年は打率.290、89四球、35盗塁（1位）、出塁率.398で、ＰＶ43.1は3位だった。

　この年もリリーフ投手が豊作で、通算ＰＶ上位12人中7人を占めている。**森**（三菱自動車倉敷オーシャンズ）はソフトバンク入団後7年連続で50試合以上に登板、17年を除き防御率は毎年2点台と信頼度は抜群。18年に中継ぎから抑えに回りリーグ最多の37セーブ、以後3年連続30セーブを稼ぎ、ＰＶは19年の10.0が自己ベストとなっている。

中日入りした2人も活躍した。2位の**又吉**（IL香川）は、独立リーグ史上最上位での指名。ルーキーイヤーから67試合とフル回転し9勝、防御率2.21/PV 15.2。17年は先発でも起用され8勝、防御率2.13/PV 18.9だった。5位の**祖父江**（トヨタ自動車）は入団して7年間、毎年30試合以上投げてPVは常にプラス。20年は54試合で28ホールド、防御率1.79、PV 11.4だった。

左腕の**岩崎**（国士舘大）は、阪神入りして最初の3年は先発で使われ通算11勝20敗、PV 2.1と平凡だった。だが17年からリリーフに回ると、66試合に投げてPV 10.1。19年は48試合で防御率1.01/PV 17.2と素晴らしい数字を残した。サイドハンドの**秋吉**（パナソニック）は1年目から61試合でPV 12.7、15～16年は70試合以上で2年連続のリーグ最多登板。ヤクルトから日本ハムへ移籍した19年にも25セーブを挙げた。**三上**（JX－ENEOS）も14年は65試合で防御率2.33/PV 11.4、最初の5年間で59試合以上が4回と投げまくった。

育成指名では、創価大からソフトバンクに入団した**石川**が大きく成長。17年に一軍へ昇格し8勝を挙げると、翌18年は13勝。20年は規定投球回未満ながら11勝、最多勝と最高勝率のダブルタイトルに輝いてPV 17.9を記録した。勝率は通算でも.727と極めて高い数字になっている。

球団別

1. 西武（283.0）

順位	選手		在籍時のPV	通算PV	通算成績
1	森友哉	捕手	181.3	181.3	699試合、.291、83本、370打点
2	山川穂高	内野手	101.5	101.5	530試合、.258、153本、414打点
3	豊田拓矢	投手	-2.7	-2.7	45試合、2勝2敗0S、4.09
4	金子一輝	内野手	0.2	0.2	6試合、.357、1本、2打点
6	岡田雅利	捕手	-6.8	-6.8	290試合、.226、5本、38打点
7	福倉健太郎	投手	-4.9	-4.9	11試合、0勝0敗0S、5.85

同一年のドラフト1・2位が2年続けてMVPとなったのは、75・76年の加藤秀司・山田久志（68年阪急）以来のケース。**豊田**（TDK）は26歳でプロ入り、即戦力として1年目は34試合に投げた。**岡田**（大阪ガス）は守備面を評価され、控え捕手として一定の出場機会を得た。

2. 広島 （155.2）

順位	選手		在籍時のPV	通算PV	通算成績
1	大瀬良大地	投手	32.7	32.7	182 試合、57 勝 39 敗 2 S、3.46
2	九里亜蓮	投手	5.4	5.4	160 試合、37 勝 31 敗 0 S、3.76
3	田中広輔	内野手	117.1	117.1	889 試合、.264、59 本、304 打点
4	西原圭大	投手	-9.1	-9.1	16 試合、0 勝 0 敗 0 S、7.23
5	中村祐太	投手	-7.9	-7.9	34 試合、11 勝 12 敗 0 S、4.25

　大瀬良と**田中**だけでも大成功である上に、**九里**（亜細亜大）も 17 年に 9 勝、18 年からは 3 年連続 8 勝と主戦投手に成長。20 年はリーグ 5 位の防御率 2.96 でＰＶ 12.6 の好成績を収めた。**中村**（関東一高）は一軍に初昇格した 17 年に 5 勝、20 年は 8 先発で 3 勝、防御率 2.31 で自己ベストのＰＶ 7.9 だった。

3. ソフトバンク （82.1）

順位	選手		在籍時のPV	通算PV	通算成績
1	加治屋蓮	投手	-9.3	-9.3	112 試合、7 勝 4 敗 0 S、4.62
2	森唯斗	投手	44.6	44.6	405 試合、20 勝 17 敗 106 S、2.77
3	岡本健	投手	2.8	2.8	50 試合、2 勝 0 敗 0 S、3.42
4	上林誠知	外野手	7.3	7.3	474 試合、.245、54 本、171 打点
育1	石川柊太	投手	27.4	27.4	96 試合、32 勝 12 敗 0 S、3.09
育3	曽根海成	内野手	-0.3	-1.9	110 試合、.226、0 本、5 打点

　松井と杉浦のクジが当たらず、外れ外れ 1 位で**加治屋**（ＪＲ九州）を指名。5 年目の 18 年に球団タイ記録の 72 試合に登板し、ＰＶ 3.9 だったが活躍したのはこの年だけ。20 年限りで戦力外になって阪神へ移籍した。**上林**（仙台育英高）は 17 年に 13 本塁打、51 打点、翌 18 年は打率 .270、22 本塁打、62 打点でＰＶ 13.8 と順調だったが、19 〜 20 年は合計ＰＶ − 15.1 と不調だった。

4. 中日 （62.3）

順位	選手		在籍時のPV	通算PV	通算成績
1	鈴木翔太	投手	-6.9	-6.9	24 試合、5 勝 5 敗 0 S、4.41
2	又吉克樹	投手	29.6	29.6	334 試合、38 勝 24 敗 2 S、3.10

3	桂依央利	捕手	-7.1	-7.1	112 試合、.204、5 本、20 打点
4	阿知羅拓馬	投手	-7.1	-7.1	24 試合、1 勝 4 敗 0 S、4.84
5	祖父江大輔	投手	32.7	32.7	317 試合、9 勝 17 敗 6 S、2.88

　松井の外れ 1 位で指名した**鈴木**（聖隷クリストファー高）は 17 年に 5 勝を挙げた後は、2 試合の登板のみ。20 年限りで自由契約となって阪神へ移籍した。**桂**（大商大）は最初の 2 年で 106 試合に起用されながらも、結果が出ずその後は出場機会が減っている。

5. 楽天 (58.3)

順位	選手		在籍時 の PV	通算 PV	通算成績
1	松井裕樹	投手	58.3	58.3	346 試合、22 勝 38 敗 141 S、2.69
2	内田靖人	内野手	-13.7	-13.7	129 試合、.176、19 本、51 打点
3	濱矢広大	投手	-12.4	-17.7	40 試合、3 勝 1 敗 0 S、7.25
4	古川侑利	投手	-17.7	-23.5	47 試合、6 勝 14 敗 0 S、5.02
5	西宮悠介	投手	-12.4	-12.4	117 試合、9 勝 1 敗 0 S、4.60
6	横山貴明	投手	-20.0	-20.0	30 試合、1 勝 4 敗 0 S、7.05
7	相原和友	投手	-1.7	-1.7	21 試合、0 勝 0 敗 0 S、4.24
8	相沢晋	投手	-5.1	-5.1	5 試合、0 勝 1 敗 0 S、9.82
9	今野龍太	投手	-13.1	-10.3	35 試合、1 勝 1 敗 0 S、5.69

　指名した 9 人全員が一軍公式戦に出場したが、主要な戦力となったのは**松井**だけ。ただ一人の野手である**内田**（常総学院高）は長打力が魅力で、18 年は 58 試合で 12 本塁打。だが打率 2 割にすら遠く及ばない確実性の乏しさがネックになっている。**西宮**（横浜商科大）は、1 年目に左の中継ぎとして 46 試合に投げ P V 2.3 だった後は今一つ。18 年に 17 先発し 4 勝を挙げた**古川**（有田工）は、19 年途中巨人へトレード。**濱矢**（ホンダ鈴鹿）と**今野**（岩出山高）も楽天では花開かずセ・リーグへ移籍し、今野はヤクルトで芽を出し始めている。

6. 阪神 (53.8)

順位	選手		在籍時 の PV	通算 PV	通算成績
1	岩貞祐太	投手	7.8	7.8	123 試合、33 勝 41 敗 0 S、3.68
2	横田慎太郎	外野手	-7.7	-7.7	38 試合、.190、0 本、4 打点

3	陽川尚将	内野手	-13.2	-13.2	215 試合、.224、20 本、81 打点
4	梅野隆太郎	捕手	13.5	13.5	656 試合、.237、37 本、211 打点
5	山本翔也	投手	-7.9	-7.9	22 試合、1 勝 0 敗 0 S、6.31
6	岩崎優	投手	32.5	32.5	264 試合、24 勝 25 敗 2 S、3.11

　大瀬良、柿田の外れ外れ 1 位だった**岩貞**（横浜商科大）は 16 年に 10 勝、防御率 2.90（5 位）、ＰＶ 13.9。18 年も 7 勝 10 敗の負け越しながらＰＶ 9.1 だった。強肩の**梅野**（福岡大）は 18 年から 3 年連続ゴールデングラブ、打撃も 18 〜 20 年の 3 年間でＰＶ 33.0 と、攻守とも優れた好捕手に成長を遂げた。09 年に巨人の育成指名を拒否した**陽川**（東農大）は、20 年に 8 本塁打、24 打点と長打力を披露。**横田**（鹿児島実）は元ロッテの横田真之の息子で、16 年に一軍昇格したが、脳腫瘍を患ったこともあり 19 年限りで引退した。

7. ヤクルト（32.9）

順位	選手		在籍時のPV	通算PV	通算成績
1	杉浦稔大	投手	-17.7	-8.9	67 試合、19 勝 17 敗 1 S、4.05
2	西浦直亨	内野手	-4.5	-4.5	467 試合、.240、33 本、163 打点
3	秋吉亮	投手	32.9	30.0	369 試合、20 勝 24 敗 71 S、3.01
4	岩橋慶侍	投手	-2.9	-2.9	34 試合、1 勝 3 敗 1 S、4.42
6	藤井亮太	捕手	-18.3	-18.9	183 試合、.242、2 本、18 打点

　杉浦（國學院大）は、ヤクルト時代は故障続きで 5 年間に 33 試合投げただけ。17 年途中に日本ハムへ移ってからはＰＶ 8.8、20 年に 7 勝を挙げた。**西浦**（法政大）は 18 年に規定打席に到達し 116 安打、28 二塁打、55 打点。**藤井**（シティライト岡山）は、17 年は主に三塁で 97 試合に出場、75 安打を放った。

8. 日本ハム（29.1）

順位	選手		在籍時のPV	通算PV	通算成績
1	渡邊諒	内野手	13.6	13.6	343 試合、.262、25 本、114 打点
2	浦野博司	投手	-5.3	-5.3	101 試合、18 勝 13 敗 7 S、3.87
3	岡大海	内野手	-12.0	-21.2	453 試合、.226、15 本、83 打点
4	高梨裕稔	投手	7.8	-15.5	118 試合、30 勝 30 敗 0 S、4.04

5	金平将至	投手	-3.0	-3.0	11 試合、0 勝 0 敗 0 S、6.30
6	白村明弘	投手	7.7	7.7	109 試合、6 勝 5 敗 2 S、3.10
7	岸里亮佑	外野手	-0.9	-0.9	9 試合、.235、0 本、1 打点
8	石川亮	捕手	-8.3	-8.3	124 試合、.202、0 本、13 打点

　抽選で松井、柿田、岩貞を続けて外した末の「外れ外れ外れ1位」渡邉（東海大甲府高）が、結果的に成功。正二塁手となった19年に11本塁打、58打点でPV7.5、翌20年はリーグ7位の打率.283/PV9.2。2位以下の選手も、活躍した期間は短くともそれなりに働いた。浦野（セガサミー）は新人で7勝、血行障害による肩痛を克服した後、18年に36試合で7セーブ、防御率2.16で自己ベストのPV8.1だった。白村（慶応大）は15年に50登板で防御率2.03/PV10.0、翌16年もPV2.7。16年は岡（明治大）が131打数ながら.374の高打率でPV12.0、高梨（山梨学院大）も10勝、防御率2.38、PV15.5で新人王と、3人揃って日本一に貢献した。

9. DeNA（25.9）

順位	選手		在籍時のPV	通算PV	通算成績
1	柿田裕太	投手	出場なし		
2	平田真吾	投手	-18.9	-18.9	142 試合、1 勝 4 敗 0 S、4.76
3	嶺井博希	捕手	-2.7	-2.7	343 試合、.226、15 本、89 打点
4	三上朋也	投手	23.3	23.3	287 試合、8 勝 14 敗 23 S、3.02
5	関根大気	外野手	-16.0	-16.0	218 試合、.204、1 本、21 打点
育1	砂田毅樹	投手	0.5	0.5	196 試合、7 勝 11 敗 0 S、3.64
育2	萬谷康平	投手	2.1	2.1	30 試合、2 勝 1 敗 0 S、3.21

　地元・神奈川の大器である松井を外し、日本生命の柿田を阪神・日本ハムとの抽選に勝って獲得。だが公式戦登板すらないまま4年で退団する大誤算だった。平田（ホンダ熊本）は7年目の20年に通算130試合目で初勝利、同年は43試合でPV4.9。嶺井（亜細亜大）は第二捕手として15年に5本塁打、26打点でPV5.3。17年までPVは4年続けてプラスだった。育成1位の砂田（明桜高）は左の中継ぎとして17年は62試合、18年は70試合とフル回転し、この両年で合計49ホールドを稼いだ。

10. ロッテ (25.8)

順位	選手		在籍時のPV	通算PV	通算成績
1	石川歩	投手	18.2	18.2	160 試合、63 勝 55 敗 0 S、3.56
2	吉田裕太	捕手	-15.7	-15.7	241 試合、.193、8 本、29 打点
3	三木亮	内野手	-18.6	-18.6	395 試合、.219、5 本、42 打点
4	吉原正平	投手	-6.3	-6.3	6 試合、1 勝 1 敗 0 S、9.64
5	井上晴哉	内野手	7.6	7.6	486 試合、.256、67 本、265 打点
6	二木康太	投手	-19.3	-19.3	99 試合、34 勝 38 敗 0 S、4.08
育 1	肘井竜蔵	捕手	-3.1	-3.1	30 試合、.159、0 本、2 打点

5 位までは全員大学・社会人出身。石川以外の上位指名は主力選手とはなれなかったが、5・6 位の 2 人が大きく成長した。パワーヒッターの井上（日本生命）は 18 年に打率.292、24 本塁打、99 打点で PV 18.2。続く 19 年も 24 本塁打で PV 6.8 だった。本指名ではただ一人高校生の二木（鹿児島情報高）は、16 年に PV − 21.8 と大幅なマイナスになってしまったが、翌 17 年は防御率 3.39（8 位）で PV 4.3。規定投球回に達したのはこの年だけでも、自己最多の 9 勝を挙げた 20 年は PV 4.7。92.2 回で 12 四球のみとコントロールの良さが出色だった。

11. 巨人 (17.5)

順位	選手		在籍時のPV	通算PV	通算成績
1	小林誠司	捕手	-40.0	-40.0	621 試合、.217、14 本、134 打点
2	和田恋	内野手	-0.8	-7.4	43 試合、.229、2 本、12 打点
3	田口麗斗	投手	17.5	17.5	162 試合、36 勝 37 敗 2 S、3.49
4	奥村展征	内野手	-	-12.3	154 試合、.212、2 本、21 打点
5	平良拳太郎	投手	-2.5	9.5	47 試合、15 勝 19 敗 0 S、3.55

石川のクジを外し、阿部慎之助の後継者として捕手の小林（日本生命）を指名した。強肩を生かした守備力は高く、17 年はゴールデングラブを受賞。だが打撃は規定打席に達した 16・17 年とも打率.210 に届かず、2 年続けて 2 ケタのマイナス PV を記録した。田口（広島新庄高）は 16 年に 10 勝、防御率 2.72（4 位）で PV 17.4、続く 17 年も 13 勝を挙げ PV 12.6 と順調だったが、その後 3 年間マイナスが続き 21 年にヤクルトへ。奥村（日大山形高）はヤクルト、平良（北山

高）はＤｅＮＡにそれぞれＦＡの人的補償で移籍。平良は20年に4勝6敗ながら防御率2.27／ＰＶ14.5の好成績だった。

12. オリックス（1.5）

順位	選手		在籍時のPV	通算PV	通算成績
1	吉田一将	投手	-0.8	-0.8	226 試合、18 勝 20 敗 2 S、3.74
2	東明大貴	投手	-16.0	-16.0	94 試合、18 勝 30 敗 0 S、3.97
3	若月健矢	捕手	-44.7	-44.7	517 試合、.215、6 本、105 打点
4	園部聡	内野手	-2.6	-2.6	16 試合、.204、1 本、6 打点
6	奥浪鏡	内野手	0.6	0.6	15 試合、.265、0 本、1 打点
8	大山暁史	投手	0.9	0.9	42 試合、1 勝 0 敗 0 S、3.47

　ＪＲ東日本の**吉田**を単独指名。1年目は先発で5勝、16年以降はリリーフに回り16・17年に2年連続防御率2点台、ＰＶは合計10.0だった。**東明**（富士重工）は15年に10勝、防御率3.35（7位）でＰＶ4.4。翌16年は1勝10敗、ＰＶ－17.5の大不振に陥り、18年も1勝のみだったが、ＰＶ4.4は自己最高となった。**若月**（花咲徳栄高）は正捕手になったものの通算出塁率.258で、ＰＶは20年（打率.240、3本塁打）の0.6が現時点で唯一のプラスとなっている。

2014 年 〈合計ＰＶ 216.8 ＝ 50 位〉

1	岡本和真	62.1	巨人 1 位	439 試合、打率 .279、96 本塁打、297 打点
2	外崎修汰	52.1	西武 3 位	597 試合、打率 .261、65 本塁打、257 打点
3	山崎康晃	37.5	ＤｅＮＡ 1 位	343 試合、13 勝 20 敗 169 Ｓ、防御率 2.72
4	石田健大	26.8	ＤｅＮＡ 2 位	168 試合、25 勝 28 敗 0 Ｓ、防御率 3.28
5	中村奨吾	15.7	ロッテ 1 位	710 試合、打率 .249、53 本塁打、243 打点

通算ＰＶが 2 ケタの選手は 20 年終了時点で 5 人だけ。これから増える余地はあるとはいえ、不作との前評判を覆せてはいない。一番人気は早稲田大の有原航平。4 球団の抽選で日本ハムが獲得し 15 年は 8 勝、防御率 4.79 でＰＶ－ 13.8 ながらも、対抗馬が不在で新人王を受賞した。翌 16 年はＰＶ 12.3 だったが、17 年は－ 20.3 の大不振。ようやく 19 年にリーグ最多の 15 勝、防御率 2.46（2 位）でＰＶ 26.4（9 位）と、当初期待されたような数字を残した。

選抜大会での豪速球で注目された安楽智大（済美高）は、ヤクルトとの抽選に勝って楽天が獲得した。だが甲子園での酷使の影響か、球速が落ちてしまい 16 年の 3 勝が最多。ＰＶも 6 年間で－ 4.9 と振るわない。

残りの 6 球団は単独指名で、智弁学園高から巨人に入団した**岡本**が、20 年終了時点で最も実績を残している。一軍に定着した 18 年に打率 .309、33 本塁打、100 打点でＰＶ 28.9。翌 19 年も 31 本塁打、さらに 20 年は 31 本塁打、97 打点の二冠王。巨人の日本人右打者がホームラン王になったのは長嶋茂雄以来で、ＭＶＰ投票では 2 位、ＰＶ 28.5 はリーグ 8 位に入った。

1 位で有原を外したＤｅＮＡは、代わりに指名した**山崎**（亜細亜大）が抑えの切り札に成長。15 年に新人最多記録の 37 セーブを挙げ、18 年は 37 セーブ、19 年も 30 セーブで 2 年連続 1 位。17 年の 14.8 を最多として、19 年まで 5 年続けてプラスＰＶだった。ＤｅＮＡは 2 位の**石田**（法政大）も 16 年に 9 勝、ＰＶ 9.7、先発からリリーフへ回った 19 年は 40 試合で防御率 2.14／ＰＶ 13.8。6 年間でマイナスＰＶは一度だけと安定している。

富士大から西武に 3 位で入った**外崎**は、岡本に次ぐ通算ＰＶ 52.1。内外野どこでも使える器用さで、18 年は主に右翼を守り打率 .287（9 位）、18 本塁打、25 盗塁、ＰＶ 15.4。翌 19 年は浅村栄斗がＦＡとなって抜けた二塁に収まり、26 本塁打、90 打点、22 盗塁でＰＶ 35.2（4 位）まで伸ばした。

有原とは早稲田大の同僚で、主将も務めた**中村**はロッテの１位。最初の２年間はＰＶ−19.5だったが、18年に打率.284、30二塁打、39盗塁でＰＶ21.0と飛躍。以後は３年連続プラスと堅実な成績を残している。

球団別

1.ＤｅＮＡ（64.3）

順位	選手		在籍時のPV	通算PV	通算成績
1	山崎康晃	投手	37.5	37.5	343 試合、13 勝 20 敗 169 S、2.72
2	石田健大	投手	26.8	26.8	168 試合、25 勝 28 敗 0 S、3.28
3	倉本寿彦	内野手	-28.4	-28.4	577 試合、.259、7 本、141 打点
4	福地元春	投手	-5.6	-5.6	19 試合、0 勝 1 敗 0 S、5.64
5	山下幸輝	内野手	-14.3	-14.3	166 試合、.217、1 本、13 打点
6	百瀬大騎	内野手	-0.3	-0.3	5 試合、.200、0 本、1 打点
7	飯塚悟史	投手	-15.1	-15.1	23 試合、2 勝 10 敗 0 S、5.29

　倉本（日本新薬）は正遊撃手として 16 年は打率.294、157 安打。だが 566 打席で 22 四球しか選ばず、出塁率.323 にとどまりＰＶ 2.0。プラスＰＶはこの年だけだった。**山下**（國學院大）は倉本以上に選球眼が悪く、20 年に３四球を選んでもなお通算 275 打席で４四球。史上有数の「歩かない打者」となっている。

2.巨人（62.6）

順位	選手		在籍時のPV	通算PV	通算成績
1	岡本和真	内野手	62.1	62.1	439 試合、.279、96 本、297 打点
2	戸根千明	投手	0.5	0.5	120 試合、3 勝 2 敗 2 S、3.52
3	高木勇人	投手	-4.0	-15.4	77 試合、16 勝 23 敗 0 S、3.90
4	田中大輝	投手	出場なし		
育3	田中貴也	捕手	＊	3.0	11 試合、.400、1 本、4 打点

　戸根（日本大）は左の中継ぎとして、最初の２年で 88 試合に登板。19 年は防御率 1.99、ＰＶ 4.8 だった。**高木**（三菱重工名古屋）は新人でローテーション入りし９勝、防御率 3.19。翌 16 年も５勝を挙げたがＰＶは−8.0 と振るわず、18 年にＦＡの人的補償で西武へ移籍した。

3. 西武 （52.1）

順位	選手		在籍時のPV	通算PV	通算成績
1	高橋光成	投手	-17.6	-17.6	81 試合、32 勝 32 敗 0 S、4.12
2	佐野泰雄	投手	-8.9	-8.9	80 試合、6 勝 5 敗 0 S、4.37
3	外崎修汰	内野手	52.1	52.1	597 試合、.261、65 本、257 打点
4	玉村祐典	投手	出場なし		
5	山田遥楓	内野手	-3.0	-3.0	26 試合、.118、1 本、2 打点
育1	戸川大輔	外野手	-1.2	-1.2	14 試合、.156、1 本、1 打点

　13 年夏の甲子園優勝投手・**高橋**（前橋育英高）を 1 位指名。1 年目から一軍で 5 勝、ＰＶ 2.6 と好スタートを切るも 2 年目以降 4 年続けてＰＶはマイナス。10 勝した 19 年も－8.3 だったが、翌 20 年はリーグ 5 位の防御率 3.74、ＰＶ 1.6 で 5 年ぶりにプラスとなった。左腕の**佐野**（平成国際大）は、19 年は 44 試合に投げるなど中継ぎで使われた。

4. ロッテ （15.7）

順位	選手		在籍時のPV	通算PV	通算成績
1	中村奨吾	内野手	15.7	15.7	710 試合、.249、53 本、243 打点
2	田中英祐	投手	-6.6	-6.6	2 試合、0 勝 1 敗 0 S、13.50
3	岩下大輝	投手	-2.4	-2.4	56 試合、13 勝 13 敗 0 S、3.99
4	寺嶋寛大	捕手	出場なし		
5	香月一也	内野手	-6.7	-7.7	55 試合、.157、1 本、5 打点
6	宮崎敦次	投手	-2.9	-2.9	8 試合、0 勝 0 敗 0 S、6.30

　1 位の**中村**以上に話題となったのが、京都大から初めてドラフト指名された**田中**。大学ではベストナインにも 2 度選ばれた好投手として、2 位の高評価でプロ入りしたものの、3 年間で 2 試合に投げたのみで引退し三井物産に入社した。**岩下**（星稜高）は 19 年からローテーションに定着し、同年は 5 勝／ＰＶ 2.9、続く 20 年は 7 勝を挙げた。

5. 日本ハム （10.9）

順位	選手		在籍時のPV	通算PV	通算成績
1	有原航平	投手	2.5	2.5	129 試合、60 勝 50 敗 2 S、3.74
2	清水優心	捕手	-11.0	-11.0	320 試合、.222、16 本、71 打点
3	浅間大基	外野手	-16.2	-16.2	203 試合、.225、4 本、31 打点
4	石川直也	投手	7.3	7.3	150 試合、4 勝 5 敗 24 S、3.40
5	瀬川隼郎	投手	0.7	0.7	10 試合、0 勝 0 敗 0 S、3.09
6	立田将太	投手	0.4	0.4	1 試合、0 勝 0 敗 0 S、0.00
7	高濱祐仁	内野手	-1.3	-1.3	14 試合、.250、0 本、0 打点
8	太田賢吾	内野手	-7.4	-15.6	188 試合、.228、4 本、38 打点

　9 位まで指名し、うち**有原**と瀬川（室蘭シャークス）を除く 7 人が高校生。**石川**（山形中央高）は速球派のリリーフとして、18 年は 19 セーブ／ＰＶ 7.1、続く 19 年も 60 試合に登板しＰＶ 3.6。**清水**（九州国際大付高）は 19 年に 98 試合で打率 .259、ＰＶ 2.8 と正捕手に定着しかけたが、翌 20 年はＰＶ − 5.8 に転落した。**浅間**と**高濱**は横浜高の同級生で、7 年目の 21 年になって両者とも準レギュラー級の数字を残した。**太田**（川越工）はヤクルトへ移籍した 19 年に 90 試合で76 安打、27 打点を記録した。

6. 阪神 （5.4）

順位	選手		在籍時のPV	通算PV	通算成績
1	横山雄哉	投手	-4.4	-4.4	9 試合、3 勝 2 敗 0 S、4.67
2	石崎剛	投手	5.4	-3.8	72 試合、1 勝 2 敗 0 S、4.13
3	江越大賀	外野手	-12.4	-12.4	279 試合、.192、13 本、38 打点
4	守屋功輝	投手	-7.4	-7.4	69 試合、2 勝 3 敗 0 S、4.82
5	植田海	内野手	-13.8	-13.8	273 試合、.195、1 本、6 打点

　有原、山崎と立て続けに抽選を外して指名した**横山**（新日鉄住金鹿島）は、期待ほど活躍できず退団。2 位も同僚の**石崎**で、社会人の同じ会社から 1・2 位で指名されたのは初の出来事。17 年は 26 試合に投げ、防御率 1.17／ＰＶ 8.5 だったが、19 年途中ロッテへトレードされた。**守屋**（ホンダ鈴鹿）も 19 年は 57 試合でＰＶ 5.3 だったが、良かったのはこの年だけ。身体能力の高さで注目された**江**

越（駒澤大）は確実性を欠き、7本塁打を放った16年も打率は.209。俊足の**植田**（近江高）は18年に19盗塁、通算41盗塁を決めている。

7. ソフトバンク（4.1）

順位	選手		在籍時のPV	通算PV	通算成績
1	松本裕樹	投手	-5.7	-5.7	54試合、4勝8敗0S、4.14
2	栗原陵矢	捕手	-1.0	-1.0	164試合、.238、18本、80打点
3	古澤勝吾	内野手	出場なし		
4	笠谷俊介	投手	3.3	3.3	34試合、4勝5敗0S、3.45
5	島袋洋奨	投手	0.8	0.8	2試合、0勝0敗0S、0.00

　4位までは全員高校生で、このうち**栗原**（春江工）は20年に外野手として17本塁打、73打点。単独1位指名の**松本**（盛岡大付高）も、同じく20年は25試合に投げ防御率3.49。**笠谷**（大分商）もこれまた20年に4勝、防御率2.84／ＰＶ6.4と好投し、3人揃って入団6年目に戦力となった。唯一の大学生だった**島袋**は、10年の甲子園で春夏連覇した興南高のエース。だが中央大進学後に登板過多で故障、プロ入りこそ果たしたものの2試合の登板で終わった。育成ドラフトで指名した8人は、1人も一軍公式戦に出られなかった。

8. オリックス（2.0）

順位	選手		在籍時のPV	通算PV	通算成績
1	山崎福也	投手	-20.7	-20.7	107試合、15勝22敗0S、4.34
2	宗佑磨	内野手	-14.9	-14.9	213試合、.236、8本、45打点
3	佐野皓大	投手	-12.5	-12.5	146試合、.211、1本、12打点
4	高木伴	投手	-5.7	-5.7	11試合、0勝0敗0S、6.89
5	斎藤綱記	投手	-8.3	-8.3	49試合、1勝1敗0S、5.77
6	坂寄晴一	投手	-1.7	-1.7	1試合、0勝0敗0S、27.00
7	西野真弘	内野手	2.0	2.0	439試合、.264、8本、109打点
8	小田裕也	外野手	-11.9	-11.9	411試合、.239、8本、52打点
9	鈴木優	投手	-17.9	-17.9	16試合、1勝3敗1S、7.65

　指名した9人全員が一軍公式戦に出場したとはいえ、通算ＰＶがプラスになっ

ているのは**西野**（ＪＲ東日本）だけ。その西野は１年目に打率.304でＰＶ10.8、翌16年も143試合にフル出場し142安打、7三塁打は１位だったが、その後は年を追って出場機会が減っている。20年に5勝を挙げた**山崎**（明治大）は一度もプラスＰＶの年がない。**宗**（横浜隼人高）は21年になってレギュラーに定着。**佐野**（大分高）は投手としては伸び悩み、俊足を生かす目的もあって4年目に野手へ転向。20年は77試合で20盗塁を決めた。

9. 中日 (1.7)

順位	選手		在籍時のPV	通算PV	通算成績
1	野村亮介	投手	-2.0	-2.0	3試合、0勝0敗0S、10.13
2	浜田智博	投手	-2.8	-2.8	1試合、0勝0敗0S、40.50
3	友永翔太	外野手	-4.1	-4.1	34試合、.135、0本、2打点
4	石川駿	内野手	1.7	1.7	31試合、.244、1本、6打点
5	加藤匠馬	捕手	-12.0	-12.0	126試合、.213、0本、14打点
6	井領雅貴	外野手	-11.4	-11.4	178試合、.226、1本、25打点
7	遠藤一星	内野手	-5.8	-5.8	293試合、.242、8本、43打点
8	山本雅士	投手	-3.4	-3.4	3試合、0勝0敗0S、10.38
9	金子丈	投手	-2.7	-2.7	11試合、0勝0敗0S、4.91
育4	近藤弘基	外野手	-2.6	-2.6	40試合、.184、3本、5打点

　落合博満ＧＭの方針により、9人全員が大学・社会人・独立リーグ出身者という偏った指名。結果は一人も主力級に成長せず、明らかな失敗だった。1位も当初は山崎を指名する予定だったが、落合が買っていた**野村**（三菱日立パワーシステムズ横浜）に変更したところ、3年で戦力外。2位の**浜田**（九州産業大）ともども、即戦力と見込んでいた2人が計4試合の登板に終わった。強肩の**加藤**（青山学院大）が控え捕手、**遠藤**（東京ガス）がユーティリティー要員になったのが救い。育成4位では86年の1位指名で、現職の投手コーチでもあった近藤真一の息子・**弘基**を指名。引退後も父と同じく球団職員として残った。

10. 楽天 (0.4)

順位	選手		在籍時のPV	通算PV	通算成績
1	安楽智大	投手	-4.9	-4.9	64試合、6勝14敗0S、3.94

2	小野郁	投手	-19.2	-16.5	79 試合、2 勝 3 敗 0 S、5.50
3	福田将儀	外野手	-14.0	-14.0	112 試合、.210、3 本、21 打点
4	ルシアノ・フェルナンド	外野手	-9.4	-9.4	72 試合、.201、1 本、14 打点
5	入野貴大	投手	-9.0	-9.0	30 試合、1 勝 1 敗 0 S、5.79
6	加藤正志	投手	-3.3	-3.3	10 試合、0 勝 0 敗 0 S、5.65
7	伊東亮大	内野手	0.4	0.4	8 試合、.273、2 本、2 打点
育 1	八百板卓丸	外野手	-2.9	-2.9	27 試合、.184、0 本、0 打点

　安楽に次いで、2 位も速球自慢の高校生である**小野**（西日本短大付高）を指名。楽天では通算 39 試合で 1 勝もできなかったが、ロッテに移籍した 20 年は 40 試合で 2 勝、P V 2.7 と結果を残した。**福田**（中央大）はルーキーシーズンに 67 試合で 40 安打を放つも 3 年で引退。**加藤**（J R 東日本東北）は 2 年、**伊東**（日本製紙石巻）も 3 年と短いプロ生活だった。ブラジル生まれの群馬育ちで、長打力が期待された**フェルナンド**（白鷗大）も、本塁打は 1 本だけだった。

11. 広島（O）

順位	選手		在籍時のPV	通算PV	通算成績
1	野間峻祥	外野手	-16.0	-16.0	565 試合、.258、8 本、76 打点
2	薮田和樹	投手	-4.1	-4.1	101 試合、22 勝 11 敗 0 S、3.85
3	塹江敦哉	投手	-12.3	-12.3	66 試合、3 勝 6 敗 0 S、5.28
4	藤井皓哉	投手	-9.9	-9.9	14 試合、1 勝 0 敗 0 S、7.94
5	桒原樹	外野手	-0.3	-0.3	3 試合、.000、0 本、0 打点
6	飯田哲矢	投手	-5.7	-5.7	40 試合、0 勝 0 敗 0 S、4.91

　地元出身の有原に入札したが外れて**野間**（中部学院大）を指名。身体能力が高く、18 年には規定打席に達して打率 .286、46 打点、17 盗塁だったがP V は 0.0、その他の年はマイナス。**薮田**は亜細亜大時代、ほとんど公式戦で投げていなかった隠し球的な存在。17 年に 15 勝、勝率 .833（1 位）、防御率 2.58/ P V 15.6 で優勝に貢献した。高松北高の左腕・**塹江**は 20 年に中継ぎとして 52 試合に登板した。

11. ヤクルト（O）

順位	選手		在籍時のPV	通算PV	通算成績
1	竹下真吾	投手	-2.9	-2.9	1試合、0勝0敗0S、13.50
2	風張蓮	投手	-21.4	-21.4	88試合、2勝4敗0S、5.79
3	山川晃司	捕手	出場なし		
4	寺田哲也	投手	-4.1	-4.1	3試合、0勝1敗0S、10.80
6	土肥寛昌	投手	-2.8	-2.8	8試合、0勝0敗0S、6.10
育1	中島彰吾	投手	-5.9	-5.9	5試合、0勝0敗0S、10.57

　安楽のクジに外れて**竹下**（ヤマハ）を指名したものの、二軍ですら打ち込まれ、一軍公式戦では1試合投げただけ。3年で引退した。2位以下も惨憺たる有様で、どうにか一軍の戦力になったのは**風張**（東農大北海道オホーツク）だけ。18年に53試合で2勝4ホールドを記録した。

球団別ドラフト

1. 巨人 (5057.4)

	年度	PV	PV 10 以上の選手
1	2000	664.3	阿部慎之助
2	2006	503.7	坂本勇人
3	1992	502.2	松井秀喜
4	1981	354.1	槙原寛己、吉村禎章、村田真一
5	1980	341.6	原辰徳、駒田徳広
6	1997	304.1	高橋由伸
7	1998	297.2	上原浩治、二岡智宏
8	1982	274.4	斎藤雅樹
9	2012	216.7	菅野智之
10	1975	213.8	篠塚利夫、中畑清

時代別	通算PV	年平均	順位	PV 10 以上
名簿式・予備抽選時代	645.3	49.6	7 位	10 人
入札抽選時代	1654.9	110.3	2 位	12 人
逆指名・希望枠時代	2239.4	149.3	1 位	17 人
現行方式時代 (2014 年まで)	517.8	74.0	6 位	7 人

　広島を 600 ポイント以上引き離して通算PV1位。逆指名・希望枠時代には、目玉級を獲得できる機会が多かったのだから当然と言えば当然だ。**阿部**と**高橋**はその最大の成果で、**上原**や**二岡**、**内海哲也**も大成功。この時期に4位以降で主力になった者はほとんどいなくとも、影響はないに等しかった。現行方式になってからも、**菅野・長野久義・澤村拓一**は強烈な巨人志望を打ち出していたので、事実上の逆指名で獲得したようなもの。巨人ブランドの威光はつい最近まで薄れなかった。

　またFAとなっても退団する選手は少なく、PVが累積していくケースも他球団より多かった。ただしメジャーで日本人が活躍するようになった90年代後半以降は、**松井**や上原らが全盛期にアメリカへ流出していった。特に松井は巨人に残っていれば、おそらく阿部を上回る通算PVになっていただろう。

　ドラフト初期は予備抽選のクジ運に恵まれず、68〜73年は1位指名が一軍の

主力に育たなかったこともあり、75年の最下位転落を招いた。もっとも**篠塚**と**中畑**を指名した75年以降は好転。入札・抽選時代では、80〜82年に**原・駒田・槙原・吉村・村田・斎藤**が入団。この3年間だけでＰＶ970.1に達し、80〜90年代前半の中心メンバーとなった。

2. 広島（4432.0）

	年度	ＰＶ	ＰＶ10以上の選手
1	1968	582.3	山本浩二
2	1988	497.1	江藤智、野村謙二郎
3	1989	340.4	前田智徳、佐々岡真司、浅井樹
4	2006	297.6	前田健太、會澤翼
5	1991	294.7	金本知憲、町田公二郎
6	2007	273.5	丸佳浩、松山竜平
7	2012	247.3	鈴木誠也
8	1986	223.0	緒方孝市
9	1974	210.8	高橋慶彦
10	2013	155.2	田中広輔、大瀬良大地

時代別	通算ＰＶ	年平均	順位	ＰＶ10以上
名簿式・予備抽選時代	1187.2	91.3	3位	8人
入札抽選時代	1729.3	115.3	1位	14人
逆指名・希望枠時代	983.0	65.5	7位	12人
現行方式時代	532.5	76.1	5位	6人

　どの時代も好結果を出していて、真にドラフト上手のチームと言えそうだ。スカウティングが優れているだけでなく、入団後の育成能力の高さもあいまっての総合2位であるのは、入札抽選の時代に1位だったことが証明している。88〜91年は**江藤・野村・前田・金本**と歴史的名選手4人だけでなく、ＭＶＰ受賞者の**佐々岡**まで獲得した大収穫期だった。ただしクジで当てた11人のうち、通算ＰＶ10以上は**川端順**のみと今一つ。むしろ抽選を外したときに**川口和久、西田真二**、金本、**町田**と上手にリカバリーしていた。

　けれども資金力のない悲しさで、裏金なども飛び交った逆指名・希望枠時代には苦戦を強いられた。逆指名が可能だった93〜2006年の14年間で、合計28枠のうち実際に利用したのはたった8回。もっとも、逆指名を取り付けた際の人選

は確かで、**黒田博樹、廣瀬純、永川勝浩**の３人が通算で２ケタＰＶ。山内泰幸と沢崎俊和も新人王を受賞した。

　地元出身者を指名するケースが多いのも、地域密着を生命線とする球団ならでは。70年代まではその傾向が特に強かった。14年までの１位指名では、ちょうど全体の３割に相当する16人（53人中）が広島もしくは中国地方出身である。

3. 西武（4392.1）

	年度	ＰＶ	ＰＶ10以上の選手
1	1993	373.6	松井稼頭央、石井貴
2	2001	355.5	中村剛也、栗山巧
3	2000	328.6	中島裕之、帆足和幸
4	2010	283.5	秋山翔吾、牧田和久
5	2013	283.0	森友哉、山川穂高
6	1980	272.7	石毛宏典、杉本正
7	1985	260.7	清原和博、横田久則
8	1996	259.4	和田一浩、森慎二
9	1998	202.4	松坂大輔
10	1981	201.1	工藤公康、伊東勤

時代別	通算ＰＶ	年平均	順位	ＰＶ10以上
名簿式・予備抽選時代	208.4	16.0	12位	2人
入札抽選時代	1409.4	94.0	3位	16人
逆指名・希望枠時代	1826.2	121.7	3位	16人
現行方式時代	948.2	135.5	1位	9人

　通算ＰＶ200以上のドラフトが10回以上あったのはライオンズだけ。時代別に見ると、名簿式・予備抽選時代は12位。福岡を本拠としていたので地域的に不利だっただけでなく、資金力にも乏しく、目当ての選手を指名できるとは限らなかった。そして何より黒い霧事件でのイメージダウンが甚大で、１位指名の選手に入団拒否を食らったのも３度あった。通算ＰＶ10以上も**竹之内雅史**と**東尾修**の２人しかいなかったが、退団後に２ケタに乗せた選手は真弓明信ら４人もいた。

　だが79年の西武による買収以降は、一転して球界屈指の成果になった。特に根本陸夫編成部長が陣頭指揮を執った80年代は、人脈と工作を駆使して**石毛・**

工藤・伊東・清原らを獲得し、球史に残る黄金時代を形成した。本書の対象外であるドラフト外でも、松沼兄弟や秋山幸二（通算ＰＶ238.7）を手に入れていた。

　根本の退団後も結果を残し続け、特に98〜2001年にかけては**松坂・中島・中村・栗山**が入団。さらには現行方式でも**浅村栄斗・菊池雄星・秋山・牧田・森・山川**らを獲得しており、この時代でのランキングは１位になっている。中〜下位から好選手に成長する者が多いのが特徴で、広島と同様、スカウティングだけでなく育成能力の高さも大きな要因となっている。

4. ソフトバンク（3537.7）

	年度	ＰＶ	ＰＶ 10 以上の選手
1	1996	504.4	松中信彦、井口資仁、岡本克道
2	2010	502.0	柳田悠岐、千賀滉大
3	1969	459.2	門田博光、佐藤道郎
4	1994	337.5	城島健司
5	1993	189.3	小久保裕紀
6	2005	183.5	松田宣浩、本多雄一、柳瀬明宏
7	1987	171.0	吉永幸一郎
8	2001	158.7	杉内俊哉
9	2006	155.9	長谷川勇也、森福允彦、大隣憲司
10	2002	143.3	和田毅、新垣渚

時代別	通算ＰＶ	年平均	順位	ＰＶ 10 以上
名簿式・予備抽選時代	543.2	41.8	9 位	4 人
入札抽選時代	241.8	16.1	12 位	4 人
逆指名・希望枠時代	1996.4	133.1	2 位	20 人
現行方式時代	756.3	108.0	2 位	8 人

　南海時代は、最もドラフトで苦労を強いられた球団の一つだった。69年に**門田**と**佐藤**を指名する大当たりの後、71年からは実に８年続けてプラスＰＶの選手が一人も出なかった。これでは78年以降、20年連続Ｂクラスの長期低迷期に突入したのも当然だった。入札抽選時代になってからも全然事情は良くならず、80年から91年までの12年間で９年は収穫なし。１位抽選も１勝５敗とクジ運が悪すぎ、江川卓、岡田彰布、清原和博、立浪和義らの名選手を外し続けた。

　だが89年にダイエーが買収すると、まず資金面が大幅に改善された。続いて

根本陸夫が西武からヘッドハンティングされ、編成部門を担当。逆指名が導入されると93〜96年に**小久保・井口・松中**を、そして逆指名ではないが（おそらく）裏技を用いて**城島**を獲得した。本来は1位競合レベルだった小久保、山田秋親、**杉内、新垣**らを2〜3番目に指名するなど、根本以外には不可能な芸当であった。その手法は相当強引なものだったが、結果的にリーグ最強チームを作りあげた。

　さらにソフトバンクが親会社となってからは、球界で最も裕福な球団となり、もちろんドラフトでもプラスの効果をもたらした。育成選手を大量に採用できるのが一番の利点で、その中から**千賀**や**石川柊太**のような大当たりも生まれている。

5. 中日 （3454.8）

	年度	PV	PV 10 以上の選手
1	1998	500.6	福留孝介、岩瀬仁紀
2	1987	251.4	立浪和義
3	1997	238.1	川上憲伸、井端弘和、正津英志
4	1969	231.3	谷沢健一、松本幸行
5	1988	224.6	大豊泰昭、今中慎二
6	1976	203.0	宇野勝
7	1968	186.9	大島康徳、島谷金二
8	2005	181.1	吉見一起、平田良介
9	1983	136.2	山本昌広
10	1996	111.6	森野将彦

時代別	通算PV	年平均	順位	PV 10 以上
名簿式・予備抽選時代	888.4	68.3	5位	10人
入札抽選時代	1080.9	72.0	5位	14人
逆指名・希望枠時代	1260.6	84.0	5位	16人
現行方式時代	224.9	32.1	9位	6人

　1位指名選手に入団拒否されていない唯一の球団であり、最も安定して結果を出してきたチームの一つでもある。75〜92年の18年中15年が2ケタPVで、この間PV 100以上の年も5回あり、79〜93年は15年続けて必ずプラスPVの選手がいた。在籍時に通算PV 10以上だった選手は46名に上り、巨人と並んで最多タイ。半数以上の26人を投手が占め、さらにうち9人は**山本、今中、野**

口茂樹、岩瀬、大野雄大ら左腕であるのも特徴。ただし現行方式の下では苦戦が続いている。

　地元志向は広島以上に顕著で、東海4県（愛知・岐阜・静岡・三重）関連の選手を1人も指名しなかったのは74、79、80、90、95、97年の6年だけ。98年以降は2020年まで23年続けて誰かしら獲得しており、岩瀬や吉見、浅尾拓也のように大成した者も少なくない。

　その一方で、1位で指名した地元選手は14年までに16人いるが、伊熊博一・氏家雅行・平田洋・前田章宏・中川裕貴といった具合に、一軍でほとんど出場できずに終わった例も多い。甲子園のヒーローだった藤王康晴、近藤真一らも限定的な活躍にとどまり、名選手級に成長したのは吉見だけ。イチローを筆頭に工藤公康、槙原寛己、古田敦也、稲葉篤紀らの名選手を取り損ねたのが惜しまれる。

6. ヤクルト（3418.1）

	年度	PV	PV 10 以上の選手
1	1989	517.7	古田敦也、西村龍次
2	1970	492.2	若松勉、杉浦享
3	2010	456.3	山田哲人
4	2003	257.2	青木宣親、川島亮
5	1983	254.6	池山隆寛
6	1996	211.4	岩村明憲
7	1984	141.5	広沢克己、秦真司
8	1992	100.3	伊藤智仁
9	1966	94.5	武上四郎、加藤俊夫
10	2002	91.2	館山昌平、高井雄平

時代別	通算PV	年平均	順位	PV 10 以上
名簿式・予備抽選時代	814.6	62.7	6 位	9 人
入札抽選時代	1174.1	78.3	4 位	10 人
逆指名・希望枠時代	883.7	58.9	8 位	11 人
現行方式時代	545.7	78.0	3 位	5 人

　総合ランキング6位はコンスタントに結果を出し続けてきたのではなく、数年に一度大当たりが出て数字が押し上げられた面がある。70年の若松、83年の池山、89年の古田、2003年の青木、10年の山田らがそれに該当する。通算PV10

以上の選手は 35 人で、セ・リーグでは大洋 / 横浜 / ＤｅＮＡの 29 名に次いで少ない。なお 1 位指名の選手は、第 1 回の河本和昭以外全員入団している。

　予備抽選では 76 年こそ 1 番クジを引いたものの、他に 5 番目以内は 68 年（5 番目）だけと、運には恵まれていなかった。しかもその 68 年は史上最高の大豊作だったにもかかわらず、12 球団で唯一ＰＶ 0 だった。それでもドラフト導入後最初の 8 年間でＰＶ 811.4 は、その時点で 3 番目。**松岡**、若松、**杉浦**ら 78 年の初優勝当時の主力がこの期間に集まった。ところがその後 73 〜 82 年の 10 年間は合計 6.4 と惨憺たるもので、80 年代の長期低迷を招いている。逆に 80 年代は 83・84・89 年の 3 度にわたりＰＶが 12 球団トップで、90 年代のリーグ優勝 4 回の源泉になった。

　東京を本拠とする人気球団だったにもかかわらず、逆指名・希望枠時代は 8 位とその有利さを生かせなかったのは残念。同制度が導入された 93 年以降、01 年までの 9 年間に 1 位 / 希望枠で入団した選手は、誰も通算ＰＶがプラスになっていない。

7. 阪神 （3197.2）

	年度	ＰＶ	ＰＶ 10 以上の選手
1	1968	483.8	田淵幸一
2	1973	365.8	掛布雅之
3	2003	328.4	鳥谷敬
4	1965	277.9	藤田平
5	1979	241.7	岡田彰布
6	1998	206.4	藤川球児、福原忍
7	1966	201.6	江夏豊
8	1997	112.7	井川慶
9	2002	90.9	久保田智之、江草仁貴
10	1971	89.5	中村勝広、山本和行

時代別	通算ＰＶ	年平均	順位	ＰＶ 10 以上
名簿式・予備抽選時代	1422.5	109.4	2 位	6 人
入札抽選時代	466.1	31.1	10 位	8 人
逆指名・希望枠時代	1099.8	73.3	6 位	16 人
現行方式時代	208.8	29.8	10 位	5 人

球史に残る名選手を何人も送り出しながら、総合では7位。PV 200以上の年が7度あった一方で、それ以外に100以上の年は97年だけと、当たり外れが大きめだった。内野の好選手が多いのが目立ち、通算PV上位5人のうち**掛布・鳥谷・藤田・岡田**の4人が内野手。他にも**中村・和田豊・今岡誠・関本健太郎**に**上本博紀**、本書の対象期間ではない16年にも大山悠輔と糸原健斗が入団している。逆に、最初から外野手として入団した選手の成功例は極端に少なく、PV 10以上は短期間の活躍に終わった**桜井広大**のみ。他ポジションからのコンバート組を含めても**関川公一、桧山進次郎**が加わる程度だ。

予備抽選では1番クジこそ一度もなかったが、2番目が3回あったほか、コンスタントに上位を引いており、9番目以降は76年（12番目）の一度だけ。この時代は即戦力志向が強く、68年の**田淵**を皮切りに、入札抽選時代になっても83年まで16年続けて大学・社会人を1位で指名していた（81年は抽選に外れて高校生を指名）。84年からは方向転換して5年連続高校生に入札したが、93年から逆指名が可能になると人気球団の有利さを生かし、即戦力路線に回帰。12年中9年は大学・社会人を選び、**藪恵一**、今岡、**安藤優也**、鳥谷らが成功した。

8. オリックス（3129.1）

	年度	PV	PV 10以上の選手
1	1968	980.1	福本豊、山田久志、加藤秀司
2	1991	340.1	イチロー
3	1965	336.1	長池徳士、住友平
4	2005	172.1	T‐岡田、岸田護、平野佳寿
5	1986	148.5	藤井康雄、中嶋聡
6	1975	141.3	簑田浩二
7	2004	139.8	金子千尋
8	1966	120.5	阪本敏三、水谷孝
9	1990	104.2	長谷川滋利、野村貴仁、戎信行
10	1984	88.1	福良淳一、高橋智

時代別	通算PV	年平均	順位	PV 10以上
名簿式・予備抽選時代	1654.1	127.2	1位	10人
入札抽選時代	888.0	59.2	6位	12人
逆指名・希望枠時代	488.0	32.5	12位	10人
現行方式時代	99.0	14.1	12位	3人

すでに述べたように、68年の阪急はドラフト史上最高の豊作だった。それでいて阪急／オリックスは、トータルでは8番目の通算ＰＶでしかない。予備抽選時代もクジ運には恵まれず、68年からは11、12、11、11番目。だがとりわけ成果が出なかったのは逆指名・希望枠時代で、人気球団ではなかったため逆指名をとりつけるのに苦労した。

　それでも逆指名で入団した顔触れは**谷佳知、大久保勝信、金子、平野**と悪くない。逆に高校生の1位が、**平井正史**と**岡田貴弘**（Ｔ－岡田）を除いてほぼ全滅。06〜08年の1位は3年続けて一軍出場すらなく、新垣渚と内海哲也には入団拒否された。現行方式になってからも、14年までは通算ＰＶ10以上が3人だけ。ただその後15年に吉田正尚、16年に山本由伸を獲得し急速に改善されている。

　多くの好選手を獲得し損ねてもいて、谷沢健一・門田博光・福間納・江川卓・新垣・内海の6人が、入団拒否後にプロ入りしタイトルホルダーとなった。1位指名の入団拒否者5人は12球団最多である。反面、中〜下位指名が大化けする例も多い。68年7位の**福本**を筆頭として、83〜92年の10年間では**星野伸之、高橋、福良、藤井**、そして**イチロー**が4位以降の指名で主力選手になった。

9. 日本ハム（2553.3）

	年度	ＰＶ	ＰＶ10以上の選手
1	1996	353.1	小笠原道大、高橋信二
2	2004	280.0	ダルビッシュ有、マイケル中村
3	2011	175.4	近藤健介、上沢直之
4	2010	145.0	西川遥輝
5	2005	139.4	武田勝、陽岱鋼
6	1986	132.7	西崎幸広
7	2007	124.0	宮西尚生、中田翔
8	1991	122.9	片岡篤史、島崎毅
9	1985	118.8	田中幸雄
10	2003	118.1	糸井嘉男

時代別	通算ＰＶ	年平均	順位	ＰＶ10以上
名簿式・予備抽選時代	308.0	23.7	11位	6人
入札抽選時代	416.9	27.8	11位	6人
逆指名・希望枠時代	1288.9	85.9	4位	13人
現行方式時代	539.5	77.1	4位	8人

表でもわかるように、84年以前のドラフトは10位以内にランクされていない。この間、ＰＶ100を超えたのも67年（108.5）のみ。クジ運も悪く、現行方式になるまで1位競合の結果は5勝13敗。原辰徳、広沢克己、清原和博、野茂英雄、福留孝介、松坂大輔と大物にアタックしては外れ続けた。ただし86年は近藤真一の外れで**西崎**を取れている。

逆指名・希望枠の時代は、人気球団ではなかったにもかかわらず全体4位の好結果。逆指名入団の14人のうち、通算ＰＶ10以上は**建山義紀**と**糸井**だけでも、**小笠原・武田久・武田勝**ら、それほど注目されていなかった選手たちを中位で確保。そして04年は、多くの球団が逆指名を取りつけるのを尻目に稀代の名投手**ダルビッシュ**を単独指名した。また事前調査がしっかりしていたおかげか、逃げの姿勢ではなかったにもかかわらず、81年以降の25年間は一人も入団拒否者を出さなかった。

北海道移転後は編成方針を見直したこともあって、最も効果的な指名をしている球団の一つとなっている。**大谷翔平**を単独で手に入れた12年はその最大の成果だった。また02〜19年は18年連続で収穫ゼロの年がなく、現時点での史上最長記録。この間ＰＶ100以上の年も6回あって、近年の好成績に結びついた。

10. ロッテ（2552.7）

	年度	ＰＶ	ＰＶ10以上の選手
1	1978	387.6	落合博満
2	1968	269.5	有藤通世、土肥健二
3	1998	226.3	里崎智也、小林雅英
4	1967	221.0	村田兆治
5	1987	190.7	堀幸一、伊良部秀輝
6	2002	152.5	西岡剛
7	1994	130.5	黒木知宏、橋本将、サブロー
8	2011	118.2	鈴木大地、益田直也
9	2006	90.9	角中勝也、荻野忠寛
10	1965	80.4	木樽正明

時代別	通算ＰＶ	年平均	順位	ＰＶ10以上
名簿式・予備抽選時代	623.0	47.9	8位	6人
入札抽選時代	821.9	54.8	8位	11人
逆指名・希望枠時代	855.5	57.0	9位	14人

| 現行方式時代 | 252.3 | 36.0 | 8 位 | 8 人 |

どの時代も順位は 8 〜 9 位と低めで安定。その年に 12 球団で最も PV が多かった、すなわちドラフトの勝者となった年も、67 年と 78 年の 2 度しかなく 12 球団最少である（楽天を除く）。69 〜 75 年は 7 年間で合計 PV 5.9 と、とりわけ酷い結果だった。1 位指名されながら未勝利で退団した投手も 10 人、登板自体がなかった者が 2 人いて、その中には 71 年の全体 1 位指名だった井上圭一も含まれる。78 年 1 位の**福間納**もロッテでは 0 勝で、阪神移籍後に最優秀防御率のタイトルに輝いた。

ただ最初の 4 年間は収穫が多く、**木樽・八木沢荘六・得津高宏・村田・有藤**が 74 年日本一の主力メンバーになった。2005・10 年に日本一になった際にも、**サブロー、里崎、小林、西岡**らが中心になっていた。

球団史上最高のドラフトは**落合**を 3 位指名した 78 年。だが全盛期の 87 年に中日へトレードしてしまい、前述の福間も合わせ、2 人を手放さなかったら同年の通算 PV は 701.8 まで伸びていた計算になる。

74 〜 77 年は石毛宏典、大町定夫、森繁和、川口和久と 4 年続けて通算 PV 10 以上の選手に拒否された。その代わり下位で掘り出し物を見つけることも多く、平井光親、**小野晋吾**、福浦和也、**成瀬善久、角中**が 6 位以下で入団している。

11. De NA (2254.7)

	年度	PV	PV 10 以上の選手
1	2009	254.9	筒香嘉智
2	1980	249.8	高木豊
3	2002	193.6	村田修一、加藤武治、吉村裕基
4	1972	187.8	長崎慶一、田代富雄
5	1990	133.7	鈴木尚典
6	2006	132.4	梶谷隆幸
7	1988	116.9	谷繁元信
8	1989	98.0	佐々木主浩
9	1994	87.4	多村仁、福盛和男
10	1977	87.2	遠藤一彦

時代別	通算PV	年平均	順位	PV 10 以上
名簿式・予備抽選時代	516.6	39.7	10 位	6 人

入札抽選時代	681.6	45.4	9 位	6 人
逆指名・希望枠時代	616.0	41.1	11 位	12 人
現行方式時代	437.9	62.6	7 位	5 人

　ＰＶ100以上のドラフトが6回しかなく、最も成功した年でもＰＶ260未満だったのは、いずれも楽天以外ではホエールズ／ベイスターズだけ。通算ＰＶ10以上の選手も29人で、楽天以外の12球団では最少。逆に1位指名で一軍出場がなかったのは6人（放出した**荒川堯**を含む）で最多である。予備抽選のクジ運は極めて良く、5番目以内が9度、10番以降は一度もない。72・73年は2年続けて1番を当てた。にもかかわらず、この年代は通算ＰＶ10位と幸運を生かせなかった。在京セ・リーグで入団を希望する選手の多かった逆指名・希望枠時代も、同枠を利用した19人中、通算ＰＶ10以上は**波留敏夫、川村丈夫、木塚敦志、村田**の4人だけだった。

　しかしながら、ドラフトの勝者となった年は72、77、90、2002、09、14年と6回もあって、巨人の8回に次ぐ。これらの年は02年以外不作であり、その状況で上手に選択していたことになる。現行方式になってからも**筒香**を指名するなど、比較的健闘している。また、荒川を含め1位指名は全員入団している。

　78〜87年の10年間は、**高木豊**を獲得した80年を除くと合計ＰＶ2.8と低調だった。だが88年以降の9年間は**谷繁、佐々木、鈴木**らを指名して合計583.7。彼らが中心になって97年に日本一を達成した。

12. 近鉄（1991.2）

	年度	ＰＶ	ＰＶ 10 以上の選手
1	1965	265.5	鈴木啓示
2	1991	218.4	中村紀洋
3	1989	204.2	石井浩郎、野茂英雄
4	1980	176.0	大石大二郎
5	1967	174.2	永淵洋三、小川亨
6	1973	117.2	栗橋茂
7	1971	117.1	佐々木恭介、梨田昌崇
8	1972	97.2	有田修三
9	1988	91.6	赤堀元之
10	1996	85.2	大塚晶文、礒部公一

時代別	通算ＰＶ	年平均	順位	ＰＶ 10 以上
名簿式・予備抽選時代	916.4	70.5	4 位	11 人
入札抽選時代	832.3	55.5	7 位	11 人
逆指名・希望枠時代	242.5	22.0	13 位	7 人

　2003 年に球団が消滅した時点では、日本ハムと横浜（ＤｅＮＡ）より上の 10 位だった。最も生産的だったのは 70 年代前半。71 ～ 73 年にかけて**佐々木・梨田・有田・栗橋**と優秀な選手たちが次々に入団し、79・80 年のリーグ 2 連覇時の主力になった。

　予備抽選のクジ運は良かったほうで、71・77 年を除いて毎年 7 番目以内、72 ～ 75 年は 4 年続けて 5 番目以内だった。だが 74 年は目玉の山口高志を回避してしまい、せっかくの全体 1 位指名権を無駄にしていた。

　80 年代はやたらと抽選に強く、全体では 10 勝 10 敗、1 位指名に限れば 5 勝 3 敗。89 年は 8 球団競合で野茂を引き当て、83 年の小野和義、86 年の**阿波野秀幸**も 3 球団の抽選に当たっている。ところが 90 年代は逆に 1 勝 7 敗と外し続け、唯一当たった 95 年の福留孝介は入団拒否。しかも外れ 1 位の選手は誰一人大成しなかった。また逆指名時代は、同枠の 12 人中 10 人と極端な投手偏向。クジ運とバランスの悪さが相まって戦力の低下を招き、身売りの遠因になったと言えなくもない。

　特徴は 2 位指名に名選手が多い点。第 1 回ドラフトの**鈴木**に始まり、**永淵・神部年男**・梨田・有田・**大石・吉井理人・岡本晃・大塚**と錚々たる顔触れだ。この他石渡茂・村田辰美・**山口哲治**・水口栄二らも 2 位指名だった。

13. 楽天（372.9）

	年度	ＰＶ	ＰＶ 10 以上の選手
1	2006	191.0	田中将大
2	2012	86.9	則本昂大
3	2013	58.3	松井裕樹

時代別	通算ＰＶ	年平均	順位	ＰＶ 10 以上
逆指名・希望枠時代	204.1	51.0	10 位	2 人
現行方式時代	168.8	24.1	11 位	3 人

2004 年に近鉄に代わる新球団として参画。逆指名・希望枠時代は大投手の**田中**を獲得しながらも、年平均のＰＶは 10 位にとどまった。現行方式になってからも、通算ＰＶが 100 を超えているのは、15 年の指名で対象外の茂木栄五郎だけである。

　このように結果は芳しいとは言い難いが、クジ運は強い。06 年は田中を 4 球団、続く 07 年も長谷部康平を 5 球団の抽選で獲得。その後も 13 年の**松井**、20 年の早川隆久と、4 球団以上の抽選では 9 回中 4 回当選と、驚異的な勝率だ。そもそも自由枠 / 希望枠の廃止後は、単独指名が 16 年の藤平尚真だけと、競合を恐れる姿勢が一切ないゆえの結果だろう。

　ただし菊池雄星（花巻東高）、平沢大河（仙台育英高）、佐々木朗希（大船渡高）ら、地元・東北出身者の抽選はなぜか毎回外していて、超大物のダルビッシュ有（東北高）と大谷翔平（花巻東高）は指名自体しなかった。歴史が浅いとはいえ、結成以来 17 年間で入団拒否者が一人もいない点は特筆ものだ。

参考文献・資料

＜書籍・雑誌・ムック・年次刊行物＞

THE OFFICIAL BASEBALL ENCYCLOPEDIA 2004（社団法人日本野球機構）

週刊ベースボール（ベースボール・マガジン社）※別冊・増刊含む

ベースボール・マガジン（同）

プロ野球ドラフト全史（同）

プロ野球ドラフト読本2000（同）

ベースボール・レコード・ブック（同）

野球小僧（白夜書房）

野球太郎（廣済堂出版→竹書房）

プロ野球埋もれたMVPを発掘する本（出野哲也、言視舎）

＜新聞＞

朝日新聞

毎日新聞

＜ウェブサイト＞

日本野球機構オフィシャルサイト（http://www.npb.or.jp/）

関西六大学野球連盟

www.baseball-reference.com

出野哲也（いでの・てつや）

1970年、東京都生まれ。メジャー・リーグ専門誌『スラッガー』で
「MLB歴史が動いた日」「殿堂入りしていない英雄列伝」「ダークサイ
ドMLB"裏歴史の主人公たち"」などを連載。『プロ野球　最強選手
ランキング』『プロ野球　背番号を楽しむ小事典』（以上彩流社）『改
訂新版　メジャー・リーグ人名事典』『プロ野球　埋もれたMVPを
発掘する本』『メジャー・リーグ球団史』（言視舎）などの著書のほか、
『野球小僧remix』シリーズ（白夜書房）『プロ野球オール写真選手名鑑』
（日本スポーツ企画出版社）などに寄稿している。

装丁………佐々木正見
DTP制作………勝澤節子
編集協力………田中はるか

プロ野球「ドラフト」総検証
1965〜

発行日✧2021年10月31日　初版第1刷

著者
出野哲也

発行者
杉山尚次

発行所
株式会社**言視舎**
東京都千代田区富士見2-2-2　〒102-0071
電話03-3234-5997　FAX 03-3234-5957
https://www.s-pn.jp/

印刷・製本
中央精版印刷㈱

言視舎刊行の関連書

978-4-86565-119-5

メジャー・リーグ
球団史
ナショナル&アメリカン・リーグ
30球団の全歴史

出野哲也編著

本邦初、翻訳ではなくひとりだけで作った画期的な歴史書! 19世紀に始まり2018年で150年目となるMLBの現在の30球団が歩んできた歴史を丁寧に記述。主な選手の活躍、オーナー、監督、名試合のクライマックス場面まで紹介。それぞれのチームの特徴、性格が手に取るようにわかる。648頁

A5判上製　定価4500円＋税

978-4-905369-67-7

改訂新版
メジャー・リーグ
人名事典

出野哲也著

ひとりだけで作った画期的な大事典! 120年をこえるメジャー・リーグの歴史のなかで活躍した殿堂入りプレイヤー、監督から現役選手まで、約3000名の名選手を網羅。日本人プレイヤーもれなく収録。データも充実。800頁

A5判上製　定価6000円＋税

978-4-86565-011-2

言視BOOKS
プロ野球　埋もれた
MVPを発掘する本
1950-2014

出野哲也著

戦後70年、プロ野球の歴史を選手の実績から総検証!日米の野球データを調べつくした著者が、選手の実力を評価する独自の評価基準を設定。本書のMVPを選定し、なぜか選ばれなかった「不運の選手」をあらためて評価する。

A5判並製　定価2000円＋税